한국 현대사 산책 **2000년대 편 4권**

한국 현대사 산책 2000년대 편(전5권)
노무현 시대의 명암 · 4권

ⓒ 강준만, 2011

초판 1쇄 2011년 8월 22일 펴냄
초판 4쇄 2017년 9월 13일 펴냄

지은이 l 강준만
펴낸이 l 강준우
기획 · 편집 l 박상문, 박효주, 김예진, 김환표
디자인 l 최진영, 최원영
마케팅 l 이태준
관리 l 최수향
인쇄 · 제본 l 제일프린테크

펴낸곳 l 인물과사상사
출판등록 l 제17-204호 1998년 3월 11일

주소 l 04037 서울시 마포구 서교동 392-4 삼양E&R빌딩 2층
전화 l 02-325-6364
팩스 l 02-474-1413

www.inmul.co.kr l insa@inmul.co.kr

ISBN 978-89-5906-194-5 04900   ISBN 978-89-5906-190-7 (세트)

값 16,000원

노무현 시대의 명암 **2000년대 편 4권**

한국 현대사 산책

강준만 저

인물과
사상사

제7장
2006년: 열린우리당의 몰락

제8장
2007년: '노무현'에서 '이명박'으로

2000년대 편 1권

제7장

2006년: 열린우리당의 몰락

노무현 탈당 언급, 반년 새 다섯 번
1 · 2 개각과 기간 당원제 파탄

보건복지부 장관 내정자 유시민

2006년 1월 2일 노무현 정부의 개각이 이루어졌다. 1 · 2 개각의 결과, 장관 내정자를 포함한 국무위원 20명 중 열린우리당 출신이거나 현 정권에서 청와대 근무 경험이 있는 인사가 16명에 달한 것으로 나타나, 집권 4년차를 맞은 노무현 대통령의 코드인사가 도를 넘었다는 비판이 쏟아졌다.[1]

1 · 2 개각에 대해 『교수신문』이 102명의 교수들을 대상으로 실시한 전화 설문 조사 결과, 71.5%가 '부적절하다'고 평가했다. 그 이유로 '빚 갚기형 보은(報恩) 인사(28.3%)'를 가장 많이 꼽았다. 교수들은 보건복지부 장관 내정자 유시민을 가장 부정적으로 평가했다. 응답자의 67%가 유시민이 '전문성이 부족'하며 '국민 정서를 고려하지 않은 대통령 마

---

1) 염영남, 「"대통령 코드 인사가 도 넘었다" 논란」, 『한국일보』, 2006년 1월 7일, 4면.

음대로 인사'라며 부정적 견해를 나타냈다. 노동부 장관 내정자 이상수에 대해서는 65.7%, 산업자원부 장관 내정자 정세균에 대해서는 58.0%, 과학기술부 장관 내정자 김우식에 대해서는 57.8%가 부정적 견해를 드러냈다. 통일부 장관 내정자 이종석의 경우 53.4%가 '통일정책의 일관성 맥락에서 이해할 수 있다'고 답했다.[2] 이화여대 정치외교학과 교수 김수진은 "이번에는 청와대의 인사 추천 시스템이 제대로 작동하기는 커녕 오히려 대통령이 낙점한 인물에 정당성을 부여하는 시스템으로 전락했다"고 비판했다.[3]

가장 논란이 된 인물은 유시민이었다. 『시사저널』은 유시민의 든든한 후원자는 인터넷상의 수많은 누리꾼이라며 다음과 같이 말했다. "심지어 '개시민', '촉새', '분파주의자' 따위로 가차 없이 그를 비판하는 온라인상의 반대 세력도 정치인 유시민에게는 자산이라는 것이 정치 전문가들의 진단이다. 한국사회여론연구소 정창교 수석 전문 위원은 '절대 비토층이 없다는 것은 절대 지지층도 없다는 의미다. 무색무취한 손학규, 김근태보다는 유시민 의원이 더 상품성이 있다'라고 말했다."[4]

고려대 교수 현택수는 "유시민의 문제는 파병, 연정 등 정치·외교적 현안들에 대해 노심(盧心)을 의식하여 자주 자신의 소신을 바꿔온 점이다. 그리고 그때마다 그 특유의 재치와 현란한 말솜씨로 이를 정당화한 점이다"라며 다음과 같이 주장했다.

"그의 글에서 반성의 진정성은 보이지 않고 평소 그답지 않은 가식과

2) 박수진, 「교수 71% 개각 부적절」, 『교수신문』, 2006년 1월 9일, 1면.
3) 신정민, 「정국 뒤집기용 개각…역효과 만만치 않을 듯」, 『교수신문』, 2006년 1월 9일, 12면.
4) 고제규·차형석, 「'리틀 노무현' 확실히 뜨다」, 『시사저널』, 2006년 1월 17일, 16~17면.

대한민국 최악의 개각광대극

왕의남자

한나라당이 제작한 이 패러디 포스터는 당시 1000만 관객을 동원한 영화 〈왕의 남자〉를 소재로 한 것이다. 극중 연산군과 두 광대인 장생, 공길의 얼굴에 각각 노무현 대통령과 유시민 보건복지부 장관 내정자, 이상수 노동부 장관 내정자의 얼굴을 넣어 참여정부의 코드인사를 비꼬았다.

비굴함이 보인다. 결국 장관 한 번 해볼 테니 봐달라는 것이지 진정으로 반성할 마음은 애초부터 없어 보인다. 역시 '유시민스럽게' 말만 번지르르하게 했을 뿐 반성에 실천이 따르지 않기 때문이다. 먼저 자신부터 이해와 관용의 실천을 보여주어야 한다. 그리고 정말로 그가 자신의 지난 정치적 언행들에 대해 반성한다면 입각 제의도 사양하고 백의종군하며 자숙의 길을 걸어야 한다."[5]

노무현 탈당 언급, 반년 새 다섯 번

2006년 1월 11일 노무현은 열린우리당 지도부와의 만찬에서 "고부간 갈등을 치료하는 방법은 서로 떨어져 있어 상처를 덜 주는 것 아니냐. 당과 청와대도 생각이 서로 다르면 떨어져 있는 것이 낫다. 역대 대통령도 다 그렇게 헤어지지 않았느냐"고 말했다.[6]

노무현은 "당은 지방선거 승리나 정권 재창출을 생각하지만, 나는 국가·민족의 미래를 생각하고 있다"고 했다. 또 노무현은 "정치를 사즉생(死卽生) 전법으로 해왔다"고 말했다. 이는 노무현이 탈당을 시사하는 발언으로 해석돼 논란을 빚었다.[7]

『한겨레』는 노무현이 11일의 청와대 만찬을 포함해 2005년 하반기 이후 반년 새 적어도 다섯 차례 탈당 가능성을 내비쳤다고 했다.[8] 『한겨레』는 사설을 통해 "대통령이 탈당하는 순간 정부는 반신불수가 된다"며 다음과 같이 말했다.

"소신 있는 정책을 세울 수도, 개혁 입법을 관철할 수도 없다. 대연정 제안 때 '과반수 미달로 할 수 있는 일이 없기 때문'이라고 한 것은 대통령 자신이었다. 당과의 불화는 여권 내부 문제다. 스스로 해결해야 한다. 그것이 엉뚱하게 탈당으로 이어져 국민에게 피해를 끼쳐서는 안 된다. 여당과 대통령은 국민의 지지를 받아 권력을 창출한 공동 운명체다. 선거 때 국민에게 한 약속을 실천해야 할 의무도 진다. 함부로 싸울 처지도 아니다. 국민과의 관계에서 생각하기 바란다. 가족이 말을 안 듣는다

5) 현택수, 「반성과 자숙이 부족한 정치인들」, 『세계일보』, 2006년 1월 12일, 30면.
6) 오남석, 「여당 '노 대통령 6년 터울 발언' 시끌」, 『문화일보』, 2006년 1월 13일, 6면.
7) 이기수, 「우리당 중진 '만찬' 논평」, 『경향신문』, 2006년 1월 18일, 6면.
8) 이태희, 「노 대통령 탈당 언급 반년 새 5번」, 『한겨레』, 2006년 1월 13일, 5면.

고 집을 나가서야 어찌 가장이라고 할 수 있을까."[9]

『조선일보』는 "대통령은 2004년 4월 총선에서 열린우리당이 과반 의석을 얻자 당선자들을 청와대 만찬에 초청해 '우리 한 번 100년 가는 정당을 만들어보자'고 했었다. 그러고는 1년 8개월 만에 또다시 열린우리당과도 생각이 다르다면서 떨어져 있고 싶다는 것이다. 정당정치를 하는 나라에서 대통령이 그때그때 기분 따라 댄스 파트너 교체하듯 정당을 선택했다 버렸다 해도 되는지 보통 사람들의 상식으로는 이해할 수가 없다. 대통령이 임기 중 여당에서 두 번 탈당하는 일은 대한민국은 물론 세계 정치사에서도 유례를 찾아볼 수 없을 것이다"라고 했다.[10]

『한국일보』는 "탈당 문제가 불쑥 나온 것은 불안하고 무책임한 집권 세력의 면모를 다시 압축해 보여준다"며 "개각의 문제점을 지적하는 데 대해 '정 그렇다면 헤어지자'는 식으로 나온 언급이었다니 여기서 느껴지는 것은 건설적 문제 해결이나 개선 의지가 아니라 대통령의 오기다"라고 했다.[11] 『중앙일보』는 "국민도 현 정권 초부터 시작된 대통령의 정치적 승부수를 볼 만큼 봐왔다. 숱한 학습 효과 덕분에 현혹되지도 않을 것이다"라고 했다.[12]

『국민일보』편집인 백화종은 노무현의 '탈당 가능성'은 그 시기를 놓고 사람마다 과거형, 현재형, 미래형으로 해석이 다르지만 그 한마디는 열린우리당의 소란을 평정하고도 남았다며 다음과 같이 말했다. "대통령과 담판하겠다던 호기 대신 '그만한 일로 뭘 그러시느냐'며 탈당 말

---

9) 「국정혼란 불러올 대통령 탈당(사설)」, 『한겨레』, 2006년 1월 13일, 27면.
10) 「대통령이 두 번 탈당 세계기록 세우겠다니(사설)」, 『조선일보』, 2006년 1월 13일, A31면.
11) 「파괴적이고 적대적인 대통령 탈당론(사설)」, 『한국일보』, 2006년 1월 13일, A27면.
12) 「탈당하든 말든 나라 살림이나 제대로 하라(사설)」, 『중앙일보』, 2006년 1월 13일, 30면.

씀은 거둬달라고 일제히 조아리는 모습이다. 노 대통령은 상대방의 숨겨진 카드까지 훤히 읽고 있는 것 같다. 전당대회를 앞두고 튀어보려고 누가 더 벼랑 가까이 가는지 치킨 게임(담력 싸움)을 하자고 덤비는 측이 있으나 그들이 아직은 올인 배팅을 못할 것이라는 사실을 말이다. 그들이 그리기에는 노 대통령의 밑천과 카드가 너무 좋은 것이다. 당권과 대선 후보를 결정하는 데 있어, 정부 인사에 있어 대통령이 갖고 있는 엿과 채찍은 무궁무진하며, 대통령이 떠난 열린우리당은 이미 여당이 아니라는 사실에서만도 그들은 오금이 저릴 수밖에 없다."[13]

기간 당원제의 파탄

2006년 1월 서울 봉천동의 노인 156명이 자신도 모르게 열린우리당 당원으로 가입됐고, 분기당 3만 6,000원이 지급되는 이들의 교통수당 통장에서 달마다 1,000~2,000원씩 몇 달째 당비로 빠져나간 사실이 뒤늦게 드러났다. 『한겨레』는 "벼룩의 간을 빼먹어도 유분수지 생활이 어려운 가난한 노인들의 돈을 몰래 '갈취' 한 행위는 파렴치함의 극치다"라고 비난했다.[14]

문제가 된 열린우리당 서울 관악 지역 관계자는 "고백하자면 당비 대납이 가장 싸게 먹힌다" 며 "자기를 지지해줄 당원들을 관리하려면 술 사주고 밥 사주고 하는 데 1년에 1인당 5~10만 원이 들지만 이름만 빌려서 내가 당비를 대납하면 2만 4,000원이면 끝" 이라고 했다. 그는 "돈 안

---

13) 백화종, 「당·청 치킨 게임 관전법」, 『국민일보』, 2006년 1월 16일, 27면.
14) 「'유령당원' 모집이 정치개혁인가(사설)」, 『한겨레』, 2006년 1월 10일, 31면.

드는 정치를 위한 기간 당원제는 웃기는 소리"라고 했다.[15]

또 일부 지역에서는 열린우리당이 일부 탈북자들의 통장에서도 당비를 빼내간 것으로 확인됐다. 탈북자 김춘애는 "2,000원은 저들에게는 푼돈이겠지만 일가친척도 없는 탈북자들에게는 생명줄과 같다"며 "벼룩의 간을 빼먹지"라고 분통을 터뜨렸다.[16]

1월 24일 『문화일보』 정치부장 김재목은 자신이 예고했던 '참사'가 현실로 드러났다며, 기간 당원제는 기간 당원 기득권을 활용해보겠다는 셈법의 산물이거나 과거에 주입해놓은 이상적 정당 모델을 수정하지 않으려는 옹고집의 결과물일 수 있다고 했다.

"특히 노무현 대통령과 유시민 의원의 기간 당원제 집착은 유명하다. 유 의원은 기간 당원제의 비현실성을 지적하는 당내 많은 국회의원들을 비개혁적이라고 거침없이 몰아붙여왔고, 노 대통령은 '진성 당원제=창당 정신'이라고 못 박았다. 가짜 당원 논란이 불거진 최근에도 기간 당원제의 비현실성 인정이나, 자신의 기존 주장에 대한 회의는 눈곱만큼도 찾아볼 수 없다. 정치 개혁의 요체는 정당 개혁이고, 정당 개혁의 중심은 진성 당원제라는 인식에 하등의 변화가 없어 보인다. 혹자는 기간 당원제에 대한 노 대통령의 신념은 '신앙'에 가깝다고 했다."[17]

2월 1일 경남대 교수 심지연은 당원 등록과 정기적인 당비 납부를 근간으로 한 대중 정당은 산업화 시대 노동자들이 자신의 권익을 옹호하기 위해 창안한 것으로 이념 지향성이 매우 강하다며, 우리의 경우 산업

15) 황대진, 「"종이당원이 훨씬 싸게 먹히는데…돈 안 드는 기간당원제 웃기는 소리"」, 『조선일보』, 2006년 1월 11일, A4면.
16) 안준호, 「분통 터뜨린 탈북자들」, 『조선일보』, 2006년 1월 17일, A3면.
17) 김재목, 「'종이당원'은 예고된 참사」, 『문화일보』, 2006년 1월 24일, 30면.

화와 후기 산업화가 동시에 진행되고 있는 실정이어서 노동의 이익이 단일했던 산업화 시대의 정당 모델을 그대로 따르는 것은 현실에 부합하지 않는다고 주장했다.[18]

그간 성공적인 기간 당원제를 운영해온 민주노동당에서도 기간 당원제가 자신들의 발목을 잡을 수 있다는 우려가 대두되었다. 『한겨레21』(2006년 3월 21일)은 "당원 중심의 정당이라는 장점이 오히려 대중과의 소통에는 소홀하게 하는 장애물로 작용하기도 했다"고 했는데,[19] 기간 당원제는 그 정도가 아니라 앞으로 집권을 하는 데에 큰 걸림돌로 작용할 가능성이 높았다. 열린우리당의 기간 당원제는 그로부터 8개월 후인 11월 21일에 사라지게 된다.

---

18) 심지연, 「유령당원과 당의장 선출」, 『중앙일보』, 2006년 2월 1일, 27면.
19) 김보협, 「9%의 벽: 민주노동당은 초조하다」, 『한겨레21』, 2006년 3월 21일, 40~42면.

2대 8 가르마의 정치학
유시민 청문회 드라마

서울대 민간인 린치 사건

한나라당은 보건복지부 장관 내정자 유시민에 대한 인사 청문회를 위해 '서울대 민간인 린치 사건'의 피해자 세 명을 증인으로 신청했다. 서울대 민간인 린치 사건은 무엇인가? 1984년 9월 17일 서울대 학생들이 타대학생 등 네 명을 정보기관의 프락치로 오인해 10일 동안 감금 · 폭행한 사건이다. 인신현, 손형구, 정용범, 전기동 등 피해자들은 실신하거나 이가 부러지는 부상을 당했고 후유증으로 정신과 치료를 받기도 했다. 학생회 간부 여섯 명이 폭행의 주동자로 지목돼 징역 10개월에서 1년 6개월을 선고받았다. 당시 구속됐던 학생회 간부 중에는 유시민 외에 제17대 국회위원 윤호중, 변호사 이정우, 미국 하와이대 로스쿨 객원교수 백태웅도 있었다. 유시민은 1심에서 징역 1년 6개월을 선고받자 이에 불복해 항소했고 2, 3심에서 징역 1년을 선고받아 복역했다.

유시민은 자신의 선거 홍보물에 "전두환 정권이 조작으로 엮어 넣은

2006년 보건복지부 내정자로서 인사 청문회에서 답변 중인 유시민. (오른쪽 위) 1985년 서울대 민간인 린치 사건으로 징역형을 선고받은 후 항소 이유서를 들고 있는 모습.

사건"이라고 기재해 피해자들을 분노하게 만들었다. 당시 정신적 충격으로 지금까지도 고통을 받고 있다는 피해자 전기동은 "유 내정자는 직접 폭행에 가담하진 않았지만 당시 상황에 깊숙이 개입했다"며 "그는 장관뿐 아니라 국회의원 등 모든 공직에 있어서 부적격자"라고 말했다. 그는 "지금까지 피해자에게 사과 한 번 했다면 고소나 소송까지 갔겠느냐. 그게 화가 나는 것"이라며 "서울대 사건은 인권 유린이라는 반민주화운동인데도 민주화운동처럼 활용하는 것을 참지 못하겠다"고 했다.[20]

한나라당의 증인 신청은 2월 2일 국회 보건복지위원회의 표결에서 10 대 9로 부결됐다. 증인 채택에 반대한 열린우리당과 민주노동당은 "사

---

20) 윤승모, 「'민간인 린치 사건' 논란 아직 진행 중」, 『동아일보』, 2006년 2월 3일, A8면.

법적 판단이 끝난 사안에 대해 다시 왈가왈부할 필요가 없다"고 한 반면, 한나라당은 "미국의 경우 학창 시절 등록금 미납 사실이 공직자 청문회 과정에서 드러나 사퇴한 사례도 있다"고 반박했다.[21]

이에 『동아일보』는 "죄 없는 사람에게 사적으로 형벌을 가해놓고 이를 민주화운동으로 포장했다면 결코 지나간 일로 넘기기 어려운 심각한 문제다"라며 "피해자의 증인 출석까지 막은 '유시민 청문회'는 오히려 유 내정자가 장관직에 부적절한 인물임을 재확인하고 있다"고 주장했다.[22] 그러나 이게 유시민을 그렇게 일방적으로 매도해도 좋은 사건은 아니었다. 유시민은 폭행에 가담하지 않았는데도 당시 복학생협의회 회장이었다는 이유로 억울하게 엮여 들어갔기 때문이다. 오히려 문제는 유시민의 이후 태도에 있었던 게 아닐까? 피해자 네 명도 억울하게 심한 고문을 당한 건 사실인만큼 유시민이 그들에 대한 배려를 할 수는 없었을까? 모두가 피해자인 양측의 화해는 얼마든지 가능한 게 아니었을까?

"선배님만 믿는다. 잘 좀 부탁한다"

2006년 2월 3일 한나라당 의원 전재희는 "유 내정자가 지난 1999년 7월부터 2000년 7월까지 13개월간 국민연금을 납부하지 않았다"며 이 기간에 유시민은 성공회대 겸임교수로 528만 원, 신문사 칼럼니스트, 책 인세 등의 수입으로 총 2513만 원의 소득이 있었다고 밝혔다. 전재희는 "유 내정자는 이 기간에 건강보험료는 꼬박꼬박 납부했다"면서 "이는

---

21) 이정은, 「유시민 청문회 '민간인 린치 사건' 증인 채택 무산」, 『동아일보』, 2006년 2월 4일, 8면.
22) 「사형(私刑) 피해자 증인 출석 막은 '유시민 청문회' (사설)」, 『동아일보』, 2006년 2월 4일, 31면.

당장 혜택을 볼 수 없는 국민연금보험료는 내지 않겠다는 도덕적 해이의 전형을 보여준 것"이라고 비난했다. 그는 유시민의 부인도 2002년 9월부터 2004년 12월까지 2년 3개월 간 대학 강의로 근로 소득이 있었음에도 국민연금을 내지 않았다고 밝혔다.

이에 유시민은 "당시 안정된 직업이 없어 소득이 불안정한 상황이었고 공단에서 가입 통지를 받은 사실도 없던 것으로 기억된다"며 "2000년 7월쯤 공단의 통지를 받고 연금보험료를 납부해왔다"고 해명했다.

한나라당 대변인 이계진은 "자기는 기본을 안 지키고 어떻게 남을 개혁한다고 하는지 참으로 할 말이 없다"면서 "이것 하나만으로도 스스로 물러나야 할 완벽한 이유가 된다"고 말했다. 한나라당 보건복지위 간사 박재완은 "유 내정자가 국민연금을 제대로 납부하지 않은 사실과 국민연금과 건강보험을 소득보다 적게 납부했다는 것은 주무 장관으로서 치명적인 결격 사유"라며 "청문회에서 사실이 확인될 경우 당연히 보건복지부 장관 내정이 취소돼야 하고 유시민 내정자 스스로 사퇴해야 한다"고 주장했다. 민주노동당 대변인 박용진은 "그게 사실이라면 복지부 장관으로서뿐 아니라 국민의 한 사람으로서 가장 기본적인 것을 지키지 못한 것으로 복지부 장관으로서 함량 미달이고 부정적이라는 판단을 내릴 수밖에 없다"고 말했다.[23]

『조선일보』는 "당장 혜택을 받을 수 있는 건강보험 가입은 머리에 떠오르고 수십 년 뒤에야 혜택이 돌아오는 연금보험은 깜빡했다니 참으로 편리한 선택적 기억력이 아닐 수 없다"며 "국민연금 개혁이 핵심적인

---

23) 심은정·김남석, 「야권, 유시민 내정자 사퇴 요구」, 『문화일보』, 2006년 2월 4일, 4면.

국정 현안이 될 시점에 국민연금의 주무 부처인 보건복지부를 이끌 장관으로서 유 의원은 적임이 아니라는 판단이다"라고 했다.[24]

『한국일보』는 유시민이 국회 인사 청문회를 앞두고 보건복지위 소속 여야 의원들을 잇달아 접촉해 "살살 다뤄줄 것"을 부탁한 것이 화제라고 보도했다. "유 장관 내정자는 2일 한나라당 복지위 간사인 박재완 의원에게 전화를 걸어 '한나라당에서 회심의 카드를 준비하고 있다는데 좀 긴장이 된다'며 '선배님만 믿는다. 잘 좀 부탁한다'고 신신당부했다고 한다. 박 의원은 유 내정자의 서울대 경제학과 선배다. …… 유 내정자는 우리당 김한길 원내대표에게 복지 위원인 이해찬 총리 대신에 친노(親盧) 직계로 분류되는 백원우 의원을 넣어줄 것을 요청했다는 설이 파다하다. 적대적 관계에 있는 의원이 들어오기 전에 우군을 끼워 넣기 위해 선수를 친 셈이다. 결국 이 총리 자리에는 백 의원이 들어가기로 결정됐다."[25]

유시민 내정자 자격 시비 가열

유시민은 2000년 8월~2003년 4월의 33개월 간 실제 소득을 대폭 축소해 국민연금을 납부한 것으로 드러났다. 유시민은 2000년 6642만 원, 2001년 9734만 원, 2002년 8299만 원, 2003년 1억 430만 원 등을 벌었으나, 연 1500만 원 안팎으로 소득을 신고해 360만여 원의 국민연금 납부를 누락했다는 것이다. 이를 밝혀낸 박재완은 "국민연금이 거덜 나게 된 이유 중 하나가 자영업자의 실소득이 제대로 파악되지 않았기 때문"이라며 "소득을 속인

---

24) 「연금 안 낸 장관이 '더 내고 덜 받자'는 개혁한다니(사설)」, 『조선일보』, 2006년 2월 6일, A31면.
25) 임영남, 「"천하의 유시민이…": "청문회 살살 좀 다뤄줘" 로비」, 『한국일보』, 2006년 2월 4일, 4면.

사람이 어떻게 국민연금 개혁을 할 수 있겠느냐"고 반문했다.[26]

『동아일보』는 "이런 사람이 '보험료는 많이 내고 연금은 적게 받는' 연금 개혁을 외치고 있다"며 "그가 하필 복지부 장관이 된다면 국민에 대한 설득력이 있겠는가"라고 했다. "그는 『동아일보』, 『조선일보』를 향해 '사회 발전을 방해하는 독극물'이라고 폭언했지만 유 내정자 자신이야말로 복지부 장관 자리에 앉게 되면 '연금의 원활한 운용을 방해하는 독극물'이 되지 않겠는가. 2004년 일본에서도 유력 정치인들이 연금 보험료 미납 때문에 줄줄이 낙마했다. 유 내정자도 인사 청문회를 앞두고 야당 의원에게까지 '선배님만 믿는다'고 전화할 것이 아니라 자신의 부적격성을 인정하고 스스로 장관직을 포기해야 마땅하다."[27]

2월 6일에도 유시민에 대한 비판이 쏟아졌다. 한나라당 의원 고경화는 유시민이 16대 국회 때에는 기초연금제 '적극 도입'을 주장했다가 17대 국회에서는 '불가능'으로 바뀌었으며, 16대의 보험료 상향 '반대'가 17대 국회에서는 '찬성'으로 뒤집어졌다며, "이런 행위는 장관직을 수행하기 위한 소신에 큰 문제가 있는 것"이라고 주장했다. 한나라당 의원 안명옥은 "유 내정자는 국회 보건복지위원으로 활동하던 2003년 적십자 회비를 미납했고, 16대 및 17대 국회의원으로 활동하며 복지 단체 기금 후원 실적도 전혀 없는 것은 주무 장관으로서 함량 미달"이라고 주장했다.

민주노동당 의원 현애자는 "2002년 대선 당시 유 내정자는 자신이 집행 위원으로 있던 개혁당에서 성폭력 사건이 발생한 데 대해 '해일이 이는데 조개 줍고 있다'는 발언으로 묵살했다. '조개'라는 표현의 선정성

26) 이진구, 「유, 이번엔 신고소득 줄여 연금 덜 내」, 『동아일보』, 2006년 2월 6일, A5면.
27) 「연금 운용이 독극물이 될 '유시민 장관' (사설)」, 『동아일보』, 2006년 2월 6일, A35면.

등이 많은 여성 당원들로 하여금 강한 분노를 일으키게 했다"면서 "유내정자는 저열한 성 의식을 갖고 있어 여성 복지정책을 해결할 복지부 장관으로서 부적격자"라고 주장했다.[28]

『문화일보』기자 박영출은 2005년 3월 21일 열린우리당 당 의장·최고위원 경선에 출마했던 유시민이 5개월 간 직책 당비 700만 원을 연체한 것이 문제가 되자 자신의 홈페이지에 "모두 저의 부주의함 때문에 빚어진 일입니다. 걱정과 심려를 끼쳐드려 죄송합니다"라는 글을 올렸었다는 것을 지적하면서, 유시민은 이번에도 "국민연금보험료를 일시적으로 미납하게 되었음을 송구스럽게 생각하며 국민 여러분의 이해를 구합니다"라는 해명을 내놓았다고 꼬집었다. 박영출은 '습관성 연체, 미납, 해명'이 아니냐며 이렇게 말했다. "지역 가입자의 보험료 체납과 기피는 국민연금과 건강보험의 개혁을 위해 선결해야 할 문제다. 지역 가입자로 전환하면서 보험료를 체납한 전과가 있는 복지부 장관이 고통 분담이 요구되는 각종 개혁안을 들고 어떻게 국민을 설득할 수 있을까. 국민이 '너나 잘하세요'라고 말하면 장관은 뭐라고 대답할까."[29]

몸 낮춘 유시민

2006년 2월 7일 유시민 복지부 장관 내정자가 인사 청문회장에서 보여준 태도는 평소와 180도 달랐다. 『한국일보』에 따르면, "이날만큼은 악

28) 서지현, 「유시민 '사면초가' : 미납의 왕 벼르는 한나라」, 『국민일보』, 2006년 2월 7일, 5면; 이종수, 「유시민 내정자 자격시비 가열」, 『서울신문』, 2006년 2월 7일, 4면.
29) 박영출, 「유시민의 '습관성 연체…미납…해명…'」, 『문화일보』, 2006년 2월 6일, 3면.

명 높은 독설과 조롱, 표독스러운 표정을 일절 거두고 몸을 바싹 낮추었다. 한나라당 의원들의 집요한 추궁에도 미소를 지어 보이거나 고개를 끄덕일 뿐이었다. 유 내정자는 이날 공무원의 대표적 헤어스타일인 '2 대 8' 가르마에 얼굴 화장까지 하는 등 몰려든 수백 대의 카메라를 잔뜩 의식했다. …… 유 내정자가 이렇게 나오자 한나라당 의원들도 작심한 만큼 공격하지는 못했다. 우리당 김선미 의원은 '(유 내정자의) 표현법이 바뀌어 당황스럽다'고 했을 정도다. 청문회장으로 몰려든 300여 명의 기자와 방청객들 사이에서는 '싱겁다'는 평가가 나왔다."[30]

2월 9일 한나라당은 여섯 명의 인사 청문 대상 중 김우식 과기부 총리, 유시민 복지부 장관, 이종석 통일부 장관 내정자 등 세 명에 대해 '절대 부적격'이라며 인사 철회를 요구했다. 민주당은 유시민, 민주노동당은 김우식, 이종석, 유시민, 이상수(노동부 장관), 국민중심당은 이종석, 유시민, 이상수에 대해 각각 부정적인 입장 표명을 했다. 그러나 노무현은 10일 "청문회 과정이 정쟁의 기회로 왜곡되거나 변질되는 현상이 있었다"며 6인 모두에게 임명장을 수여했다.[31] 이와 관련해 『동아일보』는 "국민연금 개혁이 제1과제라는 유시민 보건복지부 장관은 국민연금 미납자니, 병역 기피자가 국방부 장관이 된 격이다"라고 비판했다.[32]

2월 10일 장관 취임식 후 유시민은 "무엇보다 먼저 어르신들을 잘 모시고 싶다"고 했으며, 야당에 대해서도 "찾아가서 만나고 대화하고 또 대화하고, 모시고 또 모시고 섬겨야지 어떤 방법이 있겠느냐"고 했다.[33]

30) 최문선, 「몸 낮춘 유시민」, 『한국일보』, 2006년 2월 8일, 5면.
31) 양성욱, 「'내 식구'엔 관대, '남'에겐 엄격?」, 『문화일보』, 2006년 2월 10일, 2면; 정진황, 「청(靑) 인사기준은 고무줄」, 『한국일보』, 2006년 2월 11일, 6면.
32) 「이러니 국민이 정부를 안 믿을 수밖에(사설)」, 『동아일보』, 2006년 2월 11일, 31면.

2월 16일『문화일보』논설위원 윤창중은 "유시민의 변장술에 역겨움을 갖는 것은 그가 반노(反盧)의 정적(政敵)을 조롱하고 조소해온 진정한 목표가 결국 보건복지부 장관과 같은 그럴듯한 정부 감투였음이 너무 쉽게 보였기 때문이다"라며 다음과 같이 주장했다. "기득권을 향해 쏟아붓는 그의 조롱과 조소는 다른 사람이 흉내 내기도 어려운 그의 타고난 무기였고 정체성이었다. 그런데 이를 장관 감투와 바꿨다. 자신이 그토록 저주의 독설을 퍼붓던 일본 총독 앞의 친일파 조선인 매국노와 군사독재 대통령 앞의 수구 보수 출세주의자들보다 더 깊숙이 머리 숙여 노무현 대통령에게서 장관 임명장을 받았다."[34]

2월 21일 서울대 교수 박효종은 낮은 지지도를 빗대 노무현은 '대통령'이 아닌 '4분의 1통령'이 되었다며, "그것은 사람을 기용할 때 '좋은 사람'보다 '편한 사람'을 썼기 때문이다. '왕의 남자'들로 가득한 '코드 인사', '보은 인사', 같은 사람을 반복해서 쓰는 '회전문 인사'로 일관하면서도 인사 시스템을 공정하게 운영하고 있다고 공언한다면 누가 믿을 것인가"라고 주장했다.[35]

이런 일련의 비판과 비난에도 유시민은 인터넷상의 수많은 누리꾼들을 열성적인 지지자로 둔 '상품성' 있는 정치인이었다. 인터넷 시대의 가장 축복받은 정치인이라고나 할까. 물론 그 축복은 동시에 저주를 숨기고 있는 것이었고, 이는 곧 노무현 정권의 속성이자 운명이기도 했다.

33) 문준식, 「국민 섬기는 일에만 집중」, 『세계일보』, 2006년 2월 11일, 4면.
34) 윤창중, 「무서운 정형근」, 『문화일보』, 2006년 2월 16일, 30면.
35) 박효종, 「참여정부 3년 '4분의 1통령'」, 『세계일보』, 2006년 2월 21일, 31면.

지방 권력 교체하자
여권의 '지방 권력 교체론'

감사원의 '기획 감사'인가?

2006년 2월 9일 감사원은 전국 250개 지방자치단체에 대한 감사 결과를 발표했다. 징계 이상의 처벌은 한나라당이 83건, 열린우리당이 20건이었으며, 단체장 개인에 대해 주의나 수사 의뢰 조치가 내려진 19명 중 한나라당 소속 단체장이 12명에 이르렀다.

감사원 감사관들은 "썩어도 너무 썩어 감사를 하면서도 분노가 터져 감사 의욕이 안 생길 정도였습니다", "단체장의 전횡을 방치한 지방의회는 존재 이유가 없다는 생각이 들었습니다"라고 말할 것으로 보도되었다.[36]

2월 10일 열린우리당 의장 유재건은 비상집행위 회의에서 "지방자치 110년 동안 일부 토착 비리가 심각한 수준이라는 말을 들었지만, 악취가

---

36) 손병호, 「썩은 지자체…감사원도 놀랐다」, 『국민일보』, 2006년 2월 10일, 1면.

정말 심하게 나 실망"이라며 "비리 백화점 같아 놀랐다. 방만한 경영을 하고도 국민 세금을 믿고 버티는 존재는 흡혈귀 같은 존재"라고 격하게 비난했다. 여권은 이른바 '지방 권력 교체론'을 내세웠다.[37]

반면, 250개 광역·기초 단체 가운데 149곳(60%)의 단체장이 소속된 한나라당은 5·31 지방선거를 겨냥한 '기획 감사'라고 반발하고 나섰다.[38] 또 광주시는 "감사원이 사실을 왜곡 과장했다"며 "감사원장을 상대로 명예훼손 등 혐의로 고발하겠다"고 밝히는 등 감사원의 감사 결과에 대한 지자체들의 반발이 거세게 일어났다.[39]

『중앙일보』(2006년 2월 11일)는 "지방의 토착 비리에 대한 소문은 어제 오늘의 일이 아니다. 그런데 이 지경이 되도록 감독 기관인 행자부와 감사원은 무엇을 했는가. 그런 일탈된 행동을 다 알고 있으면서 왜 지금까지는 손을 놓고 있었는가. 감사원의 감사가 잘못됐다는 것이 아니라 왜 이 시점에 그 같은 발표를 하느냐"라고 했다.[40]

2월 21일 경기도 의정부시장 김문원은 감사원장 전윤철을 명예훼손 혐의로 검찰에 고소했다. 그는 "감사원이 인사 담당자의 업무 착오에 대해 주의 조치를 취하지도 않은 채 마치 인사 비리가 있는 것처럼 언론에 발표한 행위는 명백한 명예훼손에 해당한다"며 "감사원의 경미한 지적 사항은 관련 공무원을 문책하는 선에서 마무리하는 것이 관례인데도 침소봉대해 발표한 것은 악의적인 정치 의도가 있기 때문"이라고 주장했다.[41]

37) 한민수·안의근, 「"썩은 풀뿌리 제거"…"재집권 노림수"」, 『국민일보』, 2006년 2월 11일, 3면.
38) 김영훈·남궁욱, 「"지방 선거 겨냥한 기획감사"」, 『중앙일보』, 2006년 2월 10일, 5면.
39) 조용휘 외, 「단체장 "지역실정 무시" 반발」, 『동아일보』, 2006년 2월 11일, 8면.
40) 「단체장 비리와 감사원에 대한 의구심(사설)」, 『중앙일보』, 2006년 2월 11일, 26면.

『조선일보』(2006년 2월 22일)는 국가청렴위가 2005년 말 발표한 공공기관의 청렴도 조사 결과에 따르면 2005년 광역시·도와 기초자치단체의 청렴도는 10점 만점에 각각 8.46점, 8.68점이었으며, 이는 중앙 행정기관(8.75점)에 비해서는 조금 떨어지지만 사실상 차이가 없는 수준이었다고 지적했다.[42]

여권의 '지방 권력 교체론'

열린우리당 2·18 전당대회에서 정동영이 당 의장에 선출됐다. 후보별 득표율은 정동영 48.2%, 김근태 41.7%, 김두관 34.9%, 김혁규 30.6%, 임종석 21.6%, 김부겸 14.7%, 조배숙 4.2%, 김영춘 3.8% 등이었다. 2월 21일 의장 정동영을 필두로 열린우리당은 "지난 10년간 한나라당이 지방 권력의 85%를 독점해왔고, 그 결과 지방은 인사·개발·토착 비리로 병들었다"며 '썩은 지방 권력 교체론'을 내세웠다. 이에 경기도지사 손학규는 "정동영 의장이 썩고 부패한 지방 정부를 심판하자고 했는데 자성이 없는 후안무치한 태도"라며 "요즘 (영화 〈친절한 금자씨〉의 대사이자) 유행하는 말인 '너나 잘하세요'라고 해주고 싶다"고 했다. 충남지사 심대평은 "풀뿌리 민주주의에 대한 인식 자체를 못한 가운데 나온 망언"이라고 했다.[43]

여권의 '지방 권력 교체론'과 더불어 중앙정부의 영향력 행사도 쟁점

41) 오명근, 「시장이 '감사원장 고소' 한 까닭」, 『문화일보』, 2006년 2월 22일, 3면.
42) 홍석준, 「중앙·지방 부패 '거기서 거기'」, 『조선일보』, 2006년 2월 22일, A6면.
43) 채병건·남궁욱, 「정동영 의장 "지방정부 비판" 손학규 지사 "너나 잘하세요"」, 『중앙일보』, 2006년 2월 22일, 5면.

이 되었다. 대통령 노무현은 2006년 1월 25일 신년 기자회견에서 "5월 지방선거는 규칙을 지키는 사람이 손해 보지 않고, 부정과 반칙하는 사람이 반드시 패배하는 그런 선거가 돼야 한다"고 강조했었다. 『국민일보』 기자 오종석은 이 말에 비추어 볼 때 2월 말에 있을 선거용 2차 개각이나 2월 19일 열린우리당 의장 정동영의 대구 방문에 지방선거 출마를 준비하는 환경부 장관 이재용과 건교부 장관 추병직이 동행한 것은 '선거 반칙'이 아니냐는 의문을 제기했다.[44]

특히 이재용은 대구 지역 언론인 간담회에 동석해 "지방 권력 교체하자"는 구호를 외친 뒤 직접 마이크를 잡고 "대구·경북에서는 반드시 성공해야 한다. 첫 방문지로 대구를 찾아준 것에 대해 지도부에 다시 감사한다"고 말해 논란을 빚었다.

이에 『서울신문』은 "이 장관의 이 같은 대구 언행은 실망스럽고 볼썽사납다"며 "비록 그가 열린우리당 당적을 갖고 있다 하더라도 장관으로 재직하는 동안에는 당과 일정한 거리를 둬야 하는 게 순리며 이치에 맞다"고 했다.[45]

『조선일보』는 이재용은 여당의 대구시장 후보로, 추병직은 경북지사 후보로 유력하다며 "이런 두 사람이 선거가 임박하자 장관 옷을 입은 채 집권당 의장을 따라다니며 선거판에서 한몫 보겠다고 나서는 건 위법 이전에 정치인으로서 최소한의 염치와 양심에 관한 문제다"라고 했다.[46]

『한국일보』는 "어제의 국무위원이 하루아침에 무더기로 선거 게임,

---

44) 오종석, 「장관들의 선거 반칙」, 『국민일보』, 2006년 2월 21일, 2면.
45) 「볼썽사나운 장관들의 정치행사 동행(사설)」, 『서울신문』, 2006년 2월 21일, 31면.
46) 「"지방권력 교체하자" 외치는 '선거용' 장관(사설)」, 『조선일보』, 2006년 2월 21일, A31면.

정치 승부의 도구로 동원되고, 이를 당연시하는 풍토와 발상은 구태 구습의 전형이다. 여권 전체가 국정의 안정성이나 신뢰성, 국민의 시선쯤은 아무렇지도 않게 생각하는 정권 지상주의에 빠져 있지 않고서는 있을 수 없는 일이다"라고 했다.[47]

『경향신문』은 각료들이 이렇게 철새들처럼 집단 이탈해 선거에 투입되는 나라가 어디에 있느냐며 "장관직이 논공행상의 전리품이나 표를 얻기 위한 수단으로 전락하고, 내각이 선거용 경력 관리 기구로 국민들에게 인식될 경우 우리 정치 풍토와 공직 문화에 미칠 폐해는 이루 말할 수 없다"고 했다.[48]

2월 22일 이재용은 선거관리위원회에게서 공무원의 선거 중립 위반이라는 경고 공문을 받았다. 25일에는 정동영이 광주 무등산 집회에서 등산객들을 상대로 "여당이 광주의 미래를 책임지겠다"고 했고, 다른 참석자들이 "5·31 지방선거 파이팅"이라는 구호를 외치자, 현장에 있던 선관위 직원들이 '사전 선거 운동'이라며 집회 중단을 요청했다.

해도 해도 너무한다

2006년 2월 26일 열린우리당 부산시장 후보로 거론된 해양수산부 장관 오거돈은 부산에서 출판 기념회를 열었다. 이 출판 기념회에 대대적으로 참석한 여당 지도부는 '준비된 부산시장 후보', '출정식 뜻이 담긴 출판 기념회'라는 발언을 했으며, 오거돈도 "부산의 주도 세력을 바꿔

---

47) 「이번엔 지방 선거 '올인' 인가(사설)」, 『한국일보』, 2006년 2월 21일, 31면.
48) 「장관직이 표를 얻기 위한 수단인가(사설)」, 『경향신문』, 2006년 2월 22일, 31면.

야 한다"고 외쳤다. 최고위원 김혁규는 오거돈을 '오 후보'라고 부르면서 "5·31이라는 큰 행사를 치르려면 돈이 필요하다. 여러분이 책을 열 권씩 사주면 큰 도움이 될 것"이라고 했으며, 의장 정동영과 최고위원 김두관도 오거돈이 부산의 미래를 책임질 인물이라며 박수를 유도했다.

이에 대해 『중앙일보』는 노무현이 "부정과 반칙을 하는 사람이 반드시 패배하는 선거가 돼야 한다"는 말을 수차례 했음을 상기하면서 "그렇다면 현직 장관들이 부정과 반칙, 탈법과 편법 선거운동을 하도록 내버려둬서는 안 된다"고 말했다.[49]

『국민일보』는 "여당은 입만 열면 선거 개혁을 치적처럼 자랑해왔다. 반칙하는 사람은 선거에서 반드시 패배해야 한다고도 했다. 그러던 여당 지도부와 여당 후보로 지방선거에 나설 장관들이 선거법을 무시하는 듯한 행보를 보이고 관권 선거 양상을 노골화하고 있으니 어이가 없다"고 했다.[50]

『서울신문』은 "노무현 대통령은 엊그제 청와대 출입 기자들과의 산행 도중 '선거 변수가 끊임없이 끼어들기 때문에 국정이 흔들린다'고 개탄했다. 그 원인으로 임기 중 중간 선거가 너무 많다는 점을 들었다. 그러나 선거 횟수를 떠나 선거에 임하는 정부·여당의 자세에 먼저 문제가 있다고 본다. 국정을 제대로 운영해 큰 틀의 심판을 받겠다는 의지가 부족하다. 표에 도움이 된다면 무슨 일이든 할 수 있다는 태도가 국정을 흔들고, 결국 표를 달아나게 한다"고 했다.[51]

---

49) 「선거용 장관이라지만 해도 너무한다(사설)」, 『중앙일보』, 2006년 2월 27일, 30면.
50) 「집권당이 선거과열·탈법 부추기다니(사설)」, 『국민일보』, 2006년 2월 28일, 22면.
51) 「선거법 무시하는 여당 의장과 장관(사설)」, 『서울신문』, 2006년 2월 28일, 31면.

『조선일보』는 "이런 판에 대통령은 '대통령 임기 중간에 선거 같은 것은 하지 않았으면 좋겠다'며 선거 폐해론을 말했다. 왼손으로는 선거 바람에 부채질을 해대면서 오른손으로는 그거 막는 시늉을 하고 있는 셈이다. 국민을 우습게 봐도 너무 우습게 보는 게 아닌가"라고 했다.[52]

『경향신문』은 " '해도 해도 너무한다.' 지방자치단체장 선거를 눈앞에 두고 여당이 벌이는 행태를 보면 절로 나오는 말이다"라며 "여당이 해당 장관들을 앞세워 사실상 선거 유세에 나선 것은 위법 여부를 떠나 집권당으로서 가져야 할 최소한의 '노블레스 오블리주(도덕적 의무)'마저 망각한 행위다"라고 했다.[53]

2월 28일 중앙선관위는 "오 장관이 26일 열린 부산 출판 기념회에서 자신의 업적을 홍보하고, 지지를 호소한 것은 명백히 선거법에 위배된다"며 선거법 위반 혐의로 엄중 경고 조치했다고 밝혔다. 선관위는 또 출판 기념회에서 오거돈 지지 발언을 한 정동영, 김두관, 김혁규, 윤원호 의원에게도 선거법 준수를 공식 요청했다.[54]

여당의 '강금실 모시기' 경쟁

2006년 1월 28일 SBS와 TNS가 전국 16개 시·도의 광역 단체장 예비 후보 지지도 조사를 실시해 보도한 결과에 따르면 서울시장에 적합한 인물을 묻는 질문에 전 법무부 장관 강금실이 35.6%로 압도적 1위를 기록했

52) 「일주일에 세 번이나 선거법을 깔아뭉갠 여당(사설)」, 『조선일보』, 2006년 2월 28일, A31면.
53) 「여당은 선관위 경고가 안중에도 없나(사설)」, 『경향신문』, 2006년 2월 28일, 31면.
54) 박석원, 「오거돈 장관에 선관위서 경고」, 『한국일보』, 2006년 3월 1일, A2면.

검은 양복을 입고 2대 8 가르마를 타는 남성 정치인과 달리, 강금실(사진)은 화려한 의상에 사교댄스를 즐기는 신선한 이미지로 젊은 층에 어필했다. 열린우리당이 그에게 매달린 이유도 '새로운 표밭'을 창출할 가능성 때문이었다.

다. 한나라당 후보로 거론된 맹형규(11.1%), 홍준표(10.9%), 권문용(3.5%), 박진(2.5%) 등 네 명의 지지도를 합친 것보다 많은 수치였다. 이 조사에서는 다른 지역과 달리 서울의 정당 지지도가 열린우리당 23.9%, 한나라당 42.6%로 나타나 강금실의 높은 인기는 더욱 화제가 되었다.

이에 대해 TNS 부장 이상일은 "기존 정치권에 대한 실망감이 큰 와중에 정치권에서 한 발 떨어져 있는 강 장관이 신선해 보이는 것"이라며 "2005년 고건 전 총리의 지지도가 치솟았을 때와 비슷한 현상"이라고 분석했다. 우리당 의원 정장선도 "정치권에 발을 들여놓지 않겠다는 의사를 피력하고 있는 것도 역설적으로 인기의 원인"이라고 말했다. 한국사회여론연구소 연구실장 한귀선은 "강 장관의 지지층은 20~30대가 주축인데 이들의 투표율이 낮다는 게 약점"이라며 "정당 지지도가 주요 변수가 되는 지방선거에서 개인 인기가 계속 힘을 발휘할 수 있을지는 미지수"라고 말했다.[55]

2월 2일 열린우리당 예비 경선 연설에서 열린우리당 의원 김부겸은 강금실의 서울시장 후보 영입을 강조하면서 "지방선거, 지금은 어렵다. 그러나 판세를 뒤집을 수 있는 훌륭한 후보들을 삼고초려가 아니라 백고초려라도 해서 모셔와야 한다. 강금실과는 형수라고 부르는 사이다. 꼭 필요하다면 업어서라도 와야 한다"고 했다.

정동영과 김근태 사이에서도 '강금실 모시기' 경쟁이 붙었다. 김근태는 2월 4일 광주 합동 토론회에서 "강 전 장관이 (나의 제안에 대해) 반응을 보이고 있다"고 했으며, 2월 5일 제주도 합동 연설회에서도 "강 전 장관은 제주의 딸"이라며 "강 전 장관과 김근태가 손을 잡고 정치를 하면 잘될 거라고 보는데 어떻게 생각하느냐"고 말했다. 이에 질세라 2월 5일 정동영의 한 핵심 측근은 "정 후보가 당 의장 후보로는 유일하게 지난달 말 강 전 장관과 만났다"며 "강 전 장관 영입은 정 후보 주도로 이뤄질 것"이라고 했다.[56]

55) 정녹용, 「강금실 신드롬 실체는?」, 『한국일보』, 2006년 1월 31일, 3면.
56) 양원보, 「여 당권주자들 강금실 구애경쟁」, 『세계일보』, 2006년 2월 6일, 4면.

2월 16일 김근태의 대변인인 열린우리당 의원 우원식은 기자회견을 자청해 "지난 주말에 김 후보와 가까운 여성운동계 인사가 강금실 전 장관을 만났는데 '앞으로 정치를 한다면 살아온 내력과 철학, 인간관계를 봤을 때 운명적으로 김근태와 함께할 수밖에 없지 않느냐'고 말했다"고 소개했다. 그러나 강금실은 "그런 발언을 한 적이 없다"고 반박했다. 그는 "나는 자유로운 개인인데 조금 지나치다"라며 "개인적 친분을 떠나서 어느 정치인과도 생각을 같이하고 있지 않다"고 했다. 『세계일보』는 '강금실 끌어들이기'에는 김근태 측뿐만 아니라 정동영 측도 덜하지 않았다며 "이번 전대는 '강금실배(盃) 쟁탈전'이 아니다"라고 꼬집었다.[57]

2월 26일, 이미 한 달여 전인 1월 22일 서울시장 경선 출마를 공식 선언했던 열린우리당 의원 이계안은 강금실의 영입에만 목을 매고 있는 당 지도부를 공개 비판하고 나섰다. 그는 기자회견문에서 "과연 우리당이 민주 정당인지 의심스럽습니다. 공공연한 불공정과 편파적 행태가 지속되면 의원직 사퇴와 같은 중대 결심을 하겠습니다"라고 말했다. 그는 막판에 기자회견은 취소했지만 "경선 일정을 조기 확정해야 한다"며 당 지도부에 경고의 메시지를 보냈다.[58]

고위 공무원 26% 1억 원 이상 늘었다

2006년 2월 행정부 1급 이상 공직자 643명의 재산 변동 신고 내역에 따르면, 노무현 대통령을 비롯한 정부 고위 공직자 중 81.8%가 재산을 늘

57) 이철호, 「여 전대는 '강금실배 쟁탈전'?」, 『세계일보』, 2006년 2월 17일, 3면.
58) 전병역, 「'강금실 영입' 빛바랜 당 내 민주화」, 『경향신문』, 2006년 2월 27일, 2면.

렸으며 특히 10명 중 두 명은 1억 원 이상 불린 것으로 나타났다. 국회의원의 경우도 74%가 재산을 불렸으며, 1인당 평균 증가액은 1억 4000만여 원이었다. 행정부 1급 이상, 국회의원, 사법부 고위 법관 1,071명의 평균 재산이 10억 원을 넘고, 전체의 26%인 270명이 2005년 한 해 1억 원 이상 재산을 불린 것으로 나타났다. 재산 증가분은 대개 주식과 부동산 가격 상승에 따른 이익이었다.

이에 『한국일보』는 "청와대는 홈페이지에 '승자 독식의 카지노 경제는 사회적 양극화가 심화될 수밖에 없다. 국가는 빈곤층에게 삶의 희망을 심어줄 의무가 있다'고 썼다. 그러나 서민층, 중산층 모두 재산 공개를 보며 절망하거나 깊은 한숨을 쉬고 있다"고 말했다.[59]

『조선일보』는 청와대가 '양극화 시한폭탄'이란 홈페이지 특집에서 한국을 "소수의 승자만 존재하고 다수의 패자는 존재할 수 없는 비정한 카지노 경제", "아프리카 밀림의 사자는 배가 부르면 더 이상 사냥을 하지 않지만 승자 독식의 카지노 경제에서는 강자의 탐욕에 끝이 없다"고 한 걸 상기하면서 "그렇게 양극화론을 외쳐온 집권 여당들의 작년 한 해 재산 증가액이 평균 7300만 원이었다"고 지적했다. "7300만 원이면 이 정권 사람들이 '잘나가는 20%'라고 말하는 상위 20% 계층의 연간 가구 평균 소득(7280만 원)에 해당하는 돈이다. 그렇다면 이 정권 사람들은 스스로를 '희망 없는 80%'를 수탈하는 '탐욕스러운 강자'로 보고 있는 것일까."[60]

『동아일보』는 "노 대통령은 9447만 원, 여당 국회의원은 평균 7300만

59) 「양극화의 현주소-공직자 재산공개(사설)」, 『한국일보』, 2006년 3월 1일, A23면.
60) 「이 정권 사람들은 빈곤층 수탈해 재산 불렸는가(사설)」, 『조선일보』, 2006년 3월 1일, A31면.

원, 수석 비서관들은 수천만 원씩 불렀다"며 "진심으로 양극화를 걱정한다면 소득 상위 20% 계층의 연간 가구 소득(7280만 원)보다 더 많이 재산을 불린 청와대와 여당 사람들이 삼성그룹처럼 재산 헌납이라도 해야 하지 않겠는가"라고 했다.[61]

사실 여권의 '지방 권력 교체론'이 큰 설득력을 갖기 어려운 이유도 바로 여기에 있었다. 유권자들의 입장에서는 '그놈이 그놈'이라거나 '그놈들끼리의 밥그릇 싸움'이라는 생각을 갖기 마련이었다. 3월 들어 서민들의 그런 생각을 굳히게 만들 사건까지 일어났는데, 바로 이해찬 국무총리의 3·1절 골프 파문이었다.

---

61) 「재테크에 성공한 분들의 '양극화 장사' (사설)」, 『동아일보』, 2006년 3월 2일, A31면.

늦게 배운 도둑질 날 새는 줄 모른다?
이해찬의 3·1절 골프 파문

3·1절 골프 파문

3·1절이자 철도 노조 파업 첫날인 2006년 3월 1일 국무총리 이해찬이 부산에서 상공인들과 골프를 쳐 논란을 빚었다. 한나라당 대변인 이계진은 "나라의 위기 관리를 해야 할 때마다 세 번씩이나 골프를 친 데 대해 삼진 아웃이 적용돼야 한다"며 사퇴를 촉구했다. 한나라당 의원 박진은 "산불이 나도, 호우가 나도, 파업이 나도 골프장으로 가는 총리는 민생고를 조금이라도 생각하는지 모르겠다. 차라리 총리를 그만두고 프로 골퍼로 전직을 하라"고 했고, 민주당 부대변인 김재두는 "책임 총리가 나랏일을 뒷전으로 미루고 시도 때도 없이 골프장으로 달려가다니 총리직을 그만두고 차라리 프로 골퍼로 전향할 것을 촉구한다"고 말했다. 민주노동당 부대변인 김성희는 "전국의 철도 노동자들이 파업에 나서고 있는 상황에서 정부 당국의 총수가 재계 인사들과 어울려 한가하게 골프를 칠 수 있다는 사실이 그저 놀라울 뿐"이라며 "총리는 본인이 상식

에서 벗어나 있다는 사실, 내각 수반이라는 사실을 상기해 평정심을 찾기 바란다"고 말했다.[62]

『한국일보』는 "전날 국회에서 거물 브로커 윤상림 씨와의 골프 회동을 놓고 야당 의원과 격렬한 언쟁을 벌이고도 다음 날 골프를 강행한 것을 보면 골프 중독이라는 인상을 줄 만하다"고 말했다.[63] 『국민일보』는 여권의 '징벌 개각'과 더불어 이해찬의 골프에 대해 "5·31 지방선거를 앞두고 여권의 행태가 눈 뜨고 볼 수 없을 정도다. 이들이 국정을 책임지고 있는 사람들인지조차 의심스럽다"고 했다.[64] 『경향신문』은 "오죽하면 재야 운동권 출신인 이 총리가 '필드 운동권'으로 변신했다는 비아냥까지 나오고 있겠는가. 이 총리 측은 골프 라운딩 중에도 상황을 보고받으니 문제될 것이 없다고 주장한다. 그런 식이라면 총리가 굳이 매일 출근할 이유가 있을까"라고 말했다.[65]

"늦게 배운 도둑질에 날 새는 줄 모른다"는 해석도 제기되었다. 『세계일보』는 "재야 운동권 출신인 이 총리는 3선이 될 때까지 필드에 나가지 않았다. 1997년 마흔다섯 살이 돼서야 당시 권노갑, 이훈평 씨 등 동교동계 인사들의 권유로 처음 골프 연습장을 찾았다. 이후 곧바로 골프에 빠져 들었고, 거의 매일 연습장과 필드를 찾았다는 게 정치권 인사들의 설명이다. 구력은 짧았지만 평균 타수 80대로 내기에서도 항상 이겼다고 한다. 제대로 훈련한 데다 집중력이 강해 퍼팅을 할 때도 전혀 흔들림이 없고, 결국 판돈을 가져간다는 것이다. 유난히 승부욕이 강한 이 총리 성

62) 이지선, 「"이 총리 차라리 프로 골퍼 전향하라"」, 『경향신문』, 2006년 3월 3일, 4면.
63) 「시도 때도 없는 이 총리의 '나이스 샷'(사설)」, 『한국일보』, 2006년 3월 3일, A27면.
64) 「징발개각에 총리는 또 골프나 치고…(사설)」, 『국민일보』, 2006년 3월 3일, 22면.
65) 「운동권 출신 총리의 골프 파문(사설)」, 『경향신문』, 2006년 3월 4일, 23면.

격과 맞아떨어지는 대목이다"라고 전했다.[66]

불법 대선 자금 건넨 기업인과의 골프

이해찬과 골프를 함께 쳤거나 클럽하우스에서 식사를 같이한 기업인 여덟 명 중에는 2002년 대선을 전후해 불법 정치자금을 받아 물의를 빚은 전 대통령 총무 비서관 최도술에게 정치 자금을 건넨 인사 세 명이 포함된 것으로 확인돼 논란이 증폭되었다.[67] 부당 행위로 공정거래위의 조사를 받고 있는 사람, 주가조작 혐의로 실형을 산 기업인도 포함되었다는 보도도 나왔다.[68]

한나라당 부대변인 이정현은 "이 총리의 이번 3·1절 라운딩은 노무현 대통령에게 대선 자금을 지원한 기업인에 대한 보은 골프가 아닌지 의심스럽다"며 "거물 브로커 윤상림 씨, 주가조작 관련자 그리고 대통령 대선 자금 지원 기업인과 골프를 쳤다는 사실만으로도 도덕적으로 더 이상 총리 자리에 머물러서는 안 될 사람이다"라고 주장했다. 같은 당 의원 홍준표는 "부적절한 관계에 있는 사람들과 어울리는 이 총리는 후안무치하며 국정을 수행할 자격이 없다"고 주장했다. 민주노동당 부대변인 김성희는 "노동자들이 공익적 요구를 걸고 파업에 나선 당일 국무총리가 골프를 친 것도 국민들에게는 충격적인데 그 인사들이 불법 정치 자금과 연루된 인사들이라는 것에 더욱 심각한 충격을 느낀다"고

---

66) 박창억, 「강한 승부욕…소신…성격에 '딱'」, 『세계일보』, 2006년 3월 4일, 4면.
67) 조용휘·석동빈, 「이 총리 '부산 골프 파트너' 논란」, 『동아일보』, 2006년 3월 4일, 1면.
68) 박주영·김민철, 「3·1절 골프 '동반자도 부적절' 논란」, 『조선일보』, 2006년 3월 4일, A6면.

말했다.[69]

3월 2일 이해찬 측은 골프를 친 이유를 설명하면서 "부산 상공회의소 신임 회장단과의 상견례 성격"이었으며 다른 공무원은 없었다고 했으나, 이는 사실과 다른 것으로 드러났다. 부산 상의는 아직 회장단을 뽑지 않았으며, 교육부 차관 이기우가 동행한 것으로 밝혀졌다.[70] 3월 5일 이해찬은 "사려 깊지 못한 처신으로 국민 여러분께 걱정을 끼쳐드려 대단히 죄송스럽게 생각한다"는 대국민 사과와 더불어 "노무현 대통령이 해외 순방을 마친 뒤 본인의 거취 문제에 대해 대통령께 말씀을 드리겠다"며 사퇴 의사를 밝혔다.

『한국일보』는 "정권의 2인자, 실세 총리라고도 하는 사람의 이런 처신에서 국민이나 여론은 안중에 없는 오만과 교만의 극치를 보게 된다"며 "이번 파문은 우연한 단일 사안으로 보기 어렵다. 임기 반환점을 넘은 정권의 타락성을 말하는 것으로 다수 여론은 간주할 것이다"라고 했다.[71]

『동아일보』는 "노무현 대통령의 책임이 크다. 문제가 생길 때마다 질책은커녕 '총리와 나는 천생연분'이라는 식으로 부추겼으니 누구 탓을 하겠는가. 대통령이 이러니 교육 부총리라는 사람이 덩달아 '골프를 치면 안 되고 등산을 하면 되느냐'는 우문으로 국민의 가슴을 더 아프게 만든다. 다시는 아집과 전의(戰意)로 똘똘 뭉친 사람이 총리가 돼선 안 된다"고 말했다.[72]

69) 양성욱·심은정, 「한나라·민노당 "충격적": 이 총리 '3·1절 골프'에 불법자금 제공자 포함」, 『문화일보』, 2006년 3월 4일, 1면.
70) 최현철, 「부산상의는 지금 회장 선거 중: '거짓말 릴레이' 해명들」, 『중앙일보』, 2006년 3월 6일, 3면.
71) 「이해찬 총리 사의는 사필귀정(사설)」, 『한국일보』, 2006년 3월 6일, 31면.
72) 「민심 받들 새 총리 찾아야(사설)」, 『동아일보』, 2006년 3월 6일, A31면.

골프장은 '제2의 정치 무대'

서강대 정외과 교수 손호철은 "이 총리가 치매를 앓고 있을 가능성이 높다. 치매가 아니라면 이미 다섯 번이나 곤욕을 치르고 바로 전날도 이 문제로 난리를 치고도 그다음 날 다시 골프를 칠 수는 없다"고 했다.[73] 치매가 아니라면, 과연 무슨 이유 때문이었을까?

17대 국회 개원 당시 "골프를 친다"고 밝힌 의원은 130여 명이었으나, 이해찬 사건을 계기로 297명의 의원들을 확인한 결과 골퍼는 216명으로 70%를 웃돌았다.[74] 『한국일보』는 의원들의 '골프 붐'에 대해 "10여 년 전부터 골프장은 요정 등 고급 음식점, 계파 보스 사무실 등을 제치고 가장 중요한 제2의 정치 무대가 됐다"며 다음과 같이 말했다.

"오죽하면 오랜 외교관 생활에도 골프를 몰랐던 크리스토퍼 힐 (Christopher R. Hill) 미 국무부 차관보가 주한 미국 대사 시절 '한국에서 골프를 모르면 아무것도 못 한다'는 권유에 늦깎이 골퍼가 됐을까. 문민 정부 시절 미림팀이 골프 카트에 도청 장치를 달았던 것도 이 때문이다. 골프를 치는 의원들은 '골프는 정치의 연장선'이라고 말하고 있다. 골프가 얽히고설킨 정치적 난제를 푸는 윤활유 또는 인맥을 넓히는 고리의 역할을 하고 있다는 것이다."[75]

『국민일보』는 "이해찬 총리의 '3·1절 골프' 파문은 기본적으로 골프 '중독'에서 비롯됐다"며 "그런데 이런 분위기는 이 총리 개인의 문제가 아니라 현 정부 공직 사회의 단면을 반영한 것이라는 지적이 제기되고

---

73) 손호철, 「이 총리를 위한 변명?」, 『한국일보』, 2006년 3월 6일, 30면.
74) 임영남, 「의원들 70% "골프 친다"」, 『한국일보』, 2006년 3월 7일, 5면.
75) 이동국, 「3당 합당-DJP연대도 골프회동서 시작」, 『한국일보』, 2006년 3월 7일, 5면.

1989년 10월 2일 안양CC에서 김영삼이 날린 티샷이 필드 밖으로 날아가자 김종필이 파안대소하고 있다. 이날의 좋은 분위기는 3당 합당으로 이어졌다. 제아무리 정적(政敵)이라도 4시간을 함께 걸으며 운동하다보면 서로 이해의 폭을 넓힐 수 있지 않을까? 이렇듯 정치계에서 골프의 역사는 깊고도 오래다.

있다"고 했다. 전 대통령 김영삼은 취임 초 공직자들에게 '골프 금지령'을 내렸고, 전 대통령 김대중은 야당 시절 "모든 골프장을 갈아 엎어 논밭으로 만들어야 한다"고 주장할 정도였지만, "그러나 노 대통령 집권 이후 양상은 크게 달라졌다"는 것이다.

"본인은 물론 부인 권양숙 여사까지 소문난 애호가로 알려졌고, 집권 초부터 주변의 시선을 의식하지 않고 골프를 즐겼다. 노 대통령은 2003년 6 · 15공동선언 3주년 때 아무런 기념 행사도 갖지 않은 채 청와대 참모들과 '우중(雨中) 골프'를 치고, 같은 해 11월에는 충북 충주시 시그너스 골프장에서 자신의 후원자인 강금원 전 창신섬유 회장과 부부 동반으로 라운딩하는 등 심심치 않게 골프 구설수에 올랐다. 이처럼 대통령이 골프에 적극적이다보니 과거 정권 때와 달리 공직 사회 전반에 전면적 '골프 자유화' 분위기가 퍼졌다. 이에 따라 고위 공직자들이 국민들 눈치를 안 보고 주말은 물론 평일에까지 필드에 나서는 지경이 됐다. 이 과정에서 이권과 관련된 '업자'들의 접대 골프 소문이 관가에 끊임없이 나돌았다."[76]

---

76) 김호경 · 남혁상, 「대통령이 풀어놓은 공직 사회 골프 기강」, 『국민일보』, 2006년 3월 7일, 4면.

『경향신문』은 "군에도 '골프 열풍'이 불고 있다. 국방부와 육·해·공군이 관리하는 골프장은 모두 28곳. '군 골프장이 많다'는 시민·사회단체의 비판에도 3년 안에 다섯 곳을 더 개장할 예정이다. 매주 '부킹 전쟁'이 군 내 곳곳에서 벌어진다. '훈련은 안 하고 골프만 치려고 하느냐'는 비아냥을 들을 정도다"라고 말했다.[77]

"이해찬은 권력에 취해 있는 것 같다"

이해찬의 골프 비용을 골프장 사장이 대신 내고 이해찬을 비롯한 골프 참가자들의 식사 비용 및 술값도 다른 기업인이 부담한 것으로 드러나 이해찬이 공무원 행동 강령을 위반했다는 비판이 제기되었다. 참여연대는 논평을 내고 "국가청렴위는 사실 관계를 명확히 밝히고 책임을 물어야 한다"고 주장했다.[78]

한국교직원공제회가 이해찬의 3·1절 골프 동반자인 기업인 류원기 소유의 영남제분에 대해 2005년 5월부터 대규모(102억 원)로 투자한 것은 내부 규정을 어긴 것이며, 교직원공제회는 영남제분 주식 보유로 인해 6일 종가(終價) 기준 12억 5000만 원의 평가 손해를 보았다는 지적도 나왔다.[79] 이와 관련해 『경향신문』은 "교직원공제회는 이 총리의 3·1절 골프에 참석한 이기우 교육부 차관이 이사장으로 재직했던 곳이고, 현 이사장도 이 총리가 교육부 장관 시절 경기도 부교육감을 지냈다.

---

77) 박성진·이고은, 「군도 '부킹전쟁' 훈련은 언제 하나」, 『경향신문』, 2006년 3월 8일, 3면.
78) 신재연, 「이 총리 공무원 행동 강령 어겼다」, 『한국일보』, 2006년 3월 8일, 1면.
79) 하임숙·김상훈, 「"교직원공제회 투자내규 어겼다"」, 『동아일보』, 2006년 3월 8일, A1면; 「"이 총리 사퇴하면 국가 틀 흔들린다"는 청와대(사설)」, 『조선일보』, 2006년 3월 8일, A31면.

3·1절 골프가 '로비성'이거나 '보은성' 접대였을 수도 있다는 의혹을 일으키는 부분이다"라고 말했다.[80] 『한국일보』는 "총리실이 류 회장의 참석을 감추고 싶어 했던 데는 분명 석연치 않은 무엇이 있다. 류 회장의 아들이 지난 총선 때 이 총리에게 400만 원의 후원금을 낸 점도 예사롭게 여겨지지 않는다"고 말했다.[81]

이해찬의 골프 동반자인 이기우 교육부 차관, 영남제분 류원기 회장이 2005년 가을 김평수 교직원공제회 이사장과도 여러 차례 골프를 친 사실도 밝혀졌다. 이에 대해 『조선일보』(2006년 3월 9일)는 "검찰이 수사에 나서, 하룻밤 자고 일어날 때마다 새로운 의혹이 터져 나오고 있는 '3·1절 골프 게이트'의 진상을 밝혀내야 한다"고 말했다.[82] 이어 『조선일보』(2006년 3월 10일)는 한국교직원공제회의 주식 매입으로 주가가 크게 올랐던 영남제분이 작년 11월 자사 주 195만 주를 비공개로 처분, 70억여 원의 시세 차익을 챙긴 것으로 확인됐다고 보도했다.[83]

3월 11일 신문들은 일제히 이해찬이 '내기 골프'를 했다고 보도했다. 그날 한나라당 부산시당 진상조사위원회(위원장 유기준 의원)는 아시아드 골프장을 현장 조사한 뒤, 이해찬은 '황제 골프(골프를 편하게 치려고 앞뒤 한 팀을 빼버리고 치는 골프)'를 쳤으며, 골프장 목욕탕에서도 골프장 직원이 탕 안에 있던 손님들에게 "높은 사람이 오니까 빨리 나가달라"고 독촉했고, 이 과정에서 손님 중의 한 명이 "목욕비를 빼달라"고 프런트에 강력하게 항의한 정보가 있다고 주장했다.[84]

80) 「'총리 골프' 공직윤리 위반 여부 조사해야(사설)」, 『경향신문』, 2006년 3월 8일, 31면.
81) 「감출수록 의혹 커지는 3·1절 골프(사설)」, 『한국일보』, 2006년 3월 8일, 31면.
82) 「검찰이 공제회의 상식 밖 투자 수사해야(사설)」, 『조선일보』, 2006년 3월 9일, A31면.
83) 강훈, 「영남제분, 자사주 팔아 70억 차익」, 『조선일보』, 2006년 3월 10일, 1면.

『월간조선』2006년 4월호는 3·1절 골프 모임에 참석한 부산상공회의소 명예회장 강병중, 세운철강 대표 신정택, 삼림종합건설 대표 박원양 등은 장수천의 이사를 지낸 최도술을 통해 노무현 후보에게 정치자금을 제공했다는 사실에 주목하면서 "장수천을 알아야만 '이해찬 골프'의 미스터리가 풀린다"고 말했다. 장수천은 노무현이 깨끗한 정치자금을 조달하겠다는 명분으로 만들었다가 실패한 회사인데, 부산 지역 상공인들은 "노무현 정권의 성골(聖骨)은 장수천 인맥"이라는 말이 나올 정도로 노 정권을 좌지우지하고 있는 '장수천 인맥'과 맞닿아 있다는 것이다.[85]

열린우리당의 붕괴를 예고하는 전조

『국민일보』(2006년 3월 13일)는 "국민들이 이해찬 국무총리로부터 받는 스트레스는 엄청나다. '황제 골프', '돈내기 골프', '악취 풍기는 거짓 해명 릴레이' 등으로 국민들의 분노와 허탈, 짜증, 배신감은 주체할 수 없는 지경이다"라며 "이 총리가 자리를 지키고 있는 것 자체를 국민들은 부끄러워한다. 달콤한 권력에 연연해하는 가엾고 졸렬한 사람으로 여기고 있다"고 말했다.[86]

같은 날 『문화일보』 논설위원 이신우는 "매스컴 보도에 따르면 이 총리는 취임 전만 해도 일주일에 2~3회 라운딩을 할 정도였다고 한다. 그

---

84) 남궁욱, "'이해찬 총리, 황제 골프 쳤다'", 『중앙일보』, 2006년 3월 13일, 5면.
85) 송승호, 「'이해찬 3·1절 골프' 뚜껑을 열면 노무현 '장수천' 인맥이 보인다」, 『월간조선』, 2006년 4월, 132~156쪽.
86) 「이 총리, 국민을 그만 괴롭혀야 한다(사설)」, 『국민일보』, 2006년 3월 13일, 26면.

렇다면 골프 유흥비에만 한 달에 최소한 200~300만 원씩 쓰는 것 아닌 가. 우리네 중산층의 한 달 생활비다. 이래 놓고도 틈만 나면 80%의 당신네들을 위해 몸 바치겠다고 속삭여대니 참으로 황당하기 그지없다" 고 말했다.[87]

역시 같은 날 『경향신문』 편집국 부국장 전남식은 "이해찬 총리는 골프에 빠져 있는 게 아니라 권력에 취해 있는 것 같다"며 다음과 같이 말했다. "이 총리 얘기를 하면서 운동권 출신들을 매도하고 싶은 생각은 없다. 그러나 1960년대의 6·3세대와 1970년대 민청학련 세대, 1980년대 아스팔트 세대들에서 잘나갔거나 잘나가고 있는 정치인들을 보면 역겹게 느껴질 때가 있다. 이들은 출세주의를 지향하고 조금이라도 권력을 얻었다 하면 국민들을 무시하고 가르치려 들었다. 말로만 국민을 받들었을 뿐 그들의 머리는 항상 국민 위에 군림했다."[88]

3월 14일 『한국일보』 논설위원 강병태는 이해찬의 3·1절 골프 파문과 관련해 "독재와 기득권에 저항한 것을 만고에 자랑할 업적으로 내세우는 이들이 과거 기득권 세력보다 너절한 정경유착을 즐기는 모습은 이미 곳곳에서 엿볼 수 있다"며 다음과 같이 말했다. "양극화 해소를 외치는 대통령과 총리와 각료들이 봉급을 통째 저축하고, 서해안 섬에 별장 짓기 좋은 땅을 마련하고, 영악하게 이권을 노리는 지방 토호들과 어울리는 현실은 한국적 좌파 집권 세력의 타락과 위선을 상징한다. 그런 기득권을 동경했을 뿐 진정한 도덕심은 없는 권력 주변의 아첨꾼들은 다시 어떤 교언(巧言)을 궁리해낼지 모르나, 누추함을 가리고 숨길 수 없

---

87) 이신우, 「배부른 진보」, 『문화일보』, 2006년 3월 13일, 30면.
88) 전남식, 「민심 잃은 총리에 뭘 바라는가」, 『경향신문』, 2006년 3월 13일, 30면.

다는 사실을 알아야 한다."[89]

『조선일보』(2006년 3월 15일)는 " '나만 잘났다' 는 사람들은 입만 열면 남의 부아를 돋우고 남의 가슴에 생채기를 내는 말만 토해냈다. 그러면서 자신은 한 점 티끌 없는 하늘에서 따로 떨어진 사람 행세를 했다. 그랬던 사람들이 이런저런 문제가 많은 업자들과 어울려 황제 골프, 내기 골프를 했고, 그 뒤편에서는 수상한 냄새가 나는 거래가 이뤄졌다. 더구나 그걸 감추겠다고 거짓말 퍼레이드까지 이어가는 걸 보면서 국민들이 더는 참을 수 없다는 생각을 굳히게 된 것이 '3·1절 골프 파문' 의 결말이다"라고 말했다.[90]

『세계일보』(2006년 3월 15일) 문화생활부장 백영철은 "청와대가 권위주의를 없앤 것이 노무현 대통령의 치적이라고 자랑하지만 이 총리가 부린 권력의 위세를 보면 말짱 헛말이다. 운동권 출신이라고 으스대더니만 보수 우파 이상으로 권력의 단맛에 취해 해롱대다 타락하는 것은 또 뭔가. 이 총리와 그의 사람들은 3·1절 골프 사건을 통해 그토록 자랑하던 운동권 출신의 도덕성이 어느 정도인지, 바닥이 어디인지를 여지없이 보여주었다. 골프 동반자의 구린 냄새와 부패 연루 의혹, 교육부 장차관의 어설픈 편 들기와 거짓말 릴레이로 그들의 밑천은 드러났다"고 말했다.[91]

이날 『문화일보』 논설위원 윤창중은 "지금 국민이 사필귀정이라고 느끼는 대목이 있다면 재임 20개월 동안 그렇게 국민에게 표독하고 안하

---

89) 강병태, 「타락한 좌파, 누추한 총리」, 『한국일보』, 2006년 3월 14일, 30면.
90) 「'이해찬 이후' 설계하려면 '이해찬 문제' 돌아보라(사설)」, 『조선일보』, 2006년 3월 15일, A35면.
91) 백영철, 「유리창 깬 실세 총리」, 『세계일보』, 2006년 3월 15일, 30면.

무인격으로 대하던 이 총리의 '꼬리'가 잡혔다는 점이다. 현 정권의 부도덕한 이중성을 어떤 연극도 그려내기 어려울 만큼 생생히 보여주는 '골프 드라마'를 자칫 관람하지 못할 뻔했다며 안도하는 것이다"라고 주장했다. 그는 "'3·1절 골프 향연'이 던져주는 본질적인 메시지는 노대통령의 역발상 작품이 이것을 마지막으로 모두 실패로 귀결됐다는 점이다"라며 "초등학생들이 저금통을 깨뜨리고 할머니들이 고쟁이를 열어 모아준 '희망 돼지 저금통', '기타 치는 노무현의 눈물' 모두가 가식이고 위선임을 국민이 느끼고 깨달았기 때문이다"라고 말했다. 그는 이어 "'3·1절 골프 향연'은 열린우리당의 붕괴를 예고하는 전조(前兆)로 해석되어도 무방하다"라고 했다.[92]

3월 15일 EBS 정책위원 양문석은 "이해찬의 골프 파동이 불러온 한국 사회의 신주류, 특히 한때 운동권 또는 진보 인사로 분류되던 인간들이 보여주는 추태와 작태에 분노한다. '냉동실에 들어갔던 고기가 해동되면 더 빨리 썩는다'는 수구 세력들의 비아냥거림에 할 말 없게 됐다"고 했다.[93]

그들이 골프장에서 노는 이유

2006년 3월 15일 이해찬은 이임식을 갖고 사퇴했다. 그는 이임식에서 "사려 깊지 못한 처신으로 국민들과 공직자들에게 죄송하다"라고 말했다. 그는 "가랑비에 옷이 젖는다는 얘기가 있는데 지난 열흘 동안은 폭

92) 윤창중, 「노 정권 역발상의 종착역」, 『문화일보』, 2006년 3월 15일, 38면.
93) 양문석, 「쫄쫄이 기자 쫄쫄이 언론 그리고 냄비근성」, 『언론노보』, 2006년 3월 15일, 3면.

우가 쏟아지는 바람에 옷이 흠뻑 젖었다"며 "예상치 않은 사건들이 종종 터져 나오지만 시간이 조금만 지나면 '어처구니없구나(별일이 아니었구나)' 하는 일들이 생긴다"고 말했다. 또 그는 "나는 지금까지 부끄러운 일을 하지 않으려고 노력했고, 실제로 그렇게 했으며, 앞으로도 그렇게 할 것이다"라는 말도 했다.[94]

3월 16일 『중앙일보』 정책·사회 데스크 김종혁은 이해찬이 처음에 국민에게 흔쾌한 느낌을 주는 사과를 했더라면 "국민은 '어? 이 총리한테 저런 모습도 있었어?' 하면서 탄복했을 가능성이 크다"고 했다. 그는 "총리의 골프 파문을 보면서 계속 떠오르는 단어는 '오만'이다"라며 다음과 같이 말했다.

"그의 오만은 주변에 감염된 흔적이 적지 않다. 총리실 출입 기자들은 '총리가 데려온 사람들이 총리를 닮았다'는 불만이 적지 않다. 이 총리의 골프 파문이 터져 나온 바로 그 주말에 이강진 공보 수석은 천연스레 골프장에 갔다. 그는 '총리의 사생활은 내가 확인해줄 의무가 없다'면서 걸핏하면 기자들에게 면박을 줬다. 그래서 '권력화된 운동권'이란 비아냥도 나돌았다. 젊은 기자들조차 '이해찬과 그의 사람들'의 과거 운동 전력을 존중해주던 입장에서 점차 '뭐가 이래?' 하는 식으로 실망해갔다. 민심도 그랬을 것이다."[95]

3월 17일 『한국일보』 이사 장명수는 "이번 골프 파동은 민주화운동가들이 피와 땀을 흘리며 주도했던 시대의 변화를 그들 자신이 따라가지

94) 손병호·이제훈, 「"열심히 일했고 부정한 짓 안 해": 이 총리 이임식 안팎」, 『국민일보』, 2006년 3월 16일, 4면.
95) 김종혁, 「취재일기: 국민들에게 겸손했더라면…」, 『중앙일보』, 2006년 3월 16일, 5면.

못한 데서 빚어졌다. 그들은 시대의 변화를 단순히 집권 투쟁에서의 승리로 받아들였고, 승리에 도취한 나머지 과거 집권자들의 행태를 답습했다"고 말했다.[96]

3월 20일 고려대 명예교수 김용준은 함석헌이 그립다며 "아 글쎄, 이해찬 총리의 골프 말이에요, 처신이 그게 뭡니까. 운동권 출신으로 서울대 앞에서 서점을 운영해 생계를 꾸려가며 많은 이의 촉망을 받던 그 이해찬의 모습은 어디로 간 겁니까. 이해찬 씨 혼자만의 문제가 아니에요. 민주화운동을 했다는 사람들 있잖아요, 그들이 비판해온 독재 정권 사람들과 뭐가 다릅니까"라고 말했다.[97]

3월 21일 문화평론가 천정환은 「'그들' 이 골프장에서 노는 이유」라는 칼럼에서 "이해찬 총리 접대 골프 사건의 상징성은 그가 민주화운동권에서 필드 운동권으로 변신한 대표적인 인물이라는 데서 드러난다. 이 사건은 '민주 정부' 의 타락과 참여정부의 정신적 한계를 보여준다"며 다음과 같이 말했다. "왜 그런가. 민주화운동과 골프 사이에는 그토록 먼 거리가 있는 것일까. 그 나이에, 그 지위에 민주화운동 출신들은 골프 좀 하면 안 되나? '안 된다' 가 여전히 정답이라 생각한다. 만약 '된다' 고 생각하면 '양극화 해소' 니 '참여' 니 하는 거짓말을 그만두거나 정치를 때려치우면 된다. 또한 더 이상 민주화운동을 했다는 과거를 상징 자본으로 내세우면 안 된다."

천정환은 "'그들' 이 골프장을 거닐면서 대화하고, 클럽 하우스에 모

96) 장명수, 「이해찬 총리의 불명예 퇴진」, 『한국일보』, 2006년 3월 17일, A30면.
97) 배영대, 「"경박한 요즘 세상…중심 잡는 어른이 없어요": 『내가 본 함석헌』 펴낸 김용준 고려대 명예교수」, 『중앙일보』, 2006년 3월 20일, 29면.

여 밥 먹고 술 마시고 싶어 하는 이유는 하나밖에 없다"고 했다. "국민의 대부분인 '서민'들이 절대 그렇게 하지 못하기 때문이다. 골프가 미치도록 재미있는 것은 골프가 여전히 그들만의 '문화'이기 때문이다. 골프 정도는 해야 폼이 나기 때문이며 다른 이유는 없다. 아무리 우겨도 골프는 특권층 문화지 대중 스포츠가 아니다. 이 좁아터진 땅덩어리에서, 천성산이나 새만금처럼 그야말로 지역민들의 밥줄 문제가 달려 있는 개발 사업도 환경문제 때문에 그처럼 진통을 겪는 판에, 평균 넓이 20만 평이나 되는 골프장을 한가롭게 거닐고 싶다는 발상은 '참여'나 '양극화 해소'와는 철천지 원수지간일 뿐이다." [98]

사실 한국 정치는 유권자의 입장에서 볼 때에는 좌우(左右)의 싸움도 아니고, 진보-보수의 싸움도 아니다. 출세한 사람과 출세하지 못한 사람들 사이의 싸움일 뿐이다. 다선 의원이 낙선한 지역의 유권자들에게 물어보라. 어디서건 "그만 하면 많이 해먹었잖아!"라는 말을 쉽게 들을 수 있다. 이른바 '청맥회' 논란도 그런 관점에서 볼 수 있지 않을까?

98) 천정환, 「'그들'이 골프장에서 노는 이유」, 『시사저널』, 2006년 3월 21일, 96면.

청맥회는 제2의 하나회?
PK 인사 편중 논란

선거란 부분적으로 국민을 속이는 게임

2006년 3월 2일 노무현은 행정자치부 장관에 청와대 혁신 수석 이용섭, 문화관광부 장관에 전 국립중앙극장장 김명곤, 정보통신부 장관에 차관 노준형, 해양수산부 장관에 중소기업청장 김성진을 내정하는 등 네 개 부처 개각을 단행했다. 교체되는 네 명의 장관 중 오영교(충남지사) 행자부 장관, 진대제(경기지사) 정통부 장관, 오거돈(부산시장) 해수부 장관 등은 열린우리당의 지방선거 후보로 출마하기 위해 사의를 표명했다.

『한국일보』는 "장관 자리가 고작 출마자의 경력 관리용이냐, 국정이 한 개인의 선거 훈련 과정에 불과한 것이냐 등의 논란을 눙치고 넘기는 뻔뻔스러움이 놀랍다"며 "노 대통령은 얼마 전 '선거란 부분적으로 국민을 속이는 게임' 이라고 했었다. 이번 개각이 바로 국민을 우습게 아는 얕은 속임수다" 라고 말했다.[99]

『경향신문』은 "국정 과제가 산적한 상황에서 고위 관료들이 철새처럼 집단 이탈해 선거에 투입되는 행태야말로 공직 사회의 안정성을 흔드는 원인이다. 이는 결국 장관은 누가 맡아도 상관없다는 인식을 확산시켜 공직 사회의 무사안일 등 도덕적 해이는 물론 국정에 대한 불신을 초래할 공산이 크다. 게다가 각료들이 떼 지어 선거판에 뛰어드는 상황에서 정부의 공정한 선거 관리 의지를 액면 그대로 받아들일 국민이 얼마나 되겠는가"라고 말했다.[100]

5 · 31 지방선거를 90일 앞둔 3월 2일까지 검찰에 입건된 선거사범은 모두 364명으로 지난 2002년 지방선거와 비교해 두 배가 넘게 늘었다. 이에 대해『문화일보』는 "내각과 여당이 앞장서다시피 한 이 혼탁 양상에 검찰은 얼마나 단호한 의지로 대처하는지 그 귀추를 지켜본다"며 "5 · 31 선거 차출 장관부터 철저히 수사하라"고 말했다.[101]

3월 9일『한국일보』는 "열린우리당이 시작한 전국 순회 정책 간담회는 5 · 31 지방선거를 의식한 선심용이라는 냄새가 물씬 풍긴다"며 "여당이라고 해서 오로지 집권당 프리미엄을 최대한 활용하겠다는 심산이라면 선거 분위기를 혼탁하게 몰아가는 책임도 함께 져야 한다. 선거 개혁을 부르짖는 정당이 그래서는 안 된다"고 말했다.[102]

청맥회는 제2의 하나회인가?

『한국일보』(2006년 3월 11일)는 "노무현 대통령의 모교인 부산상고 출신

99) 「기어코 선거 징발용 땜질개각(사설)」, 『한국일보』, 2006년 3월 3일, A27면.
100) 「'땜질 개각' 언제까지 되풀이할 건가(사설)」, 『경향신문』, 2006년 3월 3일, 27면.
101) 「5 · 31선거 차출장관부터 철저히 수사하라(사설)」, 『문화일보』, 2006년 3월 7일, 31면.
102) 「여당 정책간담회 선거용 아닌가(사설)」, 『한국일보』, 2006년 3월 9일, 31면.

인사들의 금융권 요직 진출 바람이 거세다. 은행권과 증권업계, 감독 기관 가릴 것 없이 고위직에 부산상고 출신이 오르거나 유력한 후보로 거론되는 양상이 지나쳐 '부산상고 출신 경력이 오히려 흠이 될 수도 있다'는 '역차별' 우려까지 나오는 실정이다"라고 말했다.[103]

같은 날 『경향신문』은 "참여정부 들어 산하 단체·공기업에 대한 이른바 '낙하산 인사'가 2년 만에 두 배 이상 늘어난 것으로 드러났다. 이들은 특히 '청맥회'라는 친목 단체를 결성, 국정 철학 전파 등을 5대 실천 강령으로 내세우는 등 정부의 '전위대' 역할을 자임하고 있다"고 보도했다. 이 신문이 입수한 '청맥회'의 2006년 1월 회원 명단에 따르면 134명의 정치권 인사들이 112개 정부 산하기관, 공기업 등의 회장, 감사 등으로 취업했다. 청맥회는 노무현 정권 탄생에 기여한 공로를 인정받아 공기업 및 유관 기관에 진출한 인사들의 모임이었다.[104]

이 기사와 관련해 2002년 대선에서 노무현을 찍었다는 중국 저장대학 교수 박인성은 다음과 같이 말했다. "참여정부가 들어서고 난 후 믿던 당신들에게 종종 실망하고 있고, 심지어 배신감을 느끼는 경우도 있다. 오히려 당신들이 반면교사의 역할을 하는 것 같아서 안타깝다. 그리고 가끔 의문과 의심도 든다. 당신들이 과거에 민주화운동을 한 목적이 무엇인가?"[105]

3월 13일 『동아일보』는 "정권 측은 '낙하산에 문제없다'고 한다. 노 대통령은 '유능하고 전문성 있는 인사가 가는데 왜 비난하느냐'고 했

---

103) 김용식, 「금융권 부산상고 전성시대」, 『한국일보』, 2006년 3월 11일, 6면.
104) 이용욱·김정선, 「134명 '보은 감투' 얻었다: 참여정부 '낙하산 인사' 2년 새 2배 이상 증가」, 『경향신문』, 2006년 3월 11일, 1면.
105) 박인성, 「낙하산 인사 좀 더 신중하게」, 『경향신문』, 2006년 3월 13일, 31면.

다. 6개월 전 국정 감사 때 유시민 열린우리당 의원(현 보건복지부 장관)은 '멀리 떨어져 있는 (산하)기관일수록 기관의 활동을 뒷받침할 사람이 필요하다'며 낙하산 예찬론까지 폈다. 이런 식이니 공기업 개혁을 기대하는 국민이 바보다'라고 말했다.[106]

3월 15일 새 환경부 장관 후보에 한국환경자원공사 사장 이치범이 지명되었다. 이에 대해 『조선일보』는 "일반 국민에게는 물론 정·관계에서도 무명에 가까운 인물이다. 이해찬 전 총리와 가까운 사이다. 환경운동연합 사무처장 출신으로 2002년 지방선거 때 환경단체들의 '녹색 후보'로 고양시장에 출마했다 낙선했다. 이 정도가 알려져 있다. 그래서 주목받는 게 '청맥회' 회장 출신이라는 경력이다"라고 했다.[107]

『국민일보』는 "이 내정자가 장관으로서의 능력을 갖추었느냐는 논란을 떠나 청맥회 회장을 지낸 그의 잇단 중용은 코드인사, 정실 인사, 보은 인사라는 지적을 받기에 충분하다. 이 내정자가 2002년 대선 당시 노무현 대통령 후보 시민사회 특보를 지냈기에 더욱 그렇다"며 청맥회가 5공 하나회를 연상시킨다고 했다.[108]

『서울신문』은 "5대 강령 등 그럴듯한 명분을 내세웠으나 집권 유공자끼리 어울리며 서로 뒤를 봐주려는 권력 기생 집단으로 여겨지는 게 현실이다. 군사정권 시절 하나회가 연상되는 것도 무리는 아니다"라며 "청맥회는 즉각 해산하는 게 옳다"고 말했다.[109]

한나라당은 "정실 코드인사"라며 "성격상 대통령의 사조직이자 현 정

---

106) 「친목회까지 만든 정권의 낙하산들(사설)」, 『동아일보』, 2006년 3월 13일, A31면.
107) 신정록, 「청(靑)인사 '청맥회 파워' 논란」, 『조선일보』, 2006년 3월 17일, A6면.
108) 「5공 하나회 연상시키는 청맥회(사설)」, 『국민일보』, 2006년 3월 17일, 22면.
109) 「연줄의혹 청맥회 해산하라(사설)」, 『서울신문』, 2006년 3월 18일, 23면.

부 특권층 모임인 청맥회는 해체해야 한다"고 비난했다. 그러나 청와대 홍보 수석 이백만은 "코드인사는 당연히 해야 한다"고 했다. 그는 "에쿠스 승용차를 정비하는 데 쏘나타, 벤츠 부품을 쓰면 되겠느냐"며 "도덕성, 자질에 문제가 없다면 코드 일치만 갖고 문제를 삼을 수는 없다"고 말했다.[110]

PK 인사 편중은 우연의 연속?

2006년 4월 4일 한나라당 의원 박재완은 한나라당 공공부문개혁특위가 '코드인사 보은 잔치, 나라 살림 거덜난다'라는 주제로 개최한 정책 토론회에서 2003년 현 정부 출범 이후 2005년 말까지 정부 산하기관 298곳에 282명의 '낙하산 인사'가 이뤄졌다고 주장했다. 그는 "참여정부 출범 이후 2005년 말까지 정부 산하기관에 임용된 상근 임원 가운데 정치인 출신이 134명, 관료 출신이 148명"이라며 "정치인 출신은 대부분이 17대 총선 출마자, 노무현 대통령 후보 특보, 대선 선대위원, 대통령직 인수위원, 청와대 및 여당 출신이었다"고 밝혔다.

그는 또 "낙하산 인사의 꽃은 상임 감사"라며 "상임 감사는 업무 추진비와 판공비를 뺀 평균 연봉이 1억 3100만 원으로 기관장(1억 2200만 원)보다 많고, 해당 기관의 2인자로 경영진을 견제할 수 있는 막강한 권한을 가진 반면 할 일은 없는 보직이기 때문"이라고 말했다. 그는 "실제 정치인 낙하산 인사의 경우 상임 감사가 60명으로 가장 많고 기관장 54명,

---

110) 김광덕, 「청맥회 다시 구설수」, 『한국일보』, 2006년 3월 17일, A5면.

상임 이사 20명 등의 차례로 나타났다"고 밝혔다.[111]

청와대 인사 수석 김완기는 2005년 11월 청와대 홈페이지에 올린 글에서 "PK 인사 편중은 조금도 의도된 것이 없는 우연의 연속에 불과하다"라고 주장했다. 당시 PK 출신들이 석유공사 사장, 가스공사 사장, 산업은행 총재 등에 임명된 데 대한 해명이었다. 『중앙일보』(2006년 4월 8일) 경제 데스크 이세정은 이 해명을 소개하면서 '우연의 연속'이 2006년에도 계속되고 있다고 했다. 그는 최근 금융감독원 부원장 김중회의 임기가 이례적으로 연장된 것, 은행연합회 부회장 김공진이 임기를 2년 남겨두고 이례적으로 사임한 자리에 김장수가 임명된 것, 심훈이 의외라는 시각 속에 금융통화위원으로 임명된 것 등을 지적하면서, 김중회·김장수는 부산상고 출신, 심훈은 부산고 출신이라고 지적했다.

"능력 있는 사람을 찾아놓고 보면 하필 PK 출신이라는 식이다. 이런 추세라면 앞으로도 우연은 연속될 것 같다. 아무래도 김 수석이 말하는 '능력' 중 가장 중요한 요소가 '출신 지역'인 모양이다. 그렇다면 노무현 정부의 인사 기준은 하나인 셈이다. 모두 코드인사인데, 코드인사의 뜻이 두 가지인 것 같다. 하나는 '대통령과 뜻이 맞는 사람'이고 다른 하나는 '출신 지역이 좋은 사람'이라고 봐야 한다."[112]

이렇듯 'PK 인사 편중' 논란이 벌어졌으니, PK와는 거리가 먼 강금실은 여권으로선 전력을 다해 띄울 만한 가치가 있는 인물이었다. 서울시장 후보로 나선 강금실은 과연 5·31 지방선거에서 여권을 구원해낼 것인지, 세상의 이목이 집중되고 있었다.

111) 박병수, 「"현 정부 '낙하산' 282명"」, 『한겨레』, 2006년 4월 5일, 6면.
112) 이세정, 「코드인사, 지역편중 인사」, 『중앙일보』, 2006년 4월 8일, 31면.

시네마 폴리티카의 시대?
강금실-오세훈의 이미지 정치 논쟁

시네마 폴리티카의 시대인가?

2006년 4월 5일 서울 정동극장에서 열린우리당의 서울시장 후보로 나서
겠다고 출마를 공식 선언한 강금실은 "최근의 높은 지지도가 거품이 아
니냐"는 질문에 "내 인기가 거품이라는 것은 (서울) 시민에 대한 모독이
다. 여당의 지지도가 이례적으로 낮은데 왜 (나는) 그런 지지도가 나오는
가. 지금의 여야 구도에 대한 거부감의 표현이라고 본다"고 말했다. 반
면 한나라당 홍보기획본부장 정병국은 "'쇼'의 잔상은 3일을 못 간다"
며 "오늘이 강 전 장관 인기의 절정이고, 이젠 인기가 빠지는 일만 남았
다"고 말했다. 기획위원장 김재원도 "열린우리당 계급장을 다는 순간부
터 인기는 시들해질 것"이라고 주장했다.[113]

　4월 6일 열린우리당에 입당한 강금실은 「희망은 제2의 영혼」이라는

---

113) 신승근 · 성연철, 「강금실 "내 인기 거품이라는 건 시민 모독"」, 『한겨레』, 2006년 4월 6일, 6면.

강금실(왼쪽)이 품격과 화합을 상징하는 '보라색'으로 이미지화를 시도하자, 오세훈(오른쪽)은 정치자금법 개정 등 정치 개혁에 앞장선 이력을 내세워 깨끗한 이미지로 맞대응했다.

글을 통해 "국민은 우리당에 국회 과반수 의석이라는 기적을 만들어줬지만 2년이 지난 지금은 우리당을 외면하고 있다"며 "국민이 우리당에 원하는 것을 제대로 파악하기보다는 우리당이 생각하는 것을 국민들에게 강요하는 측면이 있었다"고 비판했다.[114] 노사모(노무현을 사랑하는 모임) 회장 노혜경은 "우리 정치가 만날 먹고사는 데만 징징대왔다. 강 전 장관은 그게 다가 아니라 정치를 통해 행복해보고 즐거워지자는 화두를 던지고 있다"고 했고, 열린우리당 대변인 우상호는 '강금실 현상'에 대해 "국민들이 정치를 말하면서 웃기 시작했다"고 했다.[115]

반면 『조선일보』는 "열린우리당은 6일 강금실 전 법무 장관의 입당식

114) 박영출, 「열린우리 입당 강금실의 여(與) 비판」, 『문화일보』, 2006년 4월 6일, 6면.
115) 구혜영, 「'퍼플 오션'이라는 화두」, 『서울신문』, 2006년 4월 8일, 22면.

을 보라색 탁자보와 보라색 아이리스 꽃 수십 송이로 꾸몄다. 정동영 의
장과 김혁규 최고위원은 보라색 넥타이를 매고 강 전 장관을 맞았다"며
"입에 바르고 다니던 정책 대결은 내동댕이치고 선정적 선거 전략으로
바꿔나가겠다는 생각인 모양이다"라고 했다. "축 늘어진 여당 지지율이
고개를 쳐들 조짐이 없자 뭐든지 '뜨는 것'에 매달려 지방선거를 치르
겠다고 작심한 모양이다. 당의 위아래가 너나없이 강 전 장관의 보라색
패션을 흉내 내고, 200명 당직자들이 꼭짓점 댄스를 한다며 국회 분수대
앞에서 군무(群舞)를 추면서 그 모습에 혀를 차는 국민들은 안중에도 없
다는 것이다."[116]

『동아일보』 수석 논설위원 이재호는 "집권 여당이 장기(長技)로 치는
'이미지 정치', '이벤트 정치', '감성 정치'가 다 '충동질하는 정치'아
닌가"라고 했다. "여기에 휩쓸리는 유권자도 마찬가지다. 과거에는 독
재와 반독재 사이에서 고민이라도 했는데 요즘은 그것도 아니다. 색(色)
에 쏠리고 패션에 쏠린다. 정치도 화장품이나 스카프를 팔 듯해야 하는
시대라지만 이건 너무 심하다."[117]

한신대 교수 윤평중은 "강 전 장관의 하늘을 찌르는 인기가, 명백한
'시네마 폴리티카(극장 정치)'의 시대로 우리 사회가 진입했음을 웅변한
다"며 "보랏빛으로 치장하고 서민의 발인 지하철역에서 내린 뒤 덕수궁
돌담길을 걸어 정동극장 무대 위에서 일인극 배우처럼 출마 선언을 하
는 극적인 연출이 이를 너무도 생생하게 입증한다"고 했다.[118]

---

116) 「보라색 패션과 '꼭짓점 댄스'로 선거 치를 건가(사설)」, 『조선일보』, 2006년 4월 8일, A31면.
117) 이재호, 「'민주화 이후의 민주주의'를 걱정한다고?」, 『동아일보』, 2006년 4월 8일, 30면.
118) 윤평중, 「정치인과 '시네마 폴리티카'」, 『주간동아』, 2006년 4월 18일, 108면.

춤바람 대 꽃미남?

오세훈 전 의원이 한나라당 예비 후보로 서울시장 출마 선언을 한 4월 9일을 전후로 실시된 여론조사에서는 강금실과 오세훈이 비슷한 지지율을 보인 것으로 나타났다. 4월 7일 CBS(리얼미터) 조사에서는 강금실 40.6%, 오세훈 38.6%, 4월 8일 『한국일보』(미디어리서치) 조사에서는 강금실 42%, 오세훈 42.4%, 4월 9일 『조선일보』(한국갤럽) 조사에서는 강금실 43.1%, 오세훈 41.3%로 나타났다. 투표 의사층 지지율은 『한국일보』 조사에서 강금실 38.9%, 오세훈 42.4%, 『조선일보』 조사에서는 강금실 43.3%, 오세훈 44.6%로 나타났다.[119]

강금실·오세훈 두 사람의 이미지 정치 논쟁이 다시 활기를 띠기 시작했다. 민컨설팅 대표 박성민은 "두 사람이 서울시장을 할 만한 인물인지 검증할 시간과 정책을 주지 않는데 이는 심각한 사안이다. 적당히 피하려는 것은 아닌지 의문스럽다"고 했다. 국민대 교수 목진휴는 "두 사람이 언제 서울을 두고 고민한 적이 있는지 궁금하다"며 "출마 선언을 하면서 제대로 된 공약 하나 내놓지 않은 것은 이해할 수 없다"고 말했다.[120]

강금실은 "강북을 발전시키고, 강남을 아름다운 부촌으로 보존하겠다"고 했다. 이에 대해 『한국일보』 논설위원 강병태는 4월 11일 칼럼에서 "아무리 화합을 강조하기 위한 표현이라도 '아름다운 부촌'은 지나친 아부로 들린다"며 "그의 정치 기반인 집권 세력이 지금껏 취한 자세에서 멀리 벗어난 것이 오히려 진정성을 의심하게 한다"고 했다. 강병태

---

119) 김상협·김충남, 「강-오, 오차 범위서 1위 다툼」, 『문화일보』, 2006년 4월 10일, 8면.
120) 최재영·박영환, 「전문가들이 본 '이미지 정치' 허와 실」, 『경향신문』, 2006년 4월 11일, 4면.

는 "그가 코미디든 비극이든 그릇된 정치를 뛰어넘으려는 진정한 의지와 비전을 갖고 있다면, 치장 없는 본색을 그대로 드러내고 승부하는 자세부터 보여야 한다. 그렇지 않으면 '코미디야, 코미디'라는 조롱을 고스란히 되돌려 받을 수 있다"고 했다.[121]

『중앙일보』논설위원 정진홍은 "강금실 후보는 지난 9일 서둘러 행한 기자회견에서처럼 서울시민이 주인이 되고 주주가 되는 서울주식회사를 만들겠다며 서울시민위원회 출범 운운하는 '위원회 타령'을 재연할 것이 아니라 더욱 구체적인 실행 콘텐트를 내놓았어야 했다"고 했다. 그는 "오세훈 후보도 출마의 변을 밝히는 기자회견에서 의원직을 그만둔 뒤 2년 4개월 동안 국가경쟁력 강화가 자신의 핵심 고민이었고, 이 문제에 대해 나름의 대안을 자신이 대표 집필한『우리는 실패에서 희망을 본다』는 책에 담았다고 했다"며 다음과 같이 말했다.

"하지만 정작 그 책에 두 편의 글을 실은 공동 저자 중의 한 사람인 연세대 김호기 교수가 강금실 캠프의 핵심 브레인으로 활동하고 있다는 사실은 우리를 어리둥절하게 만들 뿐 아니라 사실상 오세훈 후보 역시 상대방과 구별되는 알맹이, 즉 콘텐트와 비전의 실체가 모호한 것 아닌가 하는 의심을 떨칠 수 없게 만든다"고 했다.[122]

4월 11일 한나라당 서울시장 후보 경쟁자였던 한나라당 의원 홍준표는 "춤바람(강금실 전 장관)에 대항해 한쪽에서는 꽃미남(오세훈 전 의원)이 나왔다"며 "두 사람의 등장으로 정책 대결은 하루아침에 실종됐고, 선거전은 이미지와 이미지의 전쟁으로 급변했다"고 비판했다.

---

121) 강병태, 「강금실의 보랏빛 모호성」, 『한국일보』, 2006년 4월 11일, 30면.
122) 정진홍, 「알맹이부터 채워라」, 『중앙일보』, 2006년 4월 11일, 35면.

그는 "강 전 장관과 오 전 의원의 대결 구도로 가면 서울시장 선거는 탤런트 선발 대회가 될 수밖에 없다"며 "노무현 정권 심판론이 실종된 인기 투표식 선거는 한나라당에 최악의 시나리오"라고 주장했다. 그는 "다른 후보가 강남의 헬스장에서 선탠을 하며 이미지를 가꿀 때 나는 밤 새워 서울시정을 연구했고, 피눈물을 흘리며 대여 투쟁을 했다"며 오세훈을 겨냥했다.[123]

오세훈에게 밀린 강금실

2006년 4월 12일 강금실은 라디오 프로그램에 출연해 자신이 살고 있는 강남 지역에서 지지도가 낮은 이유를 묻는 질문에 "한강을 중심으로 강남·강북 간 갈등 구도가 형성돼 시민에게 서울이 두 개로 나눠져 있다는 느낌을 주고 있다"고 말했다. 그녀는 "강남 분들의 마음을 다치게 한 것은 잘못이라고 본다"며 정부와 야당의 강남 정책을 비판했다.[124]

4월 14일 강금실은 SBS 라디오에 출연, "정부가 기사 하나하나에 대립각을 세우면 포용성이 없는 것 같아 좋지 않은 모습"이라며 "시민들이 보기에 불안하다"라고 말했다. 『한국일보』는 "당내에는 이런 행보가 중간층의 지지를 이끌어내는 데는 도움이 될 것이란 지적이 많다"고 했다.[125]

『동아일보』 논설위원 김순덕은 강금실의 노 정권 비판에 대해 "장관 재직 때는 왜 침묵했는지 묻고 싶다"며 다음과 같이 말했다. "반면 '선

123) 서승욱·남궁욱, 「서울시장 선거 이미지 정치 논란」, 『중앙일보』, 2006년 4월 12일, 8면; 이동훈, 「서울시장 선거 이미지 VS 반(反)이미지」, 『한국일보』, 2006년 4월 12일, 5면.
124) 이가영, 「"서울 강남 분들 마음 다치게 한 것은 잘못"」, 『중앙일보』, 2006년 4월 13일, 8면.
125) 정진황, 「강금실 "닮은 당, 나는 나"」, 『한국일보』, 2006년 4월 15일, 5면.

거용 내 편 때리기' 일 뿐이면 그는 거짓말쟁이다. 또는 정치적 야심 때문에 소속 당과 대통령까지 헐뜯는 인격 상실자거나. 득표를 위한 전술적 발언이라고 해도 의문은 남는다. 오죽했으면 노 정부의 전직 장관이 노 대통령의 핵심 코드를 문제 삼겠나. 언론의 비판에는 '위폐 제조'라며 펄펄 뛰던 정부가 강 전 장관의 발언에는 조용한 것도 기이하다. 아무튼 노 대통령은 2003년 민주당을 깨고 열린우리당을 창당했다. 강 전 장관은 이런 점에서까지 사부(師父)를 닮을 생각으로 서울시장에 도전하고 있을까." [126)

『경향신문』과 여론조사 기관인 메트릭스가 4월 15일 실시한 전화 설문 조사 결과, 강금실, 오세훈, 박주선(민주당), 김종철(민노당) 등 4자 가상 대결에서 오세훈 46.6%, 강금실 33.3%였으며 박주선과 김종철은 2%대를 넘지 못했다. [127)『중앙일보』 조사 연구팀이 4월 12~15일 실시한 조사에서는 강금실 31%, 오세훈 43%로 나타났다. [128)

4월 18일 『문화일보』에 따르면, 강금실 캠프에서는 오세훈에 밀리는 이유에 대해 "정당 지지율 격차가 큰 상황에서 두 사람의 이미지가 비슷하기 때문"이라고 분석했다. 강금실에게 지지를 보냈던 강남권과 고학력 화이트칼라 계층은 이미 오세훈 쪽으로 돌아섰으며, 최근에는 열린우리당의 전통적 지지층도 이탈 현상을 보이고 있어 캠프 내부에서는 "산토끼 잡으려다 집토끼도 놓친다"는 우려도 나온다는 것이다. 강금실 측 관계자는 "전통적 여당 지지층으로 분류되는 호남 출신 유권자와 강

126) 김순덕, 「강금실과 노무현」, 『동아일보』, 2006년 4월 17일, A34면.
127) 이재국, 「오세훈 46.6% 강금실 33.3%」, 『경향신문』, 2006년 4월 17일, 1면.
128) 신창운, 「오세훈 43% 강금실 31%」, 『중앙일보』, 2006년 4월 18일, 1면.

북·강서권에서도 지지율이 빠지고 있다"며 "강 후보가 고상하면서도 지적인 면은 강하지만 서민층을 감싸 안는 이미지는 부족하다"고 아쉬워했다.[129)]

4월 19일 『한국일보』 정치부 차장 유성식은 "낮은 당 지지율이 현 주소를 말해주고 있는데도 강금실 전 법무부 장관의 인기에 숨는 얕은 수로 요행수를 노리고 있다. 그것을 굳이 숨기려 하지 않을 만큼 염치도 없다. 대표적인 게 우리당과 강 전 장관의 '거리 두기' 전략이다. 어떤 당직자는 '강 전 장관이 당을 비판할 테니 잘 보이게 써달라'고 부탁을 하고 다녔다"고 했다.[130)]

그 무엇이 진실이건 강금실로서는 정말 해보기 어려운 싸움이었다. 그녀에게 불리하게 작용할 사건들도 잇따라 터져 나오는데, 선거의 최종 결과는 나중에 살펴보기로 하자.

129) 박영출, 「강풍 '시들' 여 '시름'」, 『문화일보』, 2006년 4월 18일, 7면.
130) 유성식, 「반성 없는 가면(假面) 선거」, 『한국일보』, 2006년 4월 19일, 30면.

한미 FTA는 전형적인 한건주의?
한미 FTA 논란

한미 FTA는 전형적인 한건주의

2006년 4월 3일 청와대 전 경제 비서관 정태인은 『오마이뉴스』와의 인터뷰에서 "한미 FTA는 전형적인 한건주의며 임기 안에 무엇인가 업적을 남겨보려는 노 대통령의 조급증이 한 원인"이라며 "YS 하면 금융실명제와 하나회 척결, DJ 하면 6 · 15 정상회담이 떠오르는데, 노 대통령은 이게 없다"[131]며 조급증 배경을 지적했다.

그는 "운동권 쪽에서 한미 FTA를 제2의 을사늑약이라고 비판하는 건 전혀 근거 없는 것이 아니다"라며 "현재 정부 안에는 친미 일변도의 한미 FTA 추진을 견제할 세력이 전혀 남아 있지 않다"고 말했다. 또한 "현재 정부는 조급증에 걸려 제정신이 아니다. 미쳤다고 볼 수 있는 수준"이라며, "한미 FTA는 대연정에 이은 대패착"이라고 규정했다. 개혁이

---

131) 정연욱, 「"한미 FTA 졸속 추진 노 대통령 한건주의"」, 『동아일보』, 2006년 4월 5일, A6면.

지지부진하니 갑갑한 마음에 대연정을 통해 '적과의 동침'을 시도했다가 거부당하는 망신을 자초하더니, 이번에는 엄청난 적과 서슴없이 손을 잡았다는 것이다.

그는 "10개월 안에 FTA를 하는 것은 불가능하며 그 안에 못 하면 정권이 날아가고 그 안에 하면 한국 경제가 날아갈 것"이라며 "다음 열린우리당 대권 주자에게 아주 불리한 조건이 될 것"이라고 주장했다. 그는 한미 FTA는 동북아 중심 국가론과 어긋난다며 "나와 이정우 전 정책실장이 물러난 뒤 (청와대가) 친미로 가버렸다. 이종석 당시 국가안전보장회의 사무차장도 친미로 돌아섰다"고 비판했다. 정태인은 FTA를 찬성하는 친미주의자로 경제 부총리 한덕수와 통상본부장 김현종을 꼽았다.[132]

한미 FTA를 적극 지지하는 『조선일보』는 정태인을 노무현의 '경제 가정교사'로 소개하면서 익명의 한 정치권 인사의 말을 인용해 "자기 마음에 안 들면 가까이 모셨던 대통령에게도 독설을 퍼부을 수 있는 게 여권에 몸담았던 사람들의 생리인 모양"이라고 말했다. 이 신문은 사설에서도 "자신을 경제 자주파라고 내세우는 전직 청와대 비서관이 이런 황당한 이야기를 하고 나선 것"이라며 "요즘 세상에 도대체 어느 나라 권부에서 자기들끼리 '자주파', '친미파'로 편을 갈라 시대착오적 패싸움을 벌이는 나라가 있을까"라고 주장했다.

"이런 정신 나간 사람들이 지난 3년 대통령 앞자리에서 나라를 주무르고 미래의 청사진을 짠다고 호들갑을 떨었다니 생각만 해도 등줄기가

---

132) 박승희, 「노 대통령에 화살 돌린 전 참모」, 『중앙일보』, 2006년 4월 4일, 6면; 김수정, 「"한미 FTA 졸속추진 노 대통령 조급증 탓"」, 『서울신문』, 2006년 4월 4일, 5면.

서늘하다. 이 모든 책임은 결국은 임명권자에게 돌아갈 수밖에 없다. 이런 유형의 시대착오자와 국민 이간자들을 청와대에 그러모아 그들에게 나라의 오늘과 내일을 맡겨왔으니 말이다. 나라를 완전히 망하게 만들지 않은 것만도 다행스럽게 여겨야 할지 모를 판이다."[133]

'재벌의 로비와 압력'

2006년 4월 6일 정태인은 인터넷 매체인 『레디앙』과의 인터뷰에서 "일본은 몰라도 미국하고 (FTA) 하면 다 박살난다"며 "농업이고 축산업이고 다 무너지는 건 당연한 것"이라고 했다. 그는 "정부가 한미 FTA를 2~3년 준비했다는 것은 거짓말"이라고 주장했다. 2005년 5월까지 FTA를 담당했는데 그때까지 한미 FTA 얘기가 한 번도 나오지 않았다고 설명했다. 그는 "스크린쿼터 축소 등 미국 쪽이 요구한 네 가지 선결 조건을 넉 달 만에 모두 수용했다"고 했다.

정태인은 노무현이 급하게 FTA를 서두르는 배경에 "청와대가 재경부에 둘러싸여 있고 재경부는 삼성의 로비에 놀아나는 집단"이기 때문이라고 했다. 그는 "L의원이 재경부하고 삼성하고 착 달라붙어서 그런 분위기를 주도했다"면서 "대통령 최측근이 그런 짓을 한 것"이라고 했다. "사실 386들이 운동을 했고 정의감은 있지만 아는 것도 많지 않고 전문성도 없다"고 했다.

그는 "재경부 국장쯤 되면 삼성맨이 많다"며 "그 사람들은 자기 돈으

---

133) 「청와대가 자주파와 동맹파의 패싸움장인가(사설)」, 『조선일보』, 2006년 4월 5일, A35면.

스크린쿼터 축소 문제로 대한민국 영화계는 1998~1999년에 이어 또다시 거리로 나섰다(『한국 현대사 산책』 1990년대 편 3권). 2006년 1월, 정부는 스크린쿼터 축소 시행을 결정하였고 그리하여 2006년 7월 1일부터 국산 영화 의무 상영 일수는 106일에서 73일로 축소되었다.

로 술값 계산 안 한다. 1차 밥 먹는 정도는 자기 카드가 있으니까 자기 돈으로 하지만 2차는 삼성이 한다"고 주장했다. 그는 "꼭 한 군데 가고 싶은 곳이 국정원"이라며 "국정원에 가서 재경부하고 삼성 유착을 낱낱이 다 밝혀내고 싶다"고 했다. 그는 "삼성이 재경부안을 만들어주는 경우가 있다. 재경부는 주로 삼성 것만 가지고 (정책을) 만든다"고 말했다. 그는 또 "이동걸 금감위 부위원장은 삼성생명 문제 건드려서 옷 벗은 것"이라며 "이 부위원장이 사실상 항복을 했는데도 여기저기서 로비가 들어오는데, 이정우 선생하고 나하고 도저히 막을 수가 없었다"고 말했다.

그는 특히 "그런 로비와 압력이 다 386들을 통해서 올라온다"면서 "386이 재경부 앞잡이 돼서 개혁파를 몰아낸다"고 했다. 그는 "그 친구들은 자기 논리가 없기 때문에 재경부가 잘하는데 왜 항상 저렇게 반대만 할까, 이런 생각을 한다"고 말했다. 정태인은 "한나라당이 한미 FTA

를 내놓고 욕을 먹어야 맞는 건데 거꾸로 되었다"며 "한미 FTA 때문에 열린우리당 정동영 의장은 대통령이 되기 힘들 거라고 (정 의장 쪽에) 말했다"는 사실도 공개했다.[134]

이에 대해 『문화일보』는 "청와대 내 몇몇 386 실세들이 노 대통령이 아침 기상 뒤 거의 매일 브리핑 시간을 갖고 노 대통령의 국정 운영 방향을 조율하고 있다는 소문이 나돌기 시작한 것은 이미 오래전부터의 일이다. 경륜과 식견이 부족한 아마추어들이 비선 조직을 형성해 국정을 장악하고도 국정 난맥이 초래되지 않는다면 그게 되레 더 이상할 것이다"라고 말했다.[135]

'군사작전식으로 할 일이 아니다'

정태인은 『문화일보』(2006년 4월 7일)와의 인터뷰에서 "한미 FTA에 대해 집중 비판을 하는 이유가 무엇인가"라는 질문에 대해 "한미 FTA는 미국 자본주의를 그대로 받아들이자는 것인데 아무 준비 없이 이것을 강행할 경우 한국 제조업과 서비스업이 모두 먹히고 양극화는 훨씬 심화된다. 노 대통령이 김현종 통상교섭본부장과 법적 절차 무시한 채 한미 FTA를 직거래하고 있다. FTA 협상 개시 선언도 군사작전식으로 남의 나라 의회에서 해버렸다. 나중에 두 사람이 한미 FTA 청문회에 설 수도 있다"고

---

134) 신정록, 「로비·압력 모두 386 통해 올라와」, 『조선일보』, 2006년 4월 7일, A6면; 김광호, 「"재경부 국장쯤 되면 '삼성맨' 많다"」, 『경향신문』, 2006년 4월 7일, 6면; 박흥기, "한·미 FTA 2~3년 준비 정부 주장은 거짓말이다", 『서울신문』, 2006년 4월 7일, 5면; 오종석, 「"386세대가 재경부 앞잡이"」, 『국민일보』, 2006년 4월 7일, 2면.
135) 「'숨은 실세'가 전하는 386 비선 조직의 행태(사설)」, 『문화일보』, 2006년 4월 7일, 31면.

말했다.

정태인은 "한미 FTA를 놓고 노 대통령과 토론을 했는가"라는 질문에 대해서는 "지난 2월 25일 영화배우 문성근, 이창동 전 문화부 장관 등과 청와대에서 오찬을 할 때, 한미 FTA에 대한 보고서를 제출했다. 이날 2시간 이상 격론을 벌였다"고 대답했다.

"주로 내가 얘기했고 대통령은 들었다. 나는 그때 한미 FTA 불가론을 얘기하면서 정 개방을 하고 싶으면 한미 FTA 대신 도하개발어젠다(DDA) 협상에 집중하라고 했다. 그러면 미국뿐 아니라 유럽의 좋은 기업 다 들어올 수 있다고 했더니 노 대통령은 '그런 생각은 못 해봤다'고 하면서도 한미 FTA 강행 의지를 밝혔다. 외부 쇼크를 통해 내부를 개혁하겠다는 것이다. 그렇지만 나는 쇼크가 필요하더라도 미리 경고하고 내부에서 스스로 고쳐나가도록 해야 충격이 덜하다는 얘기를 했다."

정태인은 "노 대통령의 가정교사였던 사람이 노 대통령을 너무 공격하는 것 아니냐는 비판에 대해 어떻게 보는가"라는 질문에 대해서는 "내 논점은 노 대통령이나 386을 비판하려는 게 아니라 한미 FTA에 대한 정책 논쟁을 하자는 것이다. 한미 FTA가 한건주의로 졸속 추진되면 한국 경제가 붕괴된다"고 했다.[136)]

『동아일보』는 "그의 발언을 뜯어보면 반미(反美) 반세계화의 독선과 아집, 시대에 뒤떨어진 몽상가의 면모가 드러난다"며 "이런 의식 수준을 가진 사람이 노 대통령의 '경제 가정교사'로 불렸다니 청와대가 현실과 동떨어진 좌파 경제정책으로 흘렀던 배경을 짐작할 만하다"고 했다.[137)]

---

136) 이미숙, 「"노 대통령 대연정 실패 뒤 '외부쇼크' 발상"」, 『문화일보』, 2006년 4월 7일, 6면.

『조선일보』는 정태인의 '386 로비' 발언에 주목하면서 "지금 대통령은 이런 386들에게 3~5번씩 자리를 바꿔주며 곁에 두고 있다. 로비와 압력을 실어 나르는 것이 주업인 이들 386에 둘러싸여 있으면서 나라가 어떻게 돌아가고 있는지, 나라가 어디로 향해 가야 하는지에 대해 정확한 정보를 얻거나 옳은 판단을 내리기를 기대하는 것 자체가 어림없는 일이란 생각뿐이다"라고 했다.[138]

『한겨레』는 "그의 발언에는 부적절한 내용이 적지 않다"면서도 "더 중요한 건 그의 발언으로 드러난 협상 추진 배경과 과정이다"라고 했다. "한미 자유무역협정은 국가 경제는 물론 사회 전반에 엄청난 영향을 끼칠 사안이다. 노무현 대통령의 말처럼 자신감을 가지면 해볼 만한 스포츠 경기가 아니다. 그런데도 정부는 협상 내용과 진행 과정은 물론이고 협정이 가져올 파급력과 이해득실을 알리려는 노력조차 게을리 하고 있다."[139]

『경향신문』은 "정 전 비서관의 말마따나 법안 하나를 만드는 데도 몇 개월씩 걸리는데, 법안 수십 개를 만드는 거나 마찬가지인 한미 FTA를 1년 남짓 사이에 최종 타결한다는 것은 어불성설에 가깝다"고 했다.[140]

한미 FTA 관련 통계 조작

2006년 4월 12일 『조선일보』는 사설을 통해 "우리가 연간 교역 규모 35

---

137) 「청와대 386의 실체 드러낸 전직 비서 증언(사설)」, 『동아일보』, 2006년 4월 8일, 31면.
138) 「로비와 압력은 모두 386 통해 들어온다」(사설), 『조선일보』, 2006년 4월 8일, A31면.
139) 「한미 자유무역협상, 국민 앞에 낱낱이 밝혀라(사설)」, 『한겨레』, 2006년 4월 8일, 19면.
140) 「집권 측에서조차 딴 소리 나오는 한·미 FTA(사설)」, 『경향신문』, 2006년 4월 10일, 31면.

억 달러인 칠레와 FTA 협상을 개시해 타결하는 데 3년 1개월이 걸렸고 국회 비준을 거쳐 발효되기까지는 4년 7개월이 소요됐다. 그런데 이 정부는 교역 규모 720억 달러로 칠레의 20배가 넘는 미국과 1년 1개월 만에 FTA 협상을 타결 짓고 1년 10개월 만에 발효하겠다는 것이다. 시간표 자체가 무리다"라며 "결국 대통령과 측근 몇 명끼리 귀엣말을 나누다 느닷없이 국민 앞에 들이밀었다는 말밖에 안 된다. 나랏일을 재미 삼아 하는 소일거리 정도로 알고 있다는 얘기다"라고 말했다.[141]

이 주장은 『조선일보』가 격렬하게 비난한 정태인의 '한건주의' 발언 취지와 일치하는 것이었다. 『조선일보』 논설실장 송희영도 4월 7일 칼럼에서 "정부가 안 바뀌면 한미 FTA 실패한다"고 했고, 4월 21일 칼럼에서는 한미 FTA로 인해 청년 실업자들이 '화염병 드는 날'을 예견했다. 두 칼럼 내용은 모두 보수적 색채가 두드러지긴 했지만, 노무현식으로 한미 FTA를 낙관하다간 큰 재앙이 닥친다는 것을 경고한 건 분명했다.

4월 13일 정태인은 열린우리당 '민주평화국민연대' 의원들과의 비공개 조찬에서 청와대가 지난 3월 초 대책 회의를 갖고, 한미 자유무역협정 체결에 불리한 내용이 담긴 대외정책연구원 보고서의 통계 조작을 지시했다는 의혹을 제기했다.[142]

4월 13일 청와대 홍보 수석 이백만은 청와대 브리핑에 게재한 「한미 FTA는 한국 경제 도약 전략이다」라는 글에서 한미 자유무역협정 반대론에 대해 "1980년대의 낡은 종속이론"이라며 "시대착오적이고 한국 경제의 저력을 부정하는 것"이라고 비판했다. 그는 "일부 식자층에서 경

141) 「한미 FTA, 얼마나 준비 없이 불쑥 꺼내 들었기에(사설)」, 『조선일보』, 2006년 4월 12일, A35면.
142) 이용욱, 「"FTA 대미흑자 감소분 청서 통계조작 지시했다"」, 『경향신문』, 2006년 4월 14일, 6면.

제 현실이 바뀌었는데도 과거의 낡은 사고와 케케묵은 논리로 국민들을 혹세무민하고 있다"고 주장했다.[143]

한미 FTA 덕분에 노무현과 보수 신문은 한 몸이 되었다. 노무현·보수 신문이 입을 맞춰 부여한 한미 FTA의 엄청난 의미를 생각하노라면, 그 이전 노무현·보수 신문 사이에서 벌어진 갈등과 또 앞으로도 계속될 갈등은 매우 사소한 것에 지나지 않았다. 노무현은 전투적인 한미 FTA 선전으로 보수 신문을 국가의 미래를 생각하는 개방·진취적인 신문으로 띄워주고, 진보 신문을 국가의 미래를 외면하는 쇄국·퇴행적 신문으로 매도한 셈이었다. 이에 화답하듯 『중앙일보』 주필 문창극은 4월 18일 "한미 FTA를 남은 기간의 과제로 제시한 노무현 대통령의 통찰력과 비전을 나는 높이 평가한다"며 "이제는 보수 진영에서 노 대통령을 밀어 주어야 한다"고 했다.[144]

4월 25일 『한겨레21』은 "노무현은 2003년 5월 15일 방미 중 샌프란시스코에서 특파원들과 만난 자리에서 'FTA가 되면 관세가 없어지기 때문에 우리 농민들이 피해를 입게 된다. 아직 관세 없이 개방할 만큼 준비가 돼 있지 않다. 그 문제가 해결될 때까지는 (한미) FTA는 어렵다'고 말했다"는 점을 지적하면서, 노무현이 약속을 깬 데에는 '업적주의'도 작용했을 것이라고 했다. "대통령 스스로도 '이것(한미 FTA)은 아마 참여정부의 큰 사건이 될 것'이라고 말했다. 산업화의 주춧돌을 놓은 박정희에 이어 우리 경제를 '선진 통상 국가'로 패러다임의 전환을 이룬 역사적 인물

---

143) 김광호, 「낡은 종속이론으로 FTA 비판/통상에 친미·반미가 어디 있나」, 『경향신문』, 2006년 4월 14일, 6면.
144) 문창극, 「이승만과 노무현」, 『중앙일보』, 2006년 4월 18일, 31면.

로 남고 싶은 대통령에게 한미 FTA는 피할 수 없는 모험인 셈이다."[145]

2006년 11월 20일 KBS-1TV 시사 다큐멘터리 〈쌈〉은 첫 회 방송으로 '한미 FTA, 정부는 진실을 말하고 있는가'를 내보냈다. 그 내용은 충격적이었다. 정부가 한미 FTA 관련 통계 수치의 일부를 조작 또는 왜곡한 것이 생생하게 밝혀진 것이다. 캐나다가 미국과의 FTA 체결 이후 기록한 경제성장률의 연도를 바꿔치기하는 수법 등 총 예닐곱 개의 조작 및 왜곡 사례가 제시되었다. 이에 앞서 전국언론노조는 '한미 FTA 체결 지원위원회'가 광고비 지원을 미끼로 여론 조작을 계획했다면서 관련 문건을 공개하기도 했다. 한미 FTA는 이미 신뢰에서부터 실패하고 있던 셈이다.

---

145) 류이근, 「어느 날 갑자기 숙성된 시나리오」, 『한겨레21』, 2006년 4월 25일, 36면.

개포동·압구정동 평당 3000만 원 돌파
부동산 투기 광풍

부동산값 폭등은 국지적 문제인가?

2006년 4월 25일 노무현은 주거복지정책 토론회에서 "(참여정부 출범 직전인) 2003년 1월부터 2년간 전국의 부동산 값이 28.5% 상승했다"는 경실련 주장에 대해 강한 불만을 토로했다. 그는 지난 3년간 주택 가격이 8.2% 올랐다는 건설교통부의 자료를 인용하면서 "(경실련이 제시한 수치가 맞다면) 참여정부가 국민들에게 파산 선고를 받아야 할 정부"라고 말했다. 또 그는 "국민의 1%보다 적은 지역의 얘기가 전 국민의 주택 문제보다 더 중요한지 그런 내용만 신문, 방송에 나오는 것을 이해하기 어렵다"며 언론 보도에 대해서도 불편한 심기를 드러냈다.

이에 대해 『중앙일보』는 "그러나 우리는 오히려 노 대통령과 정부가 왜 1%도 안 되는 강남 집값 잡기에 그렇게 전력투구하는지를 묻고 싶다. 노 대통령은 수차례 '강남 집값은 꼭 잡겠다'고 다짐했었다. 또 정부가 그동안 내놓은 주택 시장 안정 대책도 재건축 규제와 세제 강화 등 주로 강남 집값 잡기에 맞추어져 있다. 이렇게 대통령과 정부가 강남 집값 잡기에 올인을 하니 언론이 그것을 중심으로 보도하는 것이다"라고 했다.[146)]

『경향신문』은 "최근 몇 년간 부동산 문제가 심각하게 제기된 것은 서울 강남과 일부 수도권의 아파트값 상승, 일부 지방의 땅값 폭등 때문이라는 것은 삼척동자도 다 동의하는 일이다"라며 "노 대통령이 이를 일부 지역에 국한된 문제쯤으로 파악하고 있다니 그저 그의 상황 판단이 놀라울 따름이다"라고 했다. 이어 이 신문은 "사실 어찌 보면 전국의 부동산 값이 고루 오르는 것보다 일부 지역만 급등하는 것이 양극화를 심화하는 등 더 큰 사회적 문제를 낳고 있다"며 "노 대통령 지적대로 이 정부가 강남 등을 중심으로 한 부동산 값 폭등을 국지적 문제로 보고 있다면 지금까지 왜 2003년 10·29 대책, 2005년의 5·4 대책과 8·31 대책, 2006년의 3·30 대책 등 굵직한 부동산 대책을 잇따라 내놓았는지 묻지 않을 수 없다"고 했다.[147)]

2006년 6월 부동산정보업체 '닥터아파트'가 강남·서초·송파·강동구 등 강남권과 강북·노원·도봉·동대문·성북·은평·중랑구 등 강북권의 최근 평당 아파트 가격을 조사한 결과, 강남권이 2509만 원, 강북권이 754만 원으로 가격 차이가 무려 1755만 원에 달했다. 이는 참여정부 출범 초의 가격 격차보다 배 이상 확대된 것으로 정부의 아파트 가격 안정 및 지역 균형 발전 목표를 무색하게 만들었다. 실제로 2003년 2월 강남권 아파트의 평당 가격은 1430만 원, 강북권은 660만 원으로 가

---

146) 「강남 집값 매달리던 정부 왜 언론 탓하나(사설)」, 『중앙일보』, 2006년 4월 27일, 34면.
147) 「부동산값 폭등은 국지적 문제라는 노 대통령(사설)」, 『경향신문』, 2006년 4월 27일, 31면.

격 격차가 770만 원이었으나, 2005년 6월에는 1296만 원(강남권 2015만 원, 강북권 719만 원)으로 확대됐다. 참여정부 초기와 비교해 강남권은 평당 1079만 원이 올랐지만 강북권은 94만 원 상승하는 데 그쳤다.[148]

개포동·압구정동 평당 3000만 원 돌파

과연 누구의 주장이 옳은가?『경향신문』의 주장이 옳았다. 노 정권의 부동산 정책은 대실패작이었음이 2006년 들어 확연해졌다. 2006년 1월 1일 한 신문 전면 광고는 '땅 투자로 돈 버는 막강 재테크'를 외치면서 "집 없어도 철원 땅은 사야 한다"고 주장했다. 행여 의심하는 사람이 있을까 봐 이 광고는 "땅은 거짓말을 안 한다, 언젠가 효자 노릇한다"고 했고, "땅은 한정되어 있습니다. 서두르셔야 남보다 한발 앞서 갈 수 있습니다"고 했다.[149]

2006년 1월 초순 닥터아파트가 서울시 내 아파트 평당 시세를 조사한 결과 상위 5위는 ①개포동(강남) 3127만 원 ②압구정동(강남) 3037만 원 ③대치동(강남) 2848만 원 ④잠실동(송파) 2656만 원 ⑤반포동(서초) 2537만 원, 하위 5위는 ①쌍문동(도봉) 546만 원 ②번동(강북) 566만 원 ③신사동(은평) 597만 원 ④도봉동(도봉) 625만 원 ⑤상계동(노원) 626만 원 등이었다.[150] 노무현 정권만큼 부동산 문제에 대해 호전적인 말을 쏟아낸 정권은 없었지만, 강남 일부 아파트 평당 가격이 1000만 원 돌파(2003년 4

148) 박진석, 「노(盧) 정부 들어 강남·북 집값 차 2배로」, 『한국일보』, 2006년 6월 16일, A19면.
149) 『동아일보』, 2006년 1월 1일, A15면 전면광고.
150) 김근철, 「아파트값 개포동이 가장 비싸」, 『경향신문』, 2006년 1월 14일, 15면.

월), 2000만 원 돌파(2003년 8월), 3000만 원 돌파(2006년 1월) 기록을 세운 건 모두 노 정권 들어서였다.

그러나 노 정권 사람들은 자화자찬을 일삼느라 진실을 보지 못하고 있었다. 2006년 1월 16일 대통령 직속 정책기획위원장을 지낸 경북대 교수 이정우는 토지정의실천연대 주최로 국가인권위에서 열린 '부동산 정책 토론회'에서 "부동산 정책의 측면에서 박정희 전 대통령은 미래에 쓸 남의 장작까지 미리 사용해 밥을 해놓고 생색낸 대통령이었다"고 비판했다.

이어 그는 "정책 입안자들의 소신 부족으로 2003년 10·29 대책이 흔들릴 때, 배를 좌초 위기에서 구출한 것은 '강남 불패(不敗)면 대통령도 불패'라는 노무현 대통령의 단호한 의지였다"며 "노 대통령은 역대 대통령과 많이 달랐고 평가받을 만하다"라고 했다.

그런 자화자찬의 논리에 따라 1월 17일 국무회의는 8·31 부동산 대책을 수립한 공무원들에게 훈장을 주는 영예 수여안을 통과시켰다. 모두 여섯 개 부처 일곱 명이 훈포장을 받게 됐으며, 이 밖에도 8·31 대책 관련 대통령 표창 18명, 국무총리 표창 다섯 명도 추진했다. 이어 노무현은 1월 18일 대국민 연설에서 "8·31 대책의 후속 입법이 완료되었다"며 "앞으로 투기는 발붙이지 못할 것"이라고 했다. 그러나 이즈음 서울 강남 압구정동 69평 아파트가 일주일 새 3억 원이 오르는 등 강남권 아파트값 상승세가 신도시까지 번지고 있는 상황이었다.[151]

『한국일보』는 "청와대 정책기획 수석으로 부동산 대책에 깊이 개입한

---

151) 신선종, 「아파트값 상승세 확산: 강남 재건축발 급등 신도시까지 번져」, 『문화일보』, 2006년 1월 20일, 1면.

이정우 경북대 교수가 최근 한 토론회에서 '참여정부는 부동산 문제에 올바르게 접근한 첫 정권' 이라고 자화자찬을 했다기에 생뚱맞다고 생각은 했다. 하지만 그런 말장난을 넘어, 아직 방향과 효과에 대한 평가가 분분한 사안을 두고 미리부터 자기들끼리 훈포장과 표창을 나눠 먹는 데까지 이르렀다니 도덕적 해이가 도를 넘었다"고 개탄했다.[152]

『경향신문』은 "정부도 염치없는 일이라고 생각했는지, 포상 대상자 명단과 공적 사항을 공개하지 않고 있다. 국민에게 공개하지 못할 포상이라면 당장 접어두는 것이 마땅하다. 그것이 부동산 문제로 고통을 받고 있는 대다수 국민들에 대한 최소한의 예의다. 지금은 성공 여부가 확실하지 않은 정책을 놓고 논공행상을 벌일 때가 아니다"라고 했다.[153]

노 정권 3년간 땅값 821조 급등?

『뉴스위크』(2006년 1월 23일)는 한국 사회의 소득 양극화는 '사회적 시한폭탄' 이라며 "노무현 정부와 열린우리당은 집권 3년 동안 새로운 부동산 정책을 추진했지만 고급스러운 도심 지역에서는 집값이 오히려 300%나 되었고 상대적으로 가난한 지역에서는 집값이 그대로거나 오히려 떨어졌다"고 했다.

『문화일보』 기자 양성욱은 『뉴스위크』의 이런 평가를 거론하면서 "정부가 아직 '부동산과의 전쟁' 에서 확실한 승기를 잡았다고 말하기 힘든 상황이다. 행여 『뉴스위크』의 지적처럼 가난한 지역에서의 집값을 잡았

---

152) 「그들만의 잔치-8 · 31 훈 · 포장(사설)」, 『한국일보』, 2006년 1월 19일, A31면.
153) 「8 · 31 대책에 포상하겠다는 몰염치(사설)」, 『경향신문』, 2006년 1월 20일, 27면.

다는 의미로 축포를 터뜨리는 것일까? 그렇다면 이는 더더욱 큰 문제다. 정부 스스로 '부동산 정책으로 확실히 집값 양극화를 이뤘다' 고 시인하는 꼴밖에 되지 않기 때문이다" 라고 했다.[154]

2월 19일 국회 재정경제위 소속 한나라당 의원 이한구는 건교부 자료를 인용한 보도 자료에서 "2002년 1354조 5000억 원이던 전국 땅값이 참여정부 들어 3년째인 2005년에는 2176조 2000억 원으로 821조 7000억 원이나 올랐다" 며 "이는 김영삼 · 김대중 정권 시절의 지가 상승폭에 비해 각각 10.6배, 13.1배에 달하는 수준" 이라고 주장했다.

이한구는 또 "김영삼 · 김대중 정부 때에는 전국 땅값이 각각 6.4%, 4.9% 오른 반면 명목 GDP 상승률은 90.7%, 39.3%씩으로 지가 상승률 폭을 크게 상회했었다" 며 "현 정부가 집권한 3년간은 오히려 땅값 상승률이 60.7%로, 18.3%인 명목 GDP 상승률을 큰 폭으로 웃돌았다" 고 지적했다. 그는 또 "노 대통령 재임 기간 전체 땅값 상승분의 74.3%(610조 2000억 원)는 수도권에서 발생했다" 며 "이는 부의 불평등 정도가 이전 정권 때보다 심해졌다는 얘기로, 거꾸로 가는 국토 균형 발전 정책의 방증" 이라고 비판했다.[155]

3월 『매일경제』가 산업은행과 대한무역진흥공사(KOTRA) 국외 네트워크를 활용해 서울을 포함한 세계 10대 주요 대도시를 대상으로 최고가 주택 매매가와 임대료를 조사한 결과, 단순 평당 가격 면에서 서울 강남구 삼성동 아이파크아파트는 최고 5000만 원으로 뉴욕(1억 3345만 원), 런던(9900만 원), 홍콩(7600만 원), 파리(6500만 원), 도쿄(6036만 원)에 이어

154) 양성욱, 「'8 · 31대책 공무원'에 때 이른 포상」, 『문화일보』, 2006년 1월 19일, 3면.
155) 심은정, 「이한구 의원 "노 정권 3년간 땅값 821조 급등"」, 『문화일보』, 2006년 2월 20일, 4면.

© 영진선방송토

(위) 1970년 영동 지구 택지 개발 모습.
(가운데) 2002년 서울시 강남구 도곡동에 세워진 초고층·초밀도 주상 복합 아파트 단지.
(아래) 2006년 당시 아파트 광고는 사진에서처럼 스타 모델과 외국 궁전 등의 이미지를 등장시키고, 카피 역시 '세상은 당신이 사는 곳을 동경합니다', '모두가 그녀를 따라한다'처럼 브랜드의 고급화·차별화를 강조하는 것이 유행이었다.

6위로 나타났다. 그러나 각국 1인당 국민총생산(GDP) 차이를 감안해 환산한 평당 집값은 뉴욕(4750만 원) 홍콩(4222만 원) 런던(3913만 원) 도쿄(2830만 원) 등을 제치고 서울 강남이 단연 1위를 차지했다.[156]

『국민일보』(2006년 3월 13일) 사설은 "서울 등 수도권 아파트값의 급등세가 심상찮다. 지난 주 상승률은 8·31 부동산 종합 대책 이전 수준을 기록했다고 한다"며 "정부가 8·31 대책을 수립한 공무원들에게 무더기로 훈포장을 주는 등 '자축 파티'부터 열었으니, 한숨만 절로 나온다"고 말했다.[157]

『동아일보』 논설실장 배인준은 "한덕수 부총리는 최근의 집값 급등에 대해 8·31 부동산 종합 대책의 효과가 곧 나타날 것이라고 또 변명했지만 서울 강남 아파트값은 그 대책의 장래 변수까지 이미 반영해서 뛰고 있는 줄 알아야 한다"며 "'8·31 훈장'은 두고두고 코미디로 남을 것이다"라고 했다.[158]

3월 30일 정부가 8·31 대책을 발표한 지 7개월 만에 다시 후속 대책을 내놓았다. 3·30 대책의 핵심은 재건축 사업에서 발생하는 이익의 최고 50%까지를 국가가 거둬들이고, 투기 지역의 6억 원 이상 아파트를 살 때 주택 담보 대출 요건도 주택 감정 가격의 40%까지 대출받을 수 있던 규정을 바꿔 앞으로는 대출금 원리금 상환액이 소득의 40%를 넘지 못하도록 했다. 『조선일보』는 "정부는 그 대단한 8·31 대책을 만든 공로를 포상한다면서 공무원들에게 훈장까지 달아줬다"며 "그 공무원들이 훈

---

156) 설진훈·이진우, 「삼성동I파크 평당 5천만 원 '세계 1위'」, 『매일경제』, 2006년 3월 13일, 1면.
157) 「8·31 대책 잘 세웠다고 훈장 주더니(사설)」, 『국민일보』, 2006년 3월 13일, 26면.
158) 배인준, 「오만에 무너지나」, 『동아일보』, 2006년 3월 14일, A30면.

장도 몇 번 달기 전에 또다시 강남 집값이 뛰고 있으니 그 훈장을 어떻게 할지 모르겠다"고 말했다.[159]

김대중 정부와 현 정부에서 고위직을 지낸 S씨는 참여정부를 망조(亡兆) 들게 한 대표적 실패 사례로 부동산 정책을 꼽으며 대통령 비서실을 '386 보이스카우트'로 깔아버린 인사가 근본적 잘못이라고 탄식했다. "지방 대도시의 집값이 서울의 5분의 1도 안 됩니다. 지방 사람은 평생 서울에서 살 수 없게 됐어요. 참여정부가 서민과 미래 세대에 무슨 짓을 한 겁니까. 정나미가 떨어졌어요. 정부가 있는지 없는지 모르겠어요. 시장과 맞서 싸우려고만 했지, 시장을 다룰 줄 몰랐어요."[160]

물론 8·31 대책은 서서히 효과를 나타내게 되지만, 국민의 입장에서는 뒤늦은 대책이었다. 2004년 아파트 분양 원가 공개 공약을 뒤엎으면서 "10배 남는 장사도 있다"는 논리로 합리화했던 노무현의 과오를 덮기에는 역부족이었다. 부동산 문제는 5·31 지방선거에서 열린우리당의 몰락을 초래하는 데에 큰 영향을 끼치게 된다.

159) 「'10·29' '8·31' '3·30' 다음 부동산 정책은 뭔가(사설)」, 『조선일보』, 2006년 3월 31일, A35면.
160) 황호택, 「감옥과 시장」, 『동아일보』, 2006년 11월 29일, A35면.

열린우리당의 몰락
5 · 31 지방선거

노무현 정권은 부산 정권

2006년 5월 4일 경기 평택 대추리 벌판과 대추분교 교정에서 군 · 경 1만 4,000여 명과 미군 기지 확장 반대를 외치는 주민들이 5시간 이상 맞붙은 이른바 '대추리 전투'가 일어났다. 인권단체연석회의 등 18개 단체로 이뤄진 '평택 미군기지 확장 반대 서울대책회의'는 "참여정부가 국민을 상대로 전쟁을 벌이고 있다"며 "국민의 정당한 저항권 행사에 군을 투입해 1980년 5월의 잔인한 기억을 들춰내고 있다"고 비난했다.[161]

그러나 정치권의 관심은 온통 5 · 31 지방선거에만 쏠려 있었다. 5월 15일 노무현의 최측근인 전 청와대 민정 수석 문재인은 열린우리당 오거돈 부산시장 후보 선대위 사무실을 방문한 직후 연 부산 지역 언론인과의 간담회에서 "노무현 대통령이 부산 출신인 데다 퇴임 후 이 지역에

---

161) 홍용덕 외, 「[뉴스초점] '미군기지 확장 반대' 대추리 강제 진압」, 『한겨레』, 2006년 5월 5일, 1면.

평택 대추리는 본래 일제강점기부터 있던 군사 기지 안의 마을이었으나, 1952년 미군 기지 신설로 추방된 주민들이 인근 땅과 갯벌을 개간하여 현재의 위치로 옮겨왔다. 2003년 35차 한미연례안보협의회는 현재의 대추리 역시 강제 이주 대상으로 결정했다. 주민들은 935일간 이주 거부 투쟁을 벌였으나 2007년 강제 이주되고 말았다. 사진은 대추리 농협 창고 벽에 그려진 그림.

서 산다는 의지도 확고한데 왜 부산 정권으로 받아들이지 않는지 이해가 안 된다"며 "아시아태평양경제협력체(APEC) 정상회의, 신항 및 북항 재개발 등 부산에 신경 쓰고 지원했는데도 시민들의 귀속감은 전혀 없다"고 했다.

이에 한나라당과 민주당이 거세게 반발했다. 한나라당 이계진 대변인은 "고약하고 악의적인 지역감정 조장 발언"이라며 "과연 호남 지역을 가서도 같은 말을 할 수 있는지 묻고 싶다"고 했다. 민주당 유종필 대변인은 "전국 정당을 한다면서 부산에서는 부산 정권, 호남에서는 광주를 모태로 하는 호남 정권이라고 말하고 있다"며 "이는 현 정부가 국민과

호남인을 대상으로 사기극을 펼치고 있는 것"이라고 했다.[162]

공식 선거운동(18~30일)을 하루 앞둔 5월 17일 열린우리당과 민주당은 5·18광주민주화운동 전야제가 열린 광주에 일제히 집결했다. 정동영은 이날 오후 5·18기념문화관에서 기자회견을 열고 우리당의 창당 정신이 5·18 정신과 일맥상통한다고 강조했다. 그는 "시민을 학살한 계엄 정당 후계 세력이 전국을 석권하는 것을 광주 시민들이 막아달라"며 "실망의 매는 저에게 주시고 기대는 조영택 광주시장 후보에게 모아달라"고 호소했다.

강금실 서울시장 후보 역시 이 자리에서 호남 유권자를 겨냥, 법무부 장관 시절인 2003년 노무현 대통령이 서명한 대북 송금 특검 법안에 대해 "반대했어야 했다"고 말했다. 강 후보는 또 "영남 정부, 호남 정부는 없어져야 한다"며 문재인 전 청와대 민정 수석의 '부산 정권' 발언을 은연중에 비판했다. 우리당 의원들이 옛 도청 앞 5·18민주광장을 돌며 악수 공세를 펼치는 과정에서 일부 시민들이 "부산당 물러가라"고 쏘아붙여 당직자들과 잠시 실랑이를 벌이기도 했다.

민주당 대표 한화갑은 이날 기자 간담회에서 "민주당은 5·18 광주 정신을 계승하고 있는 유일한 정당"이라고 강조했다. 한 대표는 정동영 의장을 겨냥해 "5·18 정신을 자격 없는 사람이 말하면 정치적으로 악용하는 것"이라며 "나는 (5·18 유공자로서) 죽으면 망월동에 내 묫자리가 있다. 미안하지만 나는 말할 자격이 있다"고 밝혔다.[163]

5월 20일 오후 한나라당 박근혜 대표가 서울에서 오세훈 서울시장 후

162) 염영남, 「문재인 "부산정권" 발언 논란」, 『한국일보』, 2006년 5월 16일.
163) 박석원, 「막 오른 5·31 지방 선거/선거전 광주서 점화」, 『한국일보』, 2006년 5월 18일.

피습 사건 후 세브란스 병원에서 퇴원하며 기자회견을 하는 박근혜 한나라당 대표. 열린우리당은 선거 막판에 벌어진 이 '돌발 사건'에 곤혹스러움을 감추지 못했다. 이 사건은 막판 표심의 향방을 결정지었다.

보 지지 유세 도중 괴한의 습격을 받아 얼굴이 11cm 가량 찢어지는 상처를 입는 사건이 발생했다. 박 대표는 신촌 세브란스 병원으로 옮겨져 60여 바늘을 꿰매는 긴급 수술을 받았으며 한동안 지방선거 유세에 나서지 못했다.[164]

5·31 지방선거 성적표

2006년 5월 31일에 치러진 제4회 전국 동시 지방선거의 투표율은 전체 유권자 3706만 4,282명 가운데 1900만 91명이 투표에 참여해 투표율 51.3%로 집계됐다.

---

164) 정승훈 외, 「박 대표 괴한에 피습…악수청하다 갑자기 흉기 휘둘러…50대 용의자 검거」, 『국민일보』, 2006년 5월 21일 쿠키뉴스.

이는 역대 전국 단위 선거를 통틀어 가장 투표율이 낮았던 2002년 제3회 지방선거 때의 48.9%보다 2.4%p 높아진 것이다. 지방선거 투표율은 1995년 1회 지방선거에서 68.4%를 기록한 뒤 1998년 2회 지방선거에서 52.7%로 급락한 데 이어, 3회 때는 40%대를 기록했다.[165]

최종 개표 결과 16명의 광역 단체장 중 한나라당 12곳, 민주당 두 곳, 열린우리당과 무소속(제주·김태환 후보)이 각 한 곳에서 당선됐다. 전국 230개 기초 단체장은 열린우리당 19곳, 한나라당 155곳, 민주당 20곳, 국민중심당 일곱 곳, 무소속 29곳으로 나타났다. 광역 의원은 한나라당 557명, 민주당 80명, 열린우리당 52명, 국민중심당 15명, 무소속 15명, 민노당 14명 순이었다. 한나라당은 정당 득표율에서도 역대 최고인 53.8%(1008만 6,354표)를 기록했다. 열린우리당 정당 득표율은 21.6%(405만 6,367표)로, 한나라당의 절반에도 못 미쳤다. 민주노동당, 민주당, 국민중심당 등 군소 3당의 정당 득표율은 12.0%(226만 3,051표), 9.9%(186만 3,239표), 2.3%(43만 6,774표)였다.

당선자들의 정당은 한나라당이 2,346명으로 가장 많았으며, 열린우리당 701명, 민주당 378명, 민노당 81명, 국민중심당 89명, 무소속 272명 등이 뒤를 이었다. 시민당, 한미준, 희망사회당 등은 한 명의 당선자도 내지 못했다. 가장 큰 관심을 모았던 서울시장 선거에서는 한나라당 후보 오세훈이 240만 9,760표를 얻은 반면 열린우리당 후보 강금실은 107만 7,890표를 얻어 133만여 표 차로 낙선했다.[166]

연세대 교수 김호기는 "거시적인 맥락에서 이번 선거의 결과는, 길게

---

165) 손원제, 「투표율 51.3%/2002년보다 2.4%p 올라」, 『한겨레』, 2006년 6월 1일, 1면.
166) 이용욱, 「5·31 지방 선거 '총정리'-광역의원 與 52-한나라 557명」, 『경향신문』, 2006년 6월 2일, 6면.

는 지난 8년간 국정을 담당한 중도 개혁 세력에 대한 중대 경고다. 보수 세력이 선전했다기보다는 중도적 개혁에 대한 회의와 실망이 반영된 '항의 투표'의 성격이 두드러진다. 어느 나라건 중도주의를 지지하는 세력에는 성장을 중시하는 그룹과 개혁에 무게 중심을 두는 그룹이 공존해 있다. 중도 개혁 세력이 정치적 다수가 되기 위해서는 성장 동력 확충과 양극화 해소라는 두 마리 토끼를 동시에 잡아야 한다. 하지만 우리 국민 상당수는 이번 선거를 통해 이 둘의 과제를 해결하는 데 중도 개혁 세력의 역량이 취약했다고 엄중히 중간 평가한 셈이다"라고 말했다.[167]

반면 자유주의연대 대표 신지호는 열린우리당의 패인으로 "자기 자식은 1년에 수천만 원 소요되는 고급 유학을 보내놓고 실업고에 찾아가 양극화 선동을 하는 이율배반적 강남 좌파에 대한 대중적 공분"을 지적하면서 다음과 같이 말했다. "좀 더 거시적인 맥락에서 보면 이번 선거 결과는 대한민국이 제자리를 찾아가는 과정이라 할 수 있다. 지난 몇 년간 대한민국은 세계적 흐름에 역행해왔다. 이미 역사의 뒤안길로 사라진 낡은 좌파가 대한민국의 권력을 접수한 탓이었다. 이는 산업화 시대의 적폐(積弊)가 청소되지 않고 있는 것에 대한 대중적 공분이 있었기에 가능한 일이었다. 그러나 현 집권 세력은 지난 3년간 자신들이 부정과 파괴에는 능하나 개발과 창조에는 무능하기 짝이 없는 집단임을 아낌없이 보여줬다."[168]

---

167) 김호기, 「중도 개혁 세력의 실패: '5·31 선거' 나는 이렇게 본다」, 『조선일보』, 2006년 6월 2일, A34면.
168) 신지호, 「대한민국의 제자리 찾기: '5·31 선거' 나는 이렇게 본다」, 『조선일보』, 2006년 6월 2일, A34면.

노무현은 'X맨'·'트로이 목마'

2006년 6월 29일 민주당이 '정계 개편의 바람직한 방향 모색'을 주제로 국회에서 개최한 정책 토론회에서 한국정치아카데미 원장 김만흠은 "노무현 정부는 지지 기반을 분열·약화시키더니 지방선거에서는 자멸해 결국 민주화 세력의 정치적 기반을 황폐화시켰다"면서 "결과적으로 노 정권은 자기편을 망가뜨리고 오히려 상대편을 승리하게 만드는 'X맨' 역할을 하고 있는 셈"이라고 했다.[169]

고종석은 "정치인 노무현은 늘 어려운 사람들의 희망을 얘기" 했지만 "대통령 취임 이후 그것이 사탕발림이었음을 차근차근 드러냈다"고 했다. 또 그는 "노 대통령이 내세운 또 하나의 정치적 비전은 지역주의 타파"였지만 "노 대통령이 이해한 지역주의 타파는 자신이 영남 유권자들의 인정을 받는 것"에 지나지 않았다고 했다.

"노 대통령과 그 측근들은 지지자들이 모아준 정치적 자산을 영남 유권자들의 비위를 맞추는 데 거의 탕진했다. 그러나 그 구애는 받아들여지지 않았고, 노 대통령은 자신의 지지자 대부분을 한나라당에 헌납함으로써 기이한 방식으로 지역주의를 완화했다. 그의 지역주의 타파는 그의 의도와 상관없이, 결국 영남 패권주의 강화를 뜻했다. 그는 가장 성공적인 트로이 목마였다."[170]

박승옥 시민발전 대표는 "노 대통령은 민주 세력의 무능력과 무책임을 보여주는 상징이 됐으며 한국의 보수 세력이 수구 반동 집단에서 선진 진보로 자신을 명명할 수 있게끔 도와주는 데 으뜸의 공로를 세웠다"

169) 황장석, 「"노 정권은 상대 돕는 X맨"」, 『서울신문』, 2006년 5월 30일, 5면.
170) 고종석, 「우리 사회의 '트로이 목마'」, 『시사저널』, 2006년 7월 4일, 84면.

고 비판했다.[171]

이처럼 혹독한 비판이 쏟아지고 있었는데도 노 정권과 열린우리당은 여전히 내분으로 몸살을 앓고 있었다. 김근태 열린우리당 의장이 논문 표절 시비를 일으킨 김병준 교육 부총리의 사퇴를 촉구한 데 이어 '문재인 법무부 장관 불가론'을 편 게 직접적 발단이 돼 노무현이 김근태를 직접 비판하는 일이 벌어졌다.

문재인 파문 어떻게 볼 것인가?

2006년 8월 6일 노무현 대통령은 청와대 오찬에서 "당 지도부가 문재인 전 (민정) 수석은 (법무부 장관) 안 된다고 언론에 포화를 쐈는데 이는 잘못"이라고 김근태 열린우리당 의장을 비판했다. 노 대통령은 나아가 "김 의장은 복지부 장관 때도 나와 계급장 떼고 맞붙자고 하지 않았느냐. 국민의 정부 때 DJ에게도 대들지 않았느냐"며 "권력투쟁하듯 나를 대하는데 대통령 흔들어 잘된 사람 못 봤다"고 면박을 줬다. 김 의장도 "민심이 이 정부에서 완전히 떠났다. 대통령도 변해야 한다"고 맞섰다. 그는 또 "김병준 교육 부총리 문제에 관한 민심을 전달하기 위해 두 번이나 (대통령) 면담을 신청했으나 거절하지 않았느냐"고 반박했다.

이에 대해 백화종 『국민일보』 편집인은 "존립 기반인 호남이 청와대 쪽에 의해 무너진다고 보는 당 지도부는 청와대와 대립각을 세우는 것도 불사하고 있으며 그 한 예가 바로 문재인 파문인 것이다"라며 다음과

---

171) 권재현, 「"노 대통령은 보수의 트로이 목마"」, 『동아일보』, 2006년 8월 7일, 4면.

문재인 전 민정 수석(사진)을 법무부 장관에 임명하는 데는 검찰 개혁이라는 명분이 있었다. 하지만 청와대 참모가 법무부 장관에 기용된 선례가 없었고, 대통령의 의중을 곧바로 반영할 수 있는 최측근이라는 점, 부산 정권 발언 등으로 인해 기용되지 못했다.

같이 말했다.

"그들은 특히 노 대통령과 그의 측근들이 '일리가 없지 않으나 안 하는 게 좋은 말들'을 함으로써 긁어 부스럼을 만드는 것으로 보고 있다. '전략적 선택'이니 '유일한 대안'이니 '부산 정권'이니 등 정권 탄생에 절대적 기여를 한 호남 사람들이 안 들으니만 못한 소리를 왜 하느냐는 것이다. 사실 노 대통령은 지역 구도 타파를 위해 국회의원 낙선도 불사한 사람이다. 그런데도 오해의 소지가 있는, 안 하는 게 좋았을 말로 호남 사람들을 자극함으로써 지역 구도 타파라는 자신의 공든 탑을 스스로 깎아 내린 셈이 되고 말았다."[172]

8월 9일 『한국일보』 조재용 논설위원은 "지지 세력을 기반으로 이를

172) 백화종, 「문재인 파문 어떻게 볼 것인가」, 『국민일보』, 2006년 8월 14일, 23면.

대변하는 집권당으로부터도 공격받는 대통령의 모습은 고립 그 자체다. 고립된 대통령의 지도력은 그 자체가 심각한 위기다. 엊그제 노 대통령이 열린우리당 지도부와의 회동에서 합의하고 얻어낸 것이 결국 대통령 인사권의 인정이라는 데서 그 심각성은 차라리 희극에 가까울 정도임을 드러냈다"며 다음과 같이 말했다.

"대통령의 인사가 풍파를 일으킬까 조마조마해야 하는 집권당, 대통령에 저항하지 않으면 자신의 존재가 위태로워진 집권당의 현주소가 드러났다. 대통령 말대로 권력투쟁이 불가피한 것 같다. 그러나 그 권력투쟁도 수준 이하의 것이라는 데서 문제는 적나라해진다. 여기에 민생이, 경제 토론이 자리 잡을 터가 있을 턱이 없다. 중도 좌파 지식인 모임인 '좋은 정책 포럼'에서 '참여정부는 지지자들과 여당과도 일정 부분 분리됨으로써 공중에 뜬 정부가 돼 버렸다'는 지적이 나온 것은 노 대통령에게 아프고도 정확한 진단이다. 노 대통령의 집권 배경 중에는 진보의 약진이라는 이념 지형의 변화가 중요했지만 이제 '진보 개혁 세력이 역사의 뒤안길로 사라질지도 모른다'는 우려가 나온 것도 정권의 무능과 실패를 요약하고 있다."[173]

진보 개혁 세력은 역사의 뒤안길로 사라질 것인가? 그러나 한국 유권자들의 투표 행태는 '반감'과 '응징'을 두 축으로 삼고 있었다. 이쪽을 죽였다가 저쪽을 죽이는 식으로 돌아가면서 죽이곤 했다. 그러니 정치인들도 굳이 성찰을 할 필요는 없었다. 상대편을 때려 유권자들의 반감을 키우는 게 정치의 알파이자 오메가가 되었다. 자신의 지지율이 10%

---

173) 조재용, 「'2006 노무현' …고립…」, 『한국일보』, 2006년 8월 9일, 27면.

대로 떨어졌는데도 노무현이 "내가 임기 중에 뭘 잘못했는지 꼽아보라"
고 큰소리를 칠 수 있던 것도 그런 이치를 깨닫고 있었기 때문일까? 도
무지 알 수 없는 노릇이었다.

"내가 임기 중에 뭘 잘못했는지 꼽아보라"
노무현 지지율 10%대

안희정 사면 논란

2006년 8월 8일부터 10일까지 전국의 기자 300명을 대상으로 벌인 '기자협회 창립 42주년 기념 기자 여론조사' 결과, 노무현 대통령의 국정수행 지지도는 10.0%(아주 잘함 0.3%, 다소 잘함 9.7%)에 그쳤다. "그저 그렇다"는 33.7%, "잘 못하는 편"은 54.7%(다소 잘 못함 35.7%, 매우 잘 못함 19.0%)였다.[174]

이후에도 노무현의 지지도가 떨어질 일이 계속해서 일어났는데, 그 첫째는 노무현의 측근인 안희정 사면 논란이었다. 8월 10일 『한겨레』는 사설을 통해 "일부에서는 안 씨가 개인 비리가 아니라 잘못된 관행인 대선자금을 관리함으로써 부득이 정치적 희생양이 됐다는 점을 들어 사면론을 주장하고 있다고 한다"며 다음과 같이 말했다. "나무만 보고 숲을 보

---

174) 장우성, 「영향력 KBS · 신뢰도 한겨레 '1위' : 기자협회 창립 42주년 기자여론조사」, 『기자협회보』, 2006년 8월 16일, 1면.

지 못하는 발상이다. 불법 대선 자금은 개인 비리보다 더 해악을 끼치는 구조적인 악이다. 개인 착복이 없었다고 옹호하는 것은 '정치 패거리'에 기반한 발상이지 국민을 염두에 둔 사고가 아니다. 그 잘못된 뿌리를 자르려면 안타깝더라도 단호한 조처가 불가피하다. 당사자들 역시 법에 규정된 동안 충분히 뉘우치고 반성하는 게 재기하는 데 떳떳하다."[175]

8월 11일 『동아일보』는 사설을 통해 "노 대통령은 2005년 광복절에는 측근 사면에 대한 비판을 의식해 안 씨 등을 제외했다. 그러더니 이번에는 '누가 욕하든 말든 내 마음대로 하겠다'는 식으로 밀어붙이고 있다. 염치도 눈치도 버린 듯하다. 어차피 국민의 신망을 잃은 정권이니, 대통령이 썼던 말 그대로 '막가자'는 것인가. 14일로 예정됐던 국무회의를 사흘 앞당기는 것도 여론을 더 살필 것 없이 측근 사면을 못질하겠다는 것 아닌가"라고 비판했다.[176]

그러나 이런 비판에도 노무현 대통령은 11일 국무회의의 8·15 사면·감형 및 복권 심의를 통해 자신의 측근인 안희정, 신계륜 전 의원, 여택수 전 청와대 제1부속실장을 특별 사면·특별 복권했다. 이에 박근용 참여연대 사법감시팀장은 "이번 사면을 통해 대통령 자신의 측근을 모두 사면·복권해준 것은 '염치'의 문제를 넘어 공적인 권력을 사적인 용도로 쓴 것이다"라고 비판했다.[177]

2006년 8월 12일 『문화일보』 사설 「비판할 테면 하라는 노 정권 '코드 사면」은 "국민이 위임한 대통령 권력을 무소불위(無所不爲)쯤으로 그릇

175) 「초심 잃은 '비리 정치인 사면' 검토(사설)」, 『한겨레』, 2006년 8월 10일, 31면.
176) 「사면과 인사, 낯이 두껍다(사설)」, 『동아일보』, 2006년 8월 11일, 35면.
177) 박근용, 「몰염치한 정치인 특별사면」, 『경향신문』, 2006년 8월 19일, 19면.

인식하고 있음을 또 한번 더 보여준다"고 비판했다.[178] 『동아일보』기자 조용우는 "이번 사면으로 대통령 탄핵 사태로까지 번졌던 불법 대선 자금 사건 수사는 사실상 '도루묵'이 됐다"며 다음과 같이 말했다. "1년 가까이 밤낮으로 수사를 했던 검찰이나 밤새워 사건 기록을 보며 재판을 했던 법원으로선 기가 막힐 노릇이다. 당시 수사팀 관계자는 '시정잡배도 국민이 지켜보면 이렇게 하지는 못할 것'이라며 '사면권의 사(赦) 자를 사사로울 사(私) 자로 바꿔야 한다'고 꼬집었다."[179]

유진룡 전격 경질 사건

안희정 사면 논란과 동시에 '낙하산 인사' 논란도 다시 벌어졌다. 8월 8일 유진룡 문화관광부 전 차관의 전격 경질을 계기로 노무현 정부의 '낙하산 인사'가 지나치다는 비판이 쏟아진 것이다. 유 전 차관이 산하기관 인사를 둘러싸고 청와대와 갈등을 빚어 물러나게 됐다고 밝혔기 때문이다. 민주노동당의 분석 자료에 따르면 노무현 정부 들어 2006년 7월까지 정부 산하기관의 상근직 임원 가운데 낙하산으로 분류된 인사는 모두 325명에 달하는 것으로 나타났다.[180]

8월 11일 『동아일보』는 사설을 통해 "차관 인사에서는 부처 내 다면 평가 1위였던 유진룡 문화관광부 차관이 6개월 만에 전격 경질됐다"며 다음과 같이 말했다. "이에 대해 문화부 직원들이 격앙된 분위기를 보이

---

178) 「비판할 테면 하라는 노 정권 '코드 사면' (사설)」, 『문화일보』, 2006년 8월 12일, 23면.
179) 조용우, 「청와대 사면의 이중잣대」, 『동아일보』, 2006년 8월 14일, 30면.
180) 홍병기, 「현 정부 325명… '코드'가 낙하산 불렀다: 청와대 '낙하산 인사' 논란」, 『중앙일보』, 2006년 8월 12일, 5면.

자 청와대 관계자는 '그가 직무를 회피했기 때문에 공직 기강 차원에서 경질했다' 고 설명했다. 하지만 유 전 차관은 대통령 홍보 수석 비서관실의 이백만 수석 비서관과 양정철 비서관 등에게서 여러 차례 인사 압력(청탁)을 받고 '차라리 나를 자르라고 했다' 고 털어놓았다. 인사 청탁을 하면 패가망신시키겠다던 대통령의 공언은 청와대 사람들에겐 예외인가. 도덕이다, 개혁이다 운운하던 정권이 실체를 더는 숨기지 못한 채 드러내놓고 내 떡 챙기기에 급급한 모습이 안쓰럽다." [181]

8월 11일 한나라당 원내대표 김형오는 주요 당직자회의에서 "청와대 386 출신 보좌진이 중심이 돼 코드인사와 낙하산 인사를 염치없이 하는데 분노를 느낀다" 며 "이런 발상을 거두지 않으면 이 정권은 중대 국면을 맞을 것" 이라고 말했다. 민주당 부대변인 김재두는 "노무현 대통령은 '인사 청탁하면 패가망신을 시키겠다' 고 했지만 형 노건평 씨의 국세청장 인사 청탁 사건 때부터 있던 수많은 낙하산 인사에서 패가망신이라는 말은 들은 바 없고 오히려 청와대의 인사 청탁을 거절한 인사를 망신시켰다" 고 했다. [182]

8월 12일 『중앙일보』는 「국정을 파괴하는 청와대 386의 횡포」라는 사설을 통해 "청와대 386의 인사 개입 논란이 점입가경이다. 보복 경질당했다는 유진룡 전 문화관광부 차관은 아리랑TV 부사장과 국립영상자료원장 외에 여러 건의 인사 청탁이 있었다고 공개했다. 이를 거절하는 유전 차관에게 청와대 비서관은 '배 째달라는 말씀이시죠. 예, 째드리지요' 라고 협박했다고 한다. 그 뒤 민정 수석실에서 나온 조사관도 '왜 청

181) 「사면과 인사, 낯이 두껍다(사설)」, 『동아일보』, 2006년 8월 11일, 35면.
182) 이종훈 · 장강명, 「"청와대 청탁 거부하니까 패가망신 시켰다"」, 『동아일보』, 2006년 8월 12일, 4면.

탁을 들어주지 않느냐'고 추궁했다고 한다"며 다음과 같이 말했다.

"청와대는 이를 '정상적인 업무 협의'라고 주장한다. 도대체 다른 어떤 나라 핵심 권력층이 이런 조폭 수준의 천박한 언행을 할 수 있을지 상상조차 할 수 없다. 국민이 이런 조폭 집단에 권력을 맡긴 것인가. 우리 헌법에 한 번 선거에 이긴 집단은 임기 중 국정을 마음대로 농단해도 된다고 규정돼 있기나 한가. 이것이 이 나라 권력층의 본질이라면 민주주의라는 옷을 입고 국민 주권을 노략질한 것에 지나지 않는다."[183]

개혁 장사의 종말

『한국일보』(2006년 8월 15일)는 "유진룡 전 문화관광부 차관 경질 논란을 계기로 이른바 정권 말 '챙겨주기 인사'에 대한 궁금증이 높아지고 있다"며 다음과 같이 말했다. "참여정부의 챙겨주기 인사는 주로 청와대 인맥, 주로 386 출신 측근들과의 연을 통해 이뤄지고 있다는 것은 여권 내 공공연한 비밀이다. …… 경쟁 과정에서 자기 사람을 심으려는 여권 실세끼리 부딪치는 상황도 있다는 후문이다. 두세 명이 복수 추천돼 힘겨루기가 벌어진다는 것이다. 또 관할 정부 부처와 청와대 간 보이지 않는 알력도 발생한다. 결국 챙기기 인사로 인한 잡음은 챙겨줘야 할 청와대와 여당, 자리를 차지하려고 줄 서 있는 대상자, 해당 기관 등 이해관계가 엇박자를 내면서 정권이 끝날 때까지 계속될 수밖에 없을 것이라는 지적이다."[184]

---

183) 「국정을 파괴하는 청와대 386의 횡포(사설)」, 『중앙일보』, 2006년 8월 12일, 26면.
184) 정녹용, 「'코드 낙하산' 임기 말 집중투하」, 『한국일보』, 2006년 8월 15일, 3면.

『조선일보』는 같은 날 사설을 통해 "대통령은 전 정권의 실패를 결코 되풀이하지 않겠다고 했지만 국민들 눈에는 이 정권이 더하면 더했지 못하지 않다고 비칠 뿐이다. 그렇다면 당초에는 대한민국 역사에 없는 새로운 인사를 해보려 했는데 생각이 달라졌다는 것인지, 원래부터 이럴 생각이었는데 국민이 말귀를 잘못 알아들었다는 것인지 뭐라고 변명이라도 한마디 해야 할 것이 아닌가"라고 했다.[185]

8월 16일 국회 문화관광위원회 소속 한나라당 박찬숙 의원이 기획예산처에서 제출받은 '공공 기관 경영·정보 공개 시스템'의 관련 자료를 분석한 결과에 따르면, 임용 당시 노무현 대통령의 후보 시절 보좌역, 여당의 중앙위원, 선거 낙선자 등 '보은·낙하산 인사' 논란을 일으켰던 정치권 출신 공공 기관 감사 46명의 평균 연봉이 1억 2600만 원인 것으로 나타났다. 박 의원은 "청와대의 '코드인사'는 우리 사회의 인내 수준을 넘어섰다"고 지적한 뒤 "더는 '물러나기 전에 챙겨주자식'의 '코드·낙하산 인사'로 제2, 제3의 유진룡 전 문화관광부 차관을 만들어서는 안 된다"고 주장했다.[186]

8월 17일 김종석 홍익대 경제학과 교수는 「개혁 장사의 종말」이라는 칼럼에서 "친정부 인터넷 매체를 운영하던 어느 진보 성향의 인사가 '앞으로 개혁만 팔아먹어도 10년은 잘 먹고살 수 있을 것'이라고 한 것이 불과 2년 전이다. 당시 분위기로 봐서는 그럴 만도 했다. 그러나 지난 지방선거와 재·보궐선거 결과를 말하지 않더라도, 지금 민심 같아서는 다음 선거에서 진보·개혁 운운하는 것은 정치적 자살 행위가 될 가능

185) 「"전 정권의 인사 실패 반복 않겠다"더니(사설)」, 『조선일보』, 2006년 8월 15일, A27면.
186) 이지선, 「'낙하산 감사' 평균연봉 1억 2천」, 『경향신문』, 2006년 8월 17일, 7면.

성이 높아 보인다"며 다음과 같이 말했다.

"개혁은 잘못된 것을 고치자는 것이고 진보는 앞으로 나가자는 것인데, 개혁하자면서 우리 사회를 분열시키고 진보하자면서 80년대 운동권 논리에 빠져 있으니 국민이 개혁과 진보 소리만 들어도 짜증을 내는 것이다. 진정한 개혁과 진보에 누가 반대할까. 문제는 개혁 장사라는 말이 의미하듯이 개혁과 진보를 정권 장사를 위한 포장으로 사용하니까 국민이 그 진정성을 의심하는 것이다. '모든 사람을 잠시 속일 수는 있다. 또 어떤 사람들은 항상 속일 수 있다. 그러나 모든 사람을 항상 속일 수는 없다.' 링컨 대통령의 말이다. 마치 21세기 한국의 개혁 장사꾼들에게 하는 말 같다."[187]

내가 임기 중에 뭘 잘못했는지 꼽아보라

그러나 노무현은 그 어떤 잘못도 인정하지 않았다. 8월 19일 언론 보도에 따르면, 노 대통령은 6일 전인 13일 청와대에서 『한국일보』 등 네 개 신문사의 외교 · 안보 담당 논설위원들과 함께한 오찬에서 "내가 (지난 3년 반 동안) 뭘 잘못했는지 한번 꼽아보라"며 "지지도가 낮지만, 권력기관을 갖고 휘두른 것도 아니고 권력형 비리도 없으므로 끝까지 국정 장악력을 갖고 갈 것"이라고 밝혔다. 노 대통령은 또 "김영삼, 김대중 전 대통령도 자식들 문제로 임기 말에 힘이 빠졌는데 그래도 내가 더 나은 것 아니냐"며 "내 집권기에 발생한 사안 중 문제는 성인 오락실 상품권

---

187) 김종석, 「개혁 장사의 종말」, 『중앙일보』, 2006년 8월 17일, 31면.

뿐인데, 그건 청와대가 직접 다룰 성격은 아닌 것 같다"고 말했다.[188]

이에 『조선일보』(2006년 8월 19일)는 "대통령 편에서는 사람들이 꼽는 대통령의 잘못만도 한두 가지가 아닌데, 이런 말에는 귀를 닫고 '잘못된 일은 성인 오락실의 상품권뿐' 이라는 얘기를 하고 있는 것이다"라며 "어쩌면 그렇게 국민들 생각과는 정반대인지 모르겠다"고 개탄했다.[189]

이동관 『동아일보』 논설위원은 "문제는 노 대통령이 '성난 민심' 의 실체조차 모르는 듯하다는 점이다. 현 정권에 기대를 건 서민조차 때와 장소를 가리지 않고 대통령을 육두문자로 욕하는 것이 요즘 현실이다. 그런데도 노 대통령은 '김대중 전 대통령의 이맘때 지지율은 16%였는데 나는 19%이니 낫다' 고 말했다. 진담인지, 농담인지 취재가 필요한 부분이다"라고 했다.[190]

8월 21일 열린우리당 김영춘 의원은 자신의 홈페이지에 올린 「좌파적 수구 세력으로 전락할 것인가」라는 글에서 "노무현 대통령은 중요한 고비마다 자신의 의제와 화두를 강요하고 관철해온 것이 사실이고, 대통령의 준비되지 않은 정치적 행보와 언행은 큰 문제였다"고 비판했다. 김 의원은 "대연정 제안만 하더라도 전혀 준비되지 않은 돌발적인 제안으로 몇 달간 갑론을박만 무성했을 뿐 아무런 성과도 거두지 못했다" 며 "지지자들의 실망과 이탈만 가속화시켰다"고 지적했다. 그는 또 "국가 발전 전략인 '통합(대연정론)과 개방(한미 FTA)' 에 대해서도 국민 설명과 동의를 제대로 조직하지 않은 돌발적, 독선적 방식에 문제가 있다" 며

---

188) 정녹용, 「"내가 뭘 잘못했는지 꼽아보라": 노 대통령, 논설위원들에 심경 토로」, 『한국일보』, 2006년 8월 19일, 1면.
189) 「"내가 임기 중에 뭘 잘못했는지 꼽아보라."(사설)」, 『조선일보』, 2006년 8월 19일, A31면.
190) 이동관, 「서민 대통령의 '궁궐병' 」, 『동아일보』, 2006년 8월 21일, A30면.

'참여가 없는 참여정부'를 대통령의 오류로 꼽았다.

김 의원은 이어 우리당에 대해서도 "절제의 정치가 요구됨에도 마치 혁명을 하는 것처럼 정치를 했다"며 "특히 고통받고 희망을 잃은 대중에 대한 배려와 공감이 앞서야 했지만 이 점에서 당과 정부는 무능했다"고 비판했다. 김 의원은 "우리당의 큰 잘못은 청와대와 정부의 부족함을 바로잡아주는 견제자의 역할을 능동적으로 하지 못한 점"이라며 "그래서 우리당만 어려워진 게 아니라 대통령마저 무능하고 한심한 대통령으로 만들었다"고 주장했다. 그는 "비전 설계와 실행, 서민과 중산층의 삶을 개선할 해답을 제시하지 않으면 우리당은 좌파 논리에 경도된 시대착오적 수구 정당의 낙인을 면할 수 없고 재집권의 길은 요원해질 것"이라고 말했다. 김 의원은 "현 위기에 대한 해법을 찾기 위한 연구 모임을 즉각 조직해야 하며 적어도 올 연말까지 각 그룹별 연구를 바탕으로 릴레이 대논쟁을 전개하자"고 제안했다.[191]

이재용 인사 논란

2006년 8월 22일 청와대는 '보은 인사' 논란에도 이재용 전 환경부 장관을 국민건강보험공단 이사장으로 임명했다. 2004년 총선 낙마 이후 환경부 장관에 기용됐고, 2006년 5 · 31 지방선거에서 대구시장 선거에 나갔다가 떨어진 후 또다시 정부 산하기관장으로 컴백한 이 이사장을 놓고 참여정부의 인사 파행이 극에 달했다는 비판의 목소리가 높았다.[192]

191) 정녹용, 「"대연정 제안 · FTA···대통령 돌발행동": 김영춘 의원, 홈피서 쓴소리」, 『한국일보』, 2006년 8월 22일, 5면.

유시민 보건복지부 장관은 이 전 장관 기용에 대해 "인사 논란이 있거나 여론이 좋지 않은 점은 알지만 일을 잘하는 것이 더 중요하다"며 "이 신임 이사장은 '깡'이 있어 추천했다"고 밝혔다.

이에 대해 『문화일보』는 "'깡'이라는 말은 그동안 내정설로 국민 여론이 차갑다는 점을 감안해볼 때 부적절함을 넘어 '황당한' 용어 사용이었다"며 "차라리 '지역 배려'라고 허울 좋은 포장이라도 했으면 나았을지 모른다"고 했다.[193]

『한국일보』(2006년 8월 24일)는 사설을 통해 "국회의원 선거에서 낙선한 그를 환경부 장관에 임명할 때 청와대는 '그는 환경 전문가'라고 했다. 그가 조직 관리에 탁월했다는 얘기도 금시초문인데, 이번에는 '의료 전문가'로 덧칠하면서 1만 명 직원 관리의 적임자라니 어이가 없다. 김병준 전 교육부 총리를 둘러싼 코드인사 파문이 마무리되지 않았고, 유진룡 전 문화관광부 차관과 관련한 낙하산 인사 논란이 계속되는 와중에 임명을 강행한 노 대통령의 고집은 놀라움을 넘어 황당하기까지 하다"고 했다.[194]

『동아일보』(2006년 8월 24일)는 "어제 국민건강보험공단 신임 이사장에 임명된 이재용 전 환경부 장관의 이력은 노무현 정권의 '보은·회전문 인사'의 완결판 같다"고 했다.[195] 같은 날 『문화일보』는 "'제4대 건보공단 이사장 이재용'은 노 정권의 '코드·오기·보은·회전문·왕의

---

192) 양홍주, 「청와대 또 '보은 인사' 논란: 이재용 전 환경, 건보이사장에 임명」, 『한국일보』, 2006년 8월 24일, 1면.
193) 김순환, 「"깡 있어서"…황당한 이사장 기용 이유」, 『문화일보』, 2006년 8월 24일, 9면.
194) 「또 한번의 오기인사 건보공단 이사장(사설)」, 『한국일보』, 2006년 8월 24일, 31면.
195) 「이재용 씨와 최민희 씨의 경우(사설)」, 『동아일보』, 2006년 8월 24일, A31면.

남자 인사'의 축도가 되고 있다. 노 정권이 무슨 치적처럼 내세워온 공모제가 실은 '인사 공모(共謀)'에 지나지 않는다. 노 대통령이나 그 심복들의 심중에 드는 인사가 추천돼올 때까지 재공모, 재재공모를 불사해온 것도 그 때문이다"라고 했다.[196]

『한겨레』도 이날 "이번 인사는 '참여정부 보은 인사의 완결판'이라는 비판이 결코 지나치지 않다. 이재용 씨는 2004년 총선에서 떨어진 뒤 환경부 장관에 임명된 인물이다. 당시에도 '낙선자 배려'라는 비판이 있었지만 청와대는 개의치 않았다. 심지어 '영남 인물 육성론'을 들먹이며 공공연히 장관직을 선거용으로 활용했다. 그러나 올해 2006년 대구 시장 선거에 출마해 또다시 낙선하자 석 달도 안돼 최대 공기업 이사장 자리를 내준 것이다. 이러고도 정치적 배려와 보상이 아니라고 강변한다니 소가 웃을 일이다"라며 다음과 같이 말했다.

"청와대는 참여정부 들어 공모제를 통해 고위직 인사의 투명성과 공정성이 크게 높아졌다고 선전해왔다. 그러나 얼마 전 문화부 차관 인사 논란에서 보듯, 실제로는 '추천'이니 '협의'니 하는 편법으로 인사권이 없는 자리까지 영향력을 행사했다. 껍데기만 남은 공모제를 개혁의 성과로 내세우는 건 후안무치다. …… 이번 인사는 청와대의 폐쇄적이고 온정주의적인 인사 시스템이 거의 달라지지 않았음을 방증한다. 마치 '인사권은 대통령의 고유 권한'임을 과시하려는 듯한 고집스러움까지 묻어난다. 합리적 비판을 외면하는 국정 운영은 파행이 불가피하다."[197]

---

196) 「이젠 아예 드러내놓는 노 정권의 후안무치 인사(사설)」, 『문화일보』, 2006년 8월 24일, 31면.
197) 「합리적 비판조차 귀 닫는 대통령의 '고집 인사'(사설)」, 『한겨레』, 2006년 8월 24일, 27면.

대통령 처남의 초고속 승진

2006년 8월 23일 한나라당 '낙하산 인사 조사 특별위원회'의 김희정 의원이 공개한 대통령 비서실 자료에 따르면, 참여정부 출범 이후 올 6월까지 청와대에서 퇴직한 4급 이상 고위 공무원 중 61명이 정부 부처와 산하기관, 민간 기업의 고위직에 재취업한 것으로 나타났다.[198] 8월 25일 한나라당의 낙하산 인사 조사 특위 조사단장인 심재철 의원이 공개한 자료에 따르면 취업 제한 대상 공직자가 취업한 경우는 2003년 98명이던 것이 2004년 132명, 2005년 161명으로 늘었다.

『중앙일보』는 "정부의 인사가 막가고 있다. 이재용 전 환경부 장관을 건강보험관리공단 이사장에 임명한 데 대해 비난 여론이 쏟아졌다. 이에 귀를 막고 김완기 전 대통령 인사 수석 비서관을 공무원연금관리공단 이사장에 임명했다. 이제는 열린우리당 의원들까지 비판적으로 돌아섰다. '내 마음대로 하겠다'는 노무현 대통령의 오기로밖에는 안 보인다"며 이렇게 말했다. "이제 코드인사가 아니라고 변명할 염치조차 버린 모양이다. 어제 국회에 나간 이병완 대통령 비서실장은 낙하산 인사를 묻는 열린우리당 의원의 질문에 '과거 문민정부의 절반 수준'이라고 말했다. 참으로 뻔뻔하다. '과거 정부의 반도 안 되는데 무슨 문제냐'는 것이다. 이런 횡포 속에서 나라는 멍들어가는 것이다. 참으로 큰일이다."[199]

『동아일보』는 "이 정부에 과연 관기(官紀)라는 게 있는지 묻지 않을 수 없다"며 다음과 같이 말했다. "노무현 정권은 '인사 혁신'을 내세워 인사 공모제를 비롯한 다양한 인사 제도를 도입했다. 그러나 이 정권은 여

---

198) 최문선, 「낙하산 재취업 논란: 참여정부 청(靑)퇴직 4급 이상 61명」, 『한국일보』, 2006년 8월 24일, 6면.
199) 「몰염치 봐주기 인사로 멍드는 나라(사설)」, 『중앙일보』, 2006년 8월 26일, 30면.

론의 비판에도 아랑곳하지 않고 이재용 국민건강보험공단 이사장, 김완기 공무원연금관리공단 이사장 임명처럼 '보은 인사', '코드인사', '내 사람 챙기기' 등으로 공직을 전리품 나누듯 하고 있다. 그렇게 제 밥그릇 챙기기를 통해 스스로 도덕성을 잃었으니 퇴직 공직자들의 유관 기업 취업을 묵인·방치할 수밖에 없었을 것이다. 이 정권은 공직 기강을 무너뜨린 정권으로 추락했다." [200]

8월 25일 한나라당 김양수 의원은 국회 운영위에서 노무현 대통령의 처남 권기문 씨가 참여정부 출범 이후 3년여 만에 우리은행 지방 지점장에서 임원으로 초고속 승진했다며, "권 씨가 우리은행에서 납득할 수 없을 정도로 초고속 승진을 거듭한 것은 우리은행이 정부의 눈치를 보고 명분을 만들어 승진을 계속 시켰기 때문"이라고 주장했다. [201]

『조선일보』(2006년 8월 26일)는 "은행 측에서는 특혜가 아니라고 하지만 자형(姉兄) 잘 둔 덕분 아니겠느냐는 것이 보통 사람들 정서다. 꼭 권력 쪽에서 뭐라고 말은 안 하더라도 대통령의 처남쯤 되면 주변에서 알아서 모시지 않겠느냐고 보는 것이다. 대통령 친·인척이라 해서 조선시대 종친들처럼 세상 등지고 살라고 할 수는 없다지만 바라보는 국민들 마음속에 희끄무레한 것이 가라앉는 듯한 느낌이 드는 것은 어쩔 수가 없다"고 했다. [202]

200) 「인사파탄으로 관기(官紀)마저 무너뜨린 정권(사설)」, 『동아일보』, 2006년 8월 26일, 27면.
201) 김영석, 「대통령 처남 초고속 승진」, 『국민일보』, 2006년 8월 26일, 5면.
202) 김기천, 「대통령의 처남」, 『조선일보』, 2006년 8월 26일, A30면.

노무현의 지지율, 14.6%

2006년 8월 27일 노무현 대통령은 2002년 대선 당시 선거운동에 참여한 노사모 핵심 회원들을 청와대로 초청해 오찬을 함께한 것으로 알려졌다. 이날 모임에는 이상호 열린우리당 청년위원장 등 대선 당시 '희망돼지' 저금통으로 선거 자금을 모금해 선거법 위반 혐의로 기소됐던 회원 등 40여 명이 초청됐고, 일부는 부부 동반으로 참석했다. 윤태영 청와대 대변인은 "한미 자유무역협정과 전시 작전 통제권 등 여러 정책을 설명하는 자리였다"고 했다. 이에 앞서 노 대통령은 6월 초에도 노사모 창립 멤버 18명을 불러 오찬을 함께한 바 있었다.

노 대통령은 이 자리에서 "국민들이 무서워하는 기관이 없어야 한다"며 검찰과 경찰, 국정원, 국세청, 언론, 조폭 등 여섯 가지를 사례로 들었다고 한다. 노 대통령은 "조폭은 공권력이 통제할 수 있고, 경찰은 이제 국민들이 가서 집기도 막 부술 정도가 되지 않나. 국세청도 과거 같은 담당자들이 없어졌다"면서 "그러나 언론은 좀 다른 것 같다. 무소불위다. 언론인들은 지금 그런 상황이 좋을지 모르겠지만, 그들도 결국 피해자가 될 것"이라고 했다고 한 참석자가 전했다. 노 대통령은 또 "노사모 초기 멤버들에게는 욕먹고 싶지 않다"고도 말한 것으로 알려졌다.[203]

노 대통령은 대선 때 생각이 난 듯 이들과 인사를 하다 "너무 늦게 불러 미안하다"며 눈물을 비치기도 했다. 일부 회원들도 눈물을 글썽이는 등 한때 분위기가 숙연했다. 노 대통령은 "역사는 노무현 하면 정책을 기록하는 게 아니라 노사모가 정치를 바꿨다는 것을 기록할 것"이라며

---

203) 배성규, 「노 대통령 '노사모' 핵심 회원과 또 오찬」, 『조선일보』, 2006년 8월 31일, A6면.

"참여정부가 잘한 점도 있지만 부족하고 아쉬운 점도 있다"고 말했다. 또 "내가 여러분에게 한 약속을 잘 지키고 있느냐"며 "당당한 대한민국, 깨끗한 정치를 내세웠는데 정치는 많이 깨끗해졌다"고 했다. 한 참석자는 "대통령이 줄곧 노사모가 한국 정치를 변화시켰다는 점을 강조했다"고 말했다. 오찬 말미에 참석자들은 "힘내라"고 박수를 쳤으며, 노 대통령은 "성원해주니 고맙다. 마지막까지 최선을 다하겠다"고 답했다. 한 참석자는 "'정정당당 노무현, 정정당당 대한민국'이라는 노사모의 초심을 잊지 말라"는 주문을 하기도 한 것으로 전해졌다. 오찬 후에는 노 대통령 부부와 참석자들이 함께 사진 촬영을 했다.[204]

그러나 노무현과 노사모의 관계가 끈끈하고 애틋할수록 노무현의 지지율은 더욱 떨어져갔다. 8월 29일 한국사회여론연구소(KSOI)가 실시한 전화 조사에서 노무현 대통령의 국정 운영에 대해 '잘하고 있다' 14.6%, '잘못하고 있다' 75.4%로 나타났다. 격주로 정기 조사를 실시하는 KSOI 조사에서, 노 대통령 국정 운영에 대한 부정적 평가로는 최고치를 기록했다. 지지율도 지난 지방선거 직후인 6월 조사의 14.1%에 이어 최저 수준이었다.

임기 3년 반이 지난 시점에서 노 대통령의 지지율은, 전임 대통령들과 비교할 때 10%p 이상 낮은 것이다. 비슷한 시점의 한국갤럽 조사에서 김영삼 전 대통령의 지지율은 28%였고, 김대중 전 대통령은 25%였다. 김영삼 전 대통령의 지지율이 10%대까지 떨어진 것은 임기 마지막 해였고 김대중 전 대통령은 10%대로 떨어진 적이 없었다.[205] 정창교 KSOI 수

---

204) 박승희 · 신용호, 「"노사모 역사가 기록할 것": 노 대통령, 지난 27일 노사모 청와대 초청」, 『중앙일보』, 2006년 8월 31일, 8면.

석 전문 위원은 "바다이야기 등 성인용 게임에 대한 권력 게이트설 등으로 지지율이 하락한 것으로 보인다"면서 "이는 도박 정국에 대한 국민 평가에서 '최종 책임'을 대통령에게 귀착시키는 여론 흐름의 특성이 반영된 것으로 풀이된다"고 말했다.[206]

'노사모, 이제 회원들을 놓아주라'

노사모를 실망시키지 않겠다는, 노사모만을 바라보는 노무현의 의식에 문제가 있다고 본 걸까? 얼마 후 진보적 지식인 이재영은 『시민의 신문』에 기고한 「노사모, 이제 회원들을 놓아주라」는 글에서 그런 문제를 과감하게 지적했다.

그는 "노사모는 해방 이후 한국에 출현한 조직 중 가장 역동적이다. 민주노총과 참여연대, 민주노동당도 훌륭하지만 아직 정치 권력을 만들지 못했다는 점만 보아도 노사모에는 미치지 못한다. 그 노사모, 노무현 대통령의 임기가 1년 남짓 남은 지금 자신들의 활동을 평가하며, 조직 정리에 들어가야 할 시점이 아닌가 싶다. 빨리 문 닫아주는 게 한국 사회와 정치에 대한 마지막 기여다"라며 다음과 같이 말했다.

"노사모는 노무현을 권위의 신전에 모셔놓았고, 결국 노무현을 죽인 것은 노사모다. 어떤 식이든 정치인에 대한 사랑은, 미덥지 못한 인민에 대한 증오를 수반하기 마련이다. 그것은 민주주의의 적이다. 지난 몇 년은 노동자·서민의 경제·사회적 권리가 한국에서 정치적 의제로 확립

205) 홍영림, 「노 대통령 지지율 14%」, 『조선일보』, 2006년 9월 1일, A6면.
206) 김상협, 「"노 대통령 국정 잘못" 75.4%」, 『문화일보』, 2006년 8월 31일, 2면.

된 시기인데, 노사모는 거기에 전혀 기여하지 못했다. 심지어, 노사모 대표 일꾼 노혜경은 재래시장이 어려운 이유를 사람들이 대형 마트를 찾기 때문이라고 말한다. 그의 눈에는 대형 유통 자본을 육성하는 노무현 정부의 정책은 보이지 않고, 대형 마트를 찾는 보통 사람들이 재래시장에 대한 가해자로 둔갑하고 만다. 역시 노무현은 선인이고, 만인은 죄인이다."

이어 이재영은 "이런 오도된 관점도 정치인 개인에 대한 무조건적 지지라는 노사모의 원죄에서 비롯되었다. 정치인 개인에 대한 무조건적 지지라는 것은 불가피하게 정치권력 중심의 접근과 활동을 낳을 수밖에 없고, '왜 정치를 하는가'라는 근본적 물음은 뒤로 제쳐진다. 이런 측면에서 노사모는 박정희 향수로 회귀하는 극우 집단이나 김대중에 열광하는 향우회와 크게 다르지 않다. 노사모가 한 일이라곤 민주-반민주 구도를 협박하며 한국 민주주의를 1987년으로 후퇴시킨 것뿐이다"라며 다음과 같이 말했다.

"노사모가 가장 잘못한 일은 민주주의를 웃음거리로 만들고, 민주주의자들이 민주주의를 회의하게 한 것이다. 지난 지방선거에서 열린우리당이 패배한 것을 두고 '중간 선거에서는 집권당이 원래 지기 마련'이라고 자위하는 노사모 간부들은 어쩌면 1987년에도 방구석에서 '인터넷 활동'이나 하고 있던 것이 아닐까? 최근의 정치적 보수화는 40대 386이 한나라당에 대한 '비판적 지지'라는 초유의 행동에 조직적으로 나섰기 때문이라는 것이 정설이다. 그들은 거리에서 피 흘렸고, 2002년 대통령 선거에 열광했지만, 대통령 노무현과 노사모는 그들을 저버리지 않았는가? 그리고 공범으로 만들지 않았는가? 10만 회원이 8,000으로 줄어든 이유는 다른 데 있지 않다. 노사모는 우리 사회에서 가장 민주적이고 비판적이며, 조직적인 세대의 활력을 소진시켰다. 그래서 노사모의 마지막 임무는 사과하고 반성함으로써, 실망하고 환멸하는 사람들이 다시 비판적이고 능동적인 시민이 되는 길을 열어주는 것이다. 그들이 노사모라는 몰이성적인 그늘에서 벗어나 정당으로서의 열린우리당을 지지하게 하거나 더러는 한나라당이나 민주노동당을 선택할 수 있게 방면하는 것이 노사모에게 남은 최후의 역할이다."[207]

바다이야기 파문

『서울신문』(2006년 8월 29일)은 "참여정부의 레임덕 현상이 심상치 않다. 성인용 오락 게임인 '바다이야기' 의혹 등으로 당·청 간 갈등이 증폭되고 있고, 민감한 정책으로 당·정·청 3각 협력 체제 자체가 와해 위기에 직면한 상태다. 역대 정권 최악의 지지율(10%대)을 기록하고 있는 참여정부가 바다이야기 의혹에 제대로 대처하지 못할 경우 엄청난 국정 표류와 함께 '레임덕'은 가중될 것이란 분석이다"라며 다음과 같이 덧붙였다.

"열린우리당조차 '정부 여당 실패의 중심에 노 대통령이 서 있다'는 말이 나올 정도로 당·정·청 불협화음은 위험 수위를 넘어섰다. 집권 말기 현상이 재연되고 있는 것이다. 일부 고위직 공무원들이 차기 정권을 겨냥, 승진을 기피하고 있고 청와대 파견은 아예 기피 사항이다. 청와

---

207) 이재영, 「노사모, 이제 회원들을 놓아주라」, 『시민의 신문』, 2006년 9월 16일, 4면.

대에서 보수 기득권 세력의 본산으로 꼽는 재정경제부의 경우 참여정부 나머지 1년 4개월만 '조용히' 지내자는 이야기도 심심치 않다. 익명을 요구한 한 국장은 '솔직히 주요 보직에 있기보다 1년 정도 한직에 있는 게 낫다'고 털어놓았다. 정권 교체를 상정해 '노무현 정권의 사람'이라는 말을 듣지 않겠다는 일종의 '보신책'인 것이다."[208]

그런 위기의식 때문이었을까? 8월 30일 서울 세종로 정부중앙청사에서 노무현 대통령이 참석한 가운데 기획예산처의 '비전 2030' 보고 회의가 열렸다. 2030년에 1인당 국민소득 4만 9,000달러를 달성하고, 전 국민이 집 걱정, 병원비 걱정, 먹을거리 걱정이 없는 사회를 건설하겠다는 청사진이었다. 이에 『중앙일보』는 "이 보고서대로라면 지상 낙원이 한국이다"라며 다음과 같이 말했다.

"그러나 무려 1100조 원이 들어간다는 이 거창한 복지 프로젝트에는 재원을 어떻게 마련한다는 계획은 없다. 그저 휘황찬란한 미래상이 아무런 근거 없이 제시됐을 뿐이다. 예산처 관계자조차 '단지 방향 제시일 뿐 소요 재원을 따지는 것은 의미가 없다'고 말할 정도다. 재원 조달 방안도 없고, 구체적인 정책 대안도 없는 미래 구상을 덜컥 내놨다는 얘기다. 도대체 이런 허황된 보고서를 레임덕 소리를 듣는 정권 말기에 불쑥 발표한 의도가 의심스럽다. …… 허튼 수작으로 국민을 기만하려 하지 말라."[209]

8월 31일 밤 노무현 대통령은 KBS 특별회견에서 사행성 성인 게임 '바다이야기' 파문에 대해 "국민에게 너무 큰 걱정을 끼쳐드린 데 대해 마음

---

208) 오일만, 「"노 정권 사람 찍힐라" 승진기피」, 『서울신문』, 2006년 8월 29일, 1면.
209) 「허황된 미래상으로 국민을 현혹하려는가(사설)」, 『중앙일보』, 2006년 8월 31일, 30면.

으로 사과드린다"면서도 "어떻든 제가 결론으로 말씀드리고 싶은 것은 우리가 비싼 수업료를 낸다고 생각하고 좀 인내해주시면 다시는 이런 일이 발생하지 않도록 확실하게 대책을 세우겠다"고 말했다.

『서울신문』은 노무현이 바다이야기 파문에 관해 국민에게 사과를 하면서도 '실무적 차원의 정책 오류'란 인식의 틀을 고수했다고 지적하면서, "이번 파문은 잘못된 정책과 부실한 단속 차원의 문제가 아니다. 2년 가까이 정부가 국가적 위기 상황에 눈 감고 있었다는 것 그리고 정부의 눈과 귀를 가로막은 부패 비리 구조가 그 바탕에 깔려 있다는 것이 핵심이다. 국민이 정부에 실망하고 걱정하는 것도 바로 이 때문이다"라고 비판했다.[210]

『동아일보』 논설위원 권순택은 "이날 노 대통령은 1시간 동안 방송된 회견에서 웬만한 단편소설 분량보다 많은 200자 원고지 100장에 해당하는 말을 쏟아냈다. 그는 특유의 달변과 어법으로 각종 정책 실패의 책임을 야당과 국회 그리고 언론 탓으로 떠넘기며 교묘하게 편 가르기를 시도했다. 국정의 최고 책임자라기보다는 실패한 각종 정책을 변론하는 변호사처럼 보였다. '경제는 좋아도 민생이 어려울 수 있다', '코드인사는 책임 정치의 당연한 원칙이다', '대통령도 낙하산이다'라는 말은 그의 어록에 추가될 것이 분명하다. 하지만 '무능 코드들'이 엉켜 무슨 책임 정치를 하겠나"라면서 다음과 같이 말했다.

"바다이야기 파문은 현 정권이 쓴 '게임 산업 육성'이란 각본에 대통령 주변 사람들과 그 하수인들, 일부 정치인과 조직 폭력배들이 주연과

---

210) 「핵심 벗어난 대통령 '바다이야기' 사과(사설)」, 『서울신문』, 2006년 9월 1일, 31면.

조연으로 출연해 만들어낸 '도박 공화국'의 '부패 다큐멘터리'가 될 가능성이 커지고 있다. 의원내각제 국가라면 당연히 내각이 책임지고 총사퇴하고도 남을 사건이다. 그런데도 노 대통령은 대수롭지 않은 일로 치부하며 국민에게 수업료를 내는 셈 치라고 한다. 국민이 수업료를 내면 도대체 무엇을 얻을 수 있기에 그런 속 뒤집는 말을 하나. 이 정권은 지지율이 10%대로 추락한 인과(因果)를 자성하기는커녕 국민을 희롱하듯이 어깃장을 놓고 있다."[211]

노 정권의 소통 불능

바다이야기 사건은 게임 산업 규제 완화 때문에 생긴 일이기도 했지만, 도박의 확산에 대해 노 정권은 놀라울 정도로 무감각했다. 언론은 2004년부터 이 나라를 도박 공화국으로 만들 생각이냐며 노무현 정권을 향해 많은 비판을 쏟아냈지만, 노 정권은 그걸 악의적인 비난으로 간주했던 걸까?

　노 정권의 도박 관련 정책을 일관되게 질책한 이는 민주당 손봉숙 의원이었다. 손 의원은 2004년 도박 산업의 연간 매출액이 16조 원에 이르고 있다며 "카지노 및 각종 도박 산업을 규제하기 위해 사행 산업 관리·감독 위원회를 하루속히 설립해야 한다"고 역설했다. 비슷한 시기에 '도박 산업 규제 및 개선을 위한 전국네트워크'의 이진오 공동집행위원장도 "도박 산업을 종합적으로 살펴볼 수 있는 관리 위원회와 제각

---

211) 권순택, 「[횡설수설] 수업료」, 『동아일보』, 2006년 9월 2일, 26면.

사행성 게임 바다이야기(왼쪽)와 강원랜드의 카지노 시설.

각인 법을 통합하는 일이 가장 시급하다"고 했다. 그러나 노 정권은 아무런 반응을 보이지 않았다.

2005년 1월 『내일신문』은 「대한민국은 지금 도박 공화국」이라는 기사를 통해 "국가가 공인하고 있는 경마, 경륜, 경정, 카지노, 소싸움 등 합법적 사행 산업부터 스크린 경마, 성인 오락실, 인터넷 도박 사이트 등 그야말로 대한민국은 도박 천국이다"라고 비판했다.

2005년 10월 『조선일보』는 「나라가 못 본 체 부추기는 전 사회의 도박 장화」라는 사설을 통해 "5대 합법 사행 산업에서 로또를 제외한 경마 · 경륜 · 경정 · 카지노(강원랜드)의 이용자만 2004년 2500만 명에 이르렀다"며 "이 정권은 꿈이 사라진 사회에 숨 막혀 하는 국민들에게 도박으로 위안을 삼으라고 부추기고 있는 것일까"라고 강력 비판했다. 그러나 노 정권은 이마저 악의적 비난으로 일축했던 것 같다.

2005년 12월부터 여러 언론 매체가 '도박 공화국'의 현실에 경악을

표하면서 성인 오락실의 문제를 크게 다루었고, 2006년 2월에는 시민단체인 경실련이 "정부가 '망국병'인 도박 산업을 장려하고 있다"고 비난했지만, 노 정권은 그래도 귀를 막았다. 급기야 초록정치연대 우석훈 정책실장은 『한겨레』 2006년 8월 4일 칼럼에서 "온 국토가 성인 오락실 천국이 되고 전봇대마다 '떼인 돈 받아줍니다'라는 딱지가 나붙는 기막힌 현실"을 지적하면서 "깡패들의 공화국"이라고 개탄했다.

어찌하여 이런 일이 가능했을까? 사건의 핵심은 바다이야기가 아니라 노 정권의 '소통 불능'이었을까? 과장된 표현일망정 다른 신문도 아닌 『한겨레』에 "깡패들의 공화국"이라는 주장이 실렸으면, 그토록 많은 말을 쏟아냈던 노 대통령으로서는 도박 문제에 대해 한마디 할 법도 했건만, 아무런 말이 없었으니 말이다.

보은 · 낙하산 인사에 망가지는 참여정부?
'코드인사' 논란

북 미사일 별것 아니라는 한국 대통령?

2006년 9월 7일 노무현은 타르야 할로넨(Tarja K. Halonen) 핀란드 대통령과의 정상회담 후 연 기자회견에서 북한의 미사일 발사에 대해 "나는 무력적 위협으로 생각하지 않는다"고 말했다. 그는 대포동 미사일에 대해 "미국까지 가기에는 너무 초라하고 한국을 향해 쏘기에는 너무 크다"고 설명한 뒤 "한국은 북의 핵실험에 관해 아무런 징후를 발견하지 못했다"고 답했다. 또 그는 "정치적 목적으로 보지 않고 무력적 위협으로 보는 언론이 많은 것이 문제"라며 "북한이 핵실험 할 것이라는 단서나 근거가 없다"고 주장했다.

한나라당은 8일 성명을 내고 "북한의 대변인이 미사일 발사에 대한 구차한 변명을 늘어놓은 것과 같다. 국내외적으로 북한의 입장만 전달하는 대통령이 과연 이 나라 대통령인지 묻지 않을 수 없다"고 비판했다.[212]

『문화일보』 2006년 9월 8일 사설은 "우리는 충격이라는 표현도 부족하다고 생각한다. '대통령은 대한민국 국민의 재산과 생명을 책임지고 있는 국정 최고 책임자이자 국군 통수권자가 아닌가' 라고 되묻고 싶을 만큼, 그야말로 위험천만인 안보관과 대북관을 드러냈기 때문이다. …… 노 대통령은 5일 루마니아 교민과 만나 '한미 정상회담에서 한미 관계를 잘 조정하겠다' 더니 이틀 만에 또 '막말 외교' 를 재연한 것이다. 대한민국은 노 대통령의 비외교적 돌출 발언들로 얼마나 큰 대가를 더 치러야 한다는 말인가. 답답하다" 고 했다.[213]

『동아일보』 2006년 9월 9일 사설은 "북이 군사적 위협이 되지 않는다 면 막대한 국민 혈세로 68만 대군을 유지하고, 고가(高價)의 무기를 사들 일 이유도 없다. 지난 3년 반 동안 3조 원이 넘는 지원을 하고서도 북으 로부터 되받은 것이라곤 미사일 발사와 핵실험 위협밖에 없다. 이런데 도 끝까지 '자주 놀음' 에 빠져 북한에는 퍼주고, 미국과는 소원해지고, 일본과는 다투기만 한다면 국가 존립 기반이 흔들리지 않는 게 오히려 이상하다" 고 비판했다.[214]

『국민일보』 9월 9일 사설은 "국가 안보에 관한 한 극히 작은 위험 요 소나 가능성이 있어도 심각하게 받아들여야 할 대통령으로서 너무도 부 적절하고 무책임한 발언이다. 도대체 대포동이건 아니건 미사일이 어떤 무기인데 무력 위협이 아니라는 것인가" 라면서 다음과 같이 말했다. "노 대통령은 또다시 언론에 화살을 돌렸다. 많은 언론이 북한 미사일 발사를 실제 무력 위협으로 보고 있어 문제를 더 어렵게 한다는 것이다.

---

212) 정연욱 · 이진영, 「"언론 덕" "언론 탓"」, 『동아일보』, 2006년 9월 9일, 4면.
213) 「노 대통령의 북미사일 인식 위험수위 넘었다(사설)」, 『문화일보』, 2006년 9월 8일, 31면.
214) 「핀란드에서 쏘아올린 노 대통령 '말 폭탄' (사설)」, 『동아일보』, 2006년 9월 9일, 31면.

노 대통령의 '언론 탓' 이야 새삼스러울 것도 없지만 북한의 안보 위협에는 애써 눈감고 귀 막은 채 나중에 '개가 안 짖었다' 고 타박하는 일이나 없으면 좋겠다."[215]

결국 북한은 2006년 10월 9일 지하 핵실험을 강행함으로써 세계 여덟 번째 핵 국가가 되지만, 노 정권에 대한 민심 이반의 주요 이유는 결코 북한 문제는 아니었다. 우선 당장 먹고사는 문제였고, 그런 문제의 연장 선상에서 애초에 약속했던 '서민 이미지' 와는 너무도 다른 노 정권의 다른 모습이었다.

열린우리당 70%는 기회주의자들

2006년 9월 8일, 2000~2005년 사이에 정부 산하 69개 공공 기관 감사의 평균 인건비 상승률이 78%였으며, 한국석유공사 · 한국토지공사 등 주요 10여 개 공공 기관 감사의 임금은 노무현 정권 3년(2003~2005년) 동안 두세 배 급증한 것으로 밝혀졌다. 연봉은 대부분 억대였으며, 최고는 한국산업은행으로 4억 8500만 원이었다.

『경향신문』은 "외환위기 당시를 방불케 하는 경기 침체로 대부분의 국민들이 고통을 받고 있다는 사실을 감안한다면 경영 평가 상여금 등의 해괴한 명목으로 해마다 1억 원 안류을 지급하는 '공기업 감사 배불리기' 의 관행은 하루빨리 없애야 한다. 그런 다음에야 국민들에게 고통 분담을 호소할 수 있지 않겠는가" 라고 비판했다.[216]

---

215) 「북 미사일 별것 아니라는 한국 대통령(사설)」, 『국민일보』, 2006년 9월 9일, 19면.
216) 「해도 너무하는 공기업 감사 임금 올리기(사설)」, 『경향신문』, 2006년 9월 9일, 19면.

『동아일보』는 "운전사 딸린 고급 승용차, 넓은 사무실과 여비서, 억대 연봉에 마르지 않는 판공비" 등을 거론하면서 "보통 사람들은 이런 복받은 자리에 침 흘릴 엄두도 못 낸다. 하지만 정권에 투기(投機) 잘한 덕에 낙하산을 타고 공기업 감사 나리로 변신한 준(準)건달이 적지 않다. 이른바 운동권 출신도 꽤 있다"고 비판했다.[217]

『매일경제』는 "지금 경제가 어려워 하루하루 생계조차 꾸려가기 힘든 근로자나 자영업자들이 수두룩하다. 참여정부가 양극화 해소를 그토록 강조하면서도 낙하산·보은 인사로 자기편 사람이 된 감사들에게 수억 원이나 되는 터무니없이 높은 임금을 준다면 이율배반적인 행태라 하지 않을 수 없다"고 비판했다.

『문화일보』는 "대부분의 공기업 감사가 이른바 낙하산·보은 인사로 채워진 저간의 사정을 감안하면 그 자리는 2중, 3중의 특혜를 받아온 셈이다"라며 "청와대나 정치권이 코드에 맞는 인사를 낙하산에 태워 내려보내는 잘못된 인사 관행에서 벗어나지 않으면 안 된다"고 비판했다.

『한국일보』는 "감사 자리만 나면 권력 주변의 사람들이 '코드'를 앞세워 파리처럼 꾀는 바람에 청와대 등이 안면 몰수하고 이들을 교통 정리하기에도 바쁜 사정을 짐작하고도 남는다"며 "국민의 세금보다 '내 사람'을 먼저 챙기면 악어와 악어새의 공생 관계는 절대 깨지지 않는다"고 비판했다.[218]

노무현 대통령 후보 시절의 '경제 가정교사'로 불렸던 유종일 한국개발연구원(KDI) 국제정책대학원 교수는 『한겨레21』(2006년 9월 19일) 인터

217) 권순택, 「몸값 뛴 감사(監事)」, 『동아일보』, 2006년 9월 9일, 30면.
218) 「배부른 감사가 어떻게 공기업을 감사하나(사설)」, 『한국일보』, 2006년 9월 8일, A27면.

뷰에서 참여정부의 지지층 붕괴를 초래한 개혁 실패의 요인으로 집권 세력의 무능을 꼽고, 특히 열린우리당의 모호한 정체성을 비중 있게 거론하면서 다음과 같이 주장했다.

"열린우리당 탄생 때도 내가 대놓고 그랬다. 또 하나의 '포말 정당' 이고 얼마 못 가 깨진다고. 왜? 정체성이 없다. 선거를 위해 급조된 정당이다. 어느 방향으로 나라를 끌고 간다는 게 없는 '잡탕 정당' 이다. 결국은 또 권력자를 매개로 형성된 포말 정당에 불과할 것이라고 얘기했다. 열린우리당 같은 당이 정권을 잡으면 개혁 못 한다. 5·31 지방선거에서 '사형선고' 를 받고 처음 나온 얘기라는 게 '부동산세' 완화였다. 완전 '바보' 들이다. 자기 지지 베이스(기반)가 무슨 생각을 하고 뭘 느끼는지 전혀 모른다. '상류사회' 에서 놀고 거기서 듣는 얘기로 판단한다. 열린우리당은 애초 정책 방향성으로 모인 게 아니다. 70%의 기회주의자와 10%의 또라이와 20%의 비교적 괜찮은 이들이 있을 뿐이다." [219]

보은 인사, 낙하산 인사에 망가지는 참여정부?

2006년 9월 18일 청와대가 장관급인 중소기업특별위원장에 염홍철 전 대전시장을 내정하고, 원자력문화재단 이사장에 이은희 전 청와대 제2부속실장을 유력하게 검토해 또다시 '보은 인사' 또는 '낙하산 인사' 논란을 불러일으켰다. 민노당 박용진 대변인은 "부끄러운 일도 처음이 어렵지, 자꾸 하면 망설임도 없어지게 된다" 고 비판했다. [220]

---

219) 김영배, 「"열린우리당 70%는 기회주의자들" : 대통령 '경제 가정교사' 유종일 교수는 왜 참여정부에 직격탄 날렸나」, 「한겨레21」, 2006년 9월 19일, 76~79면.

2010년 2월 시사 카툰. 코드인사 논란은 이후 이명박 정부에서도 계속된다. 대통령과 뜻이 맞는 사람을 임명하는 것은 코드인사인가, 책임 정치의 순리인가?

『조선일보』는 "한나라당 소속 대전시장이었던 염 씨는 2005년 4월 한나라당을 탈당하고 열린우리당으로 옮겨 올해 5 · 31 지방선거에 나섰다가 낙선했다. 5 · 31 선거 낙선자 이재용 씨에게 건강보험공단 이사장 자리를 돌린 데 이어 또다시 장관급 자리를 낙선자 위로품으로 돌린 것이다"라며 이같이 말했다. "대통령은 지금 '인사권은 대통령의 고유 권한'이라며 국민 세금으로 월급 주는 공직을 배급 주듯 돌리고 있다. 조선 시대보다 몇백 년 퇴보된 정실 인사를 하고 있는 것이다."[221]

『국민일보』는 「정권의 선물용으로 전락한 고위 공직」이라는 사설을 통해 비판했고,[222] 『경향신문』은 사설 「마이동풍인 참여정부 보상 인사」

220) 정우상, 「야 "보은 · 낙하산 인사 말하기도 지쳐"」, 『조선일보』, 2006년 9월 19일, A4면.
221) 「조선시대 왕은 이런 인사 안 했다(사설)」, 『조선일보』, 2006년 9월 19일, A35면.

를 통해 "이재용 전 환경부 장관의 국민건강보험공단 이사장 임명에 이어 염 전 시장의 중소기업특별위원장 내정은 참여정부의 '보상 인사'가 최소한의 염치마저도 상실한 지경에 이르렀음을 보여주는 증거일 따름이다"라고 했다.[223]

『한겨레』는 「보은 인사, 낙하산 인사에 망가지는 참여정부」라는 사설을 통해 "지난 5·31 지방선거를 앞두고 정치 철새라는 비난을 무릅쓰고 당적을 열린우리당으로 옮긴 데 대한 정치적 빚 갚기로 해석될 수밖에 없다"며 "문제는 실제로는 공모제가 측근 자리 챙겨주기와 정실주의의 합법적인 통로로 전락했다는 점이다. 그런데도 공모제 운운하면서 공정을 가장하는 것이 보기에 안쓰럽다"고 했다.[224]

『문화일보』는 "청와대가 권력을 추종해온 측근을 위한 '직업소개소'가 아니라면 이런 식 인사는 상상하기조차 어렵다. 공직을 '전리품'으로 인식해 코드인사로 공직을 누더기로 만드는 인사 전횡을 서슴지 않으면서 공직 사회를 향해서는 '혁신'을 말하는 노 정권의 이율배반이 그저 놀라울 뿐이다"라고 했다.[225]

『동아일보』는 「'내 편' 아니면 해코지하는 盧 정부 人事의 이중성」이라는 사설을 통해 "'내 편'으로 선거에 나갔다가 떨어진 사람들을 거두어주는 인사는 거의 병적(病的)이다"라며 "현 정부 인사에 원칙이 있다면 '내 편만 오케이, 다른 코드는 뿌리 뽑기'다"라고 했다.[226]

222) 「정권의 선물용으로 전락한 고위공직(사설)」, 『국민일보』, 2006년 9월 19일, 22면.
223) 「마이동풍인 참여정부 보상인사(사설)」, 『경향신문』, 2006년 9월 19일, 31면.
224) 「보은 인사, 낙하산 인사에 망가지는 참여정부(사설)」, 『한겨레』, 2006년 9월 19일, 31면.
225) 「또 보은인사인가(사설)」, 『문화일보』, 2006년 9월 18일, 31면.
226) 「'내 편' 아니면 해코지하는 盧 정부 人事의 이중성(사설)」, 『동아일보』, 2006년 9월 20일, A35면.

『세계일보』는 "이은희 씨도 부적절하기는 마찬가지다"라며 다음과 같이 말했다. "노무현 대통령 부인 권양숙 씨의 일정을 전담했던 경력 외에 내세울 만한 이력이 별로 없고 원자력문화재단을 맡을 만한 전문성도 없다는 게 대체적인 평가다. 참여정부 출범 후 청와대 고위직 퇴직자 가운데 수십 명이 이런 식으로 정부 산하기관으로 자리를 옮겨갔는데 조직의 효율성을 기대할 수 있겠는가. 논공행상식의 이런 인사는 더 이상 안 된다. 산하기관장 공모제를 도입해 겉으로는 공정한 인사가 이뤄지는 것처럼 위장해놓고 실질적으로는 낙점을 통해 제 사람을 앉히기 위해 민간 공모자를 들러리 세우는 인사 파행을 이제는 청산해야 한다." [227]

언론만 들여다보지 말고 국민을 보라

2006년 9월 18일 국회 문화관광위원회 정병국 (한나라당) 의원이 언론중재위원회 등에게서 제출받은 자료에 따르면 참여정부 들어 각 부처가 이틀에 한 번 꼴로 언론 중재 조정 신청을 한 것으로 나타났다. 또 2006년 1월부터 8월까지 언론 보도에 대한 각 부처 공무원들의 댓글 달기가 2,271건이나 되는 것으로 조사됐다. 부처별 댓글 달기는 2006년 초 국정홍보처가 언론 보도에 적극 대응하기 위해 시행한 것으로, 홍보처는 2006년 2월과 3월 두 차례에 걸쳐 공문을 통해 각 부처 공무원들에게 댓글 달기를 독려하고 해당 언론사 간부와 출입 기자에게 부처 의견 이메일 전송을 지시했다. [228]

---

227) 「언제까지 '보은인사' 할 건가(사설)」, 『세계일보』, 2006년 9월 19일, 31면.

이에 『문화일보』는 「비판 언론 댓글 달기에 내몰리는 공무원들」이라는 사설에서 "하루 평균 9.4건이다. 정부가 댓글 숫자를 꼬박꼬박 세고 고과(考課)에 반영하겠다는 식의 '참여 독려'가 그 배후의 동력임을 짚어보기 어렵지 않다"며 다음과 같이 말했다. "우리는 일선 공무원을 '인터넷 강제 노역'으로 내몰다시피 하는 현 정권의 정책 홍보관(觀) 그 자체가 문제의 근원이라고 믿는다. 국민을 위해 봉사해야 할 책임이 무거운 공무원을 정권 차원의 '홍보맨'으로 깎아내리는 것은 노 정권의 또 다른 실패 사례로 남을 것이다."[229]

『한국일보』(2006년 9월 19일)는 「언론만 들여다보지 말고 국민을 보라」라는 사설에서 "우리는 정부의 정당한 행정 행위에 대해 언론이든 누구든 이를 부당하게 왜곡하거나 사실 관계를 잘못 인용 보도한 경우 사실에 맞게 바로잡아야 한다는 데 대해 참여정부 아니라 누구와도 입장을 같이한다. 다만 이 정부가 언론 보도에 대해 과민 반응을 보이고, 언론 대응을 공무원들의 주임무로 만드는 게 아닌가 하는 점을 우려하지 않을 수 없다"며 다음과 같이 말했다.

"최근 어느 신문이 노 대통령을 '닭갈비'에 비유한 기사를 실었다. 이때 청와대는 대통령을 어떻게 먹을거리에 비유할 수 있느냐며 문제의 신문사 등을 비난하는가 하면 정부와 해당 신문사가 오래 전부터 계속해온 시상 사업 등을 앞으로는 하지 않겠다고 통보했다. 미국 언론은 조지 W. 부시 현 대통령을 '바보(idiot)'라고까지 말한 일도 있다. 홍보 예

228) 김충남, 「비판 언론 댓글 달기 올해만 2271건/ '언론과의 전쟁'에 내몰리는 공무원들」, 『문화일보』, 2006년 9월 18일, 1면.
229) 「비판 언론 댓글 달기에 내몰리는 공무원들(사설)」, 『문화일보』, 2006년 9월 19일, 31면.

산과 인력을 그렇게 늘려 오보 대응이라는 명분으로 언론만 쳐다보고 있지 말고 진정으로 국민을 바라보는 정치와 행정에 힘쓰기를 당부한다."[230]

2006년 9월 22일 『중앙일보』에 따르면, 『중앙일보』가 창간 41주년을 맞아 실시한 여론조사 결과 정당 지지도는 한나라당이 35%로 열린우리당(9%)을 세 배 이상 앞섰다.[231] 9월 26일 『문화일보』·한국사회여론연구소(KSOI) 정기 격주 여론조사 결과 노 대통령 국정 운영에 대한 긍정 평가는 13.4%, 부정 평가는 74.3%로 나타났다.[232] 한 달여 후 열린우리당의 재·보선 성적표는 '0대 40'을 기록하고, 이에 따라 열린우리당은 '침몰하는 배의 갑판 풍경'을 연상시키는 자중지란(自中之亂)에 빠져들게 된다.

230) 「언론만 들여다보지 말고 국민을 보라(사설)」, 『한국일보』, 2006년 9월 19일, A31면.
231) 「열린우리당 9%, 한나라당 35% 지지/중앙일보 국민의식조사」, 『중앙일보』, 2006년 9월 22일, 8면.
232) 오남석, 「盧 지지도 13.4%·여당 12.1% '최악'」, 『문화일보』, 2006년 9월 28일, 6면.

침몰하는 배의 갑판 풍경
열린우리당 재·보선 성적표 '0대 40'

김대중의 '민주당 분당' 비판

2006년 10월 3일 김대중 전 대통령은 『경향신문』 창간 60주년을 맞아 김대중도서관에서 진행된 송영승 편집국장과의 특별 회견에서 "민주당이 노무현 대통령을 당선시켰고, 노 대통령은 민주당 후보로서 민주당의 전통과 정강, 정책을 충실히 지키겠다고 국민한테 약속했다"고 말했다. 그는 민주당 분당과 관련해 "(대선 때 노무현 후보에게) 표를 찍어준 사람들한테 승인받은 적이 없다"며 "표를 찍어준 사람들은 그렇게 (분당하길) 바라지 않았다고 생각한다"고 말했다.

김 전 대통령은 "그것(분당)에 여당의 비극이 있다고 생각한다"며 "산토끼를 잡으려다가 집안 토끼를 놓친 격"이라고 강조했다. 김 전 대통령은 특히 "(민주당이) 50년 전통을 갖고 국민이 납득하는 길을 걸어오면서 처참한 탄압을 받고도 살아남아 두 번 정권을 잡았는데 이렇게 갈라져 분당이 됐다"면서 "열린우리당이건 민주당이건 비극은 결국 국민이 지원했던 당이 갈라지면서 시작됐다"고 재차 역설했다.

 김 전 대통령은 "자유당 이래 쭉 양당 정치가 제대로 돼왔는데 선거 때 표를 얻은 약속을 다 뒤집고, 국민이 납득하지 않는데도 갈라선 것은 이번이 처음"이라며 "그런 면에서 우리나라 정당사에서는 대단히 불행한 일이었다고 생각한다"고 덧붙였다. 참여정부의 대북 정책에 대해 김 전 대통령은 "(현 정부가) 햇볕정책을 승계한다 해놓고 대북 송금 특검을 했는데 특검만 하더라도 무리하게 강행해 수많은 희생을 냈고, 결국 (박지원 실장이) 150억 원을 수뢰했다고 했는데 무죄 판결을 받지 않았느냐"고 반문했다.[233]

 10월 13일 정동영 전 의장은 연합뉴스와의 인터뷰에서 "열린우리당의 창당은 시대정신을 담고 있었지만 결과적으로 실패했다"며 "결과적으로 민주 세력의 분열이 초래된 데 책임감을 통감한다"고 말했다. 이어 열린우리당 김근태 의장은 『경향신문』(2006년 10월 23일) 인터뷰에서 "새천년민주당 지지자들이 결과적으로 분열된 것이 비극의 씨앗이라는 김대중 전 대통령의 지적은 인정하지 않을 수 없다"며 다음과 같이 말했다.

 "김대중과 노무현 두 대통령 후보자를 당선시킨 지지자들은 우리의 정치적 기반이자 참여정부의 주동 세력이 되어야 하는데 그분들에게 실망을 드렸다. 저는 분열 없는 통합신당을 주장했다. 당시 민주당을 개혁하고 개혁당, 한나라당 탈당파 등 널리 대연합을 이뤄서 가자고 했는데 제가 다수파가 되지 못했다. 저로서도 책임을 면치 못한다. 그러나 그 지적을 하는 것이 과거에 대한 책임 공방으로 가서는 안 되고 미래의 방향

233) 이기수·이주영, 「"여당의 비극은 분당서 비롯 당선시킨 국민의 뜻 저버려": 김대중 전 대통령 경향 60돌 특별회견」, 『경향신문』, 2006년 10월 9일, 1면.

과 비전을 어떻게 갈 건지 반성의 근거가 됐으면 좋겠다."[234]

침몰하는 배의 갑판 풍경

『경향신문』 2006년 10월 25일 사설은 "이제는 정동영 전 의장과 김근태 의장 같은 창당 주역들마저 열린우리당의 '실패'를 말하고 있다"며 다음과 같이 말했다. "불과 3년 전 '100년 동안 집권할 정당을 만들자'고 외쳤던 그들이다. 창당 3년 만에 스스로 창당 실패를 고백할 만큼 열린우리당의 초상은 참담하다. 그 초상이 더욱 참담한 것은 오로지 인위적 정계 개편에 자신의 운명을 의탁하는 모습 때문이다. 저마다 책임을 다른 쪽에 전가하며 제 살길을 찾는 '패가(敗家)'의 습속을 드러내고 있다. 대체 왜 3년 만에 창당의 실패를 자인하는 지경에 처했는가. 원인과 주체를 정확히 진단하고, 걸맞게 책임지는 모습을 보이는 게 우선이다. 그러고 나서 새로운 다짐이든, 새 출발이든 해야 그나마 진솔성을 인정받을 수 있을 것이다."[235]

『조선일보』 2006년 10월 25일 사설은 "2003년 11월 '100년 동안 집권 가능한 정당을 만들자'며 민주당을 깨고 나갔던 사람들이 3년도 안 돼 딴소리를 하고 있는 것이다. 이 중 한 사람은 스스로 쇠망치를 들고 멀쩡한 정당의 벽을 허무는 데 선두에 섰던 인물이다"라며 다음과 같이 말했다. "답답한 사람들이다. 동네 구멍가게 주인도 앞날을 내다보고 새 가

---

234) 이기수·김재중, 「노 대통령 탈당 안 돼…개혁세력 대연합 필요: 김근태 열린우리당 의장 인터뷰」, 『경향신문』, 2006년 10월 23일, 5면.
235) 「창당 3년, 열린우리당의 참담한 초상(사설)」, 『경향신문』, 2006년 10월 26일, 27면.

게를 내는 법이다. 그런데 자칭 대선 주자라는 사람들이 구멍가게 주인만도 못한 눈을 갖고 정당을 깼다 만들었다 했다는 말이다. 그러니 이 나라가, 이 나라 집권당이 이 모양이 된 것이다."[236]

열린우리당은 10월 25일 국회의원 보궐선거 두 곳에서 모두 졌고 시장·군수 재·보선 네 곳 모두에는 아예 후보를 내지 못했다. 『조선일보』 2006년 10월 26일 사설은 "선거 패배보다 심각한 것은 일부 지역에서 후보조차 내지 못했다는 점이다. 후보를 내지 못했다는 것은 사실상 집권당의 간판을 내렸다는 뜻이다. 이로써 지방선거까지 합친 열린우리당의 재·보선 성적표는 '0대 31'에서 '0대 40'으로 바뀌었다"며 다음과 같이 말했다.

"열린우리당이 이번 보궐선거에서 보여준 모습은 침몰하는 배의 갑판 풍경과 비슷했다. 지금의 열린우리당 안에서는 그 흔한 인책론조차 나오기 힘든 분위기다. 패배의 아픔을 느낄 신경도 마비되었고 사실 뾰족한 대안도 없다. 식물 정당이 돼버린 것이다. 그래서 아픔도 수치심도 느끼지 못하고 번민이나 고뇌도 없다. 이제 집권 세력 본대는 해체되고 특정 이념 동아리들만 남아 있는 게 아니냐는 생각까지 들 정도다. 무슨 잔당(殘黨) 비슷한 분위기다. 이런 정권, 이런 집권당이 이 나라를 1년 4개월이나 더 끌고 나가야 하는 것이다."[237]

2006년 10월 26일 『경향신문』은 "열린우리당이 뿌리째 흔들리고 있다. 당의 좌표도 지지 기반도 리더십도 총체적으로 붕괴되고 있다. 이미 창당 주역들조차 당에 '사망 선고'를 내린 상황이다. 여당의 고립무원

---

236) 「3년 만에 거품 된 '100년 정당'의 꿈(사설)」, 『조선일보』, 2006년 10월 25일, A35면.
237) 「'식물 정당'이 돼버린 열린우리당(사설)」, 『조선일보』, 2006년 10월 26일, A35면.

이 구조화 · 고착화되고 있다는 방증이다"라며 다음과 같이 말했다. "'이제 전자 정당뿐이죠.' 여당의 한 초선 의원(서울)이 본 자화상이다. 약 3년 전인 2003년 11월 11일 창당 때 참여 · 전국 · 정책(개혁) · 전자 정당의 네 깃발을 올렸다가 지금은 정당의 기초적 하드웨어인 전자 정당만 남았다는 자조(自嘲)다. 오합지졸 · 좌충우돌 · 지리멸렬······. 한 재선 의원은 '얼마 전 386 친구가 사자성어로 여당을 빗대며 네 번째로 식물인간을 꼽을 때 〈다 맞다. 그만합시다〉라고 말린 적이 있다'고 소개했다."[238]

10월 26일 손학규 전 경기지사는 서해 백령도의 해병 여단을 방문한 자리에서 노무현 대통령과 한나라당을 싸잡아 비난했다. 손 전 지사는 노 대통령에 대해 "노 대통령은 거의 송장, 시체가 다 됐는데 비판해서 뭐 하느냐. 경제정책뿐 아니라 도덕성, 안보, 국제적 식견 등에서 모두 실패했다"고 말했다. 그는 또 "화가 나지만 이젠 정부를 돕고 싶은 심정"이라고 덧붙였다.[239]

김근태 · 천정배 · 정대철의 신당 창당 선언

2006년 10월 26일 김근태 의장은 비대위 회의에서 "기득권을 고집하지 않고, 평화 번영 세력의 결집을 통해 국민에게 새 희망을 제시하겠다"며 정계 개편 추진을 선언했다. 김 의장은 "(재 · 보선 결과에 대해) 어떠한 변명도 하지 않고 민심을 겸허히 수용하겠다. 모든 일을 새롭게 원점에서

238) 이기수 · 김종목, 「열리우리당 해체되나」, 『경향신문』, 2006년 10월 26일, 1면.
239) 권태호, 「손학규 "노 대통령 거의 송장···비판해서 뭐해"」, 『한겨레』, 2006년 10월 27일, 6면.

시작하겠다"며 이같이 밝혔다. 이에 『경향신문』은 "열린우리당이 당의 '발전적 해체'를 공식 천명했다. 10 · 25 재 · 보선 등 2005년부터 네 차례 실시된 재 · 보선에서 '40대 0'의 전패를 기록, 존립 기반을 잃은 여당으로서 활로를 찾기 위한, 여당발(發) 정계 개편의 신호탄이다. 고건 전 총리와 민주당을 포함한 대통합론 등 내년 대선을 앞둔 '범여권의 빅뱅'이 조기 가시화될지 주목된다"고 했다.[240]

『한겨레』(2006년 10월 27일)는 "선거 결과가 나오자마자, 당 지도부와 의원들이 정계 개편론부터 들고 나오는 것은 바람직한 태도가 아니다. 지금은 연이은 선거 패배의 원인을 면밀히 따져 잘못을 통절하게 반성할 때지 세 불리기식 정치판 짜깁기에 나설 때가 아니다. 더구나 북한 핵실험이라는 겨레의 운명이 걸린 사안이 한반도를 짓누르고 있고, 민생법안 등 정기국회에서 처리해야 할 현안들도 산적해 있다. 집권 여당이 국민에 진 의무는 뒷전으로 미룬 채 정치판 바꾸기에 몰두하는 것은 무책임하다"고 했다.[241]

10월 29일 천정배 열린우리당 의원은 기자회견을 자청해 "민생 개혁 정치에 동의하는 광범위한 세력의 대통합 신당을 추진해야 한다. 신당 창당을 담당할 특별 기구 설치를 당 지도부에 건의한다"고 밝혔다. 그는 '정권 재창출'이란 현실론을 들며 "같은 노선과 정책을 가진 정치 세력이 함께하는 것은 그 자체로서 아름다운 개혁이라고 생각한다"며 통합을 제안했다. 그는 "정권을 내주어도 우리당을 지키면 된다는 것은 무책임한 발상"이라고 주장했다.[242] 열린우리당 창당 이후 상임 고문직을 맡

---

240) 이기수 · 이용욱, 「여 "발전적 해체"」, 『경향신문』, 2006년 10월 27일, 1면.
241) 「열린우리당, 정계개편 논의할 때 아니다(사설)」, 『한겨레』, 2006년 10월 27일, 31면.

아온 정대철 전 의원도 30일 "대선 승리를 이끈 선거 구도를 해체한 것을 깊이 반성한다"며 신당 창당을 주장했다.

『동아일보』(2006년 10월 30일)는 "천정배 의원은 '뜻을 같이하는 모든 세력이 신당을 창당해야 한다'며 이를 위한 기구 설립을 제안했다. 3년 전 민주당을 깨는 데 앞장섰던 그가 '또 신당'을 선창하는 것은 코미디지만 DJ 측과 열린우리당 일부 세력이 교감 중이라는 관측을 낳기에 충분하다. 한 정치 평론가는 '선생님이 작업을 시작했다'고 외쳤다"며 "나라가 벼랑 끝에 놓여 있는데도 구(舊)여권과 신(新)여권이 정권 재창출극(劇)에만 매달리는 듯하고, 그것도 국가의 존망이 걸린 북핵 문제를 고리로 삼고 있으니 개탄스럽다"고 했다.[243]

『조선일보』는 같은 날 "열린우리당이 굳이 신당을 하겠다면 먼저 그 동안 열린우리당이 국민을 짓밟고 모욕하고 무시하고 외면한 데 대한 엄정한 자기비판부터 시작하는 것이 옳다. 국민을 향한 공개 사과도 없이 '오픈 프라이머리'라는 정치 쇼로 국민 눈을 속이기 위해 정당을 허물고 새로 짓겠다는 것은 몰염치스러운 짓이다"라고 했다.[244]

정권 재창출 내 문제 아니다

2006년 10월 31일, 노무현 대통령이 지방선거에서 우리당이 참패한 직후인 6월 3일 노사모 회원 20여 명을 청와대로 불러 "정권 재창출은 내

---

242) 이기수, 「"새 출발" 깃발 걸고 대선동행: 천정배 신당 주장 왜?」, 『경향신문』, 2006년 10월 30일, 6면.
243) 「여권과 DJ, 민생은 벼랑 끝인데 정치극 벌이나(사설)」, 『동아일보』, 2006년 10월 30일, A35면.
244) 「열린우리당, 신당 앞서 국민에게 공개사과부터(사설)」, 『조선일보』, 2006년 10월 30일, A31면.

문제가 아닌 열린우리당 국회의원들의 문제"라며 "나는 향후 부산·경남에서 지역주의를 타파하기 위한 열린우리당 선장 역할에 올인 할 것"이라고 말한 것으로 알려졌다. 노 대통령은 또 당 안팎 핵심 친노 세력의 이름을 일일이 거론한 뒤 "향후 우리당이 영남에서 지역주의를 타파하기 위한 세력 구축에 올인 해야 한다며 (그들에게) 각자 임무를 줬다"면서 "이제 그 계획대로 나는 갈 것"이라고 말했다고 한다. 이와 관련해 『경향신문』은 "최근 노 대통령 측근인 여택수 씨와 백원우·이광재 의원 등이 노사모 등 친노 세력의 재건을 위해 움직이고, 문재인 전 청와대 민정 수석 등이 정무 특보로 기용된 것은 노 대통령의 이 같은 구상과 무관치 않은 것으로 보인다"고 했다.[245]

11월 1일 외교·안보 라인 개각도 그런 노무현 구상의 연장선상에서 이루어진 것처럼 보였다. 무엇보다도 부산·경남 우대가 두드러졌기 때문이다. 이와 관련해 『조선일보』(2006년 11월 2일)는 "집권 후반기로 치닫고 있는 노무현 정부의 권력기관장 출신지가 호남에서 영남으로 급격히 옮겨오고 있다. 특히 1일 호남 출신인 김승규 국가정보원장 후임에 부산 출신의 김만복 국정원 1차장이 내정됨에 따라 사정·정보를 담당한 법무부 장관과 국정원장 자리를 모두 부산 등 영남 출신이 차지하게 됐다"며 다음과 같이 말했다.

"사정·정보기관의 '빅 4'로 통하는 감사원장, 국정원장, 법무부 장관, 검찰총장 등 네 명의 출신 지역은 작년 7월부터 10월까지 모두 전남이었다. 그러나 이후 검찰과 법무부, 국정원의 수장이 영남 인사로 바뀌

245) 이용욱·김재중, 「"민주당과 통합 죽어도 안 돼 정권 재창출 내 문제 아니다": 노 대통령 지난 6월 노사모 모임서 '속내' 털어놔」, 『경향신문』, 2006년 10월 31일, 1면.

었다. 호남 출신 가운데 4년 임기가 보장된 전윤철 감사원장(전남 목포)만 남았다. 이번 외교 · 안보 라인 개편에서 전남 광양 출신인 김승규 국정원장의 후임으로 내정된 김만복 국정원 1차장은 부산 출신이다. 부산은 노 대통령의 정치적 고향이다. 지난 8월 전남 신안 출신인 천정배 전 법무 장관의 자리를 이어받은 김성호 장관도 부산 출신이다. 검찰총장도 작년 10월 전남 여수 출신의 김종빈 전 총장에서 경북 의성 출신의 정상명 총장으로 바뀌었다."[246]

국가정보원 기획조정실장을 지낸 서동만 상지대 교수는 11월 2일 인터넷 매체인 『프레시안』과의 인터뷰에서 국정원장 후보에 오른 윤광웅 국방부 장관, 이종백 서울 고검장, 김만복 국정원 1차장이 모두 부산 출신임을 지적하며 "처음부터 누가 돼도 특정 지역 사람이 국정원장이 되는 인사였다"고 말했다. 그는 "안 그래도 국정원 내부에서 지역 편중 인사에 따른 불만이 있는데 부산 지역주의로 비칠 우려가 있다"고 강조했다.[247]

『동아일보』는 "정가와 관가에서는 요즘 '부마 그룹'이란 말이 회자되고 있다. 최근 노무현 정부의 핵심 포스트에 부산고와 마산고 출신을 비롯한 영남권 인사가 여럿 기용되자 이들을 부마 그룹이라 부르며 주목하고 있는 것이다. 이는 노 대통령의 임기가 1년여 남은 상태에서 현 정부의 권력 지도에 미묘한 변화가 일고 있음을 보여주는 사례다. 대통령 참모진의 역학 관계도 변화하고 있고, 공직 사회에서는 대통령에 대한

---

246) 최경운, 「사정 · 정보기관 영남전성시대로」, 『조선일보』, 2006년 11월 2일, A13면.
247) 이영종, 「"김만복 후보자가 원장 되면 사단장 안 거친 참모총장 격": 서동만 교수, 국정원장 인사에 직격탄」, 『중앙일보』, 2006년 11월 3일, 5면.

불만을 토로하는 목소리가 높아지고 있지만 이른바 '코드 관료' 의 형성 조짐도 나타나고 있다" 며 다음과 같이 말했다.

"국정원장 내정 발표 직후 이뤄진 군 인사에서 육군 참모총장에 오른 박흥렬 대장도 부산고 출신이다. 그런가 하면 외교통상부 장관에 내정 된 송민순 대통령 통일외교안보 정책실장은 마산고를 나왔다. 공교롭게 도 최근 이뤄진 외교 · 안보 분야 관련 인사에서 부산고와 마산고 출신 이 잇따라 수장에 오르자 정부의 고위 관계자들은 '부마 그룹이 현 정부 의 남은 임기 동안 외교 · 안보 분야의 중책을 맡게 됐다' 고 말하고 있 다. 이들 외에도 변양균 대통령 정책실장, 김성진 해양수산부 장관, 안경 환 국가인권위원장 등이 부산고 출신이고, 경남대 극동문제연구소 부소 장을 겸하고 있는 이수훈 동북아시대위원장은 마산고를 나왔다." [248]

이제 곧 열린우리당은 '8.3% 정당' 으로 몰락하고, 이를 두고 "노무현 정권이 한국의 개혁을 다 죽였다" 는 말까지 나오게 된다.

248) 정용관, 「 '부마그룹' 외교안보라인 핵으로」, 「동아일보」, 2006년 11월 21일, A3면.

노 정권이 한국 개혁 다 죽였다
'8.3% 정당' 열린우리당

정치·언론, 임기 후에도 손 놓지 않겠다

2006년 11월 2일 『오마이뉴스』는 노무현 대통령이 지난 8월 '노사모' 핵심 회원들을 청와대로 초청한 자리에서 "정치·언론 문제는 임기가 끝난 후에도 손을 놓지 않겠다"고 말했다고 보도했다.

『오마이뉴스』는 발언록을 입수했다고 했다. 이 발언록에 따르면, 노 대통령은 "사회 각 분야에서 특권이 없어졌지만 여전히 특권을 행사하는 집단이 바로 정치와 언론들"이라며 "이 문제는 제가 임기 끝나고도 손 놓지 않을 것"이라고 언론 개혁에 대한 강한 의지를 밝혔다. 노 대통령은 "지난번 대선 때는 우리가 그 엄청난 포격에도 견뎌냈는데 내가 지금 그걸 다시 끌고 나가볼까 한다"며 "기회를 놓쳤는지 아니면 그때와 같은 동력과 영감이 없는지, 잘 못하고 있지만 지금 머리를 짜내고 있다"고 말했다.

또 노무현은 "내가 대통령을 하는 동안에도 386 세대와 노사모가 박해를 받고 있다. 우리가 힘이 없고 미디어를 가지고 있지 않기 때문이다. 우리나라에서 국민들을 분열시켜 기득권을 유지해온 사람들에게 눈엣 가시 같은 존재가 바로 386이다. 386이 주류가 되는 한 그 사회는 건강 하고 도덕적으로 유지될 수 있다. 내가 386을 기용해 요직에서 일을 하 게 하는데 폭탄 같은 비난을 받듯이 노사모 여러분을 만나 청와대에서 삼겹살에 소주 한잔 먹는 것이 어렵고 두려워서 아직도 못하고 있다"며 다음과 같이 말했다.

"조금 여유가 생기면 이 안에서 먹기로 하고, 임기 끝날 때까지 그런 기회가 생기지 않으면 제 고향에 넓은 마당을 만들어놓겠다. 퇴임 후 고 향에 집을 크게 지어야겠다고 생각했는데, 그곳에는 노무현 대통령 기 념관이 만들어질 것이다. 이름이 '노무현 기념관'이 될지, '노사모 기념 관'이 될지는 아직 결정되지 않았지만, 알맹이는 3분의 2 이상이 노사모 기록으로 채워질 것이다. 제 임기 중 이뤄진 좋은 일이 있으면 그것은 노 사모 혁명의 결과다. 대통령이 한 정책이라는 것은 가짓수가 많고 따분 한 것이어서 기록으로 남기 어렵다. …… 역대 대통령들이 보궐선거 하 면 선거마다 판판이 다 졌다. 또 우울하게도 막판 되면 여당이 이반한 다."[249]

여당 의원들은 노 대통령의 생각에 강하게 반발했다. 한 초선 의원은 "8월 말이라면 바다이야기, 전시 작전 통제권 이양 문제로 온 나라가 시 끄러울 때인데, 대통령의 관심사는 전혀 다른 것이었다"며 "어떻게 이

249) 김당, 「"정치·언론, 임기 후에도 손 놓지 않겠다": 노 대통령, 8월 말 '노사모' 핵심 회원들 초청 청와대 오찬」, 『오마이뉴스』, 2006년 11월 2일; 임민혁, 「"임기 후도 정치·언론운동 계속": 노 대통령, 8월 노사 모 모임서 발언…오마이뉴스 보도」, 『조선일보』, 2006년 11월 3일, A5면.

해해야 할지 모르겠다"고 했다. 정성호 의원은 "대통령은 임기 끝나면 자연인으로 돌아가야 한다"고 했다. 박기춘 의원은 "대통령이 굳이 그런 생각을 밝혀 야당 등에 공격의 빌미를 줄 필요가 있느냐"며 "오늘 많은 의원들이 '부작용이 많을 것'이라는 얘기를 주고받았다"고 전했다. 당 지도부인 비상대책위원 김부겸 의원은 "지금까지 그런 전례가 있었나. 정말 특이하다"고 했고, 우윤근 의원은 "의도하는 바를 모르겠다"고 했다. "최근에는 대통령 관련 기사는 보지도 않는다"(한광원 의원), "이젠 그런 말에 귀 기울이기도 싫다"(수도권 초선 의원)는 말도 나왔다.[250]

그는 정말 왜 그럴까?

『조선일보』는 "지금 대통령을 지지한다는 10% 남짓을 제외한 나머지 국민은 3년 10개월 전 대선에서 자신의 선택에 대해 손등을 찍고 싶다는 심정이다. 그리고 1년여 남은 대통령 임기가 그저 더 이상의 사고 없이 빨리 흘러가주기만을 바라고 있다"며 다음과 같이 말했다. "그런데 대통령은 퇴임 후의 정치까지 설계하면서 언론과의 싸움을 계속할 구상을 다듬고 있는 모양이다. 대통령의 마음가짐이 이런 식이니 집권당이 헌 간판 떼고 새 간판을 바꿔 다는 방안을 다뤘던 11월 2일 의원 총회에는 의원 120명이 모여들고 부동산 대책, 한미 FTA, 외교·안보 정책을 논의한 3일의 민생 의총에는 회의 시작 시간까지 모인 의원이 40명도 채 안 될 정도로 나랏일은 나 몰라라 하고 있는 것이다."[251]

250) 권대열·임민혁, 「여야 "재임 중 국정이나 잘하라": 노 대통령, 퇴임 후도 정치·언론 손대겠다고…」, 『조선일보』, 2006년 11월 4일, A6면.

이광일『한국일보』논설위원은 「그는 정말 왜 그럴까?」라는 칼럼에서 "노사모만 바보 노무현을 대통령으로 뽑은 게 아니다. 그런데 노 대통령은 나름의 억하심정을 국민이 아닌 노사모를 불러다놓고 하소연하고 있는 것이다"라며 다음과 같이 말했다. "딱하다. 대한민국 4500만 중에서 그들은 과연 몇 명일까? 노 대통령의 문제는 국민이 아니라 일부 언론과 반대 세력만을 상대로 정치를 하는 데 있다고 본다. 국민에게 호소할 시간에 '애들'과 먹살잡이를 하다 이 지경이 된 것이다. 과학적으로 말하면 사람은 매일 변한다. 그러나 인간적으로 보면 사람은 참 안 변한다. 노 대통령이 안 변하는 것이야 노빠들의 환영을 받을 일이로되 국민으로서는 남은 1년 반이 갑갑하기만 하다."[252]

소설가 유재현은 『한겨레』 칼럼에서 "우리가 알고 있는 것처럼 청와대에서 온갖 정부 기관장에 이르기까지 386은 노무현의 낙하산 부대로서 그 어떤 세대와도 비교할 수 없을 만큼 우대받아왔다. 그런 386을 핍박하는 주범으로 지치지도 않고 끝임 없이 보수 언론을 들먹이지만 노무현 자신의 표현을 빈다면 바로 그 적대적인 미디어들의 따발총 세례에도 그는 대통령의 자리에 오를 수 있었다"며 다음과 같이 말했다.

"하물며 권력을 손에 넣은 후에도 자신과 지지자들이 박해받고 있다는 해괴한 피해망상을 토로하는 데에 지금까지도 열중하고 있는 모습은 측은함을 넘어 애처롭기까지 하다. 노무현의 애처로운 책임 회피와는 무관하게 이른바 참여정부는 오래전에 파산의 종착역을 향해 줄달음치고 있다. 개혁은 초기에 실종되었고 남은 것은 별 가치 없는 아집과 궤변

---

251) 「퇴임 후도 '정치와 언론' 놓지 않겠다는 대통령(사설)」, 『조선일보』, 2006년 11월 4일, A31면.
252) 이광일, 「그는 정말 왜 그럴까?」, 『한국일보』, 2006년 11월 4일, 26면.

군부 독재의 종식을 가져온 1987년의 6월 항쟁. 그로부터 20여 년의 시간이 흐른 노무현 정부 시기, 386은 그 항쟁의 담론을 얼마나 넘어섰으며, 우리 사회의 민주주의는 그때로부터 얼마나 발전되었을까?

뿐이다. 더불어 386이라 이름 붙여진 한 세대의 전성기 또한 초라하게 막을 내리고 있다. 그들은 이전의 세대들과 마찬가지로 그들을 등장시켰던 시대의 정신을 발전적으로 실현하는 대신 배반하고 타락시켰다. 남은 것은 지독히도 환멸스러운 시대정신의 파산이었다."[253]

열린우리당 실험은 실패했다

2006년 11월 7일 열린우리당 김한길 원내대표는 국회 연설에서 "열린우리당 창당은 정치사에 크게 기록될 만한 의미 있는 정치 실험이었다. 이제는 그 실험을 마감하고 지켜가야 할 것과 버려야 할 것을 가려내 다시

---

253) 유재현, 「유통기한 지난 386」, 『한겨레』, 2006년 11월 10일, 책 · 지성 섹션 28면.

시작하는 아침이 필요하다"고 말했다. 김 대표는 "정기국회를 끝내놓고 당 진로에 대해 결론을 내겠다"고 했다.

11월 8일 열린우리당 정동영 전 의장은 기자들과의 오찬 간담회에서 "4대 개혁 입법(국가보안법, 사립학교법, 과거사진상규명법, 언론관계법)의 모자를 썼던 게 잘못인 것 같다"면서 "주력했어야 할 초점은 우리당을 만들어준 시대적, 계층적 요구에 응답하는 것이었는데 실용이니, 개혁이니 하는 쓸데없는 공방으로 날을 세운 게 통탄스럽다"고 말했다. 정 전 의장은 "(이 같은 생각은) 당에서 (당의 실패에 대해) 집단적으로 느끼는 정서"라고 했다. 정 전 의장은 "참여정부는 집행 과정에서 '관료의 바다'에 빠졌고, 그 바다에서 항해술이 부족했다"면서 "관료의 바다에 빠지지 않기 위해서는 여우와 사자의 지혜가 필요했다"며 아쉬워했다.[254]

11월 8일 한나라당 강재섭 대표는 국회 교섭단체 대표 연설에서 "정계 개편은 정치 투기꾼들의 도박 정치이자 망국적인 지역 구도를 되살리려는 구태 정치"라면서 여권의 정계 개편 논의를 강력히 비판했다. 강 대표는 "권력의 단맛을 다 누리고 나서 책임은 안 지겠다니 말이 되느냐"며 "간판만 바꾸고 카멜레온처럼 변신한다고 지금까지의 잘못이 사라지지 않는다"고 주장했다. 그는 또 "'떴다방' 식 '한탕 정치'로 판을 흔들 수 있다고 착각하지 말고 (다음 대선에서) 열린우리당 이름으로 심판받아야 한다"며 "(정계 개편을) 뒷받침하려는 정략적인 선거법 개정은 절대 받아들일 수 없다"고 말했다. 그는 "이 시대 최고의 정치 개혁은 바로 정권 교체"라면서 "한나라당이 선봉에 서서 이를 악물고 기필코 해

---

254) 이주영, 「정동영 "4대 입법이 패인"」, 『경향신문』, 2006년 11월 9일, 6면.

내겠다"고 강조했다.[255]

11월 9일 민주당 조순형 의원은 국회 대정부 질문에서 "노 대통령의 오만과 민생 외면으로 지지율이 10%대로 떨어지고 대선에서 이기기 어려워졌다고 해서 모든 책임을 노 대통령에게 돌리고 당 간판 내리고 신당 창당한다? 이거야말로 무책임, 무원칙, 무소신이요, 분당에 이은 두 번째 배신이요, 17대 총선 때 표 찍은 국민에 대한 배신이다"라며 다음과 같이 말했다. "민주당 분열에 앞장선 열린우리당의 창당 주역들이 반성, 사과도 없이 정계 개편을 주도할 수 있느냐. 몰염치의 극치가 아니냐. 중소기업도 경영 잘못하면 책임진다. 정치 실험의 대상으로 삼은 국민에 대한 최소한의 예의를 지켜라."[256]

11월 9일 청와대 대변인은 "여야가 국방·사법 개혁 법안과 비정규직 법안, 헌법재판소장 임명 문제 처리에 합의한다면 (대통령은) 여야 대표들과 거국 중립 내각이든 거국 관리 내각이든 협의할 용의가 있다"고 말했다. 청와대는 "대통령과 총리가 지난달 말 이 문제와 관련해 대화를 나눴다"며 이 발표가 "(야당에 대한 거국 내각 구성) 제안"이라고 했다. 한명숙 총리도 국회 답변에서 "여야가 내각 구성이나 절차, 실효성에 대해 합의해 요청한다면 대통령에게 (거국 내각 구성을) 건의할 용의가 있다"고 밝혔다. 한나라당은 "국정 실패 책임을 야당에 돌리려는 꼼수"라며 즉각 거부했다.

255) 이동훈, 「"정계 개편은 '떴다방' 식 한탕 정치": 강재섭 대표 국회 연설」, 『한국일보』, 2006년 11월 9일, 5면.
256) 황대진, 「"여 창당? 또 하세요 대한민국 아닌 곳에서…": 조순형 의원 대정부 질문서 쓴 소리」, 『조선일보』, 2006년 11월 10일, A5면.

노 정권이 한국의 개혁을 다 죽였다?

2006년 11월 10일 아침 서울 영등포에 있는 열린우리당 당사. 창당 3주년 기념식에 참석한 200여 명의 우리당 지도부와 당직자들의 눈시울은 거의 동시에 붉어졌다. 당의 얼굴인 김근태 의장은 눈물까지 흘렸다. 가수 양희은이 부른 '상록수' 가 배경 음악으로 깔리면서 창당과 대통령 탄핵, 총선 승리 등 창당 이후 3년을 파노라마처럼 보여주는 동영상이 방영됐기 때문이다.

이와 관련해 『한국일보』(2006년 11월 11일)는 "2003년 11월 11일 당원 1만 5,000명이 참석해 거창한 창당 대회를 치렀던 것과 비교하면 불과 3년 사이에 '정상에서 바닥' 으로 떨어진 우리당의 격한 부침을 잘 읽을 수 있다. 2004년 17대 총선에서 과반 의석을 얻는 대승을 거둔 뒤 개최된 창당 1주년 기념식에 노무현 대통령이 '100년 넘는 역사를 가진 정당을 만들어보자' 는 축하 메시지를 보냈던 게 바로 2년 전이다"라며 다음과 같이 말했다.

"우리당 당직자들의 눈물은 '100년 정당 꿈' 이 허망하게 무너지고 국민들에게서 외면을 받아 당 간판을 내려야 하는 상황이 된 데 대한 안타까움을 보여준 것으로 풀이된다. …… 이날 행사에는 당 소속 현역 의원 139명 중 50여 명만 참석했고, 창당 주역인 정동영 전 의장도 모습을 드러내지 않았다. …… 한 당직자는 한숨을 쉬면서 '우리당에 기쁜 소식은 중앙당사에서 기르던 개가 전날 오후 새끼 세 마리를 낳았다는 사실밖에 없는 것 같다' 고 말했다. 김 의장은 기념식에서 강아지가 태어난 사실을 소개하면서 '각각 평화와 번영, 통합으로 강아지 이름을 짓겠다' 고 말했다." [257]

11월 17일 김영명 한림대 정치행정학과 교수는 "무엇이 더 중요한지, 무엇이 더 시급한지를 모르고 자기 세계에 갇혀 싸움만 걸고 싸움만 해댄 노 정권 4년"이라고 진단하면서 말했다. "앞으로도 달라질 것은 없다. 이런 엉터리 개혁 때문에, 개혁 자체가 냉소의 대상이 되고 저소득층, 집 없는 서민들까지 야당을 지지하는 일이 벌어지고 있다. 노무현 대통령은 반대파의 증오와 경멸을 부추기고 지지자에게는 환멸을 안겼다. 일찍이 보지 못한 10%대의 대통령 지지율은 우연이 아니다. 한국 사회 개혁의 길을 가로막은 자칭 개혁 세력, 이들이 한국의 개혁을 다 죽였다."[258]

　11월 21일 열린우리당은 비상대책위 회의에서 기간 당원제 폐지를 골자로 한 당헌·당규 개정안을 최종 확정했다. 기간 당원제는 '당원이 주인이 되는 정당'을 만들겠다는 취지로 당원을 기간 당원과 일반 당원으로 분리, 6개월 이상 당비를 납부한 기간 당원에게 당직 선거권과 피선거권 등 권리를 준 제도였지만, 선거철을 전후로 당원 수가 고무줄처럼 늘었다 줄었다를 반복하는 등 종이 당원, 당비 대납 등 부작용이 컸다.[259] 결국 '열린우리당 실험 종료' 선언과 함께 쓰레기통으로 들어가게 된 것이다.

'8.3% 정당' 열린우리당

2006년 11월 22일 『조인스닷컴』과 미디어다음이 리서치앤리서치에 의

257) 신재연, 「회한…눈시울 붉힌 당직자들: 열린우리당 창당 3돌」, 『한국일보』, 2006년 11월 11일, 1면.
258) 김영명, 「개혁을 죽인 '개혁 세력'」, 『국민일보』, 2006년 11월 17일, 27면.
259) 신재연, 「여(與) 말 많던 기간당원제 결국 폐지」, 『한국일보』, 2006년 11월 23일, A6면.

뢰해 실시한 정당 지지율 조사에서 한나라당 지지율이 44.3%를 기록한 반면 열린우리당은 8.8%로 떨어졌다. 각종 여론조사에서 열린우리당 지지율이 10% 밑으로 떨어진 건 2004년 11월 열린우리당 창당 이후 처음이었다. 민주당은 8.5%, 민주노동당은 8.4%로, 세 정당의 지지율은 통계학적으로 사실상 똑같은 셈이었다.[260]

『조선일보』(2006년 11월 28일)는 "집권당 지지율이 10%를 밑도는 것은 우리 정치사에 없는 일이다"라며 다음과 같이 말했다. "지금 유권자 시장에서 쳐주는 열린우리당 139명 의원 전체 값어치는 민주·민노당 의원 10명 값과 마찬가지라는 얘기다. 대통령과 집권당은 정치적 파산 상태를 맞은 것이다. 만일 이 나라 정치제도가 대통령 중심제가 아니라 의원내각제라고 생각해보라. 대통령이 아직도 권력을 쥐고 있을 수 있으며 열린우리당이 그래도 집권당이라고 큰소리를 칠 수 있겠는가. 진즉 대통령은 야당 당수로 바뀌고 열린우리당은 원내 소수 야당이 될 것이다. 이런 마당에 대통령은 한나라당을 상대로 모든 걸 협상으로 풀자며 여·야·정 정치 협상 회의를 제안했다. 평상시 보통 집권 세력처럼 '내가 하나 내놓고, 너도 하나 내놓고' 식으로 타협하자고 한 것이다. 그러나 지금 집권 세력과 등진 나머지 90% 국민들은 그걸 공평한 거래라고 받아들일 수가 없다."[261]

『중앙일보』는 이날 「9.9%와 8.8%」라는 사설을 통해 "며칠 전 대통령 지지도가 사상 처음으로 10% 아래 (9.9%, 『내일신문』-한길리서치)로 내려 앉더니 이번에는 열린우리당 지지율이 역시 처음으로 한 자릿수(8.8%,

260) 이태희, 「열린우리 '굴욕' : 지지율 8.8%…민주·민노와 경쟁」, 『한겨레』, 2006년 11월 27일, 6면.
261) 「열린우리당, 의석 139석에 지지율 8.8%(사설)」, 『조선일보』, 2006년 11월 28일, A35면.

『조인스닷컴』-미디어다음)를 기록했다"며 다음과 같이 말했다. "숫자로 보면 10명 중 한 명도 지지하지 않는다. 열에 아홉은 얼굴을 돌린다. 국민과 정권 사이에 얼마나 처절한 괴리(乖離)요, 이반(離叛)인가. 제대로 된 나라치고 어디에 이런 일이 있을까. 수출이 3000억 달러를 돌파하고, 반도체, 조선, TV를 휩쓸고, 골프, 피겨, 마술, 펜싱 같은 고급 경쟁 영역에서 젊은이들이 세계를 주름잡는 세계 12위 경제 대국에서 유독 대통령과 여당만 세계 최하위 수준을 기록하고 있다. 우리는 이제 개탄할 기운마저 없다."[262]

11월 28일 성기철 『국민일보』 논설위원은 「8.8% 정당」이라는 칼럼에서 "우리나라에 과학적 기법에 의한 여론조사가 도입된 이후 집권당 지지율이 한 자릿수로 떨어진 것은 유례가 없는 일이 아닌가 싶다"며 다음과 같이 말했다. "열린우리당이 대선을 앞두고 어떤 형식이든 신당을 창당할 모양이다. 굳이 한다면 막을 방도는 없다. 하지만 그때까지 8.8% 정당은 어떻게 처신하는 게 옳은가. 분명한 것은 당분간 당정 협의를 자제하는 게 맞다. 국민 여론의 10%조차 대변하지 못하는 정당이 정부 정책을 놓고 왈가왈부하는 것은 아무래도 코미디다."[263]

'8.8% 정당'은 일주일 만에 '8.3% 정당'으로 더 내려앉았다. 여론조사 전문 기관인 리서치앤리서치가 『조인스닷컴』·미디어다음의 의뢰로 11월 29일에 실시한 전국 성인 700명 대상의 전화 조사에서 열린우리당 지지율은 8.3%였다(표본 오차 95% 신뢰 수준에서 ±3.7%p). 한나라당은 42.2%, 민주노동당 6.1%, 민주당 5.7%였다. 다시 여론조사 전문가들은

262) 「9.9%와 8.8%(사설)」, 『중앙일보』, 2006년 11월 28일, 34면.
263) 성기철, 「8.8% 정당」, 『국민일보』, 2006년 11월 28일, 23면.

"여당 지지율이 한 자릿수로 떨어진 것은 보기 드문 현상"이라며 놀라움을 표시했다. 이 조사에서 대선 주자 지지율은 이명박 전 서울시장 32%, 박근혜 전 한나라당 대표 20.8%, 고건 전 총리 13.1%, 이해찬 전 총리 3.4%, 손학규 전 경기도지사 2.7%, 정동영 전 열린우리당 의장 2.3%, 김근태 열린우리당 의장 1.3%였다.[264]

한국이 세계 최고의 '빨리빨리 공화국'이라곤 하지만 열린우리당의 흥망성쇠(興亡盛衰) 속도는 빨라도 너무 빨랐다. "청와대는 부산 신당이냐"? 이를 놓고 노무현과 열린우리당의 노골적인 이전투구(泥田鬪狗)까지 벌어지게 된다.

264) 홍영림, 「여(與) 지지율 2주 연속 한 자릿수」, 『조선일보』, 2006년 12월 2일, A4면.

청와대는 부산 신당이냐
노무현과 열린우리당의 이전투구

노무현, 대통령직·당적 포기 가능성 시사

2006년 11월 28일 노무현 대통령은 국무회의 석상에서 취재진이 지켜보는 가운데 전효숙 헌법재판소장 지명을 철회한 것과 관련해 열린우리당 탈당 가능성을 언급한 뒤, "임기를 다 마치지 않는 첫 번째 대통령이 되지 않았으면 좋겠다"고 말했다. 그는 "어제 대통령이 전효숙 헌법재판소장 임명 동의안을 철회한 것은 굴복"이라며 "대통령 인사권이 사사건건 시비가 되고 있어 권한 행사가 어려운 상황"이라고 지적했다. 노 대통령은 이날 '굴복'이라는 표현을 여러 번 썼다. "굴복한 것이죠. 뭐 굴복하지 않을 수 없는 상황이라서 대통령이 굴복했습니다."[265]

11월 28일 저녁, 당의 공식 입장을 정하기 위해 열린 열린우리당 비상대책위 회의에서는 노 대통령의 탈당 문제가 처음으로 공식 거론됐다.

---

265) 이동국, 「노 "임기 못 마치는 첫 대통령 되지 않길 바라": 무력감? 승부수?」, 『한국일보』, 2006년 11월 29일, 1면.

박병석, 김부겸 의원 등이 노 대통령의 탈당 필요성을 제기하고 나서자 비대위는 "대통령은 정치를 당에 맡기고 국정에 전념해달라"고 요청하는 선에서 논란을 봉합하기로 했다. 밑바닥 정서는 더욱 강경했다. 유선호 의원은 "다들 올 것이 왔다는 분위기"라며 "이제는 독자 생존의 모색이 필요한 상황"이라고 말했다. "법적으로 원인 제공자인 청와대가 이혼 서류에 먼저 도장을 찍어야 한다"(정봉주 의원), "대통령이 탈당을 하겠다면 우리당이 기를 쓰고 말릴 이유가 없다"(우윤근 의원), "국민 여론을 따르고 당의 발전을 위해서는 (노 대통령의 탈당이) 필요한 것 아니냐"(문병호 의원) 등 노 대통령과의 절연 발언이 꼬리를 물고 있다. 최재천 의원은 "노 대통령의 탈당은 책임 정치의 측면에서는 그리 반가운 일이 아니지만, 정권 재창출을 위해서는 반가운 일이 될 수 있다"고 말했다.[266)

'친노 직계'로 분류되는 이화영 의원은 언론들과의 인터뷰에서 "노 대통령이 APEC 정상회의에서 돌아온 직후 측근들에게 '국정 책임자로서 제대로 일을 할 수 없는 상황이다. 사실상 대통령 유고 상태 아니냐. 대통령을 1년 더 한다고 무슨 영화를 보겠냐'라고 말했다는 얘기를 전해 들었다"고 밝혔다. 이 의원은 "28일 국무회의에서 노 대통령이 사실상 '하야' 선언을 하려 했으나 참모들의 반대로 '임기 단축' 시사로 수위가 조절됐다"고 주장했다. 그는 "사태가 심각하다. 단순한 수사가 아니다. 당내 친노 의원들 모임에서도 앞으로 상황에 대비해나가기로 했다"고 말했다.[267)

266) 신재연, 「여 충격 속 "이젠 결별 준비해야…": 노, 대통령직 · 당적 포기 가능성 시사」, 『한국일보』, 2006년 11월 29일, 3면.
267) 신승근, 「"노 대통령 '하야' 선언, 참모들이 막아"」, 『한겨레』, 2006년 11월 30일, 5면.

노무현이 툭하면 "못해먹겠다"는 발언을 하는 것과 관련해 민컨설팅의 박성민 대표는 "노 대통령은 비주류였기 때문에 항상 강한 무엇인가에 반대함으로써 성장해온 사람"이라며 "그런 방법이 잘 먹히면서 정치스타일로 굳어진 것"이라고 말했다. 손호철 서강대 정외과 교수도 "노 대통령은 전선을 만들어 싸우는 '전선의 정치'를 통해 성장해왔다"며 "그런 정치가 수차례 성공을 거두면서 배수진을 치는 정치가 잠재의식 속에 자리 잡게 된 것"이라고 분석했다. 강원택 숭실대 정외과 교수는 "의회 정치 경력이 풍부한 김대중·김영삼 전 대통령은 어려운 상황에 부딪치면서 정치력을 발휘해 상대를 설득해내는 경험을 자주 해왔지만 노 대통령은 그런 경험이 짧다"면서 "노 대통령은 노동 인권 운동가 시절의 방식을 답습하고 있는 것 같다"고 말했다.[268]

4년 내내 '대통령 그만둔다'는 대통령

『조선일보』(2006년 11월 29일)는 「4년 내내 "대통령 그만둔다"는 대통령」이라는 사설에서 "대통령은 임기 첫해부터 한 해도 거르지 않고 대통령을 그만두겠다고 해왔다. 아무리 작은 회사 사장의 책임감도 이러지는 않을 것이다. 능력과 재능이야 하늘이 내린 것이라 어쩔 도리가 없다 해도 책임감이란 마음을 닦고 정성을 다하는 후천적 노력의 산물이다. 대통령에게 성의를 다한다는 마음의 자세가 보이지 않는 게 안타까운 일이다. …… 국가 최고 지도자의 무능과 무책임은 국가의 불행을 부른다.

---

268) 정녹용, 「비주류로 성장…맞짱 승부가 몸에 배: 노 대통령 툭하면 "못해 먹겠다" 발언 왜?」, 『한국일보』, 2006년 11월 30일, 4면.

무능해도 문제고 무책임해도 문제지만 무능하고 무책임하다면 그것은 보통 일이 아니다"라고 했다.[269]

　같은 날 『동아일보』는 "또 '대통령 못해먹겠다'는 투로 말한 것은 '탄핵 역풍'을 추억하며 '하야 역풍'을 기대하는 승부수 띄우기로 읽히기까지 한다"며 "청와대와 여야 정당들이 서로를 물고 뜯으며 차기 대통령 취임까지 1년 3개월 동안 국력과 국운을 쇠잔(衰殘)케 하는 것은 국민에 대한 공범적 대죄(大罪)다"라고 했다.[270]

　『중앙일보』도 이날 "적잖은 이들이 '대통령이 우울증에라도 걸린 것 아닌가. 정말 하야하는 것 아닌가'라고 또 걱정한다. 일부는 '하야하면 헌법에 따라 다시 뽑으면 된다'고 말한다. 그러나 하야는 피해야 한다. 노 대통령을 위해서가 아니라 나라를 위해서다. 대통령이 그런 식으로 물러난다면 이 나라의 민주주의는 후퇴할지 모른다. 누가 대통령이 되더라도 중도 퇴장론이 쉽게 나올 수 있기 때문이다. 제도의 불안을 가져오는 것이다. 여야는 대선 채비를 갖추지 못했다. 혼란기에 북한이 무슨 짓을 할지 모른다. 대한민국은 '노무현'이 중요해서가 아니라 '대통령'이 필요해서 하야를 피해야 하는 것이다"라고 했다.[271]

　역시 같은 날, 『경향신문』은 "헌정 사상 대통령과 집권 여당이 이토록 막가는 모습을 보인 적이 없다. 전효숙 헌법재판소장 후보자에 대한 지명 철회의 과정에서 노무현 대통령과 열린우리당은 국가를 책임진 집권 세력으로서의 막중한 사명 의식은 간 데 없고, 상대방을 겁박하고 모욕

269) 「4년 내내 "대통령 그만둔다"는 대통령(사설)」, 『조선일보』, 2006년 11월 29일, A35면.
270) 「여·야·청이 풍기는 협박전 냄새(사설)」, 『동아일보』, 2006년 11월 29일, A35면.
271) 「하야 고민할 시간에 나라 장래 걱정하라(사설)」, 『중앙일보』, 2006년 11월 29일, 30면.

하기를 서슴지 않는 그야말로 갈 데까지 간 모습을 노정했다"며 다음과 같이 말했다. "설령 지지율이 0%가 되는 한이 있더라도 국민이 부여한 임기의 마지막 날까지 국정에 대해 무한 책임을 지고 최선을 다해 이를 수행하는 것은 대통령과 집권 여당의 도리, 아니 포기될 수 없는 의무 다."[272]

『한겨레』 역시 "건국 후 잦은 헌정 중단을 겪으면서 우리 국민들은 대부분 외부 힘으로든 내부 작용으로든 헌정이 무너져서는 안 된다는 생각을 가지고 있다. 지난번 탄핵 때 국민 다수가 한나라당과 민주당한테 분노했던 것도 인위적인 헌정 파괴를 꾀한다고 판단했기 때문이다. 국민 참여를 강조하는 대통령이 스스로 국민을 불안하게 해서야 되겠는가. 지금 진짜로 화나고 분노할 사람은 노 대통령이 아니라 부동산값 폭등과 교육 문제 등에 시달리는 국민이다. 임기도 1년 넘게 남았다. 정녕 무력감에 빠져 스스로 주저앉는 대통령으로 역사에 기록되고 싶은가"라고 했다.[273]

신당이 지역 당이면 청와대는 부산 신당

그러나 노 대통령은 다음 날인 11월 29일 전남 무안군을 방문한 자리에서 "노무현 당신 임기 얼마 안 남지 않았느냐(고 물을 수 있겠지만) 그렇지 않다"며 국정에 의욕을 보였다. 당적과 관련해서도 28일에는 "만일 포기해야 하는 상황까지 몰리면 임기 중에 당적을 포기하는 네 번째 대통

---

272) 「대통령과 여당, 국정 담보로 '치킨 게임' 벌이나(사설)」, 『경향신문』, 2006년 11월 29일, 31면.
273) 「화낼 사람은 노 대통령이 아니라 국민이다(사설)」, 『한겨레』, 2006년 11월 29일, 31면.

노태우 대통령(위)은 김영삼 민자당 대선 후보와 갈등하다 1992년 9월 18일 민자당을 탈당했다.
김영삼 대통령(가운데)은 이회창 신한국당 대선 후보와 갈등하다 1997년 신한국당을 탈당했다.
김대중 대통령(아래)은 2002년 5월 6일 세 아들의 각종 비리 의혹 사건이 불거져 민주당을 탈당했다.

령이 될 것이다"라며 탈당할 것 같은 뉘앙스를 풍겼지만, 30일에는 전혀 다른 말을 했다.

11월 30일 오전 노무현 대통령은 열린우리당 김근태 의장, 천정배 의원 등이 추진 중인 범여권 통합 신당에 대해 "나는 신당을 반대한다"고 밝혔다. 노대통령은 이날 오전 청와대 일부 참모들과 관저에서 연 비공식 회의에서 이같이 말하고 "말이 신당이지 지역 당을 만들자는 것이기 때문"이라고 설명했다고 윤태영 청와대 대변인이 전했다. 노 대통령은 이어 "당적을 유지하는 것이 당을 지키는 데 도움이 된다면 그렇게 할 것이고, 탈당을 하는 것이 당을 지키는 데 도움이 된다면 그렇게 할 것"이라고 말했다. 노 대통령은 "나는 우리당을 지킬 것"이라며 "이만한 정치 발전도 소중히 지켜야 한다"고 덧붙였다. 노 대통령은 또 "1990년 3당 합당 때도, 1995년 통합민주당 분당 때도 나는 지역 당을 반대했고, 지역 당 시대를 청산하기 위해 우리당 창당을 지지했다"며

"다시 지역 당 시대로 돌아갈 수 없으며, 지역 당으로는 어떤 시대적 명분도 실리도 얻을 것이 없다"고 강조했다.[274]

이에 야당은 물론 여당에서조차 원색적인 불만이 쏟아졌다. 한 초선 의원은 "어떻게 대통령이 어제 한 말과 오늘 한 말이 다르고, 이 사람 만나 한 말과 저 사람 만나 한 말이 다르냐. 통역 없이 어디 알아듣겠나"라고 했다. 하지현 건국대 의대 신경정신과 교수는 "노 대통령은 다른 사람이 나를 어떻게 볼까 하는 것에는 신경도 쓰지 못할 만큼 자기 자신의 세계에만 몰두해 있는 것 같다"고 해석했다.[275]

『한겨레』는 「노 대통령 '탈당' 오락가락 발언, 왜?」라는 기사에서 "'싫은 것은 안 하는' 사람이 노 대통령이다. 그런데 상대방이 자기 말을 어떻게 받아들일 것인지는 별로 고려하지 않는 것 같다. 오해가 종종 빚어지는 이유다. '소통의 장애인' 인 셈이다"라고 했다. 이 기사에 따르면, 이런 분석도 나왔다. "노 대통령은 우리와 임계치가 다르다. 우리가 100도에서 폭발하면 그는 10도에서 폭발한다(전직 장관)." "경쟁자로 생각하면 반드시 죽인다. 마키아벨리스트다. 보복에 능하다(열린우리당 의원)."[276]

최재천 의원은 "대통령의 반(半)협박성 발언을 듣다보면 '늑대와 양치기 소년' 이 생각난다. 이젠 대통령 발언에 일희일비할 필요가 없고, (당과 대통령이) 완전 결별할 기반이 마련되고 있어 오히려 마음이 편안해진다"

---

274) 이동국, 「노 대통령 "신당 반대"」, 『한국일보』, 2006년 12월 1일, A1면.
275) 조수진, 「"대통령 말뜻 대체 뭐가 뭔지 통역 없이 어디 알아듣겠나": 정치권, 임기-탈당 관련 말 바꾸기에 짜증」, 『동아일보』, 2006년 12월 1일, A6면.
276) 성한용 · 이태희, 「상황 따른 즉자적 반응 '소통 장애' 부메랑으로: 노 대통령 '탈당' 오락가락 발언, 왜?」, 『한겨레』, 2006년 12월 2일, 5면.

고 심경을 피력했다.[277] 정봉주 의원은 "이젠 대통령의 말의 정치가 지긋지긋하다"고 했다. 선병렬 의원은 "자신이 만든 당은 통합 당이고, 우리가 만들려는 당은 지역 당이라는 주장은 노 대통령의 아집에 불과하다"고 했고, 한 초선 의원은 "신당이 지역 당이면 청와대는 부산 신당"이라며 "대통령은 여당 걱정하지 말고 자신이나 걱정하라"고 했다.[278]

신당파 vs 청와대 · 친노 '가시 돋친 설전'

2006년 12월 1일 김근태 열린우리당 의장은 확대 간부 회의에서 "통합 신당을 지역 당으로 비난하는 것은 제2의 대연정 발언"이라며 "대연정을 추진하며 '한나라당이 선거법 개정에 동의하면 권력을 통째로 넘겨도 좋다'는 발언이 국민에게 모욕감을 주고 지지층을 와해시킨 일을 기억해야 한다"고 비판했다. 김 의장은 "통합 신당 논의는 초심으로 돌아가 참여정부를 출범시킨 모든 평화 세력을 재결집하는 것이며 새로운 시대정신을 담자는 얘기"라면서 "지역 당 회귀로 규정하는 것은 모욕감을 주는 것으로 유감스럽다"고 말했다.

이에 이병완 청와대 비서실장은 기자 간담회를 자청해 "통합 신당에 대한 무성한 얘기들이 있었지만 당론을 거쳐서 나온 것도 아니다. 개인의 정치적 입지를 위해 대통령을 흔들고, 차별화하는 전략은 성공한 적도 없고, 성공할 수도 없는 구조"라고 유감을 표시했다. 이 실장은 "대통

---

277) 김정욱 · 고정애, 「"청와대는 부산 신당이냐": 열린우리 "대통령 변덕에 신물…짜증"」, 『중앙일보』, 2006년 12월 1일, 3면.
278) 정우상 · 황대진, 「"대통령 자신이나 걱정하라/말정치 정말 지긋지긋하다/탈당하든 말든 안 중요해": 들끓는 여(與)」, 『조선일보』, 2006년 12월 1일, A5면.

령은 정계 개편, 통합 신당 문제가 열린우리당의 법적, 역사적, 정책적 정체성을 유지·발전시키는 과정이라면 반대하지 않는다"며 "하지만 지역주의, 지역 당으로 회귀하는 통합 신당 논의는 분명히 반대한다는 것"이라고 재차 강조했다.[279]

이른바 '친노 직계'도 가세했다. 노 대통령 최측근인 이광재 의원은 이날 연합뉴스와의 인터뷰에서 "김 의장의 지도력에 한계가 왔고 거기에 대한 책임을 져야 한다. 이제는 사퇴할 때가 왔다"고 공격했다. 그는 "당내 최장수 당 의장 중 한 사람으로서 당의 미래에 대한 전권을 갖고 있었음에도 지지도를 반 토막 내버렸다. 당의 무기력한 상황을 개선하기는커녕 당이 어디로 갈지 아무런 지향점과 노선도 만들어내지 못했다"고 비난했다.[280]

12월 4일 노무현 대통령의 후원회장을 지낸 이기명은 인터넷 언론 『데일리서프라이즈』에 올린 칼럼에서 "동물들은 힘센 지도자에게 아부·아첨을 다 하다가 늙어 힘이 빠지면 무리에서 쫓아내기도 하고 잡아먹기도 한다"며 "요즘 우리당을 보면서 동물의 행태를 지울 수가 없다"고 독설을 퍼부었다. 그는 "맹수의 공격을 받은 물소 떼가 일치단결해 대항하는 것을 보면 인간보다 낫다는 생각이 든다"며 "우리당이 배울 점"이라고 비꼬았다. 이 씨는 또 "지지율 같은 것은 따질 형편이 안 되니까 마지막으로 던지는 카드라는 평가도 있는데 득보다 손해를 많이 보는 것 같다"고 김 의장을 정면 비판했다. 또 "(김 의장이) 대통령과 각을 세움으로써 자신의 존재 이유를 보여줬다고 생각할지 모르나 잘못

279) 김광호·김재중, 「끝내 '선 넘은' 당·청」, 『경향신문』, 2006년 12월 2일, 1면.
280) 이태희, 「신당파-청와대·친노 '가시 돋친 설전'」, 『한겨레』, 2006년 12월 2일, 5면.

뽑은 카드", "꿈은 누구나 꿀 수 있지만 능력이 있는 자만이 꿈을 이루는 것" 등 원색적인 비난을 쏟아냈다. 이 씨는 "'탄돌이(총선에서 탄핵 바람을 타고 당선된 우리당 의원)'들이 과반수의 값을 했는가"라고 반문하며 "탄돌이에게서 기댈 것이 하나도 없다는 절망감은 비단 대통령뿐이 아닐 것"이라고 말했다.[281]

12월 4일 진보정치연구소 연구기획실장 김윤철은 "노무현 대통령의 하야가 거론되면서 정가가 시끄럽다"며 "기왕 나온 이야기니만큼 빨리 해버렸으면 좋겠다는 생각이다"라고 했다. "스웨덴 정치가 전공인 어떤 학자 한 분이 이런 이야기를 한 적이 있다. '노무현한테 고마운 것이 있다. 시간이 너무 천천히 가 나이를 덜 먹게 해주는 것 같다'고. 아침에 눈을 떠 신문을 보고선 아직도 노무현이 대통령 하고 있다는 현실에 한숨을 내쉬며, 노무현 대통령의 임기는 왜 그리 길게 느껴지느냐는 자조 섞인 조롱이다. …… 노무현 대통령의 시대를 살아가는 우리네 서민, 이제는 피해 대중이 되어버린 이들의 …… 분노를 풀어주는 방법은 무엇일까? …… 이를 악물고 노무현 대통령의 임기가 끝나길 기다리고 있는 그들에게 그나마 하야가 선물이 될 수 있지 않을까 공상해본다."[282]

노무현 서한 파동

2006년 12월 4일 노무현 대통령은 다시 통합 신당을 추진하는 열린우리

---

281) 정녹용, 「"지도자가 힘 빠지면 쫓아내는…요즘 여당 동물행태 닮아": 이기명 씨, 원색적 비난」, 『한국일보』, 2006년 12월 5일, 5면.
282) 김윤철, 「하야하고 싶으면 빨리 하라, 피해 대중은 새 출발을 바란다」, 『주간 진보정치(민주노동당 기관지)』, 제301호(2006년 12월 4일), 15면.

당 지도부를 공개 비판하면서, 한나라당이 국정 운영에 협조하지 않아 "대통령 직분을 제대로 수행하기 어렵다"고 했다. 열린우리당 당원에게 보내는 서한을 통해서다. 인도네시아를 국빈 방문하는 노 대통령은 3일 출국에 앞서 이 글을 작성했고, 노 대통령의 지시에 따라 이날 청와대 홈페이지에 게재했다고 청와대는 밝혔다.

노 대통령은 편지에서 국정 운영의 어려움을 겪게 된 주요 원인이 한나라당 등 야당 때문이라고 했다. 노 대통령은 "대통령 직분을 제대로 수행하기 어렵다"며 "대통령의 국정 수행에 대해 한나라당이 흔들지 않는 일이 없다"고 했다. 이어 "아무런 정책적 대안도 없고, 대화나 타협도 거부하고 국회의 절차도 거부하니 어떻게 해결할 방법이 없다"고 한나라당을 강하게 비난했다.

최근 대통령과 신당 창당 문제를 놓고 갈등을 빚은 열린우리당에 대해서도, 노 대통령은 "지금 열린우리당이 처한 여러 가지 어려움에 책임을 통감하지만 대통령에게만 모든 책임을 묻는 것은 옳지 않다고 생각한다"고 했다. 노 대통령은 오히려 "(여당이) 주요 정책과 노선이 정립되지 못하고, 지도력이 흔들리고 조직 윤리가 이완되면서 당원과 국민들에게 준 실망감이 적지 않았다"고 비판했다. 이는 여당의 책임을 대통령에게 떠넘기려 하지 말라는 취지로 받아들여졌다.

또 여당에서 거론하는 민주당 및 고건 전 총리와의 통합 신당에 대해 "구(舊)민주당으로의 회귀에 다름 아니라는 생각을 지우기 어렵다"고 거듭 반대 입장을 밝혔다. 여당 지도부와 일부 대선 주자들이 노 대통령을 비판하는 것에 대해서는 "(현직 대통령과의) 차별화와 정부·여당의 균열은 당 지지도나 대통령 후보의 지지도를 올리는 데 아무런 도움을 주지 못했다"고 했다. "(대통령의) 탈당도 해답이 될 수 없다"고 말해 열린우리당을 탈당하지 않을 것임을 분명히 했다.

노 대통령은 여당의 진로와 관련해 "당헌에 명시된 민주적 절차에 따라 정통적이고 합법적으로 이루어져야 하며, 그게 정당 민주주의의 기본 원칙"이라며 "저도 당원으로서 당 지도부 및 당원들과 책임 있게 토론하고자 한다"고 했다. 김근태 의장을 비롯한 현 여당 지도부가 비상대책위를 통해 신당 창당 흐름을 만들어가는 것에 대해 근본적인 문제를 제기한 것이다.[283)

또한 노무현은 이 편지에서 '대연정 카드'를 다시 꺼냈다. 노 대통령은 "연정은 합당과는 근본적으로 다르다"며 "연합 정치는 한국 정치의 발전과 국정의 안정적 운영을 위해 언젠가는 진지하게 고민할 문제"라고 밝혔다. "참여정부에서 연정은 불가능한 상태이고, 제가 다시 제안할 수도 없다"고 전제했지만, 대연정의 포부와 불씨는 여전히 품고 있음을 내비친 것이다. 이에 대해 서강대 손호철 교수는 "노 대통령의 (한나라당과의) 대연정은 다시 호남과 지지층의 소외를 심화시킨다"며 "노 대통령은 지지 기반으로 친노 세력 외에 소위 영남 민주파에 초점을 맞추고 있는 것"이라고 평가했다. "통합 신당파의 정권 재창출 여부를 떠나 젊은 대통령이 임기 후도 생각하는 것"으로 본 것이다.[284)

한나라당 유기준 대변인은 "탈당을 하겠다던 대통령이 당을 지키겠다고 하더니, 이제는 당원들의 생각을 묻자고 하고 있다"며 "이렇게 말

283) 박두식, 「"야당이 흔들어 국정운영 어렵다": 노 대통령 "여(與)지도력도 문제…탈당 안 할 것"」, 『조선일보』, 2006년 12월 5일, A1면.
284) 이기수·김재중, 「노(盧)의 도그마 '대연정' …또 다른 지역주의 '함정': '집착의 늪'에 빠진 노 대통령」, 『경향신문』, 2006년 12월 6일, 3면.

을 바꿔서야 정부와 여당이 국정 운영을 함께하는 책임 정치가 이뤄지 겠느냐'고 비판했다. 그는 편지 내용을 "'남 탓'과 '살바 싸움'으로 가 득 찬 글"이라고 혹평했다. 그러면서 "노 대통령은 대통령직 수행이 어 려운 것은 모두 야당 탓이고, 국정 표류의 책임도 개인이 아닌 정치의 구 조적 문제로 돌렸다"며 "국민이 이런 생각에 어떻게 동의할 수 있겠느 냐"고 말했다. 민주노동당 정호진 부대변인은 "(노 대통령의 편지는) 강의 노트이자 지지자들에 대한 궐기 지령"이라며 "외교하러 출국하는 대통 령 머릿속에 당 내부 갈등 문제가 가득하다"고 비꼬았다.[285]

『조선일보』(2006년 12월 5일)는 "참 대단한 대통령이다. 이런 나라 안 팎 사정 속에서 이 편지를 쓸 생각이 들었다는 게 놀랍기만 하다"며 다 음과 같이 말했다. "지금 이 나라에서는 국가 네트워크의 중심축인 대통 령이 자신의 팬클럽을 제외한 국가의 모든 세력과 반목·대립·불화하 고 있다. 친구를 늘리는 대신 적을 만들고 늘리고, 앞선 이들의 노고를 인정하는 대신 선인의 발자취를 모두 뭉개버리는 리더십의 말로란 이처 럼 막막하고 적막한 것이다. 그러니 이 나라에서는 대통령 하기보다 국 민 노릇하기가 더 어려운 것이다."[286]

낙동강 전선에서 용이 나온다

2006년 12월 5일 열린우리당 당직자 270명이 참여한 '당 정상화를 위한 전국당원대회 준비위'는 김근태 의장이 이끄는 당 비상대책위의 즉각

---

285) 남궁욱, 「"탈당 운운하다가 이렇게 말 바꿔서야": 한나라 혹평」, 『중앙일보』, 2006년 12월 5일, 5면.
286) 「노무현 대통령 모시고 국민 노릇하기 어렵다(사설)」, 『조선일보』, 2006년 12월 5일, A39면.

해산과 당 진로 결정을 위한 전당대회 준비위 구성을 요구했다. '친노'로 불리는 대통령 친위 세력이 김 의장을 비롯한 당 지도부더러 물러나라고 윽박지르고 나선 것이다.

12월 6일 열린우리당 김근태 의장은 단호한 목소리로 "(국정 실패에 대해) 변명하고 합리화하려는 사람에게는 미래가 없다"고 강조했다. 김 의장은 이날 비대위 회의에서 "국정 실패를 인정하고 새 출발을 할 것인가, 구차하게 변명하고 합리화할 것인가가 핵심 쟁점"이라며 이같이 말했다. 김 의장은 "국민 대다수가 지적하는 것을 겸허하게 받아들이는 게 정치인의 도리"라면서 '민심 수용론'을 역설한 뒤 "철저한 반성을 바탕으로 전반적 국정 쇄신을 해야 한다"고 강조했다. 그는 "당 사수냐 아니냐 하는 것은 정계 개편의 본질과 무관하다"고 강조한 뒤 "정계 개편을 명분으로 잘못을 회피하거나 정치 생명을 연장하려 애쓰는 것도 무의미하고 결코 성공하지 못한다"고 했다.[287]

12월 7일 열린우리당의 초·재선 의원 모임인 '처음처럼' 소속 의원 25명은 국회에서 기자회견을 열고 "노무현 대통령은 국정 운영의 패러다임을 전환해야 한다"고 최근 정치 행태를 정면 비판했다. 그동안 '친노 그룹'으로 분류됐던 김형주, 윤호중, 조정식 의원도 비판에 동참했다. 의원들은 정계 개편에 대한 견해를 정리한 '우리의 신조' 선언서에서 "노무현 대통령은 대척점을 명확히 함으로써 지지 세력을 결집하는 정치를 해왔다고 하지만 국민의 혼과 에너지를 읽고 일체감을 유지했던 장점은 상실되고 오류가 부각됐다"고 비판했다.[288]

---

287) 양정대, 「"국정실패 변명하는 사람엔 미래 없다"」, 『한국일보』, 2006년 12월 7일, A4면.
288) 이태희, 「친노 포함 '처음처럼', 노 대통령 비판」, 『한겨레』, 2006년 12월 8일, 6면.

12월 7일 노무현 대통령은 호주 시드니에서 열린 동포 간담회에서 "보통은 내가 하면 다 잘되는데 상대가 맡으면 혹시 망칠까 도저히 겁이 나서 넘기지 못한다는 것도 있는데, 한국 민주주의는 이제 이 수준을 넘어서서 누가 맡더라도 한국의 발전을 뒤로 돌리지 못할 것"이라고 말했다. 한나라당이 집권해도 무방하다는 취지로 받아들일 수 있는 발언이었다. 발언 내용이 알려지자 열린우리당은 "대체 정권 재창출을 하자는 것인지, 말자는 것인지 모르겠다"는 반응을 보였다. 신당파인 정봉주 의원은 "최악의 불효자는 부모가 물려준 재산을 날려먹는 사람"이라며 "한나라당이 집권해도 된다는 말은 국민이 준 재산을 모두 까먹겠다는 것"이라고 말했다.[289]

　　12월 7일 노무현 대통령의 최측근인 안희정은 한 인터넷 매체와의 인터뷰에서 "혼란과 위기는 영웅과 지도자의 몫을 크게 만든다"면서 "한강 전선이 아니라 낙동강 전선에서 용이 나온다"고 말했다. '여권의 지지가 낮은 건 인물이 없기 때문 아니냐'는 질문에 이렇게 응답하면서 "역사의 해안가에서 지금 날개 달고 날 채비하는 사람이 많다. 바람이 없기 때문에 뜨지 못하는 거다"라고 했다. 이에 이진녕 『동아일보』 논설위원은 "대통령 서신이 궐기 신호라면, 안 씨의 발언은 행동 강령쯤 돼 보인다"고 했다.[290]

289) 신정록 · 정우상, 「"한국 누가 맡더라도 발전 되돌리진 못해": 여 "정권 내주자는 말이냐"」, 『조선일보』, 2006년 12월 8일, A5면.
290) 이진녕, 「낙동강엔 용이 그리 많나」, 『동아일보』, 2006년 12월 11일, A34면.

친노 당원들의 총궐기

2006년 12월 10일 오후 서울 영등포 열린우리당 당사 앞마당. 김근태 의장 등 이른바 '통합 신당파'가 주도하는 비상대책위를 성토하는 친노 당원들의 구호가 한겨울 바람을 갈랐다. 당원들의 수는 1,000여 명을 헤아렸다. '노무현 구하기'에 친노파가 총궐기하고 나선 것이다. 이날 당사 주위를 빙 둘러서 노란 풍선이 내걸렸다. 노란 풍선은 2002년 대선 때 노무현 후보 캠프의 상징물이었다. 당원들은 '사수, 창당 정신'이 적힌 피켓을 들고 당 지도부를 압박했다. '노무현을 지켜라'라는 피켓을 든 노혜경 전 노사모 대표도 보였다. 행사장 주변에는 "월권과 독선 비대위는 해산하라", "기간 당원제가 창당 정신이란 말만 믿고 (김근태) 의장 만 들어놨더니, 그 칼 휘둘러 나를 죽이네" 같은 메시지가 곳곳에 걸렸다. 오후 2시 민중가요 부르기로 시작된 '친노파 당원 대회'는 연사들이 단상으로 오르면서 뜨겁게 달궈졌다.

최병철 참여정치실천연대(참정연) 공동대표가 마이크를 잡고 "비대위가 당을 위기에 빠뜨리고 당을 팔아먹으려 한다"고 외치자 당원들은 "해산, 비대위"라는 구호로 화답했다. 참정연은 유시민 복지부 장관이 중심인 단체다. 최 대표는 신당파로 분류되는 염동연, 박상돈 의원 이름을 거명하며 비판했다. 당원들은 이에 "나가라, 탈당하라"고 목소리를 높였다.

사회를 본 노민호 당원은 "(노 대통령을) 다 욕해도 좋다. 그러나 대통령 때문에 금배지를 단 놈은 욕하면 안 된다. 그게 오늘 모임의 핵심"이라고 주장했다. 친노 인사인 김두관 전 행자부 장관도 단상에 올랐다. 그는 "당의 인기가 없는 게 당원 때문이냐"고 묻자 일부 당원은 "김근태 때문이다"라고 외치기도 했다.

이날 행사에는 참정연, 국민참여 1219, 신진보연대 등 당내 친노 그룹이 대부분 참여했다. 노 대통령의 후원회장이었던 이기명 씨와 노사모 대표를 지낸 배우 명계남 씨도 눈에 띄었다. 의원 중에는 참정연 소속인 김형주, 이광철, 유기홍 의원이 참석했다. 친노파는 당 지도부가 22일까지 새 지도부 선출을 위한 전대 준비위 구성을 위한 중앙위원회를 소집하지 않을 경우 2차 당원 대회를 열겠다고 압박했다.

당원 대회와 관련해 김 의장의 측근인 우원식 수석 사무 부총장은 "(대통령에 대해) 얘기하는 걸 두고 마치 신성(神性)을 건드린 양 하는 건 민주 사회에서 옳지 않다"고 말했다. 신당파 관계자는 "친노파가 이런 식으로 나가면 독자적으로 신당을 추진할 수밖에 없다"고도 했다.[291] 그러나 당원 대회의 효과는 컸다. 12월 15일 친노 직계를 포함한 50여 명의 의원이 김근태 의장이 주도하는 정계 개편 설문에 불참하는 상황이 벌어졌다.

12월 17일 김 의장은 "'지역주의만 극복할 수 있다면 한나라당에 권력을 통째로 내줄 수 있다'는 대연정 제안은 민주 개혁 세력에 큰 좌절과 배반감을 줬다"고 노 대통령을 비판했다. 김 의장은 이날 당원들과 언론에 배포한 「우리는 결단할 수 있어야 한다」는 대국민 서신에서 "이런 잘못된 결정이 쌓이면서 지지자들은 혼돈과 좌절로 내몰렸고 결과적으로 회복하기 어려운 고립과 위기를 불러왔다"며 이같이 주장했다.[292]

---

291) 신용호 외, 「친노 당원 1,000명 "비대위 해산하라"」, 『중앙일보』, 2006년 12월 11일, 5면.
292) 신용호·고정애, 「"노 정부 4년간 집값 55% 올라 서민들을 생존 공포로 몰았다": 김근태 의장, 서신 통해 대통령 정면 공격」, 『중앙일보』, 2006년 12월 18일, 8면.

친노 그룹 "2002년 기적 재현하자"

2006년 12월 19일 노무현 대통령의 386 핵심 측근인 안희정은 국민참여 1219, 참정연, 노사모 등 친노 그룹이 여의도 국민일보빌딩에서 연 대선 승리 4주년 기념 행사에서 "열린우리당의 창당 초심은 결코 양보할 수 없고, 아무 원칙도 없이 당을 깨자는 것에 대해 싸우겠다"고 밝혔다. 지난 광복절 때 사면·복권된 후 처음으로 공개 석상에 선 안 씨는 '12·19 정신의 계승과 발전'이란 주제의 강연에서 "기업 같으면 주총 할 때마다 간판을 바꿀 거냐"며 통합 신당파에 각을 세웠다. 그는 "사회를 움직이는 정치 세력이라면 기치, 명분, 가치가 있어야 하는데 당 지도부들이 너무 이를 간과하고 있어 분노스럽다"고 말했다.

안 씨는 "역사의 지각판이 움직이고 있고, 대통령은 순응할 분이다. 누구를 욕하기보다 모두 새 길을 찾기 위해 밤을 헤매는 처지"라고 말했지만, 줄곧 그의 방점은 당 사수에 찍혔다. 그는 노 대통령의 낮은 지지율에 대해 "정책적 패배나 도덕적 부패 때문이 아니라 대중적 지지를 담아낼 정당과 정치 기반의 취약성이 만들어낸 구조"라고 비호했다.[293]

앞서 이기명 씨는 이날 「가시밭길 험해도 역사는 간다」는 자작시를 낭독했다. 이 씨는 열린우리당 의원들을 '탄돌이'로 지칭하며, "국민에게 외면받으면 신당 만들고, 욕먹으면 대통령에게 책임을 미룬다"고 했다. 명계남 씨는 노 대통령이 2004년 탄핵 당시 직무 집행이 정지된 상황에서 했던 발언을 소개했다. 명 씨는 "노 대통령 부부가 촛불집회가 열리는 광화문 네거리가 보일까 하고 뒷산에 올라갔는데, 보지는 못하고

---

293) 이용욱·이주영, 「친노그룹 "2002년 기적 재현하자"」, 『경향신문』, 2006년 12월 20일, 8면.

소리만 들었다고 한다. 권양숙 여사가 가슴 뭉클해하니까 노 대통령이 '너무 좋아하지 마라. 저 사람들 파병 반대 집회에 또 나올 거다' 라고 했다"고 전했다.

회원들은 3분 발언을 통해 "2002년의 공신인 개혁 네티즌 세력들이 다시 뭉쳐서 (내년 2007년 대선에서) 영광을 재현하자", "(지지도 하락은) 탄핵 덕에 얼떨결에 국회의원이 된 열린우리당 의원들과 언론의 책임이 크다", "노 대통령은 레임덕이 없는 첫 대통령이 될 것으로 확신한다" 등의 얘기를 쏟아냈다. 이날 행사에는 200여 명의 회원이 참석했다.[294]

12월 20일 통합 신당을 적극 추진하는 '국민의 길' 소속 전병헌 의원은 안 씨를 향해 "낙관론에만 기대기에는 상황이 너무 엄중하다"며 "개인적 소영웅주의나 4년 전 승리에 도취해 근거 없는 낙관과 독선의 논리를 고집해선 안 된다"고 직격탄을 날렸다. 신당파의 한 초선 의원도 "국민 지지를 받지 못하는 상황에서 명분 없이 당만 지키자는 거냐"고 비판했다. 친노 그룹 중진 의원조차 "안 씨가 또 한번 질러놓아서 당분간 시끄럽겠다"며 혀를 찼다.

김근태 의장은 친노 진영과 강경 통합 신당파를 향해 경고 메시지를 보냈다. 그는 안 씨의 발언에 대해 "실패를 합리화하거나 한 줌도 안되는 기득권을 주장해서는 안 된다"고 비판했다. 무턱대고 우리당을 지키자고 해서는 국민의 신뢰를 회복할 수 없다는 얘기다. 그러면서도 김 의장은 "지역주의에 기대거나 평화 번영 개혁의 대원칙에 불철저한 이들과 무원칙하게 타협하자는 주장에 과감히 맞서 싸울 것"이라고 했다.[295]

---

294) 황대진, 「"신당파, 태풍의 눈 건드린다": 안희정 씨 '노 대통령 당선4돌' 대리인격 참석」, 『조선일보』, 2006년 12월 20일, A6면.

노짱이 돌아왔다!

2006년 12월 21일 노무현 대통령은 서울 워커힐호텔에서 열린 민주평화통일자문회의 상임위원회 연설에서 들끓는 내면을 토로했다. 당초 20분으로 예정됐던 인사말이 1시간 10분으로 늘어났다. 손으로 연단을 내려치기도 했다. 『한국일보』는 "북핵 문제, 전시 작전 통제권 환수 등 외교 · 안보 현안에 대해 얘기했지만 표현은 격렬하고 때로는 원색적이었다. 성과에 걸맞게 평가받지 못하고 있다는 서운함과 비판 세력에 대한 적의에 가까운 반감이 격정적인 경상도 억양을 통해 그대로 표출됐다"고 전했다.[296]

노무현은 자주 국방을 강조하는 가운데 "미국에만 매달려, 바짓가랑이에 매달려 엉덩이에 숨어서 형님 백만 믿겠다, 이게 자주 국가 국민들의 안보 의식일 수 있는가"라고 했다. "(미국이 한국에서) '난 나가요' 하면 다 까무러치는 판인데 대통령 혼자서 어떻게 미국하고 대등한 대결을 할 수 있겠나", "(미 2사단 빠지면) 다 죽는다고 국민들이 와들와들 사시나무처럼 떠는 나라에서 무슨 대통령이……"라고도 했다. '대미 의존적' 국민 때문에 자주 외교를 할 수 없다는 취지였다. 용산 기지 이전과 관련해서도 "왜 하필이면 그 좋은 금싸라기 땅에 미군이 딱 버티고 앉아 지하철도 못 내고 도로도 못 내고……"라면서 "노태우 · 김영삼 대통령 때 합의해놓았는데 돈이 없어서 못한 것을 하는 것"이라고 했다. 노 대통령은 자신이 취임 후 국방비를 늘려왔다면서 "외국 군대가 우리나라에 와서 전쟁놀이 못하게 할 정도의 군사력은 가지고 있어야 하지 않느냐"

295) 양정대, 「친노-신당파 '망년회' 접입가경」, 『한국일보』, 2006년 12월 21일, 6면.
296) 이동국, 「"소신껏 하면 판판이 깨져": 노 대통령 또 무슨 말 했나」, 『한국일보』, 2006년 12월 22일, A3면.

주머니에 손을 넣는 이 동작은 다음 내용을 말하면서 동원된 연극적 제스처였다. "피를 흘려도 우리가 흘려야죠. 그런 각오로 하고 우리가 할 수 있다는 자신감을 가져야 무슨 경제적인 일이나 또 그 밖의 무슨 일이 있을 때 미국이 호주머니 손 넣고 '그러면 우리 군대 뺍니다' 이렇게 나올 때 이 나라의 대통령이 미국하고 당당하게 '그러지 마십시오' 하든지 '예, 빼십시오' 하든지 말이 될 거 아니겠습니까?" 그러나 보수 신문들은 이 모습이 마치 노 대통령의 품위 없는 연설 태도인 양 교묘히 왜곡했다.

고 했다. 북한만을 겨냥한 군사력이 아니라 중국과 일본을 보는 군사력이어야 한다고도 했다. 노 대통령은 "북한에 비해 20년 가까이 열 배 이상의 국방비를 써왔는데 그래도 한국의 국방력이 북한보다 약하다고 하면, 그 많은 돈(국방비)을 군인들이 다 떡 사먹었느냐"면서 "옛날 국방 장관들 나와서 떠드는데 그 사람들 직무 유기한 것 아니에요?"라고 했다.

노 대통령은 "이라크 파병은 한국과 미국의 우호·동맹 관계가 지속적으로 작동하느냐, 안 하느냐 하는 바로미터였기 때문에 파병했다"면서 "1만 명, 5,000명 전투병 보내자는 사람이 있었고 명분 없는 전쟁이라고 반대하는 사람도 많아 비전투병 3,000명을 보냈다"고 했다. 이어 "장사로 치면 참 잘했다고 생각하는데 어떻습니까?"라고 했다. 전작권 조기 전환에 대한 반대 의견을 의식해서는 "모든 것이 노무현 하는 것 반대하면 다 정의라는 것 아니겠느냐. 흔들어라 이거다. 흔들어라. 난데없이 굴러들어온 놈……"이라고도 했다.[297]

노 대통령은 이 연설에서 2003년 취임 이후 첫 총리로 고건을 기용한 데 대해 "결과적으로 실패한 인사였다"고 말했다. 그는 "고 전 총리가 (진보와 보수 대립의) 다리가 돼주길 희망했는데…… 오히려 저와 정부에 참여한 사람들이 다 왕따가 되는…… 결과가 됐다"며 "하여튼 실패한 인사였다"고 했다. 노 대통령은 또 열린우리당의 정동영, 김근태 전·현직 의장을 각각 통일부·보건복지부 장관에 임명한 데 대해 "링컨 흉내 좀 내려고 해봤는데 재미가 별로 없다"고 했다. 그는 "링컨 대통령의 포용 인사와 비슷한 수준이었는데 비슷하게 하고도 욕만 바가지로 얻어먹

---

297) 신정록, 「"노무현 반대하면 다 정의…굴러들어온 놈, 흔들어라 이거죠": 노 대통령 민주평통상임위 연설」, 『조선일보』, 2006년 12월 22일, A5면.

콘돌리자 라이스 미국 국무부 장관을 만나고 있는 정동영 통일부 장관. 노무현식 '링컨의 포용 인사' 란 과거 당내 경선의 경쟁자이던 정동영, 김근태를 내각에 기용한 것을 두고 한 말이다.

고 사니까 힘들다" 며 이렇게 말했다.[298]

　친노 네티즌들은 "노짱이 돌아왔다", "화끈하게 한 방 날렸다" 며 환호했다. 22일 노사모 홈페이지 등 지지자들이 많이 찾는 사이트에는 노 대통령의 발언에 열광하는 글들이 수백 건씩 올라왔다. 아이디 'jooksj00'는 "정말 시원한 노짱의 연설이다. 이것이 우리가 열광하던 노무현의 진면목이 아니었는가" 라고 했다. 아이디 '동그라미' 는 "여당 찌질이들, 꼴통 언론, 눈치 보며 저울질하는 정치 양아치들을 향해 시원하고 통쾌하게 한 방 제대로 날렸다"고 했고, '마음읽기' 는 "드디어 돌아왔다. 어울리지 않는 정장, 형식적인 권위에 말을 아껴야 했던 대통령의 모습에서, 웅변자 노무현을 참으로 오랜만에 봤다" 고 했다. "환갑을 넘기신 나이에

298) 박승희, 「"실패한 인사…욕만 얻어먹어": 고건 총리, 김근태 · 정동영 장관 기용」, 『중앙일보』, 2006년 12월 22일, 1면.

아직도 당당함과 자신감 있는 모습, 너무 자랑스러운 대통령이었다"(모
모스), "대선 주자들이 몸보신하느라 못하는 말들, 가슴에 사무쳐 응어리
진 것을 직설적으로 토해냈다"(동서 통합)는 댓글도 있었다.[299]

이게 국가 최고 지도자 입에서 나올 말인가

그러나 여야 정치권은 경악했다. 한나라당 김형오 원내대표는 의원 총
회에서 "노 대통령이 또다시 막말을 자행했다"며 "마치 드라마 〈왕건〉
에 나오는 궁예의 말로를 보는 듯해 처연한 심정을 가눌 길이 없다"고
말했다. 유기준 대변인은 "남 탓만 하는 그칠 줄 모르는 정열의 10분의 1
만이라도 민생을 보살피는 데 쏟았더라면 나라가 이 지경이 되지는 않
았을 것"이라고 비난했다. 그는 "노 대통령이 본격적으로 대선 새판 짜
기의 시동을 걸었다"며 "언론과 야당을 상대로 한 싸움이 성에 차지 않
았는지 이제는 자신이 기용했던 전직 총리와 장관들에게까지 그 전선을
확대하고 있다"고 주장했다.[300] 의원총회에서는 "정신병자"(김용갑 의
원), "사이코"(김기춘 의원) 등 원색적 비난까지 나왔다. 민주노동당 정호
진 부대변인은 "국민들 먹고사는 문제에 이토록 울분과 격정 어린 대통
령의 발언이 임기 중 있었는지 안타깝다"고 했다.[301]

열린우리당에서도 "또 대통령이냐"며 격앙된 반응이었다. 심야 회의
에서 김부겸 의원은 "이젠 정말 항복이다"라고 했다. 정봉주 의원은 "대

299) 임민혁, 「친노 네티즌들 "역시 노짱"」, 『조선일보』, 2006년 12월 23일, A4면.
300) 이동훈·신재연, 「'노 대통령 거친 발언'에 정치권 종일 술렁」, 『한국일보』, 2006년 12월 23일, 5면.
301) 김민철·김봉기, 「"이게 국가 최고 지도자 입에서 나올 말인가"」, 『조선일보』, 2006년 12월 23일, A4면.

통령의 말 한마디에 국민들은 경기 차원을 넘어 죽음의 고통을 느낀다"고 했다. 노무현의 발언은 고 전 총리와 연대를 모색하고 있는 열린우리당 신당파를 견제하는 한편, 노 대통령에 대해 비판 수위를 높여가는 김 의장과 정 전 의장에 대한 일종의 '경고'라는 관측이 나왔다.[302] 고 전 총리와의 통합에 적극적인 열린우리당 안영근 의원은 "자신이 임명한 사람에게 그런 말을 하는 것은 자기를 부정하는 것 아니냐'고 노 대통령을 비난했다.[303]

12월 22일 고건 전 총리는 성명에서 "노 대통령의 발언은 한마디로 자가당착이고 자기부정"이라고 말했다. 그는 "노 대통령과 참여정부가 국민에게서 따돌림을 당한 건 상생 협력의 정치를 외면하고 오만과 독선에 빠져 국정을 전단(專斷)했기 때문"이라며 "노 대통령이 인정하는 고립은 국민을 적과 아군으로 구분하는 편 가르기, 민생 문제도 챙기지 못한 무능력, 나누기 정치로 일관한 정치력 부재의 자연스러운 귀결"이라고 지적했다. 고 전 총리는 '중간에 선 사람이 양쪽을 끌어당기지 못했다'는 노 대통령 발언에 대해 "내가 총리로 재직할 때는 여당 의석이 46석에 불과한 여소야대였지만 야당까지 참여하는 국정 협의회를 통해 국가적 현안을 원만히 해결했다"며 "내가 총리직에서 물러난 뒤 여당이 원내 제1당이 됐지만 국정 운영은 난맥을 거듭했다"고 반박했다.[304]

신문 지상에는 노무현의 고건 비판은 '고건 죽이기'용이라는 해석이 난무했다. 영남 후보를 세우는 게 노무현의 꿈이라는 설도 떠돌아 다녔

302) 정우상·임민혁, 「"고 전 총리 실패한 인사"」, 『조선일보』, 2006년 12월 22일, A5면.
303) 박승희, 「"실패한 인사…욕만 얻어먹어": 고건 총리, 김근태·정동영 장관 기용」, 『중앙일보』, 2006년 12월 22일, 1면.
304) 양정대, 「정치권 일제히 포문: 고건 "대통령 발언은 자가당착"」, 『한국일보』, 2006년 12월 23일, 1면.

다. 이와 관련해 『중앙일보』(2006년 12월 23일)는 다음과 같이 말했다. "노 대통령의 '고건 불가' 입장은 수시로 감지돼왔다. 얼마 전 노 대통령은 한 여권 고위 인사를 만나 '다음 대선에서 내가 좋다고 생각하는 사람을 대통령으로 만들기는 어렵겠지만, 도저히 국가 운영을 맡겨선 안 될 사람을 안 되게 할 수는 있지 않겠느냐', '여당 후보로 고건 씨가 간다면 내가 나서서라도 막겠다'는 취지의 언급을 했다고 한다."[305]

남은 1년이 걱정스럽다

『중앙일보』는 「남은 1년이 걱정스럽다」는 사설에서 "'나랑 한번 붙어볼래' 라는 표정으로 주머니에 손을 찌르고 있는 대통령, 핵실험 · 주사파 세력에게 내려쳐야 할 주먹을 자신을 지지하지 않는 90%의 국민에게 내려치는 대통령. 지금 우리의 대통령은 도자기 가게에 뛰어든 황소 같다. 그가 4년간 수없는 막말로 국가의 위신을 부숴놓았는데 앞으로 무엇을 더 부술지 국민은 불안하다"고 했다.[306]

『한국일보』역시 「막 나가는 대통령 남은 1년이 걱정스럽다」는 사설에서 "그는 '노무현이 하는 것 반대하면 다 정의라는 것 아니냐'고 세상을 힐난하고 여론을 조롱했다. 그러나 대통령에게 필요한 것은 4년 만에 왜 홀로 고립된 처지가 됐는지에 대한 깊은 성찰이다. 그리고 이 말, '흔들어라 이거지. 흔들어라. 난데없이 굴러들어 온 놈'은 정말이지 안 들

305) 이수호, 「"편 갈라 새판"…대선 게임 만들기: 노 대통령 '작심 발언' 노림수는」, 『중앙일보』, 2006년 12월 23일, 3면.
306) 「남은 1년이 걱정스럽다(사설)」, 『중앙일보』, 2006년 12월 23일, 34면.

은 것으로 하고 싶다. 대통령은 평상심을 잃었다. 빗나간 분노와 좌절, 울분에 가득 차 남은 1년을 어떻게 끌고 갈 것인지 걱정이 크다"고 밝혔다.[307]

12월 23일 강천석 『조선일보』 주필은 "대통령은 국민들이 자신을 '흔들어라, 흔들어라. 난데없이 굴러온 놈……' 으로 취급한다고 했다. 국민은 입 밖에도 낸 적이 없는 말이다. 대통령 혼자 생각이 그런 걸 갖고 또다시 국민에게 덮어씌우려 하고 있다. 대통령은 이날 '저는 제정신' 이라고 했다. '제정신' 일 때 이렇다면 제정신이 아닐 때는 또 어떻다는 말인가. 겁나고 두렵다. 대통령의 남은 임기 428일 동안 이 나라를 그런 '대통령의 제정신' 에 맡겨둘 수가 없다. 그랬다간 필경 나라가 동강이나고 말 것이다"라고 했다.[308]

12월 25일 『중앙일보』 논설위원 김두우는 "얼마나 더 대한민국 국민인 것을 부끄러워하게 만들지 아득하기만 하다. 그래서 다짐해본다. 노대통령을 반면교사로 삼아야 한다고. 콤플렉스로 똘똘 뭉친 대통령, 정서 불안정인 대통령, 자신의 '무오류성' 에 대한 확신이 지나친 나머지 잘못을 지적당하면 참지 못하고 싸우자고 덤비는 대통령은 뽑지 말아야한다. 그런 대통령은 국민의 가슴을 찢고, 국민의 자존심을 패대기치고, 국민의 정신을 황폐화시킨다. 잘못은 한 번으로 족하다"고 했다.[309]

12월 25일 최재천 이화여대 석좌 교수는 "그는 링컨 대통령을 심심찮게 들먹이지만 나는 그의 마음 깊은 곳에는 오히려 마틴 루터 킹, 체 게

---

307) 「막 나가는 대통령 남은 1년이 걱정스럽다(사설)」, 『한국일보』, 2006년 12월 23일, 27면.
308) 강천석, 「대통령은 '제정신' 이라는데」, 『조선일보』, 2006년 12월 23일, A30면.
309) 김두우, 「국민인 게 부끄럽다」, 『중앙일보』, 2006년 12월 25일, 26면.

바라 또는 전태일이 앉아 있을 것이라고 생각한다. 그 옛날 국회 청문회에서 거침없는 저격수로 이름을 날렸던 그가 툭하면 저격의 표적이 되어야 하는 자리에 있으니 얼마나 답답할까. 그런 그와 그에게 이리저리 끌려다니는 국민을 바라보며 나는 우리에게 과연 리더라는 존재가 꼭 필요한 것인가 묻지 않을 수 없다"고 했다.[310]

'원칙 있는 국민의 신당' 창당?

2006년 12월 28일 열린우리당 김근태 의장과 정동영 전 의장은 사실상 노무현 대통령을 배제하는 '원칙 있는 국민의 신당' 을 창당한다는 데 합의했다. 김 의장과 정 전 의장은 이날 여의도의 한 음식점에서 조찬 회동을 갖고 "진지한 반성과 성찰을 기초로 우리당의 정체성을 발전시키고 국민과 함께 만들어가는 '원칙 있는 국민의 신당' 을 창당하겠다"고 밝혔다. 두 사람은 또 " '원칙 있는 국민의 신당' 은 어느 누구의 영향권에서도 벗어나 자율적·독립적으로 국민의 품속에서 만들어져야 한다"고 강조했다.[311]

이에 다음 날 『조선일보』는 "열린우리당 사람들의 포장술은 비상하다. 이들이 2년 전 이 땅의 '평화 세력', '개혁 세력', '민주 세력' 을 모두 모아 만든 당이 바로 열린우리당이다. 자칭 이 땅의 '평화·민주·개혁' 세력이란 사람들이 모여 만든 열린우리당의 요즘 지지율은 한나라당 지지율의 4분의 1 수준인 10% 안팎이다. 열린우리당이 한 자릿수 지

---

310) 최재천, 「우린 이런 리더가 필요하다」, 『조선일보』, 2006년 12월 25일, A26면.
311) 양정대, 「'노 대통령 빼고 신당' 김근태-정동영 합의」, 『한국일보』, 2006년 12월 29일, A1면.

지율로 파산 상태를 맞은 것은 이렇게 입으로는 온갖 좋은 말들을 하면서 손과 발로는 정반대 일을 해왔기 때문이다. 그래 놓고 이제 와서 '원칙 있는 신당'을 만들겠다고 한다"고 개탄했다.[312]

『동아일보』(2006년 12월 29일)는 "민주당과 고건 전 국무총리, 흥행 가능성이 있는 당외(黨外) 인사들을 끌어들여 지역을 기반으로 '반(反)한나라당 연합 전선'을 구축하겠다는 계산이다. 그러면서도 '평화·개혁 세력과 미래 세력의 대통합'이라는 번드르르한 구호를 내걸었다"며 "대통령과 당의 인기가 곤두박질치자 자기들만 살겠다고 배를 갈아탈 심산이면서 엉뚱한 명분을 갖다붙이니 소도 웃을 일이다"라고 했다.[313]

같은 날 『중앙일보』는 "지지율 10%대로 추락한 열린우리당으로서는 통합 신당은 사실상 절체절명의 선택일 것이다. 2007년 대선, 나아가 2008년 4월 총선을 앞두고 살길은 이것밖에 없다는 인식인 것이다. 정치 세력의 정치적 선택인 만큼 우리는 신당 자체에 반대하지는 않는다. 그러나 '새 정치', '혁신 정권'을 요란하게 외치며 탄생한 정당이 2년여 만에 왜 거품이 됐는지, 그 잔재 속에서 다시 만들겠다는 신당은 역사적으로 어떤 의미인지는 짚어두지 않을 수 없다"며 다음과 같이 말했다.

"신당은 우선 도덕성의 문제를 해결해야 한다. 현재의 세력은 대통령 당선을 뒷바라지한 정당(민주당)을 버리고 딴살림을 차렸다. 위자료는커녕 선거 빚만 남겨주고 떠났다. 어쩌다 운 좋게 로또(탄핵 역풍)를 만나 원내 과반수라는 대박을 터뜨렸다. 그러자 자만심에 빠진 나머지 흥청망청 세월과 재산을 써버렸다. 어느새 그 좋아 보이던 살림은 5·31 지

312) 「과거사 전공인 열린우리당의 '미래' 간판(사설)」, 『조선일보』, 2006년 12월 29일, A31면.
313) 「누구를 위한 신당인가(사설)」, 『동아일보』, 2006년 12월 29일, A35면.

방선거 완패가 말해주듯 부도 위기를 맞았다. 가세가 급격히 기울자(지지율 하락) 서로 네 탓이라며 집안싸움을 벌였다. 그러곤 힘 빠진 대통령을 버리고 이제 다시 새살림을 차리겠다는 것이다. 신당 세력은 합의문에서 '원칙 있는 국민의 신당'이라고 말했다. 정치적 수사(修辭)가 무엇이든 지지율 10% 세력이 또다시 국민을 들먹거리는 것은 도의에 맞지 않는다. 신당은 과거에 대한 철저한 반성 위에서 겸허한 자세로 유권자에게 접근해야 한다. 포퓰리즘적인 수사를 버리고 작으면 작은 대로 솔직한 자세로 출발하라."[314]

그러나 이 모든 논란은 '그들만의 게임'일 뿐이었다. 정치권 밖의 세계는 좌절과 환멸 끝에 정치권에 등을 돌리고 늘 해오던 각개약진의 경쟁에 일로매진하고 있었다. "10분만 더 공부하면 마누라가 바뀐다"는 구호를 내건 학력·학벌 전쟁에 참전하면서 휴대전화를 '신흥종교'로 삼아 각자의 삶을 도모하는 데에 열중하고 있었다.

314) 「신당 세력, 도덕성의 물음에 답하라(사설)」, 『중앙일보』, 2006년 12월 29일, 30면.

10분만 더 공부하면 마누라가 바뀐다
학력 · 학벌 전쟁

학력 간 소득 격차와 학력 과잉

날이 갈수록 '학력 과잉' 현상이 심해졌다. 한국경제연구원 선임 연구원 박성준의 「청년층의 학력 과잉 실태와 임금에 미치는 영향」 보고서에 따르면, 2002년 학력 과잉 근로자 비율은 29.1%로, 1996년 18.9%보다 10%p가량 높았다. 여기서 학력 과잉은 실제 일하는 사람의 학력과 해당 직업에서 요구하는 학력의 격차를 뜻했다.[315]

『동아일보』 2005년 9월 10일 1면 머리기사 「너무 배워서 슬픈 사람들: 학력 과잉 덫에 빠진 한국」은 "한국 사회의 '학력 과잉(overeducation)'이 위험 수위에 도달했다"고 말했다. 중앙고용정보원 동향분석팀장 박천수는 "막무가내식 대학 진학으로 중소기업은 인력난, 대졸자들은 취업난을 겪고 있다"면서 "한국의 인적 자원 관리 시스템은 '학력 과잉의

---

315) 김영배, 「[꼬리치는 통계] 29.1%」, 『한겨레21』, 2005년 11월 29일, 11면.

덫'에 걸려 있다"고 진단했다.

2006년 8월 통계청이 발표한 「8·15 광복 이후 경제·사회 변화상」에 따르면, 1947년 당시 국민의 95%가 초등학교 졸업 이하였으나 2005년에는 고졸(38.3%), 대졸(31.4%), 초등학교 졸업(19.1%), 중졸(11.2%) 등의 순으로 바뀌었다. 여성의 경우 대졸자는 0.1%에서 2005년 25.4%로 높아졌다.[316]

학력 과잉은 학력 간 소득 격차가 여전히 크기 때문에 발생하는 것이었다. 통계청에 따르면 2006년 상반기 전국 가구를 기준으로 가장이 대학을 졸업한 가구의 월평균 소득은 412만 6,780원에 달해 2005년 같은 기간에 비해 6.5% 늘어났다. 반면 같은 기간 가장이 고교를 졸업한 가구의 월평균 소득은 293만 3,820원으로 4.7% 상승하는 데 그쳤다. 이에 따라 대졸·고졸 가장 간 소득 격차는 107만 3,240원에서 1년 만에 12만 원가량 더 늘어난 119만 2,960원에 달해 전국 가구를 대상으로 통계를 집계한 2003년 이후 가장 크게 벌어진 것으로 분석됐다.

학력 간 소득 격차는 노무현 정부 들어 더욱 심해졌다. 2003년 이전 통계까지 파악할 수 있는 도시 근로자 가구를 대상으로 한 분석에서 김대중 정부(1998~2002년) 시절 대졸 가장과 고졸 가장 가구 간 소득 격차는 월평균 71만 1,260원(이하 상반기 기준)이었지만 노무현 정부(2003~2006년) 들어서는 111만 6,500원으로 40만 5,240원이나 더 벌어졌다. 비율로 보면 대졸 가장 가구의 소득이 100%일 때 고졸 가장 가구의 소득은 김대중 정부 시절에는 75.6%였지만 노무현 정부 들어서는 71.9%에 그쳤다.

---

316) 백문일, 「대졸자 0.6%→31% 급증: 광복 이후 경제·사회 변화」, 「서울신문」, 2006년 8월 15일, 1면.

학력 간 소득 격차는 자녀들에 대한 사교육비 지출 격차로 이어져 '학력의 대물림' 현상을 초래했다. 한국교육개발원 내부 자료(2005년)에 따르면 서울 소재 4년제 대학 진학률은 부모 학력이 초졸 또는 중졸인 학생의 경우 3.5~4.7%, 부모 학력이 고졸인 학생은 12.5%였으나 대졸 부모를 둔 학생은 28.0%에 달해 부모 학력이 자녀 학력에 실제 큰 영향을 끼치는 것으로 나타났다.[317]

10분만 더 공부하면 마누라가 바뀐다

2006년 1월 서울대공원은 공원 내 동물원 입구에 전국 66개 대학을 상징하는 17개 동물의 사진과 함께 각 동물의 상징적 의미를 설명한 패널을 설치한 '희망21 대학 합격 기원의 거리'를 조성했다. 대공원 측은 수험생들이 각자 지원한 대학의 상징 동물 앞에 마련된 '합격 소원 기원판'에 자신의 소원을 적고 해당 동물 우리를 찾아가 동물에게 직접 소원을 빌면 '합격 소원은 반드시 이루어진다'고 안내했다. 예컨대 독수리는 용맹성과 진취적인 기상을 뜻하며 연세대, 부산대 등을 상징하고, 호랑이는 고려대, 대구대 등을 상징하고 있어 해당 동물에게 소원을 빌면 해당 대학에 합격할 수 있다는 식이다.[318]

학생들은 해당 동물에게 소원을 비는 어리석은 길보다는 훨씬 더 과학적인 방법을 택했다. 자신을 심리적으로 채찍질할 수 있는 '급훈'을 내건 것이다.

---

317) 송길호, 「대-고졸 소득 차 역대 최고」, 『문화일보』, 2006년 9월 4일, 1면.
318) 김철호, 「서울대공원, 대학 합격 주술 조장 물의」, 『국민일보』, 2006년 1월 4일, 9면.

'네 성적에 잠이 오냐?', '쟤 깨워라', '30분 더 공부하면 남편 직업이 (마누라 몸매가) 달라진다', '10분만 더 공부하면 마누라가 바뀐다', '대학 가서 미팅 할래, 공장 가서 미싱할래?', '끝없는 연습만이 살길이다 10시간:서울대, 8시간:연대, 7시간:이대'.

2006년 3월 17일 교육부는 위와 같은 급훈들은 비교육적이라며 전국 시·도 교육청에서 장학 지도를 통해 이러한 급훈들은 해당 학교장들이 재검토할 수 있도록 당부했다고 밝혔다.[319] 속된 말로 이게 웬 자다가 봉창 두들기는 소리란 말인가? 정부와 명문 대학들이 이끄는 입시 전쟁 체제하에서 도대체 무엇이 '교육적'이고 무엇이 '비교육적'이란 말인가? 학생들이 그걸 모를 것 같은가?

2006년 3월 18일 청와대 인터넷 사이트 열린마당에 글이 올라왔다. 제목은 '죽음의 트라이앵글: 누가 우리를 미치게 만드는가'였다. 여기에는 같은 제목의 동영상이 실린 인터넷 사이트 주소와 '제발 더 이상의 희생을 막아주십시오'라는 글이 적혀 있었다. 고교생들을 중심으로 빠른 속도로 퍼진 이 동영상은 2008년 대입을 내신-수능-대학별 고사로 이뤄진 '최악의 삼각형'이라고 주장하면서 정부와 교사-학원 업자-대학의 담합을 맹공했다.

동영상은 "정부는 늘어나는 사교육비 때문에 지지율이 떨어질 것을 우려했고, 또 학교 교사들의 반발 때문에 수능 비중을 낮췄다"며 "'우린 뭘 먹고살란 말이냐'는 학원들의 반발에 수능도 그대로 유지됐다"고 덧붙였다. 대학들도 자기 목소리를 내 결국 내신-수능-대학별 고사의 '아

---

319) 박현갑, 「고3교실 '튀는 급훈' 논란」, 『서울신문』, 2006년 3월 18일, 7면.

름다운 삼각형'을 만들어냈다는 것이 이 동영상의 주장이다. 그러면서 "이 균형은 누굴 위한 것이냐. 여기서 학생은 도대체 어디에 있느냐", "친구를 짓밟고 적으로 만드는 것이 창의적 인재인가", "우리 가슴속의 분노와 피해 의식, 그 모든 것은 바로 당신들이 키웠다"고 주장하면서 "당신들을 용서하지 않는다"고 했다.[320]

학력 대물림과 학벌 대물림

2006년 5월 8일에는 '1.08 쇼크'가 찾아왔다. 통계청이 발표한 합계 출산율이 1.08로 세계 최저를 기록한 것이다. 언론은 또 한번 '재앙의 도래'를 선언하고 나섰다. 『중앙일보』는 '국가적 재앙'으로 규정하면서 "서두르지 않으면 나라가 저출산 때문에 망하게 생겼다"고 했고, 『조선일보』는 '비상 상황'을 선포하면서 "이렇게 가다간 경제는 주저앉고 복지는 부도날 수밖에 없다"고 했다.

출산율이 급감한 이유는 무엇이었을까? 2004년 12월 전북여성정치발전센터가 전주에 거주하는 20~40대 여성 5,000여 명을 대상으로 실시한 설문 조사에서는 "교육비 무서워 자녀 못 낳는다"고 답한 사람이 42.1%로 나타났다. 2006년 6월 한 조사에서도 중산층의 출산 중단 이유 1위는 교육비 부담인 것으로 나타났다.[321]

이후 저출산은 계속 더 심각해져 한국의 출산율이 세계 꼴찌를 기록하

---

320) 강홍준·이원진, 「내신·논술·수능 '죽음의 트라이앵글' : 교육 비판한 동영상 파문」, 『중앙일보』, 2006년 3월 29일, 3면; 「누가 고교생들을 미치게 하는가(사설)」, 『한겨레』, 2006년 3월 30일, 27면.
321) 하재근, 『서울대학교 학생선발지침』(포럼, 2008), 296쪽.

제7장 2006년: 열린우리당의 몰락 **189**

자 망국론까지 나오게 되는데, 참으로 놀랍다 못해 신기한 건 국가경쟁력을 목이 터져라 외쳐대는 보수 신문들이 입시 전쟁과 출산율의 문제를 연결해 생각하지 못하는 '아메바' 상태에 처해 있었다는 점이다.

2006년 8월 한국개발연구원(KDI)의 '양극화 해소를 위한 교육 부문의 과제와 대책' 보고서에 따르면 19~26세의 대학 진학 유형을 조사한 결과, 서울 소재 4년제 대학에 진학한 자녀 부모의 월평균 소득은 247만 원이었다. 반면 대학에 진학하지 않은 자녀 부모의 월평균 소득은 절반 수준에 불과한 131만 원이었다. 또 지방 소재 4년제 대학 진학자 부모의 소득은 189만 원, 전문대학 진학자 부모의 소득은 146만 원이었다.

KDI는 또 고소득층 가정의 자녀가 서울대에 입학하는 비율은 일반 가정에서 자란 자녀에 비해 1985년에는 1.3배에 불과했지만, 15년 사이 무려 16.8배로 확대됐다고 밝혔다. 특히 자립형 사립고의 경우 부모의 소득에 따른 교육 격차는 더욱 컸다. 대표적인 자립형 사립고인 민족사관고에 자녀를 입학시킨 학부모의 월평균 소득은 684만 원이었으며, 이들 학부모 전체의 35.4%는 한 달에 700만 원 이상의 소득을 올리는 것으로 나타났다.

가계 소득이 많을수록 자녀의 수능 성적도 높아지는 것으로 분석됐다. 월평균 소득 500만 원 이상 가구 자녀의 평균 수능 점수는 317.58이었다. 반면 월소득 200만 원 이하 가구 자녀는 평균 287.63에 그쳤다. 부모의 직업에 따라 자녀의 대학 진학도 차이가 났다. 부모가 임원, 전문직인 경우 서울 소재 4년제 대학 진학률은 33%로 나타났다. 그러나 농·어업 숙련 근로자, 기능 근로자, 단순 노무직 근로자의 경우는 각각 7.3%, 6.6%, 8.6%에 불과했다. 부모의 학벌이 좋을수록 자녀의 대학 진학률도 높았다. 부모가 4년제 일반 대학을 졸업한 경우 자녀의 4년제 대학 진학률은 28%, 부모가 대학원 이상인 경우 41.4%로 나타났다. 반면 부모의 학력이 중졸 이하인 경우 자녀의 3~4%만 4년제 대학에 진학해 열 배의 차이를 보였다.[322]

통계청의 '2006년 가계 수지 동향'에 따르면 2006년 2인 이상 전국 가구의 소득 상위 20% 계층(5분위)은 교육비로 월평균 43만 1,937원을 지출해 전년보다 3.0% 늘었다. 반면 소득 하위 20% 계층(1분위)은 교육비로 월평균 8만 2,490원을 지출해 전년보다 0.1% 증가하는 데 그쳤다. 이에 따라 소득 상·하위 20%의 교육비 격차는 5.24배에 이르러 전년(5.09배)보다 격차가 더 벌어진 것으로 나타났다. 소득 격차에 따른 '부의 대물림'에 이어 '교육의 대물림'까지 고착화되고 있다는 게 분명해졌다.[323]

대한민국은 '학원 공화국'

대한민국은 명실상부한 '학원 공화국'이 되었다. 국민소득 대비 사교육비 지출 비중이 세계 최고일 뿐만 아니라 사교육이 공교육을 압도했다. 온라인 사교육도 세계 최고를 자랑했다. 이범은 "2001~2002년 무렵부터 우리나라 대학 입시계의 헤게모니는 온라인으로 완전히 넘어간 상황"이라고 했는데, 그 선두에 바로 메가스터디가 있었다.[324] 2006년 메가스

322) 이영표, 「부모 월소득과 자녀 수능점수는 비례: KDI '교육양극화 실태' 보고서」, 『서울신문』, 2006년 8월 19일, 1면.
323) 오관철, 「'학력 대물림'도 굳어간다: 소득 상·하위 20% 교육비 격차 5.24배로 벌어져」, 『경향신문』, 2007년 2월 10일, 1면.
324) 이범, 『이범, 공부에 반(反)하다』(한스미디어, 2006), 5쪽.

서울 노량진에 자리한 메가스터디 빌딩.

터디는 창업 6년 만에 매출 1000억 원을 돌파하는 대기록을 세웠다. 온라인 회원 수(고등부 153만 7,000명, 중등부 22만 명)와 영업 이익률 32%도 놀라운 대박 기록이었다.[325]

이젠 '학원 중독'이라는 병까지 생겼다. 2006년 10월 9일 『한겨레』는 이 병의 증상에 대해 "성적이 떨어질까 불안해서 아이를 학원에 보내지

---

325) 서경호, 「'손사탐' 수험생 마음 휘어잡다: 메가스터디 손주은 대표」, 『중앙일보』, 2007년 2월 15일, E4 면.

만, 아이가 일단 학원에 다니기 시작하면 절대로 끊을 수 없고 학원에 안 간다는 생각만 해도 불안과 초조가 엄습하는 것"이라고 했다.

학원 중독은 대학에 들어갔다고 해서 끝나는 것이 아니었다. 11월 1일 바른사회시민회의가 개최한 심포지엄 '청년 실업, 대학생의 목소리로 말한다'에서는 "대한민국에는 세계적 3대 입시 클러스터만 남았다. 대치동 입시 학원가를 벗어나 대학 때는 신림동 고시촌에 머물고, 실패하면 노량진 공무원 학원가로 몰려드는 것이 요즘 현실이다"라는 진단이 나왔다.[326]

최고의 시험이라 할 사법고시에 합격했다고 해도 학원을 완전히 졸업한 건 아니었다. 사법연수원에서 좋은 성적을 올리기 위해서는 또 학원에 다녀야 했다. 10월 중순 사법고시 2차 시험 합격자가 발표되자마자 서울 신림동 고시촌에는 당장 네 곳의 학원이 사법연수원 예비 과정을 개설했는데, 몇 과목을 제대로 들으려면 강의료만 3000만 원이 훌쩍 넘었다.[327]

학원 공화국은 요람에서 무덤까지 모든 종류의 서비스를 제공하지만 주력 산업은 역시 유치원 이전부터 시작되는 대학 입시용 사교육이었다. 이 시장은 지방자치단체들마저 후원자로 거느렸다. 인구 감소에 고민하는 많은 지방자치단체들이 지역 내 학원을 육성하고 서울 유명 강사들을 초청하는 경쟁을 벌였기 때문이다. 이런 일에 열성을 보이는 경북 봉화군 측은 "번듯한 입시 학원 하나 없는 등 열악한 교육 환경이 인

---

326) 우성규, 「대치동→신림동→노량진, 고된 입시 인생… 취업은 '꽝'」, 『국민일보』, 2006년 11월 2일.
327) 김용석·임현주·강병한, 「사법연수원 25/中. "절반 이상 선행 학습…3천만 원 과외도"」, 『경향신문』, 2006년 10월 26일.

구 유출의 한 원인이 되고 있어 지역 의견을 수렴, 유명 강사의 강의를 마련했는데 학생과 학부모의 반응이 좋다"고 말했다.[328]

이 정도면 학원 공화국이라는 표현은 결코 과장이 아니었다. 학원 공화국은 한국인들의 높은 교육열과 더불어 탁월한 순발력과 유연성을 말해주는 것이기도 하므로 나쁘게만 볼 건 아니지만, 부정적으로 봐야 할게 압도적으로 크고 많았다.

사교육은 계급·계층 현실을 반영하고 확대 재생산했다. 소득이 가장 많은 상위 10% 계층의 사교육비는 소득이 가장 적은 하위 10% 계층 사교육비의 열 배가 넘었다. 사교육비 부담은 중하층 한국인의 삶을 전쟁으로 만들었다. 삶의 질을 떨어뜨리고, 미래를 불안하게 만들고, 저출산을 불렀다.

---

328) 최슬기·송진식, 「지자체 사교육 지원 교육책 '너도나도'」, 『경향신문』, 2006년 8월 16일.

영어가 권력이다
2006, 대한민국 영어 보고서

영어가 권력이다

2006년 1월 11일 교육인적자원부는 2006년부터 2010년까지 5년간 추진되는 제2차 국가인적자원개발 기본계획을 확정하면서 국가경쟁력 강화를 위해 3학년부터 실시하는 초등학교 영어 교육을 1학년으로 앞당기는 방안을 적극 추진한다고 밝혔다.[329]

아무리 뜻이 좋더라도, 이런 발표는 연쇄 반응 효과를 불러오기 마련이었다. 발표가 나오자마자 아파트 단지마다 조기 영어 프로그램을 내건 학원 광고 전단이 더욱 넘쳐났다. 영어 교재 출판업체들도 어린이 영어 부문을 강화하는 방향으로 사업 계획을 수정했다.[330] 한국외국어평가원이 시행하는 펠트(PELT), 한국토익위원회가 시행하는 토익브리지

---

329) 이인철, 「초등 1학년부터 영어 가르친다…교육부 하반기 시범교육」, 『동아일보』, 2006년 1월 12일, 2면.
330) 오창민 · 김정섭, 「영어 조기교육에 '우르르', 2008학년부터 초등 1학년생도 의무수업 한다는데」, 『경향신문』, 2006년 1월 18일, 8면.

(TOEIC Bridge)와 제트(JET), 미국 샌디에이고 주립대 국제교육원에서 개발·시행하는 주니어 지텔프(JR G-TELP) 등 네 개 시험에 응시한 초등학생은 2004년 38만 명, 2005년 46만 명에 이어 2006년에는 60만 명을 넘어설 것으로 전망되었다.[331]

2006년 3월 『한국일보』 기획취재팀이 서울대 경영학과 86학번 졸업생 51명을 조사한 결과, '영어 실력이 우수하다'고 응답한 그룹의 평균 연봉(1억 600만 원)은 '중간 혹은 그 이하'라고 답한 그룹(7000만 원)보다 3000만 원 이상 많았다. 이와 관련해 『한국일보』는 "영어는 우리 사회의 파워 집단을 더욱 공고히 하는 '무기'로 작용하며 조기 영어 교육을 받기 어려운 소외 계층의 상실감을 부추기고 있다. 외교관과 고위 관료 등은 해외 근무나 연수 기회를 자녀 영어 교육에 적극 활용한다. 실제 중앙 부처 국장급 간부 자녀들 중 해외 유학 경험자는 절반 이상이며, 부모 귀국 후 현지에 남는 경우도 상당수다"라며 다음과 같이 말했다.

"영어의 권력화는 외국어고 입시 열풍과 대학의 편중된 영어 교육으로 이어진다. 고려대는 어윤대 총장 취임 이후 전체 강의의 30%를 영어로 진행하고 있으며, 일부 대학은 국제화를 명분으로 국문학과와 한국사 교수들에게까지 영어 강의를 요구하고 있다. 경제 전문가 공병호 박사는 '지식 중심 사회로 가면서 영어 네트워크로의 편입 여부가 부가 가치 창출 능력을 결정하는 시대가 됐다'며 한국 사회의 권력과 계급을 구분하는 잣대는 이제 영어라고 강조했다."[332]

---

331) 권혜숙, 「초등학생 영어능력시험 과열… 사교육 방지대책 전혀 효과 없어」, 『국민일보』, 2006년 2월 16일, 1면.
332) 고재학 외, 「영어가 권력이다/(上) 신분과 계급을 결정」, 『한국일보』, 2006년 3월 6일, 6면.

2006, 대한민국 영어 보고서

한국인은 대학 졸업 때까지 얼마나 많은 시간을 영어 교육에 투자할까?
2006년 5월 21일 밤 11시 30분에 방영된 〈MBC 스페셜〉 '2006, 대한민국
영어 보고서'는 중소 도시에 사는 평범한 대학생 정다운 씨의 사례 분석
을 통해 이를 추산했다. 계산해보니 중학교 1학년부터 대학 4학년까지
정 씨는 10년간 1만 5,548시간(밤낮 없이 648일)을 영어 공부하는 데 썼다
는 결과가 나왔다. 총 투자 비용은 2148만 원이었다. 이를 나라 전체로
환산했을 때 한 해 영어 교육에 쏟아붓는 비용은 약 10조 원으로, 이는
국가 전체의 교육비 예산 20조 원(2003년 기준)의 절반에 해당하는 수치
다.[333]

그렇다면 한국 사람들은 영어를 얼마나 잘할까. 이 프로그램은 명동 거
리에 외국인을 앞장세워 무작위 실험에 나서봤다. 그러나 외국인과 의사
소통이 가능한 한국인은 드물었다. 잘 안 되는 영어 공부, 그럼 대체 왜 할
까. 이에 대한 설문 조사에서 가장 많은 대답은 '승진 등 자기 계발'
(28.6%)이었고 '취업을 위해'가 22.7%로 2위였다. 72개사 인사 담당자 설
문 조사 결과 79.2%가 '영어가 승진과 연봉 책정에 영향을 끼친다'고 했
다.[334]

사정이 이와 같으니, 5 · 31 지방선거에 출마한 광역 단체장 후보들이
영어 마을 조성 등 영어 교육 공약을 쏟아낸 것도 무리는 아니다. 참여연
대 · 함께하는시민행동 · 녹색연합 등 280여 시민 · 지역 단체가 모인

---

333) 한승주, 「1만 5,548시간 2148만 원…MBC 스페셜 〈2006, 대한민국 영어보고서〉」, 『국민일보』, 2006년
5월 19일, 16면.
334) 「영어 배우기 열풍 허와 실 'MBC 스페셜' 현황, 문제점 살펴」, 『경향신문』, 2006년 5월 18일, 29면.

'2006 지방선거시민연대'가 5월 19일까지 공개된 16개 광역 단체장 후보들의 공약을 분석한 결과, 11명의 후보가 영어 마을 조성이나 원어민 교사 확충 등 영어 교육 관련 공약 15건을 내놓은 것으로 나타났다.

　오세훈 한나라당 서울시장 후보는 서북권(은평 · 서대문)과 서남권(구로 · 금천)에 각각 한 곳씩 1만 5,000평 규모에다 기숙사까지 갖춘 '영어 체험 마을'을 짓겠다고 약속했다. 박주선 민주당 서울시장 후보도 154억 원의 예산을 들여 구마다 '영어 체험 존'을 설치하겠다는 공약을 내걸었다. 김관용 한나라당 경북지사 후보도 세 곳에 영어 마을을 짓겠다고 약속했다. 충남에서는 오영교 열린우리당 후보와 이완구 한나라당 후보가 외국인 마을 조성과 외국의 유명 대학 캠퍼스 유치를 동시에 공약으로 내걸었다. 지역이나 정당에 관계없이 후보들이 앞다퉈 영어 교육 공약 경쟁을 벌이는 양상을 보였다. 영어 마을 공약을 내건 한 후보 쪽 관계자는 "핵심 유권자인 30대 세대의 자녀 영어 교육 욕구를 외면하기 어렵다"면서도 "예산의 효율성은 검증해볼 필요가 있다"고 털어놓았다.[335]

영어 인증 시험 열풍

2006년 6월, 토플 시험이 9월부터 CBT(Computer-based Testing) 방식에서 인터넷 접속을 통한 IBT(Internet-based Testing) 방식으로 바뀐다고 예고된 가운데 주관사 측의 갑작스러운 7, 8월 토플 시험 접수 일정 공고로 수험생들이 한꺼번에 몰리는 '토플 대란'이 벌어졌다. 주관사인 한미교육위

---

335) 김동훈 · 황준범, 「선택 5 · 31 광역 단체장 공약 따져보니/너도나도 '영어 마을', 앞다퉈서 '국제 행사'」, 『한겨레』, 2006년 5월 20일, 5면.

원단이 6월 8일 오후 홈페이지를 통해 7, 8월 토플 시험을 9일부터 선착순 방문 접수한다고 공고하자 유일한 접수 장소인 서울 마포구 염리동 위원단 건물은 9일 새벽부터 전국 각지에서 몰려든 수천 명의 수험생들로 북새통을 이뤘다. 접수를 기다리는 줄은 건물을 에워싸기 시작했고 오후가 되자 1km가량 떨어진 지하철 5호선 공덕역까지 이어졌다. 평균 5~6시간씩 기다리는 건 예사였다.[336]

2006년 9월 서울대가 2008학년도 정시 모집 학생부 반영에서 토익·토플·텝스 점수를 참고 자료로 활용하겠다고 밝히면서, 토익·토플·텝스 열풍이 더욱 거세졌다. 자양고 영어 교사는 "한국 사회 입시 피라미드 구조의 정점에 있는 서울대가 토익·토플·텝스 시험을 반영하면 학부모들 처지에서는 초등생 때부터 시험을 준비시킨다"며 "서울대가 이 방향으로 가면 다른 대학들도 따라갈 것 같아 걱정된다"고 말했다.[337]

2006년 9월 15일 『경향신문』은 "'영어에 올인' 하는 교육 행태가 도를 넘고 있다. 공교육까지 '영어 열풍'에 뛰어들면서 공교육과 사교육의 경계가 흔들리고 있다. 초등학교에서 1인당 수백만 원이 들어가는 미국 교환학생을 선발하는가 하면 영어 마을을 운영하는 학교도 늘고 있다. 영어 교육을 잘 시키는 학교가 '명문'으로 대접받는 게 요즘의 교육 현실이다"라며 다음과 같이 말했다.

"서울 광진구에 있는 사립 ㄱ초등학교는 2005년부터 4학년을 대상으로 '미국 교환학생'을 선발하고 있다. 1학기 말 지원자들은 1차 영어 듣

---

336) 김이삭, 「토플 대란」, 『한국일보』, 2006년 6월 10일, 12면.
337) 허미경, 「서울대 '공인 영어 시험 점수' 참고키로/일반전형에 토익 반영? 불붙은 시장에 기름 붓기」, 『한겨레』, 2006년 9월 12일, 3면.

유치원 발표회에서 영어 뮤지컬을 공연하는 아이들.

기 평가, 2차 필기·면접 시험을 거친다. 방학 중에는 '예비 유학 학교'
가 기다리고 있다. 2주간의 합숙 프로그램을 거쳐야 비로소 교환학생 자
격이 주어진다. 4학년 전체 150여 명 중 매년 100명 정도가 교환학생으
로 뽑힌다. 이들은 30~40명씩 조를 짠 뒤 차례대로 현지 자매결연 학교
에서 한 달 동안 미국 정규 교과 수업을 듣는다. 예전 대학교에서 주로
이뤄지던 교환학생 선발이 어느새 초등학교로 낮아진 것이다. 비용도
만만찮다. 이 학교 한 해 수업료는 400만 원 정도. 유학 비용은 별도다.
항공료, 학비, 홈스테이 비용 등 한 달간 최소 380만 원 정도가 들어간다.
여기에 기타 비용을 더하면 총액은 500만 원을 훌쩍 넘어선다. 교환학생
이 나가 있는 동안 '국내파 학생' 끼리 모여 따로 수업을 받는다. 이 학교
에 3학년 딸을 두고 있는 최 아무개 씨는 '지원을 포기할지, 빚을 내서라

도 보내야 할지 벌써부터 고민'이라고 말했다."[338]

서울대까지 자극한 '영어 인증 시험 열풍'이 유치원생까지 덮치기에 이르렀다. 1995년부터 초등학교 3학년 이상을 대상으로 시행하는 영어 능력 시험 '펠트 주니어'의 경우, 응시생이 2001년 6만여 명, 2002년 14 만여 명, 2004년 25만여 명, 2006년 26만여 명 등으로 2000년 이후 해마다 급증하는 추세를 보였는데, 이들 가운데 1~2%는 일곱 살 이하인 것으로 업계는 추정했다. 초등학생용으로 만든 제트 응시생도 2004년 2만 5,000여 명, 2005년 5만여 명, 2006년 6만 5,000여 명으로 늘었으며, 이 가운데 4%가량이 유치원생이라고 토익 위원회 관계자는 전했다.

유치원생들을 대상으로 2006년 9월 첫 시험을 치른 '펠트 키즈'는 첫 회에만 2,000여 명의 응시생이 몰렸다. 유아들을 모아놓고 시험 대비반을 운영하는 유치원이나 영어 학원들도 늘었다. 분당에서 영어 유치원을 운영하는 아무개 원장은 "'펠트 ○○명 합격'이라는 펼침막을 내걸 정도로 유치원들 사이에 경쟁이 붙은 상태"라고 말했다.[339] 그 와중에 연간 수업료가 1800만 원이나 되는 이른바 '명품 유치원'도 생겨났다.[340]

이런 영어 열풍에 따라붙는 것은 영어의 본고장인 미국을 이해하고 즐기려는 이른바 '미드 열풍'이었다. 미드 열풍 속에서 '뉴욕 라이프 스타일'이 유행하고, 이에 저항하겠다는 듯 '된장녀 신드롬'이 일어나기도 한다. 참으로 역동적인 대한민국이었다.

---

338) 홍진수, 「公교육마저 덮친 '영어 광풍', 사립 초등학교 한 달 500만 원 '귀족 연수'」, 『경향신문』, 2006년 9월 15일, 1면.
339) 박창섭, 「'영어인증시험 열풍' 유치원생까지 덮쳐」, 『한겨레』, 2007년 1월 6일, 2면.
340) 임지선 외, 「강남일대 조기 영어교육 열풍 "수업료 아깝잖다" 年 1800만 원 '명품유치원'」, 『경향신문』, 2007년 2월 28일, 8면.

'뉴욕 라이프 스타일 배우기' 강좌
미드 열풍과 된장녀 신드롬

미드에 푹 빠진 사회

'미드'는 한국 일부 시청자 층에서 인기를 누리는 미국 드라마의 줄임말이다. 미드 열풍은 1990년대 말 시트콤 〈프렌즈(Friends)〉에서 시작됐다. 미국식 유머의 생경함과 동성애 소재의 등장 등 정서적 차이에도, 실용 영어 학습 교재로 활용되면서 큰 인기를 끌었다.[341]

미드 열풍은 곧 영어 열풍이기도 했다. 2001년 '미국 드라마를 사랑하는 사람들(cafe.daum.net/dramainusa)'의 운영자는 "케이블 TV가 보급되고 영어 교육열이 높아지면서 외국 문화, 좀 더 정확히 말하면 미국 문화에 대한 관심이 커져 미국 드라마 마니아도 점점 늘어나는 것 같아요"라고 말했다.[342]

미드 열풍은 2006년 〈프리즌 브레이크(Prison Break)〉의 주인공 웬트워

---

341) 고재학, 「'미드' 열풍」, 『한국일보』, 2010년 5월 4일.
342) 윤민용, 「'외화 보기' 동호회 열풍─ '미국 사람들 이럴 때 웃는다'」, 『경향신문』, 2001년 9월 4일, 30면.

스릴러 드라마 〈프리즌 브레이크〉. 탄탄한 스토리 전개와 전문 지식, 감옥 탈출이라는 신선한 소재는 한국 드라마의 통속적 요소에 염증을 내던 젊은 층에게 크게 어필했다.

스 밀러(Wentworth E. Miller Ⅲ)가 '석호필'이라는 애칭을 얻고 국내 대기업의 광고 모델로 등장하면서 정점에 이른 것처럼 보였다. 이 열풍은 회원 수 12만 명의 대형 미드 인터넷 클럽 '드라마 24'와 회원 수가 20만 명인 프리즌 브레이크 팬클럽의 결성으로까지 이어졌다. 이런 바람을 타고 케이블 TV를 거쳐 KBS · MBC · SBS 등 지상파 TV 3사도 '미드 특수'를 즐겼다. 이로 인해 해외 드라마 수입이 크게 늘었다. KBS 영상산업진흥원(KBI)에 따르면 2007년 상반기 방송 영상물 수입액 중 드라마가 차지한 비중은 55.3%로 2006년(연간 24.1%)보다 두 배 이상 커졌다.[343]

　미드 열풍은 '고품격 드라마에 대한 우리 시청자들의 욕구'에서 비롯

---

343) 이나리, 「케이블 시청률 부러웠나…지상파도 미드 열풍」, 『중앙일보』, 2007년 8월 26일.

뉴욕에 사는 직장 여성을 주인공으로 한 드라마 〈섹스 앤 더 시티〉.

된 것이기도 했지만,[344] 미드의 사회·문화적 영향은 그런 욕구와 무관하게 전방위적으로 퍼져나갔다. 우선 미드는 패션계에 큰 영향을 끼쳤다. 드라마 속 주인공들이 입고 나오는 의류나 액세서리와 같은 아이템에 대한 관심도 증가했기 때문이다. 김진은 이렇게 설명했다. "(〈프렌즈〉이후) 특히 〈섹스 앤 더 시티(Sex and the City)〉, 〈가십 걸(Gossip Girl)〉 등 인기 드라마가 다양해지면서 드라마에 나온 아이템과 브랜드도 많아지고 이에 대한 수요도 높아지고 있다. 이에 따라 백화점들은 국내에 잘 소개되지 않는 해외 유명 브랜드들을 들여와 한 매장에 배치해 팔아 소비자들

---

344) 양홍주·허정헌, 「미드에 푹 빠진 사회/〈上〉일상으로 들어온 미국 드라마」, 『한국일보』, 2007년 10월 31일.

의 욕구에 부응하고 있다. 이른바 '편집 매장(특정 제품군의 여러 브랜드 상품을 집중적으로 모아 꾸민 매장)'이 발달하고 있는 것이다. 특히 백화점들은 자신들만이 확보할 수 있는 브랜드를 들여와 개성 있는 스타일의 편집 매장을 꾸며 승부를 보고 있다."[345]

브런치 열풍

패션뿐인가. 미드는 한국인의 식사 라이프 스타일에도 영향을 끼쳤다. 이른바 '브런치(brunch) 열풍'이다. 브런치는 아침밥을 뜻하는 'breakfast'와 점심밥을 뜻하는 'lunch'의 합성어로 우리 식으로 따지면 바로 '아점'이다. 『경향신문』(2006년 11월 30일)은 "점심을 겸해 먹는 브런치는 해외에서는 커피 · 빵 등과 함께 으깬 감자 · 베이컨 · 과일 등을 곁들여 먹는, 아침보다 가볍지 않되 일반 식사보다는 간소하게 먹는 음식. 브런치가 일상화된 미국 등에서는 문 앞만 나가도 브런치 가게가 즐비하고 가격 역시 매우 싸다. 그러나 이 같은 소박한 브런치가 국내에서는 호화 식사로 둔갑한 지 오래다"라며 다음과 같이 말했다.

"이태원 · 청담동 · 방배동 일대에 늘어선 브런치 식당들은 웬만한 저녁 식사 한 끼 가격인 2~3만 원에 브런치를 팔고 있다. 빵과 샐러드에 국한되던 메뉴는 프랑스 · 이탈리아 · 뷔페식 등 다양한 형태로 발전하고 있다. 브런치 식당을 찾는 사람들은 토요일 저녁 와인 클럽을 찾는 분위기로 최대한 차려입고 나온다. 이에 따라 국내 브런치 바람이 본래의 의

---

345) 김진, 「'미드'에서 본 개성만점 아이템, 이곳에 다 있네」, 『조선일보』, 2009년 6월 30일.

우리나라에서의 브런치 유행은 〈섹스 앤 더 시티〉의 영향과 주 5일제 근무의 정착이 상당 부분 기여했다고 할 수 있다. 사진은 뉴욕식 브런치와 브런치 식당. ⓒ bitchcakesny, Johnia!

미는 퇴색된 채 왜곡·발전됐다는 비판이 거세다. 주 5일 근무가 보편화된 '번듯한 직장'을 다니고 경제적으로 여유가 있는 '가진 자들만의 문화' 또는 '강남 스타일'이라는 인식이 강해질 수밖에 없기 때문이다. 특히 젊은 여성들의 사치와 허영 심리를 기반으로 브런치 바람이 급속도로 퍼졌다는 지적도 나온다. 〈섹스 앤 더 시티〉에서 주인공 캐리가 친구들과 먹는 브런치를 막연하게 흉내 내고 있다는 것이다."[346]

어느 아파트 광고는 "브런치의 여유를 즐기는 그녀에겐 어느 집이 어울릴까?"라고 물었고, 김치냉장고 광고는 "그들을 불러다가 딤채에서 꺼낸 야채로 브런치를 만든다. 수다를 떨면서 맛있게 먹으면 뉴요커의 휴일이 따로 없다"고 했다. 이에 대해 김홍탁은 "김치와 같은 토속적인 음식을 보관하는 제품에 브런치라는 외국의 식문화가 접합되는 순간의 이상한 이질감은 그러나 브런치로 대변되는 상류 문화라는 절대 권위에 눌려 무화되는 느낌이다"라며 다음과 같이 말한다.

"초호화 뮤지컬 공연장이 불야성을 이루고 빌딩마다 세계 유명 브랜드의 입간판이 내밀고 있는 뉴욕의 브로드웨이는 여전히 여성들의 허영심을 자극하는 대표 키워드로 존재한다. 근래의 우리네 광고 속에 브런치와 뉴욕이란 단어가 빈번히 등장하는 것을 보니 좀 살아본 부류의 목록에 오르려면 뉴욕에서 브런치 한번쯤 먹어줘야 될 것 같은 생각이 들기도 한다. 그러나 솔직히 우리는 베르사체 없이도, 타워팰리스가 아니더라도, 브런치를 먹지 않고도 살 수 있다. 폼만 잡지 않는다면 말이다. 그러나 물신이 주도하는 사회에서 폼생폼사는 사회의 미덕이다. 개개인

---

346) 문주영, 「허영의 키워드 (2) 브런치: 만찬이 된 '아점'」, 『경향신문』, 2006년 11월 30일, K3면.

의 가치관이 아니라 사는 곳과 아파트 평수와 자동차의 종류가 한 사람
의 정체성을 규정하는 시대에 살고 있다. …… '아점을 먹는다' 고 하면
시골스럽지만 '브런치를 즐긴다' 고 얘기할 때는 마치 뉴요커가 된 듯한
인상을 받는다. 정말이지 우리는 폼 나게 살고 싶은 동물이다." [347)

칙릿 열풍

미드 열풍은 '브런치 열풍' 을 넘어서 '칙릿(chick-lit) 열풍' 을 몰고 오는
데도 일조했다. 오죽하면 국립국어원까지 나서서 칙릿을 '꽃띠 문학' 으
로 부르자고 제안했겠는가. 칙릿 열풍을 이해해야 미드 열풍도 이해할
수 있는 면이 있는바, 칙릿 열풍을 자세히 살펴보기로 하자.

'chick' 은 '젊은 여성' 을 일컫는 미국의 속어, 'lit' 은 '문학' 을 뜻하는
'literature' 의 줄임말로, 칙릿은 20대 싱글 직장(주로 광고, 잡지, 패션 등의
업종) 여성의 성공과 사랑을 다루는 소설을 말한다. 2006년 8월에 출간
된 『이것은 칙릿이 아니다(This is not a chick lit)』는 칙릿이 "대도시에 사
는 여성이 짝을 애타게 찾아 헤매며 다이어트를 하고 신발 쇼핑을 하며,
자주 절망하지만 결국 훌륭한 왕자를 찾는 줄거리" 라고 말했다. 이에 상
대되는 남자 소설은 '래드릿(lad-lit)', '딕릿(dick-lit)' 으로 불린다. 1995년
『칙릿: 포스트페미니즘 소설(Chick Lit: Postfeminist Fiction)』에 처음 등장했
지만, 1996년 제임스 월콧(James Wolcott)이 『뉴요커』에서 당시 여성 칼
럼니스트의 '소녀스러운(girlishness)' 경향을 일컬으며 대중에 회자되는

---

347) 김홍탁, 「남이 보는 나' 욕망 부채질: '허영' 을 자극하는 광고들」, 『경향신문』, 2006년 11월 30일, K2면.

단어로 다듬어졌다(위키피디아).[348]

이후 칙릿의 고전 『브리짓 존스의 일기(Bridget Jones' s Diary)』(1996)가 나오고, 월콧이 칙릿이라는 단어를 이끌어낸 직업인, 칼럼니스트로 주인공이 설정된 TV 시리즈 〈섹스 앤 더 시티〉(1998~2004)가 등장했다. 소설 『쇼퍼홀릭(Confessions of a Shopaholic)』(2000), 『악마는 프라다를 입는다(The Devil Wears Prada)』(2003) 등도 이 장르에 속했다. 한국에서도 드라마 〈결혼하고 싶은 여자〉(2004), 〈내 이름은 김삼순〉(2005), 〈여우야 뭐 하니〉(2006), 영화 〈싱글즈〉(2003), 정이현의 소설 『달콤한 나의 도시』(2006) 등이 영국 · 미국산 칙릿과 비슷한 구도를 보였다.[349]

김민정 강원대 문화인류학과 교수는 "트렌디하고 소비 지향적인 칙릿은 현실의 암울한 문제를 건드리지 않는다"며 "돈에 대해 압박을 느끼면서도 쿨해 보이고, 문화적인 지위를 유지해야 하는 현대 여성의 삶을 암암리에 강요하는 측면이 있다"고 지적했다.[350]

바로 그런 이유 때문에 칙릿에 대해 강한 거부감을 보이는 이들도 많았다. 예컨대, 이정호 공공연맹 정책국장은 2006년 11월 "언론은 이런 류의 소설을 선전하기에 급급하다. 칙릿 소설을 마치 '성장 소설' 의 반열에까지 올려놓는 무수히 많은 기사들을 쏟아내고 있다. '칙릿' 을 사용한 첫 일간지는 역시 『조선일보』다. 『조선일보』는 지난 8월 5일 10면 (사회) 톱기사에서 칙릿을 20대 여성을 타깃으로 한 '아가씨 소설' 이라

---

348) 구둘래, 「칙릿이 세계 대세?: 20대 여성 타깃 마케팅의 절정, 인도 · 동유럽 넘어 국내에도 상륙」, 『한겨레 21』, 2006년 8월 29일, 50면.
349) 백승찬 · 장은교, 「 '일+사랑' 이 힘든 직장녀에 '위문 공연' : '칙릿' 의 공식」, 『경향신문』, 2006년 10월 19일, K13면.
350) 위의 글.

고 이름 붙였다. 물론 섹스와 욕망 등의 자극적인 제목과 함께"라면서 다음과 같이 주장했다.

"『조선일보』는 이들 칙릿 소설이 상반기 대박을 터뜨린 이유에 대해, 있어 보이기 위해 비싼 몽블랑 만년필을 쓰고, 취업과 결혼에서 우위를 차지하기 위해 성형수술도 당당하게 권장하고, 경제적 독립, 섹스, 욕망을 무엇보다 중시하고 당당하게 드러내는 20대 여성들의 감성을 잘 자극했다고 한다. 섹스를 많이 언급하면 여권(女權)이 신장되나. 이런 쓰레기 같은 문장을 기사랍시고 휘갈기고 있다."[351]

된장녀 신드롬

그러나 칙릿 열풍 그 자체는 사실인 걸 어이하랴. 진보적 시각에서는 마땅치 않겠지만, 『조선일보』가 장사를 잘하는 이유 중의 하나도 대중의 욕망에 충실하기 때문은 아니었을까? 문제는 계급 차이가 주는 상대적 박탈감이었다. 칙릿에서 비롯된 이런 박탈감이 바로 '된장녀 신드롬'을 낳았다.

된장녀는 2005년부터 일부 인터넷 카페에서 20대 여성을 비하하는 표현으로 사용돼오다 2006년 7월 한 네티즌이 인터넷에 올린 「된장녀의 하루」라는 글이 확산되면서 널리 알려졌는데, 「된장녀의 하루」는 능력도 없으면서 소비 지향적이고 유행에 휩쓸리는 젊은 여성을 조롱하는 글이었다.[352]

---

351) 이정호, 「배설과 소비의 문학을 부추기는 신문」, 『미디어오늘』, 2006년 11월 22일, 6면.
352) 한애란·권호, 「'된장녀' 사회학」, 『중앙일보』, 2006년 8월 16일, 11면.

된장녀!?

고급 샴푸
"내 머릿결은
소중하니까요"

선배~
점심 사줘요

테이크아웃
커피

명품 백

가방에 들어가지
않는 전공 서적
그러나
펴본 적도 없다

손에서 놓지 않
는 휴대전화

고추장남!?

혁!

형편이 어려워도
왁스는 필수
그러나 길고 지저분한
헤어스타일은 비호감!

취업 압박을
강하게 느끼게 하는
각종 수험서

항상 배낭 가방.
군대 시절 군낭
의 연속성을 지
닌다. 배낭 안에
는 필수품으로
배고픔을 달래
는 물통이 들어
있다.

추리닝이나
우중충한 색의
면 바지

된장녀·고추장남의 모습을 전형화하여 나타낸 그림. 출처: YLC 웹진.

그런데 왜 하필 된장녀라는 이름이 붙었을까? 원래 인터넷에서 떠도
는 말들이 그렇듯이 그 이유는 확실치 않았다. 백승찬은 "'똥인지 된장
인지 가리지 못한다'에서 따왔다는 얘기도 있고, 속은 된장처럼 토종이
면서 외국의 유행만을 쫓기 때문이라는 지적도 있다"고 했다.[353] 박현동

은 "남성들이 외국인과의 성적 관계를 즐기는 여성을 비하한 데서 비롯됐다는 설"과 "부정적 의미의 감탄사 '젠장' 이 그 어원이라는 주장"도 있다고 했다.[354]

여성들에게 점차 된장녀 공포증이 확산되었다. 회사원 이 아무개(27, 여) 씨는 "사진 찍는 걸 좋아할 뿐인데, 이젠 커피 전문점이나 패밀리 레스토랑에서 사진 찍으면 된장녀로 오해받을까봐 걱정" 이라고 했고, 회사원 고 아무개(26, 여) 씨는 "나도 된장녀의 하루에 나오는 B 원피스, L 가방, I MP3 플레이어를 쓰고 있다" 며 "남들이 된장녀라고 부를까봐 겁이 난다"고 하소연했다. 이와 관련해 숭실대 정보사회학과 교수 배영은 "취업 등으로 불만에 쌓인 젊은이들, 특히 남성들이 이를 표출할 수 있는 통로를 찾지 못해 된장녀와 같은 대상을 만들어낸 것" 이라며 "자칫 우리 사회에 만연된 편 가르기 현상으로 이어질까 우려된다"고 말했다.[355]

2006년 8월 21일, 취업 포털 사람인(www.saramin.co.kr)이 여성 직장인 511명을 대상으로 '된장녀' 논란에 대한 생각을 물어본 결과 47.8%의 여성 응답자들은 자신이 '흔히 말하는 된장녀 기준에 일부 또는 전부 속한다' 고 답했다고 밝혔다. '된장녀' 는 형편은 어려운데도 유명 외국 브랜드만을 선호하는 여성을 비하해 가리키는 말로, 이 같은 의미 규정에 대해 여성의 33.9%가 '부당하다' 고 답했다. '정당하다' 는 응답은 16.6%에 그쳤으며 나머지 응답자들은 '관심 없다' 고 답했다. 하지만 여성의 거의 전부(96.5%)는 '자신이 된장녀라고 생각하느냐' 는 질문에는 '아니다' 라

---

353) 백승찬, 「'된장녀' 가 어쨌다고…」, 『경향신문』, 2006년 8월 7일, 22면.
354) 박현동, 「된장녀와 마초」, 『국민일보』, 2006년 8월 18일, 19면.
355) 한애란·권호, 「'된장녀' 사회학」, 『중앙일보』, 2006년 8월 16일, 11면.

2006년 인터넷을 달군 말

순위	신조어 · 유행어	통합 검색어
1	된장녀	로또
2	꼭짓점 댄스(응원 안무)	메이플스토리(온라인 게임)
3	마빡이(KBS 〈개그콘서트〉 코너)	〈궁〉(드라마)
4	조삼모사 패러디(2컷 만화)	〈나루토〉(TV 만화)
5	연예인 굴욕 사진	카트라이더(온라인 게임)
6	김본좌(음란물 유포자)	이준기(영화 〈왕의 남자〉 신인 배우)
7	지단태(축구 선수 지단의 박치기)	리니지(온라인 게임)
8	사모님(MBC 〈개그야〉 코너)	슈퍼주니어(가수)
9	합성놀이(연예인 얼굴 등을 합성)	〈주몽〉(드라마)
10	야구 선수 이치로 망언	리니지플레이포럼(온라인 게임 관련)

자료: 야후코리아

고 밝혔다. 반면 750명의 남성 직장인을 대상으로 한 조사에서는 44.8%
의 응답자가 '정당하다' 고 답해 여성 직장인 응답자와 큰 차이를 보였
다. 전체 남녀 직장인들은 '된장녀' 비난이 정당하다고 보는 이유(복수
응답)로 '허영스러워 보여서(56.8%)' 를, 부당하다고 생각하는 이유로 '일
부를 가지고 전체를 판단하므로(48.1%)' 를 각각 가장 많이 꼽았다.[356]

된장녀 논란에는 인터넷의 문제를 제외하더라도 성(性)·취향·계급
이라는 3대 문제가 얽혀 있었다. 그래서 차분한 논쟁이 가능할 리 없었
다. 특히 그간 성과 계급이 충돌한 논쟁이 차분하게 이뤄진 적이 거의 없
었다는 점에서 더욱 그랬다.

---

356) 엄주엽, 「나도 된장녀: 여성 직장인 절반가량 "형편 안 맞게 명품 선호"」, 「AM7」, 2006년 8월 22일, 1면.

휴대전화는 신흥종교
휴대전화 4000만 시대

모바일이 문화를 죽인다

2006년 1월 이동연은 "모바일이 문화를 죽인다"고 주장했다. 그는 "모바일이 모든 문화 매체의 기능을 흡수하면서 소비자들이 문화를 편리하게 소비할 수 있는 시대를 열었지만, 이로 인해 대중문화 산업 전체가 모바일 시장 안으로 흡수될 위험성이 도사리고 있다"고 했다. 그는 "요즘 청소년들은 압도적인 모바일 사용료 때문에 영화를 보고 음반을 구매하는 문화생활이 사라졌다고 말한다"며 "모바일이 문화를 죽이는 세상이 오는 끔찍한 상황은 막아야 하지 않을까?"라고 물었다. 이동연이 이런 주장을 편 근거가 된 통계 수치는 이렇다.

모바일 가입자들은 한 달 평균 6만여 원의 요금을 지불하고, 이 중 18세 이하 청소년들도 월 용돈의 70%에 해당되는 3~4만 원의 요금을 지불하고 있는데, 이는 텔레비전 시청료의 20배, 신문 구독료의 네 배에 해당된다. 모바일 음원 서비스 시장은 6000억 원 규모로 오프라인 음반 시장의 네 배를 넘어섰고, 게임 서비스도 3000억 원에 육박하며, 심지어 모바일을 통한 누드 서비스도 2005년 600억 원의 수익을 올렸다. 2004년 이동통신 3사의 매출액은 18조 7000억 원, 순익은 3조 원이었다.[357]

"휴대전화가 아이들을 망치고 있다"는 주장도 나왔다. 2006년 1월 31일 『한국일보』는 1면 머리기사로 "휴대전화가 아이들을 망치고 있다. 동영상 음란물과 게임, TV 등이 결합된 유해 콘텐츠의 백화점으로 변질돼 아이들의 학습 능력을 떨어뜨리고 성 비행을 부추긴다는 우려의 목소리가 크다. 시간과 장소의 제약을 받는 컴퓨터나 TV에 비해 중독성도 훨씬 심각하다. 그런데도 우리 사회는 정보 기술(IT) 강국이라는 경제 논리에만 매몰돼 휴대전화의 노예가 돼가는 아이들을 방치하고 있다"고 언급했다.[358]

이 기사를 쓴 고재학은 2006년 7월에 출간한 『휴대폰에 빠진 내 아이 구하기』에서 "어린이와 10대 청소년은 시장 규모 정체로 고민 중인 휴대전화 제조업체에게도 결코 놓칠 수 없는 블루 오션입니다. 이들 업체는 하루가 멀다 하고 학생 층에 적합한 디자인과 기능을 채택한 어린이 및 10대 전용 휴대전화를 내놓고 있습니다"라고 지적하면서 다음과 같이 호소했다.

"휴대전화는 잘만 이용하면 생활에 유용한 기기가 될 수 있지만, 그냥 방치하면 아이의 미래를 망치는 독이 되어버립니다. …… 이제 엄마, 아빠가 '휴대전화와의 전쟁'에 적극 나서야 할 시점입니다. 사랑하는 우리 자녀들을 더 이상 휴대전화의 노예로 방치하지 맙시다. 교육의 후원

---

357) 이동연, 「모바일이 문화를 죽이다」, 『서울신문』, 2006년 1월 5일, 26면.
358) 고재학 외, 「휴대폰이 아이를 망친다」, 『한국일보』, 2006년 1월 31일, 1면..

자 역할에 만족하며 자녀의 '성적'에만 집착할 게 아니라, 휴대전화가 자녀들에게 끼치는 악영향에 대해서도 관심을 갖고 고민합시다."[359]

또 많은 이들이 "휴대전화가 우리의 귀를 망치고 있다"고 주장하기도 했다. 2006년 3월 영남대 교수 박홍규는 "세계 최고의 휴대전화 소음 공해 나라가 대한민국이라는 것이 슬플 뿐이다"라며 "바보상자인 텔레비전이야 끄면 되고 엉터리 활자는 안 보면 되지만 저 휴대전화 소음은 내 힘으로 도저히 막을 도리가 없다. 이는 과연 문화인가, 야만인가?"라고 개탄했다.[360]

휴대전화를 두 대 갖고 다니는 학생

휴대전화 소음 공해를 일으키지 않겠다는 배려였을까? 날이 갈수록 휴대전화의 문자메시지 이용이 급속히 늘었다. 그러나 이번에는 다시 문자메시지 공해가 문제였다.

2006년 1월 4일 『국민일보』는 "직장인 주 아무개 씨가 지난달 크리스마스 때부터 1일까지 받은 휴대전화 문자메시지는 무려 300여 통. 주 씨는 짜증 차원을 넘어 신경쇠약까지 걸릴 지경이다"라며 "'새해 복 많이 받아라'라는 지인들의 문자메시지에서부터 각종 업체의 홍보성 메일까지 말 그대로 문자메시지 홍수에 빠져 지냈다"고 보도했다.

"동창회 및 동호회는 물론 금융 및 보험업계와 일반 소매점, 대리운전

---

359) 고재학, 『휴대폰에 빠진 내 아기 구하기』(예담, 2006), 83, 226~227쪽.
360) 박홍규, 「문화인가, 야만인가」, 『시사저널』, 2006년 3월 28일, 92면.

업체와 정치인까지 하루 수십 개의 문자메시지가 휴대전화를 타고 쏟아져 들어오고 있다. 대부분 인터넷을 이용, 대량 문자메시지 발송 업체의 프로그램을 다운받아 전화번호를 입력한 뒤 한꺼번에 뿌린 것들이다. 덕분에 SK텔레콤, KTF, LG텔레콤 등 이동통신 3사는 전송량 증가로 쏠쏠한 수입을 챙겼다. SK텔레콤의 경우 12월 31일 하루에만 3억 5700만 건의 문자메시지를 발송했다. 이는 사상 최대 기록이라고 한다."[361]

문자메시지 전송은 500건에 8,000원 정도로 저렴한 비용의 경제성과 시간·언어의 경제성이 융합돼 매년 70~80%씩 증가할 정도로 폭발적인 인기를 누렸다. "모든 커뮤니케이션은 문자로 통한다"는 말이 나올 정도였다.

사이버문화연구소 소장 민경배는 문자메시지가 급속히 대중화한 원인으로 △속도성 △편리성 △간결성 △개인성을 꼽았다. 여기에 주변을 의식해야 하는 음성 전화와 달리 문자메시지는 타인의 시선에서 해방될 수 있다는 이점이 더해짐으로써 자기만의 공간을 구축할 수 있었다. 고려대 사회학과 교수 박길성은 "한국 사회에서는 대인 관계의 절차·격식이 요구되는데 그런 것들로부터 자유롭고 싶은 열망이 누구에게나 내재돼 있다. 특히 젊은 층에게는 이런 것이 강하다. 문자메시지는 그런 점에서 10~20대에게 매력적"이라고 진단했다.[362]

문자메시지의 주요 고객은 10대였다. 국내 이동통신사 가입자 중 10대 비중은 8% 내외지만 이들이 사용하는 문자메시지는 전체의 55%가

---

361) 우성규, 「연말연시 문자메시지 짜증」, 『국민일보』, 2006년 1월 4일, 8면.
362) 김준일·임지선·김유진, 「휴대폰 메시지의 명암/말도 情도 줄어든다」, 『경향신문』, 2006년 8월 19일.

넘었다. 한국정보문화진흥원 조사에 따르면 한 달에 1,000건 이상 문자를 보내는 학생이 38%에 달했고 수업 중에 문자메시지를 보내는 사람도 46.3%나 됐다.[363]

어느 중학교 교사는 "요즘 아이들은 말과 스킨십 대신, 휴대전화 문자로 소통한다. 하루에도 수십 통씩 문자를 날린다. 압수에 대비해 아예 휴대전화를 두 대씩 갖고 다니는 학생도 드물지 않다. 마음만 먹으면 하루 대여섯 대는 쉽게 압수할 수 있다. 휴대전화와 씨름하느라 수업 흐름이 중간 중간 끊기다보니 아이들의 집중력이 갈수록 떨어진다"고 했다.[364]

2006년 1월 31일 『한국일보』는 이렇게 전했다. "2005년 10월 서울 S중학교 2학년 교실. 한 학생의 손놀림이 수상해 슬며시 가봤더니 아니나 다를까, 책상 서랍 안에서 문자를 보내고 있었다. 그런데 책상 바닥에 작은 구멍이 하나 뚫려 있는 게 아닌가. 선생님의 감시를 피해 문자를 보내려고 칼로 뚫은 구멍이었다."[365]

휴대전화 4000만 시대

2006년 11월 24일 SK텔레콤, KTF, LG텔레콤 등 이동통신 3사의 국내 휴대전화 가입자는 모두 4001만 247명인 것으로 집계됐다. 회사별로는 SK텔레콤이 2017만 8,503명, KTF는 1286만 1,182명, LG텔레콤은 697만 562명이었다. 휴대전화 이용자 4000만 명 시대의 개막은 1984년 아날로그

363) 김준일 · 임지선 · 김유진, 「휴대폰 메시지의 명암/말도 情도 줄어든다」, 『경향신문』, 2006년 8월 19일.
364) 고재학 외, 「휴대폰이 아이를 망친다」, 『한국일보』, 2006년 1월 31일, 1면.
365) 위의 글.

방식의 이동통신 서비스가 처음 도입된 지 22년 만이며, 2002년 3월에 3000만 명을 넘어선 뒤 4년 8개월 만이다. 전체 인구 대비 휴대전화 가입률도 2006년 10월 말 82.3%에 이르렀다. 월평균 통화량은 1999년 12월 119.33분에서 2004년 12월 181.67분으로 증가했다. 시내전화와 공중전화 이용이 줄면서 이동전화 매출액은 1998년 5조 3000억 원에서 2004년 16조 5000억 원으로 세 배 이상 늘었다.[366]

휴대전화 수출은 2001년 3800만 대에서 2005년 2억 1000만 대로 크게 증가했으며 여기 맞춰 수출로 올린 매출도 2001년 11조 원, 2005년 27조 원으로 두 배 이상 뛰었다. 2006년 상반기 수출 물량은 1억 1300만 대, 수출 매출은 12조 원이었다. 자랑스러운 일이었지만, 여기에는 국내 소비자들의 희생이 있었다.

2006년 10월 국내에서 판매하는 휴대전화 가격이 수출용보다 세 배 이상 비싼 것으로 밝혀졌다. 특히 국내 휴대전화 판매량은 변화가 거의 없는데도 제조업체들의 국내 매출은 계속 증가해, 결국 고가 휴대전화 출시를 통해 업체들 배만 부른다는 지적도 제기되었다.

국회 과학기술정보통신위원회 심재엽 (한나라당) 의원은 정보통신부 국정감사에서 "정통부의 연도별 휴대전화 평균 판매 가격을 분석한 결과 올 상반기 국내 판매 가격은 대당 37만 1,000원으로 수출용(11만 원)보다 세 배 이상 비쌌다"고 밝혔다. 국내 평균 판매가는 2001년 28만 6,000원에서 2006년 6월 말 37만 1,000원으로 5년 사이에 약 30% 가까이 올랐다. 그러나 수출 가격은 2001년 19만 7,000원에서 2006년 6월 말 11만 원

---

366) 안창현, 「휴대폰 4천만 시대」, 『한겨레』, 2006년 11월 27일, 12면.

으로 5년 전보다 60%가량 떨어졌다.

휴대전화 제조사들은 국내 판매량이 크게 변하지 않았는데도 국내 매출이 계속 늘어나고 있어 가격 폭리를 취했다는 의심을 받았다. 휴대전화 내수 판매량은 2001년 1400만대에서 2005년 1300만대로 5년 전보다 오히려 줄었다.

그러나 휴대전화 제조업체들의 내수 매출은 2001년 4조 원에서 2005년 4조 8000억 원으로 5년 전보다 20%가량 늘었다. 2006년 상반기 내수 판매량은 740만 대, 제조사들의 내수 매출은 2조 6000억 원이었다.

심재엽은 휴대전화의 국내 판매가가 높은 이유를 정통부가 유럽식(GSM) 대신 미국식(CDMA) 이동통신 기술을 선택한 정책에서 기인한 것으로 보았다. 그는 "세계 휴대전화 시장은 GSM 이용자 수가 6월 말 20억 명으로 CDMA 이용자 수(2억 8000만 명)의 일곱 배에 달한다"며 "국내 휴대전화 제조사들이 좁은 시장에서 경쟁에 이기기 위해 고가 단말기를 만들어 국내외에 공급하는 것"이라고 강조했다.

여기에 CDMA 기술 사용료로 미국 퀄컴사에 지급한 기술 사용료가 2005년 4800억 원 등 2001년부터 5년 동안 2조 원을 넘어선 것도 휴대전화 원가를 상승시키는 요인으로 지적됐다. 심재엽은 "국민들은 선진국의 절반에도 미치지 못하는 소득으로 외국보다 훨씬 비싼 휴대전화를 평균 18개월에 한 번씩 구입하고 있다"며 "국민들의 희생이나 고통이 따르지 않는 신중한 정책 결정이 필요하다"고 주장했다.[367]

---

367) 최연진, 「휴대폰 가격 수출용의 3배」, 『한국일보』, 2006년 11월 1일, 16면.

6개월로 짧아진 휴대전화 교체 주기

휴대전화는 빈부 격차를 심화하는 결과마저 초래했다. 한국은행 조사에서 우리나라 가계의 목적별 소비지출(2005년 명목 금액 기준)에서 인터넷, 휴대전화 등 통신비의 비중은 5.4%로 미국의 1.6%에 비해 세 배 이상 높았으며 일본의 3.1%에 비해서도 높은 수준이었다.[368]

2006년 5월 『한국일보』 기획취재팀이 최근 20년간 통계청의 가계 소비지출 자료를 정밀 분석한 결과, 1995년 하위 20% 소득 계층의 소비지출(74만 1,410원) 중 통신비 비중은 2.56%(1만 9,040원)에 불과했다. 이는 식료품 · 주거비 등 아홉 개 세부 지출 항목 가운데 가장 적은 것이었다.

그런데 2005년에는 전체 소비지출(118만 7,705원)의 8.21%(9만 7,538원)로 급증했고, 식료품과 교육비에 이어 셋째로 비중이 컸다. 반면 상위 20% 소득계층의 통신비 비중은 같은 기간 1.55%(2만 9,848원)에서 4.7%(16만 1,764원)로 늘어나는 데 그쳤다. 시간이 갈수록 소득 수준을 뛰어넘는 디지털 과소비가 저소득층 가계를 압박해 양극화 확대의 주원인으로 작용해온 것이다.

한국의 가계비 중 통신비 비중은 6.3%로 경제협력개발기구(OECD) 평균(2%)의 세 배를 넘었다. 한국 가정의 한 달 통신비는 평균 120.7달러로 OECD 국가 중 단연 1위였다. 유별난 첨단 디지털 제품 선호 탓에 국내에서 거래되는 디지털 기기는 외국보다 평균 50~60%가 비싼데도, 휴대전화 교체 주기는 평균 12개월로 미국(21개월), 러시아(24개월), 캐나다(30개월)의 절반 수준에 불과했다.[369]

---

368) 안선희, 「통신비 비중 미국의 3.4배: 일본보다도 1.4배 높아 사교육비는 2배 웃돌아」, 『한겨레』, 2007년 11월 20일.

휴대전화 교체 주기 평균 12개월은 2005년 말까지의 추산이었는데, 이는 1년 만에 6개월로 짧아졌다. 2006년 11월 21일 『경향신문』은 "국내 휴대전화 교체 주기가 삼성전자 등 휴대전화 제조업체의 고도화된 마케팅 전략으로 지속적으로 짧아지고 있다. 최근 들어서는 휴대전화가 패션 아이콘으로 인식되면서 교체 주기가 더욱 줄어들었다"며 다음과 같이 말했다.

"2005년 말과 206년 초 LG전자와 삼성전자가 각각 초콜릿폰과 울트라슬림폰 등 신제품을 속속 선보이면서 교체 주기가 절반으로 짧아진 것으로 업계는 보고 있다. 미국과 유럽 지역의 교체 시기는 1년 6개월에서 2년 정도로 알려져 있다. 이 같은 현상은 국내 휴대전화 제조사들이 글로벌 경쟁에서 살아남기 위해 교체 주기 단축 전략을 구사했기 때문이라는 게 업계 전문가들의 분석이다."[370]

휴대전화는 신흥종교

한국은행에 따르면 2006년 상반기 가계의 최종 소비지출 가운데 인터넷과 휴대전화 요금 등 통신비 지출액은 13조 268억 원으로 음식·숙박비 지출액(12조 9630억 원)보다 638억 원 많았다. 반기 기준으로 통신비 지출이 음식·숙박비 지출보다 많은 것은 처음이다. 통신비 지출액은 음식·숙박비는 물론 교육비(9조 1038억 원), 의류·신발(8조 1506억 원), 의료·보건(8조 5067억 원) 지출액보다 많았다.

---

369) 고재학 외, 「디지털 과소비 심각」, 『한국일보』, 2006년 5월 2일, 1면.
370) 김준, 「휴대전화 교체주기 갈수록 짧아져 반년 지나면 '구형'」, 『경향신문』, 2006년 11월 21일, 15면.

2006년 상반기 가계의 소비지출 가운데 통신비는 주거비에 해당하는 임대료·수도 광열비(17.2%), 식비에 해당하는 식료품·비주류 음료품 (13.6%), 교통비(10.1%) 등에 이어 여섯째로 큰 지출 항목인 것으로 나타났다. 외환위기 이전인 1997년 통신비 지출액은 8조 8402억 원으로 교육비(15조 2903억 원)의 거의 절반 수준이었으며, 음식·숙박비(20조 961억 원)에는 절반에도 못 미쳤다. 다른 지출 항목들이 거의 제자리걸음을 한 반면 통신비 지출은 매년 크게 늘면서 2006년 상반기 기준으로 가계 지출의 7.2%를 차지할 정도로 커졌다. 1997년의 3.0%에 비해 두 배 이상으로 비중이 확대된 것이다.[371]

2006년 10월 요금을 제때 내지 못한 탓에 '통신 신용 불량자'가 급증하면서 그 비율이 국민의 10%에 육박하며, 통신 요금 연체 금액도 1조 원에 가까운 것으로 밝혀졌다. 한나라당 국회의원 서상기는 자기 명의의 통신 서비스에 가입할 수 없게 된 통신 신용 불량자가 2006년 7월 말을 기준으로 이동통신 305만 명, 초고속 인터넷 등 유선통신 163만 명으로 집계됐다고 밝혔다. 이에 따라 통신 요금 연체자는 양쪽을 합할 경우 최대 468만 명(9.6%)인데, 통신 신용 불량자는 2003년 245만 명에서 2004년 422만 명, 2005년 453만 명으로 지속적으로 증가하는 추세를 보였다. 이에 따라 연체 금액도 꾸준히 늘어나 2005년 말 9312억 원에서 2006년 8월 말 9349억 원으로 누적 총액이 늘어났다.[372]

미성년자들의 요금 연체 문제도 심각했다. 만 19세 이하의 통신 서비스 이용자 519만 1,000명 가운데 연체자는 34만 9,000명(6.7%)이나 됐

371) 오관철, 「가계 소비지출액 통신비가 외식비 추월」, 『경향신문』, 2006년 9월 13일, 14면.
372) 정세라·이정훈, 「국민 10명 중 1명 '통신 신용 불량자'」, 『한겨레』, 2006년 10월 9일, 2면.

다.(통신 신용 불량자가 자녀 명의를 이용한 것으로 추정되는 만 여섯 살 미만의 연체자도 2만 2,000여 명이었다.) 2006년 2월 15일 전북 익산시 황등면에서는 고교 입학을 앞둔 10대 소년이 휴대전화로 인터넷에 몰두하다 두 달치 전화 요금 370만여 원의 납부 독촉을 받고 고민하다가 스스로 목숨을 끊은 사건마저 발생했다.[373]

열린우리당 국회의원 유승희는 저소득층인 가계 지출 하위 20% 계층의 통신비 비중이 2001년 6.3%에서 2005년 7.5%로 늘어났지만 가계 지출 상위 20% 계층은 3.6%에서 3.7%로 제자리에 머물렀다고 밝혔다. 이는 통신 비용이 가계의 고정비로 자리 잡아 두 계층의 통신비 지출 격차는 줄어든 반면에 소득 양극화로 가계 지출 격차는 더 벌어졌기 때문이다. 유승희는 "이동통신 서비스가 주파수라는 공공재를 사용하는 서비스 사업임을 감안할 때 서민 가계와 사회 소외 계층을 보호하기 위한 통신비정책이 절실하다"고 주장했다.[374]

이처럼 경제적 양극화는 누군가의 계획과 의도에 의해 벌어지는 것만은 아니었다. 오히려 양극화 확대에 일조하는 휴대전화의 경우처럼 양극화의 피해자가 되는 사람들의 적극적 자발성에 의해 이루어지는 경우가 많았다. 물론 그 자발성은 남들 다 하는데 나만 세상에 뒤처질 수 없다는 묘한 평등주의의 산물이긴 했지만 말이다.

그러나 한국인들에게 그런 문제는 사소한 것에 지나지 않았다. 휴대전화는 이제 특권에서 오락을 넘어 '종교'가 되었기 때문이다. 휴대전화란 우리가 이 세상과의 끈을 놓지 않고 있다는 판타지를 공급하는 우

---

373) 김창곤, 「휴대 전화 요금 370만 원에 자살」, 「조선일보」, 2006년 2월 17일, A9면.
374) 정세라·이정훈, 「국민 10명 중 1명 '통신 신용 불량자'」, 「한겨레」, 2006년 10월 9일, 2면.

리의 주인이 되었다. 그리고 우리의 존재 증명을 유일신으로 모시는 신흥종교다.[375] 휴대전화 열풍이 상징하는 각개약진형 대인 관계가 소통의 전부가 되는 사회에서, 정치는 늘 공해(公害)로 전락하기 십상이었으며 2007년의 정치도 예외는 아니었다.

---

375) 강준만, 「'특권'에서 '오락'을 거쳐 '종교'로: 한국 전화 110년사, 1896~2006」, 『월간 인물과사상』, 2006년 7월, 130~132쪽.

2007년: '노무현'에서 '이명박'으로

노무현의 마지막 카드인가
'대통령 4년 연임제 개헌' 논쟁

노무현의 '대통령 4년 연임제 개헌' 제안

2007년 1월 5일 열린우리당이 심각한 노선 갈등에 휩싸인 가운데, 노무현 대통령의 최측근인 염동연 의원(광주 서 갑)이 신당 추진을 위해 빠르면 다음 주 선도 탈당을 하겠다고 밝혀 파문이 일었다.[1] 1월 8일 열린우리당 천정배 의원은 염동연, 이계안 의원 등의 선도 탈당 움직임에 대해 "반대하거나 매도해서는 안 된다"고 밝혔다. 천 의원은 이날 기자 간담회를 자청해 "염 의원과 이 의원 두 분은 우리당과 민생 개혁 세력의 대통합을 위한 충정에서 그런 결정을 내렸을 것"이라며 "우리당을 지키는 것이 선한 일이고, 지키지 않는 사람을 배신자라고 해서는 안 된다"고 말했다.[2]

---

1) 배성규, 「염동연 "탈당해 신당 만들겠다"」, 『조선일보』, 2007년 1월 6일, A4면.
2) 신재연, 「"선도 탈당 반대해서는 안 돼": 천정배, 염동연·이계안 움직임 우회지지」, 『한국일보』, 2007년 1월 9일, 6면.

상황이 이렇게 돌아가자 이제 더 이상 미룰 수 없다고 판단한 걸까? 1월 9일 노무현 대통령은 "대통령 4년 연임제 개헌을 제안한다"며 "너무 늦지 않은 시기에 헌법이 부여한 개헌 발의권을 행사하겠다"고 밝혔다. 노 대통령은 이날 오전 청와대 춘추관에서 대국민 특별담화를 발표해 "1987년 개헌 과정에서 장기 집권을 제도적으로 막고자 마련된 대통령 5년 단임제는 이제 바꿀 때가 됐다"며 "대통령의 임기를 4년 연임제로 조정하면서 현행 4년의 국회의원과 임기를 맞출 것을 제안한다"고 말했다.[3]

헌법 개정의 역사

헌법 개정	대통령 선출 방법	임기	당선자
제정 헌법(1948년)	국회에서 선출, 재선 허용	4년	이승만
제1차 개정 헌법 (1952년)	국민이 직접 선출, 재선 허용	4년	이승만
제2차 개정 헌법 (1954년)	국민이 직접 선출, 초대 대통령에 한하여 중임 제한 폐지	4년	이승만
제3차 개정 헌법 (1960년)	대통령을 명목상의 국가 원수로 하고 국회에서 선출, 재선 허용	5년	윤보선
제5차 개정 헌법 (1962년)	국민이 직접 선출, 1차에 한하여 중임 허용	4년	박정희
제6차 개정 헌법 (1969년)	국민이 직접 선출, 3선 허용	4년	박정희
제7차 개정 헌법 (1972년)	통일주체국민회의 선출, 중임 제한 폐지하여 계속 선출 가능	6년	박정희
제8차 개정 헌법 (1980년)	대통령선거인단에서 선출, 1차에 한함	7년	전두환
제9차 개정 헌법 (1987년)	국민이 직접 선출, 1차에 한함	5년	노태우

※ 제4차 개정 헌법(1960년) : 3·15 부정 선거 주모자 처벌을 위한 근거 마련

노무현은 훗날 발표된 회고록 『성공과 좌절』(2009)에서 "취임부터 권력 누수 상태, 레임덕 상태에서 5년을 지내왔으며 이는 한국 정치 구조의 문제로, 개헌을 통해 풀어야 한다고 여겼다"며 개헌 취지를 밝혔다.

열린우리당의 통합 신당파는 뒤통수를 얻어맞은 듯한 분위기였다. 일부 의원들의 선도 탈당 선언으로 한창 탄력을 받고 있는 통합 신당 추진에 차질이 생길 수밖에 없어졌기 때문이다. 신당파 의원 상당수는 "야당이 안 받을 것을 뻔히 알면서 개헌 카드를 던진 것은 통합 신당 논의에 제동을 걸려는 정치적 의도에서 비롯된 것"이라는 의구심을 내비쳤다. 반면 당 사수파 쪽에서는 개헌론이 사분오열됐던 우리당을 다시금 결집하는 계기가 될 수 있을 것으로 기대했다.[4]

한나라당은 노무현 대통령의 개헌 제안에 대해 즉각 거부 입장을 밝혔다. 대선 주자들 역시 마찬가지였다. 현 시점의 개헌 제안은 현행 헌법의 모순을 치유하기 위해 나온 것이 아니라, 선거판을 뒤흔들려는 '대선용 정치적 꼼수'라는 것이다. 한나라당은 개헌 제안을 정략적 발상으로 규정하면서 일체의 개헌 논의에 응하지 않을 것임을 분명히 했다.[5]

노무현 대통령의 개헌 제안에 대한 의견을 묻는 기자들에게 한나라당 박근혜 전 대표는 "참 나쁜 대통령이다. 국민이 불행하다. 대통령 눈에는 선거밖에 안 보이냐"고 말했다. 이에 청와대가 반박하고 나서자 한나라당은 박 전 대표를 옹호했다. 심재철 홍보기획본부장도 국회에서 열린 긴급 의총에서 "'참 나쁜 대통령'이란 표현이 단순한 것 같으면서도 사람들에게 확 다가갔다"며 박 전 대표를 치켜세웠다.[6]

3) 염영남, 「노 대통령 "4년 연임제 개헌하자" 이르면 내달 중 발의」, 『한국일보』, 2007년 1월 10일, 1면.
4) 신재연, 「여 신당파 "신당 논의 제동 걸려는 의도"」, 『한국일보』, 2007년 1월 10일, 5면.
5) 염영남, 「개헌에 대한 대선 주자 6인의 입장」, 『한국일보』, 2007년 1월 10일, 3면.
6) 박승희·박성우, 「노 대통령 '참 나쁜 대통령' 반격」, 『중앙일보』, 2007년 1월 11일, 4면.

노무현의 업어치기인가?

2007년 1월 9일 오후 실시한 각종 여론조사에서 60% 이상이 '지금 시점에 개헌을 추진하는 것에 반대'하는 것으로 나타났지만, 노무현은 1월 10일 낮 임채정 국회의장, 이용훈 대법원장, 한명숙 국무총리, 고현철 중앙선관위원장 등 헌법 기관장을 청와대로 초청해 오찬을 함께하며 4년 연임제 개헌안 발의(發議)를 강행할 것임을 분명히 했다. 그는 4년 연임제 개헌 제안이 정략적 의도라는 한나라당 등의 주장에 대해 "필요한 것을 반대하는 쪽이 오히려 정략적인 것이지, 필요한 것을 하자는 쪽이 어떻게 정략적일 수 있는가"라고 말했다.[7]

언론인 이광훈은 "엊그제 노 대통령은 느닷없이 '대통령 4년 연임제 개헌' 카드로 또 한번 '업어치기' 정치의 진수를 보여주었다. 그동안 노 대통령은 정치적으로 수세에 몰릴 때마다 상대방의 허(虛)를 기습적으로 파고들어 국면을 공세로 뒤집은 적이 여러 번 있었다"며 다음과 같이 말했다. "노 대통령이 스스로 시인한 부동산 정책 등 국정의 실패를 개헌 카드라는 정치적 승부수로 만회하려는 의도가 엿보인다. 민생 문제 등 풀어야 할 국정 과제가 산적한 가운데 느닷없이 나온 대통령의 개헌 카드는 자칫 나라 전체를 정쟁으로 몰아넣을 수 있다는 점에서 매우 부적절한 시기에 빼들었다는 생각이 든다."[8]

1월 11일 노무현 대통령은 청와대에서 연 기자 간담회에서 한나라당의 개헌 논의 거부와 관련해 "대화도 안 하겠다, 토론도 안 하겠다, 이것은 민주주의를 안 하겠다는 것 아니냐"고 비판했다. 노 대통령은 "국민

---

7) 김근철, 「"개헌 반대하는 쪽이 정략적"」, 『경향신문』, 2007년 1월 11일, 1면.
8) 이광훈, 「노 대통령 또 '업어치기' 한판」, 『경향신문』, 2007년 1월 11일, 26면.

앞에 던져진 중요한 국가적 의제에 대해 말도 안 하고 깔아뭉개고 넘어가버리겠다, 이거야말로 여론의 지지를 가지고 국정을 실질적으로 주도한다고 자부하는 공당이 취할 태도가 아니다"라고 말했다. 노 대통령은 "토론 거부 결의안을 내고 함구령까지 내리는 것은 민주주의를 억압하는 것"이라며 "어떤 정당이 이런 정당이 있는가. 민주 정당 맞는가"라고 반문했다.

이에 대해 한나라당은 "구구절절 코흘리개 골목대장과 같은 노무현식 억지"라며 비난했다. 강재섭 대표는 "대꾸할 가치가 없다"며 무대응 입장을 고수했다. 나경원 대변인은 "개헌은 조건을 단 흥정 대상이 아니다"라며 "반대 여론을 거스르며 개헌을 밀어붙이는 것이야말로 반민주적이고 독재적 발상"이라고 주장했다.[9] 민노당 박용진 대변인은 "대통령의 기자회견은 '일장 훈시', '고집불통', '야당 자극', '논쟁 유발'의 16자로 정리가 된다"며 "대국민 설득이라기보다 자기주장만 앞세웠고, 야당에 대한 자극적 발언을 통해 새 논쟁을 만들려고 한 유감스러운 회견"이라고 했다.[10]

1월 12일 권용립 경성대 교수는 "모든 사람이 연예계의 톱스타보다 더 자극적인 뉴스거리를 제공하는 대통령의 튀는 언행과 즉흥적 정치스타일을 '코드'와 '오기'의 탓으로 돌리지만, 그 코드와 오기의 이면에는 역사를 핍박과 저항, 정의와 불의의 투쟁으로 바라보는 19세기의 낭만적 역사관이 도사리고 있다"며 다음과 같이 말했다.

9) 이동국 · 최문선, 「"개헌 전제 땐 탈당 고려": 노 대통령 "임기단축 걸지는 않겠다"」, 『한국일보』, 2007년 1월 12일, A1면.
10) 염영남, 「한나라당 "대응가치 없다" 무시」, 『한국일보』, 2007년 1월 12일, A4면.

"원론은 맞지만 타이밍은 이상한 개헌론이 즉흥 환상곡으로 연주되고 있다. 그러나 대세는 개헌이 아니라 선거 정국이다. 설익은 감정 대결 때문에 카바이드에 삭힌 홍시처럼 겉늙어버린 한국의 보수와 진보를 회춘시킬 책임을 이제는 차기 대선 주자들이 져야 한다. 철 지난 혁신이든, 해묵은 민주든, 공허한 평화든, 가슴에만 호소하던 낭만 시대의 정치는 유통기한이 지났다. 무엇보다도, 희망의 정치를 내걸고 창당한 집권 여당이 '천일 야화'의 3년 세월도 견디지 못하고 휘청대는 절망의 정치를 반복하지 않으려면 대통령을 꿈꾸는 사람들부터 먼저 즉흥과 낭만의 정치에 작별을 고해야 한다."[11]

1월 13일 곽병찬 『한겨레』 논설위원은 "대통령의 제안은, 야당과 그 지지자들의 적개심을 일거에 폭발시켰다. 지난 총선에서 참패의 기억을 되살리면서 불안을 증폭시켰다. 가장 큰 책임은 노 대통령에게 있다. 그는 선의조차도 '꼼수'로 비치게 할 정도로 불신을 키웠다. 국민 대다수가 공감하는 일마저도, 그가 하자고 하면 못 하겠다고 더 많은 사람이 버틸 정도로 미움을 키웠다. 그가 자초한 불신과 미움은 그가 국가적 과제로 제시한, 바로 그 개헌 추진을 가로막고 있는 것이다"라고 말했다.[12]

노무현판 〈죽어도 좋아〉

반면 노무현 지지자들은 또다시 궐기할 태세를 보였다. 1월 14일 노무현 대통령의 후원회장을 지낸 이기명 씨는 노 대통령의 대통령 4년 연임제

---

11) 권용립, 「낭만별곡」, 『중앙일보』, 2007년 1월 12일, 31면.
12) 곽병찬, 「역사적 책임이 더 두렵다」, 『한겨레』, 2007년 1월 13일, 19면.

개헌 제안과 관련해 지인들에게 보낸 이메일에서 "노 대통령은 5년 단임제로는 퇴행적인 정치 싸움의 진흙탕에서 벗어날 수 없다는 믿음으로 개헌을 제안했다"며 "노 대통령의 개헌 제의가 옳다면 이제 노사모가 일어나 말하고 행동해야 한다"고 말했다. 그는 "만약 연임제 개헌이 좌절되고 노 대통령이 임기를 채우지 못하는 불행이 온다면 노사모 역사는 치욕으로 막을 내린다"며 "이제 노사모는 다시 불타올라야 한다"고 강조했다.[13]

1월 15일 서강대 교수 손호철은 "정치 9단인 노 대통령이 선거가 가까워져오면 정략적이라는 비판 때문에 개헌 추진이 어려우니 가능하면 임기 초에 이를 추진해야 한다는 것을 모를 리 없다. 따라서 노 대통령이 진정으로 한국 정치의 발전을 위해 개헌을 하고자 했다면 2004년 총선 승리 후 17대 국회 초에 이를 제의했어야 했다. 이후에도 기회는 많았다. 예를 들어, 2005년 한나라당과의 연정 제의 때 개헌도 같이 제안할 수 있었다"며 다음과 같이 말했다.

"그런데 그 같은 기회들을 무시하다가 갑자기 대선을 코앞에 두고 개헌을 들고 나온 이유는 무엇인가? 노 대통령이 대통령 5년제의 부작용 그리고 대통령과 국회의원의 임기가 일치해 20년 만에 한 번 찾아오는 2008년의 의미를 그 전까지는 모르고 있다가 지난 연말에 갑자기 공부를 해 깨달은 것인가? 평소 책도 많이 읽고 공부도 많이 하는 노 대통령이 설마 그동안 이 문제들을 몰랐겠는가. 그렇다면 남는 답은…… 영화 〈죽어도 좋아〉(2002)가 잘 표현해주었듯이 죽음을 얼마 남겨놓지 않은

13) 정녹용, 「"노사모 일어나 개헌 위해 행동을": 이기명 씨 주장」, 『한국일보』, 2007년 1월 15일, 4면.

초조감에서 노인들이 벌이는 '황혼의 몸부림' 같은 것이다. 이 점에서 개헌 제의는 '노무현판 죽어도 좋아'에 지나지 않는다."[14]

1월 15일 이병완 청와대 비서실장은 대통령 4년 연임제 개헌 제안과 관련해 "한나라당이 오케이 하는 조건으로 (대통령이) 탈당하라고 하면, 또 탈당 이상의 또 다른 조건을 제시한다면 진지하게 검토해볼 수 있다"고 밝혔다. 이 실장은 "특별한 이유가 없으면 대통령이 개헌안을 발의하지 않는 상황은 없으리라고 본다"며 "정치권, 학계, 국민과의 직접 대화를 통해 여론의 (개헌) 시기에 대한 시각이 바뀔 수 있다면 정치권도 그에 따른 진지한 검토가 뒤따르지 않을까 생각한다"고 말했다.[15]

1월 16일 황태연 동국대 교수는 "선거 횟수를 줄이려 개헌까지 하는 것은 어리석다. 개헌보다 쉬운 길이 있기 때문이다. 지방선거를 총선과 일치시키는 방안이다. 이것은 지방의원·단체장 임기가 헌법 규정이 아니므로 간단한 법 개정만으로 가능하다. 2010년 5월 지방선거 전에 차기 지방의원·단체장에 한해, 임기를 2년으로 줄이면 2012년부터 지방선거·총선을 성황리에 같이 치를 수 있다. 이리 보면 '올해 놓치면 20년을 기다려야 한다'는 말도 어리석다"며 다음과 같이 말했다.

"사정이 이럴진대 레임덕 대통령이 왜 역주행을 감행할까? 공약 결벽증과 어설픈 실력의 합작일 가능성이 크다. 정략적 의도가 있든 없든 개헌 공방에서 일단 이익을 보는 진영은 노 대통령과 친노 세력이다. 그러나 정치는 '생물'이라서 개헌 몰이는 이에 손해 볼 세력들의 묵살 자세를 더욱 굳혀 대통령에게 파멸적 부메랑이 되어 돌아올 수 있다. 고로 실

14) 손호철, 「물망초」, 『한국일보』, 2007년 1월 15일, 30면.
15) 이동국, 「"개헌 수용하면 대통령 탈당 그 이상도 검토"」, 『한국일보』, 2007년 1월 16일, A4면.

현 가망도 없는 이번 개헌안은 지금이라도 당장 철회하는 것이 모두에게 이로울 것이다. 청와대에도 이득이 있다. 부메랑을 면하고 '반대 때문에 공약을 이행할 수 없었다'는 알리바이가 생기기 때문이다."[16]

개헌 반대 책임 계속 추궁할 것

2007년 1월 16일 고건 전 총리가 대선 불출마와 정치 활동 중단을 전격적으로 선언했다. 고 전 총리는 이날 「대통령 선거 불출마를 결정하며」라는 성명서를 내고 "깊은 고뇌 끝에 17대 대통령 선거에 출마하지 않기로 결정했다"며 "오늘부터 정치 활동을 접기로 했다"고 밝혔다. 고 전 총리는 "대선과 관련해 일체의 정치 활동을 하지 않을 것"이라며 "평범한 국민으로 지내고 싶다"고 말했다.[17]

고건의 정치 활동 중단은 노무현의 한 방 탓이라는 분석이 유력했다. 나중에 『동아일보』는 다음과 같이 분석했다. "노 대통령이 지금은 여당의 분당을 막기 위해 필사적이다. 측근을 총동원해 탈당파 의원 설득에 나서는가 하면 사석에서는 '(내가 한마디 하니) 고건이 무너지는 것 봤지요'라며 대통령의 힘을 과시하기도 한다는 것이다."[18]

고건의 정치 활동 중단으로 힘을 얻은 듯, 노무현은 1월 17일 낮 청와대에서 연 중앙 언론사 편집·보도국장단 초청 오찬 간담회에서 "개헌이 안 됐을 경우에는 반대했던 사람들한테 끊임없이 책임을 물을 것"이

16) 황태연, 「'역주행' 개헌案, 즉각 철회해야」, 『조선일보』, 2007년 1월 16일, A34면.
17) 정녹용, 「대선구도 새판 짜기 격랑: 고건 전 총리 "불출마" 전격 선언」, 『한국일보』, 2007년 1월 17일, 1면.
18) 이동관, 「당 투기꾼」, 『동아일보』, 2007년 2월 3일, 38면.

라며 "이후 다음 정권 5년 내 역시 헌법이 개정되지 않았을 때, 개정이 무산됐을 때 그때까지 계속해 개헌에 반대하는 사람들에 대해 책임을 집요하게 추궁할 것"이라고 말했다. 노 대통령은 "대의명분 없이 정략적으로 반대한 사람들은 그 이후 작은 선거에서 이기더라도 두고두고 부담을 느껴야 된다"며 "반대한 사람들의 입지가 아주 어려울 것"이라고 말했다.[19]

이에 한나라당은 "위험천만하고 안하무인격인 초헌법적 발상"이라고 맹비난했다. 이날 최고위원 회의에서는 "민심과 거꾸로 달려가는 대통령", "국민 없는 나 홀로 대통령" 등 노 대통령 비판이 줄을 이었다. 강재섭 대표는 "청와대의 오만과 독선이 끝이 없다"며 "개헌을 억지로 밀어붙이는 사람이 책임을 져야 하는지, 민심을 따르겠다는 쪽이 책임을 져야 하는지 알 수가 없다"고 말했다. 김형오 원내대표도 "국민의 70~80%는 물론 여당 내부에서도 반대하는 사람이 많은데도 개헌을 강행한다면 책임은 대통령에게 있는 것"이라고 했다.[20]

유성식 『한국일보』 정치부장 직대는 "노무현 대통령의 대통령 4년 연임제 개헌 제안은 분명 정략이다. 기자의 상식으로는 그렇다. '노무현의 개헌'은 관철되지 못할 것임을 웬만한 사람은 알고 있다. 그럼에도 어느 날 갑자기 개헌을 제안하고, 여론에 개의치 않고 밀어붙이겠다니 무언가 헤아리기 어려운 정략이 숨어 있다고 보는 게 자연스럽다"며 다음과 같이 말했다.

---

19) 이동국, 「"개헌 반대 책임 계속 추궁할 것"」, 『한국일보』, 2007년 1월 18일, 1면.
20) 염영남, 「"밀어붙이는 쪽이 책임져야": 한나라, 노 대통령 '개헌반대 책임' 발언 비난」, 『한국일보』, 2007년 1월 19일, A5면.

"여론은 이미 노 대통령에게 지쳤다. 10%대 지지율도 모자라 '노무현이 벌이는 일은 좌우지간 다 싫다'는 '노무현 디스카운트'라는 말까지 등장했다. '개헌은 나쁘지 않지만 다음 정권에서 하라'라는 여론조사의 메시지가 단면이다. 개헌을 위한 정치 공학적 여건은 가히 최악이다. 도무지 기댈 언덕이라곤 없다. 하지만 노 대통령은 기가 죽지 않는다. …… 노 대통령의 최근 언행은 어느 것 하나 정치판 상식으로는 설명이 되지 않는다. 그래서 의도를 알 수 없다. 막연하게나마 다른 노림수, 정략을 의심할 수밖에 없는 이유다. 그런데 노 대통령은 '정략은 없다'고 강변한다. 보이는 게 다라고 한다. 어처구니가 없다. 정략마저 없다면 지금 무슨 일을 벌이고 있는 것인가. 노 대통령은 정치인인가, 아닌가. 혹시 스스로를 백범 김구 선생쯤으로 여기고 있는 것은 아닌가." [21]

1월 18일 민주당 유종필 대변인이 노무현 대통령과의 만남과 결별의 과정을 담은 책을 발간했다. 그는 『유종필의 아름다운 선택』이라는 책에서 "노 대통령의 후보 시절 '동서 화합, 국민 통합'의 기치에 감동해 노무현 캠프에 참여했으나, 지금은 노 대통령의 머리와 가슴속에 뿌리 깊은 지역 우월주의가 자리 잡고 있다는 확신을 갖고 있다"고 주장했다. 유 대변인은 "영남 출신 노 대통령의 호남당 운운에는 호남에 대한 멸시와 비하 의식이 짙게 배어 있다. 한화갑 대표도 '노 대통령의 혈관에는 지역주의의 피가 흐르고 있다'고 말한 바 있다"며 "내가 '친노'에서 '반노'로 돌아선 게 아니라 노무현이 '민주당'에서 '반민주당'으로 바뀌었다"고 비판했다. 그는 "한때 노 대통령으로부터 보석 같은 존재라는 분

---

21) 유성식, 「정략도 아니라면 도대체」, 『한국일보』, 2007년 1월 19일, A26면.

에 넘친 찬사를 받았던 사람이 가장 치명적인 비판을 하는 입장에 서게 됐다"며 "운명이 엇갈리면 인력으로는 어쩔 수 없다"고 말했다.[22]

당 사수파는 모험주의자

2007년 1월 19일 열린우리당 기간 당원 열한 명이 2006년 말 당을 상대로 낸 당헌 개정 효력정지 가처분 신청을 법원이 받아들였다. 당 중앙위원회가 재적 3분의 2 이상의 찬성 조건을 충족시키지 않은 상태에서 당헌 개정권을 당 비상대책위원회에 넘긴 것과, 이에 근거해 비대위가 통합 신당파에 유리하게 기간 당원제를 폐지하고 대신 기초 당원제를 신설한 것은 무효라는 취지였다.[23] 이에 따라 신당파 의원들의 선도 탈당론이 급속히 현실화되었다. 선도 탈당 가능성을 내비쳐온 통합 신당파 내 강경 그룹은 고건 전 총리의 중도 포기 이후 주춤하던 탈당 결행의 타이밍이 되살아났다며 비장한 결의를 다지기 시작했다.[24]

1월 21일 정동영 전 열린우리당 의장은 당 사수파를 '소수 개혁 모험주의자'라고 맹비난했다. 정 전 의장은 이날 팬클럽 '정동영과 통하는 사람들(정통)' 출범식에 앞서 기자들과 만나 "정당의 문제를 법원으로 이끌고 간 것은 해당(害黨) 행위"라며 "끊임없이 지분을 확대하고 기득권을 지키려고 투쟁하는 것은 또 다른 수구 기득권"이라고 공격했다. 정

22) 박석원, 「"노 대통령 머릿속엔 뿌리 깊은 지역주의": 민주 유종필 대변인 책 펴내」, 『한국일보』, 2007년 1월 19일, A4면.
23) 「열린우리당, 이 무슨 망신인가(사설)」, 『동아일보』, 2007년 1월 20일, 39면.
24) 박석원·신재연, 「천정배 "신당 위해 죽을 각오" 김한길 "비대위에 책임 있다"」, 『한국일보』, 2007년 1월 20일, 4면.

전 의장은 당 지도부가 내놓은 기초 당원제 도입 재추진 방안이 무산되면 "결단을 각오하지 않을 수 없다"고 탈당 가능성까지 내비쳤다.[25]

1월 22일 열린우리당 임종인(경기 안산상록 을) 의원은 "보수화된 우리당으로는 지지 세력인 서민과 중산층을 대변할 수 없다"며 "개혁 정당을 만들어 한나라당의 집권을 막겠다"고 탈당을 선언했다. 임 의원은 당내 신당파와 사수파 어느 쪽에도 속하지 않아 집단 탈당을 부르는 직접적 도화선은 아니라는 시각이 우세했지만, 이후 연쇄 탈당에는 일조했다.[26]

이계안 의원이 1월 23일 열린우리당을 떠난다고 선언했다. 현대자동차 사장 출신인 이 의원은 일본 도요타 자동차가 '도요타'라는 이름을 버리고 '렉서스'라는 새 브랜드로 일본 차의 명성을 한 단계 높인 것처럼, 새로운 정당을 만들겠다고 탈당 이유를 밝혔다. 이 의원은 홈페이지에 올린 글에서 "열린우리당이 추구하는 목표와 강령이 옳음에도 (실패한) 열린우리당은 죽어야 한다고 믿는다"고 말했다. 열린우리당을 해체하고 새로운 당을 만들어야 한다는 소신을 밝힌 것이다.[27]

1월 24일 열린우리당 최재천(서울 성동 갑) 의원이 임종인, 이계안 의원에 이어 세 번째로 탈당했다. 최 의원의 탈당은 진보적 정체성에 바탕을 둔 민주 개혁 신당의 창당이라는 여권 내 신당 논의의 한 흐름과 맥을 같이했다. 최 의원은 이날 탈당 선언문에서 "무능과 무책임, 무생산의 질곡에 빠진 우리당이 창조적 분열을 해야 한다"며 "민주 진보 정당이 출현해야 한다는 생각으로 진정한 민주 세력의 결집을 위해 노력하겠다"

25) 김태규, 「정동영 "당 사수파는 모험주의자"」, 『한겨레』, 2007년 1월 22일, 5면.
26) 정녹용·신재연, 「여(與)탈당 물꼬 터졌다: 임종인 첫 결행···당 분열 가시화」, 『한국일보』, 2007년 1월 23일, A1면.
27) 이태희, 「이계안 탈당 선언 "우리당 죽어야"」, 『한겨레』, 2007년 1월 24일, 8면.

고 말했다.[28]

구름 위의 대통령

2007년 1월 23일 밤 10시 지상파 방송 3사를 통해 생중계된 '참여정부 4년 평가와 21세기 국가 발전 전략'이라는 제목의 신년 특별 연설에서 노무현 대통령은 "민생 문제를 초래한 책임을 참여정부가 몽땅 다 질 수는 없다"며 "이전 정권에서 생긴 것을 물려받았는데 원인을 만든 사람들이 민생 파탄이라며 책임을 묻겠다고 하는데, 불만이며 승복할 수 없다"고 말했다.[29] 노 대통령은 한 시간의 연설에서 여러 번 야당과 언론을 직간접적으로 거론하며 "(참여정부와 나를) 몰아붙이고, (국민을) 헷갈리게 만들고, 비난을 퍼붓고 있다"고 성토했다. "억울하다"는 표현도 여러 차례 했다.[30]

또한 노무현 대통령은 "어떤 대통령도 5%를 훌쩍 넘는 성장을 이루지는 못할 것", "성장률을 얼마로 공약하는지 지켜보겠다", "적절한 태도가 아니다. 오만하게 보인다", "지도자가 되려는 사람의 태도가 아니다"와 같은 표현으로 대선 주자들을 겨냥했다. 노 대통령은 또 "앞으로 대한민국이 필요한 지도자는 경제만 말하는 지도자가 아니다"라며 "동반 성장과 사회 투자와 사회적 자본과 같은 새로운 전략을 포괄적으로 이

---

28) 정녹용, 「우리당 최재천 의원도 탈당: 천정배와 사전교감 '관심'」, 『한국일보』, 2007년 1월 25일, 4면.

29) 이동국, 「"민생문제 만든 데 책임 없다": 노 대통령 "YS정부 유산" 주장 또 네 탓」, 『한국일보』, 2007년 1월 24일, 1면.

30) 이동국, 「해명…반박: "4년간 참 많은 일을 했다" "야 · 언론 탓 평가 못 받았다"」, 『한국일보』, 2007년 1월 24일, 3면.

해하고 추진할 수 있는 지도자가 필요하다"고 말했다. 노 대통령은 연설에서 특정 대선 주자의 이름과 소속 정당을 명시하지는 않았지만, 발언 정황과 내용으로 볼 때 한나라당의 이명박 전 서울시장과 박근혜 전 대표가 표적이었다는 시각이 지배적이었다.

한나라당은 "야당 대선 주자들에 대한 공개 비판은 사실상 대선 개입"이라며 강하게 반발했다. 나경원 대변인은 "선거를 앞둔 임기 말 대통령의 정치 중립성은 법적 의무 이전에 상식이자 지상명령"이라며 "이를 내팽개치고 대선 주자들을 폄훼하고 협박하며, 심지어 악담까지 하는 것은 국민과 나라에 대한 악담"이라고 주장했다.[31] 또 나경원 대변인은 "2006년 8월 방송사 회견 이후 벌써 다섯 번째 자기 강박을 드러낸 것"이라며 "대통령이 야당을 겨냥하며 언급한 '적반하장'이라는 말은 오히려 본인이 들어야 할 말"이라고 지적했다. 그는 또 "이전 정부로부터 민생 문제를 물려받았다고 책임을 떠넘기는데, 임진왜란과 병자호란 탓은 왜 안 하느냐"고 꼬집었다.[32]

『동아일보』(2007년 1월 24일)는 「구름 위의 대통령」이라는 사설로, 같은 날 『중앙일보』는 「국민의 눈을 가리는 대통령」이라는 사설로, 『국민일보』는 「자화자찬 일관한 대통령 연설」이라는 사설로 노무현 대통령을 비판했다.

노무현의 언론 비판에 대해서는 진보 진영도 반발했다. 양문석 언론개혁시민연대 사무처장은 "노무현 대통령을 비판하면 '시체에 칼 꽂는

---

31) 이동훈, 「대선 중립 생각 없다?: 노 대통령, 신년 연설서 대선 주자들 비판」, 『한국일보』, 2007년 1월 25일, 1면.
32) 염영남, 「한 "반성커녕 자화자찬"」, 『한국일보』, 2007년 1월 24일, 3면.

242 한국 현대사 산책 · 2000년대 편④

다' 며 말리는 분위기가 일부에서 일고 있다. 웃기는 소리다. 노 대통령과 행정부는 여전히 펄펄 살아 날뛰는 막강한 정치 권력을 지금도 휘두르고 있음을 정녕 모른단 말인가. 오히려 자신의 권력을 배경으로 쏟아내는 대통령의 악취 섞인 발언에 질식할 것 같은데"라고 비판했다.[33] 이정호 공공노조 정책국장은 "대통령의 지적과는 정반대로 우리 언론은 그동안 정부 발표를 너무 잘 받아쓰는 게 문제였다"며 "(친노 방송이) 그 발군의 순발력을 사회적 약자들에게 좀 더 돌려야 대통령의 흰소리가 잠잠해지지 않을까 싶다"고 했다.[34]

권용립 경성대 정치외교학과 교수는 "집권 초기에는 대통령의 돌격대를 마다 않던 여당이 집권 말기에는 대통령을 향해 돌격하는 한국 정당의 고질적 단명은 대통령 단임제 탓이 아니다. 청와대를 견제할 국회는 없고 오로지 대통령만 에워싼 채 여와 야가 여의도 내전을 치르기에 더 바쁜 우리의 기형적 의회 정치는 정당이 대통령을 배출하는 대신 대통령이 정당을 만들고 양육해온 '삼권 통일'의 전통 때문이다"라며 다음과 같이 말했다.

"그렇다면 개헌보다 급한 것도 많다. 4와 5의 최소공배수가 20이라는 초등 산수로 국가 중대사인 개헌을 재촉할 수는 없다. 대통령의 말처럼 다시 20년을 기다려야 할 만큼 대통령과 국회의원의 임기가 목숨 걸고 지킬 이권이라는 전제가 오히려 비민주적이다. 차라리 대통령의 국정연설부터 권력 분립을 선포하고 상징할 세련된 의전으로 정립시켜라. '역사'와 '민족'으로 범벅된 거대 담론에 빠져 정작 소중한 일상의 민주

---

33) 양문석, 「대통령의 '불량발언'」, 『미디어오늘』, 2007년 1월 31일, 14면.
34) 이정호, 「기사 담합? 앵무새가 더 문제다」, 『미디어오늘』, 2007년 1월 24일, 8면.

주의에는 무지한 거친 개혁을 개혁할 첫 단추는 이런 곳에 있다."[35]

한 달에 네 번 생중계한 대통령의 말

그러나 노무현 대통령의 개헌 추진을 뒷받침하기 위해 방송뿐만 아니라 내각과 행정력이 총동원되고 있었다. 한명숙 국무총리는 범정부 차원의 지원 기구 구성을 지시했고, 재정경제부는 「선거가 경제에 미치는 비용」이라는 문건까지 만들었다. 장병완 기획예산처 장관도 "대선과 총선을 함께 치르면 1000억 원 이상 예산이 절감된다"는 주장을 내놓았다.

이에 『동아일보』(2007년 1월 24일)는 「'개헌 나팔수' 내각」이라는 사설에서 "개헌처럼 민감한 정치 이슈에 내각이 직접 개입하면 행정의 정치적 중립성이 훼손될 수밖에 없다. 대통령의 개헌 발의권은 헌법이 '최고통치권자'에게 부여한 권한이지 '행정부 수반'에게 준 권한이 아니다. 지금까지 개헌 문제가 거론될 때마다 총리실이 '정치권의 일'이라며 중립을 취한 것도 이 때문이다. 이런 원칙이 무너지면 개헌 논란과 국정이 엉키면서 민생과 경제는 뒷전인 채 올해도 소모적인 정치 공방으로 지새울 가능성이 높다"고 비판했다.[36]

같은 날 『중앙일보』는 「공무원을 개헌 홍보에 내몰겠다는 건가」라는 사설에서 "대통령 임기 말에, 대통령 선거가 소용돌이치면 국정이 표류하기 쉽다. 대통령이 민생을 외면하고 정치 놀음에 골몰하는 것도 모자라 이제 공무원들마저 총동원하겠다는 것인가. 한 총리가 개헌에 앞장

---

35) 권용립, 「국정연설부터 개혁하라」, 『중앙일보』, 2007년 2월 1일, 31면.
36) 「'개헌 나팔수' 내각(사설)」, 『동아일보』, 2007년 1월 24일, A35면.

서겠다면 당으로 돌아가는 것이 옳다. 임기 말 내각은 공정한 선거 관리를 보장할 중립 내각이 돼야 한다"고 했다.[37]

노무현 대통령은 1월 23일 신년 특별 연설에 이어 이틀 후인 25일 신년 기자회견에서도 야당의 유력 차기 대선 주자를 공격하는 발언을 쏟아냈다. 노 대통령은 이날 회견에서 "실물 경제 좀 안다고, 경제 공부 좀 했다고 경제 잘하는 게 아니다. 전 세계에 경제 살린 대통령은 영화배우 출신도, 정치인도 있다"고 했다. 노 대통령은 또 "다음 시대정신이 경제라고 하는데, 경제정책에 무슨 차별성이 있느냐"고도 했다. 현대건설 회장 출신인 이명박 전 시장과 여권에서 영입 대상으로 거론해온 경제학자 정운찬 전 서울대 총장을 염두에 둔 발언으로 해석되었다. 또 그는 열린우리당을 향해 "1997년과 2002년 대선 때도 1위 후보가 떨어졌다"면서 "지금 당 지지율이 낮다고 포기하지 마라. 열심히 가면 좋은 일이 있을 수 있다. 선거 구도는 바뀔 수 있다"고 했다.[38]

노무현은 남북 정상회담 추진설에 대해서는 "있지도 않은 것을 자꾸 끌어내 제가 도둑질이라도 하려는 것처럼 하면 기분이 좋겠나. 정치 공세다"라며 불쾌감을 나타냈다. 노 대통령은 "노무현은 경제를 모른다? 저는 국내 어떤 대학자와도 열 시간 토론할 수 있다"면서 "저는 조직 장악력에도 자신 있다. 개별적으로 떡 사주고 혜택 준 것 없지만 열심히 대의명분 갖고 일했고 실력으로 겨루고 있다"고 주장했다.[39]

한나라당 나경원 대변인은 "대통령이라는 자리를 이용해 전파를 사

37) 「공무원을 개헌 홍보에 내몰겠다는 건가(사설)」, 『중앙일보』, 2007년 1월 24일, 34면.
38) 배성규, 「노 대통령 "경제 좀 안다고 잘하나" 야(野)주자 공격」, 『조선일보』, 2007년 1월 26일, A5면.
39) 신종수, 「"누가 빚내 집 사라 했나" 서민 질책 "청와대 수석들 일 잘해" 참모 칭찬」, 『국민일보』, 2007년 1월 26일, 5면.

유물로 사용하는 것은 중립 의무 위반"이라며 "새해 들어 네 번째 TV 중계인데 어느 대통령이 이렇게 대통령 자리를 즐기겠는가"라고 말했다. 심재철 홍보기획 본부장은 "한 편의 선거 홍보물을 본 것 같다"며 "다른 부분도 그렇지만, 다른 당의 대선 주자들을 비난한 것은 대통령으로서 본분을 망각한 행동"이라고 비난했다.[40] 한나라당 강재섭 대표는 1월 26일 서울 강서구 염창동 당사에서 연 신년 기자회견에서 "(노 대통령은) 정치 놀음에서 손을 떼고 민생과 대선의 공정한 관리에 전념해야 한다"며 "대선용 선심 정책을 남발하거나 자꾸 엉뚱한 판을 벌이지 말고 국민 앞에 정치 중립 천명과 대선 불개입을 선언하라"고 요구했다.[41]

『조선일보』는 "여당에 전화로 할 이야기를 국민용 TV를 통해 한 것이다. '국사'와 '당사'의 혼동이다. 대통령 연두 기자회견은 행정부 수반으로서 올 한 해 국정에 대해 국민의 궁금증을 풀어주는 자리다. 그런 자리라는 전제 아래 공공의 소유인 TV 전파를 독점해서 생중계할 수 있는 것이다. 그러나 대통령은 그런 자리를 여당 수석 당원으로 대선 운동의 찬조 연설을 하고, 응원가를 부르는 데 이용했다"며 이같이 말했다. "대통령이 전 국민이 보는 TV에 나와 '열린우리당 의원들은 크게 뭉쳐서 가자', '우리는 동지들이다', '당원 동지들에게 말할 게 있다'고 한 것 등은 국민은 안중에도 없는 행동이다. 이런 식의 여당 지원은 사실은 여당을 돕는 게 아니라 이미 새고 있는 여당의 쪽박까지 깨는 것이다."[42]

『중앙일보』는 「한 달에 네 번 생중계한 대통령의 말」이라는 사설에서

40) 남궁욱, 「"중립 의무 위반…한 편의 선거 홍보물 같다": 노 대통령 회견 한나라 반응」, 『중앙일보』, 2007년 1월 26일, 5면.
41) 홍석준, 「"노 대통령은 정치 놀음서 손 떼라"」, 『조선일보』, 2007년 1월 27일, A1면.
42) 「대통령, 이야기 그만할 때 됐다(사설)」, 『조선일보』, 2007년 1월 26일, A31면.

"2007년 올해 들어 노무현 대통령이 네 번이나 전파를 독점하며 국민에게 많은 말을 던졌다. 개헌 제안(9일), 개헌 언론 간담회(11일), 신년 연설(23일), 신년 기자회견(25일)이다. 모두 생중계됐다"며 다음과 같이 말했다.

"국민이 듣고 싶은 것은 분명하다. 국민의 60~70%와 야당들이 반대하는 개헌일랑 그만두고, 중립 내각을 구성해서 대선에서 손을 떼고, 북핵 같은 안보 현안과 부동산, 일자리 같은 민생 현안에 구체적으로 매달려달라는 것이다. 그런데도 대통령은 개헌을 안 하겠다는 야당과 대선 주자들을 공격하고, 엉뚱한 대연정을 안 했다고 비난하고, 신년 연설 60분 중 외교, 안보에는 1분도 채 할애하지 않았다. 어제는 불안감에 대출로 집을 산 국민에게 '왜 앞질러 샀느냐'고 했다. 대통령은 이제 말은 그만하고 침묵과 성찰과 실천의 세계로 들어가라." [43]

그러나 대통령 4년 연임제 개헌이 정녕 노무현의 마지막 카드라면 어찌 침묵을 택할 수 있었겠는가? 이를 둘러싼 논란은 4월까지 내내 지속되며, 노무현의 미련은 대통령 임기를 마치는 날까지 계속된다.

---

43)「한 달에 4번 생중계한 대통령의 말(사설)」,『중앙일보』, 2007년 1월 26일, 30면.

걸어 다니는 시한폭탄
이명박 논쟁

이명박-박근혜 전쟁

한나라당이라고 해서 조용한 건 아니었다. 한나라당 대권 주자 간 공방이 심상치 않았다. 검증론을 놓고 가벼운 원투 펀치를 주고받던 이명박 전 서울시장과 박근혜 전 한나라당 대표 사이에 이제 날선 발언들이 오가기 시작했다. 이제까지는 박 전 대표가 공격을 퍼붓고 이 전 시장이 수비하는 양태였지만, 이 전 시장도 1월 20일 대전을 찾아 박 전 대표의 감정을 건드리는 발언을 했다. 대전발전정책포럼 창립 대회 초청 특강에 참석한 이 전 시장은 "나처럼 애를 낳아봐야 보육을 얘기할 자격이, 고3을 네 명 키워봐야 교육을 얘기할 자격이 있다"고 말했다. 발언이 파문을 일으키자 이 전 시장 측은 "이론보다는 경험이 중요한 것을 강조하기 위해 예를 든 것"이라고 해명했다.

그러나 박 전 대표 측은 이 전 시장의 발언을 선전포고로 받아들였다. 박 전 대표는 여의도 개인 사무실에서 열린 기자 간담회에서 "그런 논리

이명박(사진)은 서울시장 재직 중 뉴타운 및 청계천 복원 사업을 내세우며 대권에 도전장을 내밀었다.

대로 하면 군대 안 갔다 온 남자는 군 통수권자가 될 수 없다는 것이냐"
며 이 전 시장을 겨냥했다.[44] 박근혜는 대구를 찾아 "지금 우리에게 필요
한 국가 지도자는 경제 전문가가 아닌 경제 지도자"라며 이 전 시장을
거듭 겨냥했다. 이 전 시장을 겨냥한 '검증 공세'도 연일 이어갔다. 박
전 대표는 "예방 주사나 백신을 맞는 기분으로 우리가 자체적으로 거를
것은 걸러야 한다"는 등의 발언을 연일 쏟아내며 이 전 시장을 몰아붙였
다.[45]

한나라당에서는 "이러다 정말 당이 쪼개지는 것 아니냐"는 우려의 목

44) 최문선, 「기름 부은 '보육 발언'」, 『한국일보』, 2007년 1월 23일, A4면.
45) 이동훈, 「이 "애 키워봐야 보육·교육 말할 자격" 박 "경제전문가 아닌 경제지도자 필요": 감정싸움으로 번
지는 검증 공세」, 『한국일보』, 2007년 1월 22일, 5면.

소리가 높아졌다. 한나라당 원희룡 의원은 21일 이명박 전 서울시장과 박근혜 전 대표 간 검증 공방에 대해 "동네 애들 싸움 같다"며 두 주자를 싸잡아 비판했다. 원 의원은 이날 기자 간담회를 갖고 "두 주자 간의 공방이 가장 우려했던 최악의 상황으로 가고 있다"며 "'이름이 뭐냐', '출생지가 어디냐', '애를 낳아봤느냐 안 낳아봤느냐' 하는데 마치 '네 아버지 직업이 무엇이냐', '아파트 몇 평에 사느냐'는 등 동네 애들 싸움과 비슷하게 간다"고 꼬집었다.[46]

인명진 한나라당 윤리위원장도 22일 "국민이 보기에 볼썽사납다"며 두 주자 간 감정 대립을 비판했다. 인 위원장은 "대선 주자 간에 주고받는 말은 국민적 관심사도, 본질에 접근한 이야기도 아니다"라며 "열린우리당에 실망한 국민에게 한나라당 대선 주자들마저 또다시 실망을 안기고 있다"고 비판했다. 그는 "서로 자제하지 않으면 결국 해당 행위로 갈 수밖에 없다는 걱정이 든다"며 "국민 사이에서 한나라당의 대선 3수를 걱정하는 목소리가 벌써부터 흘러나오고 있다"고 말했다.[47]

드디어 1월 24일 한나라당 이명박 전 서울시장과 박근혜 전 대표는 한자리에서 확실한 '말'로 경선 승복을 다짐했다. 지금까지 두 주자가 했던 어떤 말보다 강하고 확고한 약속이었다. 2006년 12월 29일의 첫 경선 승복 다짐에서는 "승복에 동의하자"는 (강재섭 대표) 제안에 주자들이 고개를 끄떡이거나 "그렇게 하겠다"고만 했었다. 이날 낮 12시 서울 여의도 63빌딩에 있는 중국 음식점 백리향의 상임 고문 주최 신년 하례 오찬

---

46) 이동훈, 「"검증 공방 동네 애들 싸움 같다": 원희룡 의원 '한마디'」, 『한국일보』, 2007년 1월 22일, 5면.
47) 이동훈, 「"'이·박 감정싸움 볼썽사납다": 인명진 윤리위장 "대선 3수 우려 나와"」, 『한국일보』, 2007년 1월 23일, A4면.

장. 김수한 전 국회의장이 먼저 대선 주자들에게 답을 요구했다. 그는 "정권 교체를 이루지 못하면 미래에 대한 죄악"이라며 "최선의 공약은 후보 경선 과정에서 절도를 지켜나감과 동시에 결과에 승복할 것을 천명하는 것"이라고 '으름장'을 놨다. 박 전 대표는 "정권 교체는 국민의 염원이므로 이를 저버릴 후보는 없다"며 "염원을 저버리면 정치는 고사하고 대한민국 땅에서 살 수조차 없다"고 답했다. 이 전 시장도 "박 전 대표 말씀에 더할 것도 뺄 것도 없다"고 화답했다.[48]

이명박은 '걸어 다니는 시한폭탄'

노무현이나 이명박처럼 인생의 밑바닥에서 일어나 대성한 사람은 '포퓰리즘 언어'를 구사하기 마련이다. 포퓰리즘 언어의 가장 큰 특성은 '막말'과 '내지르기'다. 이명박도 노무현 못지않게 막말과 내지르기에 능했다. 2007년 2월 고원은 "이명박의 담론은 '사물에 대한 극도의 단순화'와 '거침없는 내지르기'를 특징으로 한다"며 다음과 같이 말했다.

"가령 '내가 하면 정부 예산에서 매년 20조 원은 남길 수 있을 것'이라는 그의 말은 너무 자신감이 넘친 나머지 별다른 논증 없이도 한순간에 현 정부를 바보로 만들면서 청중들을 사로잡는 능력을 보여준다. 하지만 이런 그의 언술이 토론과 공감에 바탕을 둔 민주적 리더십과 거리가 멀다는 것은 확실하다."[49]

2월 26일 손호철은 이명박에 대해 '시한폭탄'이라는 별명까지 붙였

48) 신용호, 「"경선 승복 안 하면 한국 땅서 못 살아"」, 『중앙일보』, 2007년 1월 25일, 4면.
49) 고원, 「이명박 신드롬은 아파트값이다」, 『한겨레21』, 2007년 2월 27일, 92~94면.

다. 손호철은 "노 대통령은 특유의 경박함으로 입만 열면 사고를 쳐오고 있다. 그러나 이 전 시장의 입도 노 대통령 못지않다. 아니, 노 대통령이 논리라도 있다면 이 전 시장은 그것도 아니다. 강금실 전 법무부 장관에 대해 서울시장에 당선되면 '놀기 좋아하기 때문에 공무원들이 좋아할 것'이라고 한 비아냥이나, 박(근혜) 의원에 대한 '육아' 발언이 대표적인 예다. 한마디로 언제 무슨 말을 해 사고를 칠지 모르는, 걸어 다니는 시한폭탄이다"라고 주장했다.[50]

손호철이 이렇게 언급한 바로 다음 날인 2월 27일 이명박은 산업화 비판 세력을 "70, 80년대 빈둥빈둥 놀면서 혜택을 입은 사람들"이라고 비난해 구설수에 올랐다. 이명박은 손호철의 더욱 강도 높은 독설을 '보너스'로 받아야 했다. 손호철은 "이 전 시장의 발언을 전해 듣던 순간, 가장 강하게 엄습한 것은 나의 글이 적중했다는 통쾌함도, 이런 망발을 할 수 있나 하는 분노도 아니었다. 오히려 글을 잘못 썼다는 자괴감이었다"며 "문제는 이 전 시장의 입이 아니라 머리, 아니 총체적 삶이었다. 그런데 하찮은 입을 문제 삼은 것이었다. 말이 문제가 아니라 대통령을 꿈꾸는 사람이 이처럼 한심하고 소름 끼치는 사고방식과 역사의식을 갖고 있다는 것이 진짜 문제다"라고 주장했다.[51]

이명박은 자신의 발언은 민주화 세력을 지목한 것이 아니라고 강조하면서, 1964년 6·3 시위로 징역 3년, 집행유예 5년을 선고받고 6개월 동안 복역한 과거에 기대어 "내가 민주화 세력 아니냐"고 해명했지만, 옹색했다. 오죽하면 한나라당의 한 당직자마저 한숨을 내쉬면서 "노무현 대통령

50) 손호철, 「거울 이미지」, 『한국일보』, 2007년 2월 26일, 30면.
51) 손호철, 「'빈둥거렸다' 굽셔?」, 『한국일보』, 2007년 3월 5일, 30면.

이 말 때문에 욕먹는 걸 4년간 보고도 왜 저러는지"라며 개탄했을까.[52]

이명박이 이해찬·손학규보다 더 진보적

이념 싸움에 지친 대중은 '탈이념화'를 포용으로 보았다. 이명박은 보수 우익이었지만, 그의 담론은 이념을 '시대착오적'으로 보는 자세를 취했다. 대표적인 보수 논객으로 일부 사람들에겐 극우 논객으로 평가받는 조갑제는 자신의 홈페이지에서 이명박을 '시대가 요구하는 지도자'로 치켜세운 적도 있었지만, 이명박은 이를 곤혹스러워하면서 그 굴레를 벗어나려고 애썼다.[53]

이명박은 "이 지구 상에서 우리나라만 진보와 보수를 따진다. 문제는 경제성장 과정에서 격차가 너무 벌어졌다는 것이다. 이 간격을 해소할 수 있는 정책을 가진 사람이 정치인이 돼야 한다. 그 격차를 줄이는 것이 진보와 보수를 없애는 길이다"라며 다음과 같이 주장했다.

"우리나라는 이제 세계 11대 통상 국가다. 미국에는 5대 통상 국가로 성장했다. 이젠 서로 생각을 바꿔야 한다. 국익이 기준이 돼야 한다. 미국의 국익과 우리의 국익이 일치하는 쪽으로 가야 한다. 일본 국민의 70%는 반미(反美)인데도 정부 정책을 따라간다. 국익 때문이다. 감정적으로 하면 대화가 되겠느냐. 드러내놓고 미국과 중국 중 중국이 더 좋다고 말하는 바보가 세상에 어디 있느냐."[54]

---

52) 황준범, 「불도저 자신감? 시대성찰 부족?: 이명박 '거침없는 말' 논란」, 『한겨레』, 2007년 3월 1일, 6면.
53) 백왕순, 「이명박 시장 '조갑제 씨, 제발 내버려둬…'」, 『내일신문』, 2004년 11월 10일, 2면.
54) 정연욱·박민혁, 「'만년 프런티어' 자임하는 실용주의자: 이명박 서울특별시장」, 『동아일보』, 2004년 6월 18일, A5면.

이런 좌우(左右) 초월론은 그의 인터뷰 단골 메뉴였다. 그는 "진보와 보수를 나누는 이분법적 접근을 빨리 뛰어넘어야 한다"며 "우리 사회에 극좌와 극우가 다 있지만, 양 극단은 힘을 못 쓰는 만큼 나머지 사람들이 힘을 모으면 된다"고 통합론까지 역설했다.[55] 또 이명박은 "나의 생각은 온건 보수지만 행동은 진보 개혁적으로 한다"며 "서울시가 시내버스 사유 노선을 회수해 준공영화한 것은 사회주의적 성격으로, 운동권에서는 속 시원해할 것"이라고 주장하기도 했다.[56]

이명박의 이런 독특한 이념론에 대해 진보 인사들은 펄펄 뛰었지만, 진보 쪽의 이념론은 대중에게서 멀리 떨어져 있었다. 오히려 이명박의 이념론이 먹혀들고 있던 것이다. 2005년 10월에 실시한 한국사회여론연구소의 조사에서, 일반 대중은 대선 후보들의 진보성 순서를 '정동영 〉 김근태 〉 이명박 〉 이해찬 〉 손학규 〉 고건 〉 박근혜' 순으로 평가했다. 오피니언 리더들은 이명박이 박근혜 다음으로 보수적이라고 평가했지만, 일반인들은 이명박이 이해찬이나 손학규보다 더 진보적이라고 봤다.[57]

오피니언 리더들이 볼 때에는 황당했겠지만, 그게 현실인 걸 어쩌하랴. 그래서 이명박은 '스타일로 승부하는 최초의 보수 정치인'이라는 말도 들었다. 신윤동욱은 "그의 지지자들은 이명박의 이념보다는 이명박의 스타일에 매혹됐다. 그의 스타일은 일하는 스타일이다. 사람들은

---

55) 윤정호, 「"뉴라이트인 척하는 사람들 있어 시류에 편승 말고 옥석 가려야": 이명박 서울시장」, 『조선일보』, 2004년 12월 29일, A6면.
56) 김정하, 「"나는 온건보수지만 행동은 진보적 서울버스 준공영화, 사회주의 성격": 이명박 시장 기자 간담회」, 『중앙일보』, 2004년 12월 29일, 6면.
57) 류이근, 「이명박은 중도 아닌 보수」, 『한겨레21』, 2006년 1월 10일, 34면.

'그는 어쨌든 무엇이든 한다'고 생각한다. '일단 저지르고 보는' 그의 스타일은 가시적 성과를 내면서 호응을 얻고 있다. 그는 좋게 말해, 정치인의 공허한 말에 지친 국민에게 청량제 같은 시원함을 선사했다"며 "그래서 그의 인기를 '탈근대적인 것'으로 평가하기도 한다"고 했다.[58]

한국은 정당 민주주의 국가인가? '그렇다'고 답하긴 해야겠는데, 대단히 쑥스럽다. 정당의 수명이 워낙 짧기 때문이다. 해방 이후 백수십여 개의 정당이 명멸한 가운데 정당의 평균 수명은 3년이 되질 않는다. 우리는 그 원인과 책임을 정치인들의 탐욕에 돌리지만, 과연 그렇기만 한 것인지 진실을 직시할 필요가 있다.

2007년 2월 『한국일보』와 미디어리서치가 실시한 여론조사에 따르면, 한나라당 대선 주자인 전 서울시장 이명박이나 전 대표 박근혜가 탈당해 신당을 만들어 독자 출마하더라도 지지자의 약 70%가 "계속 지지하겠다"고 답했다.[59] 2007년 5월 『조선일보』 조사에서는 이명박 지지자의 61.6%, 박근혜 지지자의 64.2%가 '계속 지지'를 밝혔다.[60] 또 한나라당 싱크탱크인 여의도연구소가 2007년 4월 9일 실시한 여론조사에서는 한나라당 지지자 가운데 71.2%가 당이 아닌 후보를 보고 투표하겠다고 응답했다.[61]

이건 무엇을 말하는가? 한국은 '정당 민주주의' 국가라기보다는 '지도자 민주주의' 국가라는 것을 의미한다. 왜 그럴까? 오랜 세월, 정당은 포장마차나 천막과 다를 바 없음을 체험한 학습 효과도 적잖이 작용했

58) 신윤동욱, 「애증의 명바기!」, 『한겨레21』, 2005년 10월 25일, 33~35면.
59) 이은호, 「배신자를 지지하는 국민」, 『한국일보』, 2007년 3월 2일, A26면.
60) 권대열, 「이·박 지지자 3명 중 2명 "탈당해도 지지"」, 『조선일보』, 2007년 5월 7일, A5면.
61) 이상록, 「한나라 지지자 71% "당 아닌 후보에 투표"」, 『동아일보』, 2007년 5월 19일, A5면.

겠지만, 그보다는 한국인 특유의 '인물 중심주의' 문화가 더 큰 원인이
아닌가 싶다. 열린우리당에서 탈당 사태가 일어나면서 "대통령이 잘못
해서 개혁 민주를 다 팔아먹었다"는 말까지 나오게 된 것도 바로 그런
강고한 인물 중심주의 문화의 퇴행적 결과라고 볼 수 있으리라.

대통령이 잘못해서 개혁 민주 다 팔아먹었다
열린우리당 탈당 사태

열린우리당 탈당 사태

2007년 1월 28일 현역 의원 중 가장 먼저 노무현 후보 지지를 선언했고 당 원내대표와 법무부 장관을 지낸 정권의 핵심이었던 열린우리당 천정 배 의원이 소속 의원 중 넷째로 탈당했다. 그는 "열린우리당은 민생 개 혁 세력 전진의 걸림돌이 되고 있으므로 해체돼야 한다"는 말을 남겼다. 열린우리당 진로의 분기점이 될 것으로 예상됐던 1월 29일 중앙위원회 는 기간 당원제를 폐지하는 내용의 당헌 개정안을 의결하고 막을 내렸 다. 이로써 2 · 14 전당대회를 가로막고 있던 걸림돌은 일단 제거됐다.

1월 29일 KBS 라디오에 출현 열린우리당 정동영 전 의장은 신당파와 당 사수파의 갈등과 관련해 "국민의 관심 사항도 아닌 기간 당원 같은 것을 가지고 기득권화해온 잘못은 분명히 지적해야 한다"며 "기득권 사 수파와는 함께할 수 없다"고 했다. 정 전 의장은 또 친노 당 사수파를 "극단주의자들"로 지칭하면서 "당 내부에서 끊임없이 투쟁을 일삼아온

세력들이 당에 대한 신뢰, 질서, 기강이 무너지도록 만든 것에 대해 짚어야 한다"고 했다.[62]

1월 30일 노무현 대통령의 최측근인 염동연 의원이 열린우리당 탈당을 공식 선언했다. 이는 열린우리당에서 신당 논의가 본격적으로 불거진 뒤 다섯 명째 탈당이자 호남 지역구(광주 서구 갑) 출신으로는 첫 탈당이었다. 염 의원은 탈당 선언문에서 "우리는 중산층과 서민들의 손가락질을 받고 있다"며 "국민은 열린우리당에 퇴출 명령을 내렸다"고 밝혔다.[63]

2월 4일 열린우리당 정성호(경기 양주·동두천) 의원이 탈당을 선언했다. 이어 2월 6일 열린우리당 김한길 전 원내대표, 강봉균 전 정책위 의장 등 열린우리당 의원 23명이 집단 탈당을 결행했다. 이로써 2004년 4·15 총선에서 152석의 원내 과반수를 확보했던 열린우리당은 110석의 원내 제2당으로 내려앉았다. 127석인 한나라당에 원내 제1당이라는 지위와 국회의 주도권이 한꺼번에 넘어갔다.[64]

일단 잔류한 정동영 전 의장은 6일 대구에서 "탈당이라는 강물이 대통합이라는 바다에서 만나기를 바란다"고 했고, 같은 날 문희상 의원도 긴급 지도부 회의에서 "대통합을 하면 작은 시내가 바다에서 다시 만나듯 탈당한 동지들과 함께 할 수 있을 것"이라고 말했다. 탈당한 조배숙 의원 역시 "산에 오르는 방향이 다를 뿐, 결국 정상에서 다 만날 수 있다"고 말했다. 그래서 "대선 판도를 흔들기 위한 위장 탈당", "잠시 헤어

---

62) 배성규, 「정동영 "사수파와는 함께 못해"」, 『조선일보』, 2007년 1월 30일, A4면.
63) 장강명, 「"국민은 여당에 퇴출 명령" 염동연도 탈당 공식 선언」, 『동아일보』, 2007년 1월 31일, A8면.
64) 성한용, 「정계 개편, 불이 붙었다: 열린우리당 집단 탈당」, 『한겨레』, 2007년 2월 7일, 1면.

지는 위장 이혼", "짜고 치는 탈당 아니냐"는 말들이 나돌았다.[65]

당을 쪼개서 실패한 예가 열린우리당

2007년 2월 6일 청와대에서 열린우리당 김근태 의장과 장영달 원내대표, 당 개헌특위 위원 등 15명과 한 오찬 간담회에서 노 대통령은 "과거 김대중 전 대통령과 김영삼 전 대통령이 정치할 때는 국민에게 강한 명분이 각인된 데다 지역에서 강력한 열망이 있어 당을 가르고도, 탈당하고도 각기 대통령이 됐으나 그 이후로는 당을 쪼개 성공한 사례가 없다"고 말했다. 노 대통령은 "정주영 씨의 국민당도 창당 때는 돌풍을 일으켰으나 막판에는 천막 치고 나갔다"고도 했다. 탈당 의원들에게 'DJ나 YS 급도 아닌 당신들이 탈당해 잘되겠느냐'는 식의 독설을 한 셈이었다.[66] 2월 7일 이병완 청와대 비서실장은 방송사 시사 프로그램 PD들과의 오찬 간담회에서 열린우리당을 탈당한 의원들에 대해 "노선이나 정책이 맞지 않아 탈당했다면 (갈 곳은) 민노당이나 한나라당밖에 없는데 그렇다면 그들은 한나라당 2중대라는 얘기가 아니냐"고 말했다.[67]

2월 8일 열린우리당 의원 23명의 집단 탈당을 주도한 김한길 의원은 "당을 쪼개서 실패한 대표적인 예가 바로 열린우리당"이라고 말했다. 김 의원은 이날 라디오에 출연해 "여당의 품속에 주저앉아서 편안하게 지내다가 그저 조용히 패배를 맞고, 정권을 한나라당에 진상하자는 것

65) 김민철, 「2003년엔 폭력·욕설 난무 2007년엔 "다시 만나자"」, 『조선일보』, 2007년 2월 8일, A4면.
66) 박승희, 「"DJ·YS 빼고 당 쪼개 성공한 적 없어": 노 대통령, 탈당파에 독설」, 『중앙일보』, 2007년 2월 7일, 4면.
67) 박승희, 「"탈당파들 한나라 2중대 아니냐": 이병완 청와대 비서실장」, 『중앙일보』, 2007년 2월 8일, 4면.

은 책임 있는 자세가 아니다"라면서 "지지해준 분들에게 진정으로 책임지는 것은 대선 승리라 생각하며, 우리는 성공하려고 최선을 다할 것"이라고 말했다.[68]

2월 8일 정동영 전 열린우리당 의장은 전북 지역 기자 간담회에서 "정치 실험은 끝났다"며 "국민은 우리당의 변화를 요구한다. 등 돌린 민심을 되돌리기 위해 우리당을 깨는 것"이라고 말했다. 정 전 의장은 새로 만들 신당은 대통령의 영향력에서 자유로워야 하며, 열린우리당 중심의 통합은 반대하고, 중도적 정체성을 가져야 한다는 세 가지 원칙을 제시했다. 정 전 의장은 또 노 대통령의 대북 송금 특검과 대연정 제안, 코드 인사에 반대하지 못한 것은 자신의 과오였다고 말했다.[69]

2월 8일 국회 대정부 질의에 나선 민병두, 문병호 의원은 노 대통령의 탈당을 공개적으로 요구했다. 『동아일보』는 "7일에는 장영달 원내대표, 5일에는 박병석 의원이 각각 노 대통령의 탈당을 주장했다"며 다음과 같이 말했다. "이렇게 잔류파가 노 대통령의 탈당을 거듭 요구하는 것은 통합 신당 추진의 주도권을 탈당파에 빼앗기지 않기 위해서라는 게 정치권의 분석이다. 잔류파와 탈당파 모두 통합 신당의 열쇠는 역량 있는 '제3후보'와 신진 세력의 영입에 달려 있으며 노 대통령만 빠져준다면 그들과 쉽게 합류할 수 있다는 데 공감하고 있다."[70]

68) 이용욱, 「"우리당이 당 쪼개 실패한 예": 김한길 의원 노 '탈당 비난' 정면 반박」, 『경향신문』, 2007년 2월 9일, 6면.
69) 황대진, 「"열린우리당 깨야": 정동영 "여의 정치실험 끝났다"」, 『조선일보』, 2007년 2월 9일, A4면.
70) 민동용·정연욱, 「"노 대통령 빠져야 신당 추진에 탄력": 열린우리당 잔류파 연일 노 대통령 탈당 요구」, 『동아일보』, 2007년 2월 9일, A8면.

노무현의 훈계

2007년 2월 8일 청와대는 대통령 홍보 수석실 명의로 청와대 브리핑에 올린 글에서 대통령 4년 연임제 개헌 제안이 사회적 공론화가 되지 않는 것은 "언론, 야당, 지식인이 침묵의 동맹을 형성해 있기 때문"이라고 주장했다. 청와대는 "이들은 진보, 보수의 이념적 좌표를 훌쩍 뛰어넘어 동맹 안에서 암묵적 연대로 엮여 있다"며 "침묵의 동맹은 이기주의적 반대의 동맹, 기회주의적 침묵의 동맹"이라고 주장했다. 청와대는 "이런 조건에서 나온 여론조사 결과를 따르라고 윽박지르는 것은 언론과 정당 활동을 봉쇄해 찬성을 이끌어낸 유신 개헌만큼이나 위험하다"며 "민주주의의 위기"라고 했다.[71]

2월 9일 노 대통령은 청와대에서 열린 한나라당 강재섭 대표와의 회담에서도 개헌의 필요성을 역설했다. 강 대표는 "현 상황에서 개헌안을 내놓은 것은 사실상 판 흔들기며 한나라당의 분열을 꾀하는 것"이라며 철회를 촉구했으나, 노 대통령은 "개헌 발의권을 가진 대통령으로 책임을 다하는 차원에서 발의할 테니 찬성이든 반대든 해달라"고 답했다.[72] 대통령은 또 "국정의 중심에 서달라"는 강 대표의 요청을 "일종의 모욕"이라고 되받았다. 대통령은 "대선을 공정하게 관리해달라"는 강 대표에게 "정치인으로서 정치적 중립을 지킬 의무가 없다"고 응수했다.[73]

노 대통령은 정치 · 헌법 · 공법학회 회장단과의 청와대 오찬에서 "이

---

71) 민동용, 「"대통령 4년 연임제 공론화 안 되는 건 언론-야당-지식인 침묵의 동맹 때문": 청(靑) 주장」, 「동아일보」, 2007년 2월 9일, A10면.
72) 이동국, 「노 "난 정치인…정치적 중립 못 지켜" 강 "정치서 손 떼고 민생에 전념해야"」, 「한국일보」, 2007년 2월 10일, 1면.
73) 「허전한 노- 강 회담(사설)」, 「동아일보」, 2007년 2월 10일, 47면.

제8장 2007년: '노무현'에서 '이명박'으로 261

나라 정치 엘리트, 자기들끼리 전부 담합해 가지고 이 시기에 필요한지 안 한지 (개헌 제안에 대해) 논의조차 덮어버리는 이 상황에 대해 대통령으로서 엘리트 아닌 일반 국민에게 광범위하게 이 상황을 고발할 수밖에 없다"고 말했다.

노 대통령은 또 "국가적 의제를 계속 대선 후보들에게 내줘야 한다"면서 "학계나 시민 사회에서는 시험 문제를 끊임없이 내줘야 하고, 대선 후보들은 앞으로 국가가 닥칠 문제에 대해 하나하나 답을 해야 한다"며 학자들이 입을 열 것을 거듭 주문했다.[74]

2월 10일 이병완 청와대 비서실장은 친노 성향의 참여정부평가포럼 초청 강연에서 박근혜 전 대표의 '7% 경제성장률' 공약에 대해 "참여정부에서 (경제가) 5% 가까이 성장한 것을 두고 파탄이라고 했다"며 "적어도 5%가 파탄이 되려면 (7%가 아니라) 10%는 내놓아야 하는 것 아니냐"고 반문했다. 이 실장은 "행정 도시와 혁신 도시에 대한 건설 물량만 해도 5년간 53조 원이 투자된다"며 "건설 경기를 전혀 걱정할 필요가 없다. 운하니 터널이니 안 만들어도 된다"고 '한반도 대운하'를 공약으로 내건 이명박 전 서울시장을 겨냥했다. 그는 야당 주자들의 집권 후 개헌 공약에 대해서도 "실현 가능성이 없는 거짓말"이라고 일축했다.

2월 11일 한나라당은 이병완 청와대 비서실장이 당내 대선 주자들의 주요 공약을 비판한 데 대해 "야당 대선 후보 비방은 명백한 선거법 위반"이라며 "검찰 고발을 검토하겠다"고 비난했다. 나경원 대변인은 브리핑에서 "이 실장의 발언은 공무원이 선거에 대한 부당한 영향력을 행

---

74) 신정록, 「"정치 엘리트들이 '침묵의 카르텔'로 개헌 덮어": 노 대통령, 정치·헌법·공법학회 회장단에 '훈계'」, 『조선일보』, 2007년 2월 10일, A3면.

사하거나 선거 결과에 영향을 끼치는 행위를 할 수 없도록 규정한 선거법 제9조를 위반한 것"이라고 지적했다. 나 대변인은 "이는 노무현 대통령 의중의 발로"라며 "노 대통령이 말로는 선거 중립을 외치면서 사실상 선거 개입을 원격 조종하고 있다"고 목소리를 높였다. 이어 "노 대통령의 선거 중립 의지가 확고한데도 참모들이 경거망동한다면 국가 기강이 완전히 무너진 정권 말기 병"이라고 주장했다.[75]

대통령이 잘못해서 개혁 민주를 다 팔아먹었다?

2007년 2월 10~11일 열린우리당을 집단 탈당한 김한길, 강봉균 의원 등 통합 신당 의원 모임이 경기도 용인에서 연 워크숍 현장은 노 대통령에 대한 성토장을 방불케 했다. 이강래 의원은 "노 대통령은 '내가 정치를 가장 잘 안다. 내 방식대로 성공했다'는 과신과 자만이 강했다"며 "국회의원 6년, 장관 8개월이 전부여서 국정 경험의 미숙함을 보였고, 상식과 거리가 먼 언행을 했다"고 했다. 그는 "노 대통령은 툭하면 야당 탓, 언론 탓, 여당 탓만 했고, 내 편과 상대방을 나눠 때리고, 선거 캠페인하는 식으로 국정을 하니 난폭 운전으로 갔다"고 했다. 이 의원은 "모두 혼자 결정하면서 필요할 때만 당정(黨政) 분리를 했다"며 "충분한 논의나 예고 없이 갑자기 제안을 하니, 여당은 꼼짝 못하고 끌려갔다"고 했다. 이 의원은 이어 "청와대의 좌파적 386과 개혁당 출신, 108명의 초선 의원들이 섞이면서 완전히 잡탕 비빔밥이 돼버렸다"며 "이들이 좌파적 색채를

75) 이태희, 「한나라 "선거법 위반…고발 검토": 이병완 실장의 대선 주자 공역 비판에 발끈」, 『한국일보』, 2007년 2월 12일, 6면.

강화했다"고 했다.

강봉균 의원은 "개혁을 위한 개혁, 편 가르기와 갈등의 정치를 했다"
고 했고, 전병헌 의원은 "국민에게 사과하고 이해를 구하려고 하면 (노
대통령의) 큰소리 한 방이 모든 것을 날렸다"고 했다. 우제창 의원은 "청
와대가 이미지 전달을 잘못해 전교조나 민노총과 오버랩 됐고, 청와대
의 각종 위원회가 시민단체처럼 중간에 포진한 게 문제였다"며 "대통령
이 잘못해서 개혁·민주의 자산을 다 팔아먹었다"고 했다. "노 대통령
에게 끌려다니다 이렇게 됐다"(최규식), "노 대통령 뜻이 무엇인지 유권
자들에게 설득하려다 완패했다"(변재일)는 말도 나왔다. 양형일 의원은
2004년 총선 직후 대통령과 집권당 당선자들이 청와대에서 '임을 위한
행진곡'을 불렀을 때 "한편으로 자만과 오만이 넘실거리더라"라고 했
다.[76]

2월 12일 김한길 전 원내대표를 중심으로 한 열린우리당 집단 탈당파
의원 23명이 '중도개혁통합신당추진모임(통합신당모임)'이라는 이름으
로 원내 교섭단체를 결성하고 국회에 등록했다. 이에 따라 17대 국회는
당분간 열린우리당, 한나라당, 통합신당모임 등 세 개 원내 교섭단체 체
제로 운영하게 됐다. 통합신당모임 원내대표로 선임된 최용규 의원은
이날 국회에 교섭단체 등록을 한 뒤 기자회견을 열고 "중도 개혁 대통합
에 동의하는 사회 세력 및 인사들에게 반(反)한나라당 대오를 구축해 수
구 기득권 세력의 집권 저지에 함께 나서줄 것을 호소한다"고 밝혔다.
통합신당모임은 이날 정책위 의장에 이종걸, 전략기획 위원장에 전병

76) 배성규, 「탈당파 "노무현은 대통령감 아니다"」, 『조선일보』, 2007년 2월 12일, A6면.

헌, 홍보기획 위원장에 최규식 의원을 각각 선임했다.

한편 열린우리당 김태홍 의원은 이날 국회에서 기자회견을 열고 탈당을 선언했다. 이로써 열린우리당을 탈당한 의원은 모두 31명이 되었다. 12일 국회 의석 분포를 보면 재적 의원 296석 가운데 한나라당 127석, 열린우리당 108석, 통합신당모임 23석, 민주당 11석, 민주노동당 9석, 국민중심당 5석, 무소속 13석이었다.[77]

2월 14일 열린우리당은 전당대회를 열고 정세균 의장 체제를 출범시켰다. 그는 3년 여 전 창당 이후 열 번째 의장이며 개인적으로는 두 번째 맡는 의장이었다. 8개월 동안의 '최장수 비상대책위원회' 간판을 내리고 물러나는 김근태 전 의장의 입에서는 25년 전 민청련의 노래가 흘러나왔다. "불길 헤치고…… 바위산 넘어……." 사회자는 "우리는 유신 독재를 뚫고, 김대중 대통령 얼굴에 빨갱이라는 낙인을 찍은 수구 반동의 시절을 헤치고 참여정부를 출범시켰다"며 어려웠던 시절을 잊지 말자고 했다.[78]

2월 21일 『국민일보』가 21일 노무현 대통령 취임 4주년에 맞춰 여론조사 전문 기관 월드리서치에 의뢰해 실시한 여론조사 결과 '참여정부에서 권력 집중 현상이 더 강화됐다'는 응답이 전체의 61.2%로 '권력 분산이 성과를 이뤘다(33.9%)'는 대답보다 높게 나타났다. 권력형 비리 차단의 경우 '실패했다'는 응답이 62.1%로 '성공했다(36.3%)'보다 훨씬 많았고, 선거 관리 중립성에 대해서도 '중립적이지 못했다(60.0%)'는 응답이 '중립을 지켰다(36.7%)'에 비해 23.3%p 높게 나타났다. 특히 노 대

77) 민동용, 「국회에 '둥지' 튼 집단 탈당파」, 『동아일보』, 2007년 2월 13일, A6면.
78) 「70, 80년대 노래만 흘러나온 '열린우리 전당대회' (사설)」, 『동아일보』, 2007년 2월 15일, A31면.

통령이 '역대 대통령과 달리 새로운 대통령의 모델을 제시했느냐'는 질문에 그렇다는 응답은 22.2%에 그친 반면 '대통령 역할에 충실하지 못했다'는 답변은 세 배가 넘는 77.5%로 조사됐다.[79)]

2월 22일 이정민 『중앙일보』 정치 부문 차장은 「노 대통령이 실패해선 안 될 이유」라는 칼럼에서 "노무현은 지금 무능한 대통령, 실패한 대통령으로 낙인찍혀 있다. 적어도 다수의 평가는 그렇다. 그를 열렬히 지지했던 노사모는 '노무현에게 사기당한 사람들의 모임'이라는 자조 섞인 말까지 나오고 있다. 서민들은 이 정부 들어 더 살기 어려워졌다고 아우성이다. 부동산·교육정책은 잘못된 정책의 대표적 사례로 꼽히고 있다"며 다음과 같이 말했다.

"정책의 실패보다 심각한 문제는 '노무현의 실패=마이너리티의 실패'로 낙인찍히고 있는 점이다. '다음 대통령은 대학을 나오고, 경험이 있는 사람이 맡는 것이 적절하지 않나 하고 생각한다'고 한 야당 의원의 말이 파란을 불렀지만 '그래, 그 말이 맞아'라며 고개를 끄덕이는 사람들이 적지 않은 현실이 됐다. 학벌이나 인맥, 재산이 진입 기준이 되는 사회로 돌아가는 조짐이 보이는 것이다."[80)]

노무현의 탈당

2007년 2월 22일 밤 노무현은 정세균 의장 등 열린우리당 새 지도부와

---

79) 오종석, 「권력 분산→"더 집중" 61%: 노무현 정부 내세운 5대 업적, 국민 평가는」, 『국민일보』, 2007년 2월 22일, 1면.
80) 이정민, 「노 대통령이 실패해선 안 될 이유」, 『중앙일보』, 2007년 2월 22일, 30면.

266 한국 현대사 산책·2000년대 편④

청와대 만찬에서 이달 중 당적 정리 의사를 밝히면서 자신의 심경도 전했다. 노 대통령은 민주당 입당, 대통령 후보 선출 과정, 후보 단일화와 파기 과정 등을 술회하면서 "당에서 공식적으로 (탈당을) 요구한 적은 없으나 일부라도 내 존재에 부담을 느낀다면 그것도 갈등 소지가 될 수 있다"며 탈당 의사를 밝혔다. 윤승용 청와대 홍보 수석은 "비장한 심정인 것 같았다"고 말했고, 다른 참석자는 "노 대통령이 말할 때 얘기가 많이 끊겼다"고 했다. 노 대통령은 "임기 말에 과거처럼 당에서 밀려나는 대통령은 되고 싶지 않았다"며 "그러나 구조적 정치 문화의 한계를 극복하지 못했다. 나쁜 선례를 끊지 못하고 당적을 정리하는 넷째 대통령이 된 어쩔 수 없는 현실을 수용한다"고 말했다.[81]

2월 28일 노무현 대통령은 정태호 정무 비서관을 서울 영등포구 열린우리당 중앙당사로 보내 탈당계를 제출했다. A4 용지 1장 분량의 탈당 신고서에는 "본인은 열린우리당의 당적을 정리하고자 합니다"라는 문장이 짤막하게 적혀 있었다. 2003년 9월 29일 민주당 탈당에 이어 임기 중 두 번째 탈당이다. 이날 열린우리당은 당사에 걸려 있던 노 대통령의 사진 일고여덟 개를 철거했다. 그러나 한나라당은 물론 열린우리당 탈당파들까지 노 대통령의 탈당을 "위장 이혼"이라고 비판했다.[82]

노무현은 탈당계를 내면서 공개한 편지 「열린우리당 당원 여러분께 드리는 글」을 통해 "역사의 큰 길에서 언젠가 여러분과 다시 함께 어깨를 같이하게 되기를 기대한다"고 말했다. 이와 관련해 『국민일보』(2007년 3월 1일)는 "편지는 열린우리당의 성공을 위해 어쩔 수 없이 떠난다는

---

81) 김민철, 「노 "떠나더라도 당이 나를 공격하면 대응"」, 『조선일보』, 2007년 2월 23일, A4면.
82) 신정록·임민혁, 「노 대통령 탈당은 했지만…」, 『조선일보』, 2007년 3월 1일, A4면.

것이 요지다. 정권 재창출을 위해 한 알의 밀알이 되겠다는 심경이 담겨 있다"며 다음과 같이 말했다.

"대통령이 열린우리당을 탈당하는 순간 여당은 사라졌다. 여당이 없는 상황에서는 초당적 국정 운영이 필수적이다. 대통령은 원내 제1당인 한나라당과 제2당인 열린우리당의 중간에 서서 양쪽으로부터 협조를 받는 것이 최선이다. 그럼에도 노 대통령은 여전히 열린우리당 편에 서겠다는 생각이다. 이래 가지고서는 6자 회담 후속 조치, 한미 FTA 협상, 전시 작전 통제권 전환 등 국가적 현안에 효율적으로 대처하기 어렵다. 발상의 전환이 필요하다. 대통령이 정치 중립을 외면하는 것은 오기일 뿐이다."[83]

그러나 이제 곧 밝혀지지만, 노무현은 정치 중립에 관심이 없었거니와 그의 모든 관심은 개헌에 있었다. 노 정권은 개헌을 위한 대대적인 홍보 전쟁에 돌입하며 그 선두에 노무현이 섰다.

---

83) 「정치 중립 외면하는 노 대통령의 오만(사설)」, 「국민일보」, 2007년 3월 1일, 18면.

개헌 홍보 전쟁
노무현의 개헌 집착

개헌을 왜 지금 해서는 안 되는지 말해달라

2007년 2월 27일 노무현 대통령은 인터넷 매체들과의 기자회견에서 "(국민의 60%대가 개헌이 필요하다고 하는데) 그런 개헌을 왜 지금 해서는 안 되는지 말해달라"며 자신의 개헌론을 반복했다.

이에 『중앙일보』는 "5년 단임보다 4년 연임이 낫다고 여기는 이들도 왜 개헌을 반대하는지 노 대통령은 진정 모르는가. 어떤 정책이든 주창하는 이의 인격과 진정성에 의해 크게 좌우된다. 노 대통령은 위헌 결정을 받은 행정 수도 공약, 헌법에도 없는 재신임 투표 주장과 하야 가능성 시사 등으로 대표적인 '위헌 대통령'으로 각인돼 있다. 헌법을 존중하지 않는 대통령이 개헌을 얘기하니 설득력이 떨어지는 것이다"라고 말했다.[84]

---

84) 「반성이 없는 4년, 남은 1년도 걱정이다(사설)」, 『중앙일보』, 2007년 2월 28일, 34면.

3월 1일 고종석 『한국일보』 객원 논설위원은 "연임제 개헌은 아무짝에도 쓸모없는, 더 나아가 매우 위험한 시도다. 한국 정치 상황에서, 대통령 연임제 개헌은 그저 8년짜리 대통령을 만드는 일일 뿐이다. 첫 임기 동안 대통령은 자신의 모든 정치적 자산을 오직 재선에 유리하도록 투입할 것이다. 그것은 행정을 크게 왜곡할 것이다. 두 번째 임기 동안에는, 지금 개헌론의 한 근거가 되고 있는 조기 레임덕에서 자유롭지 않을 것이다. 개헌론의 또 다른 논거인 선거 비용 문제도 그렇다. 그 선거 비용은 민주주의 비용이다"라며 다음과 같이 말했다.

"87년 체제의 지양을 운위하며 개헌을 옹호하는 일각의 소리도 실없다. 지난 20년간 한국 정치가 무력했다 해도, 그것은 헌법 탓이 아니었다. 헌정사를 돌이켜볼 때, 4월 혁명이나 6월 항쟁 같은 민중의 정치적 진출기를 빼면 개헌은 늘 '헌법 개악'이었지 '헌법 개정'인 적이 없었다. 헌법은 정략에 기초해서 만지작거릴 물건이 아니다. 개헌 논의는 판도라의 상자다. 대한민국의 기틀을 마련한 3·1운동의 날, 공화국의 최고 규범을 만지작거리며 정치적 계산을 하는 공화국 수반을 보는 일은 슬프다. 거둬들여야 옳다."[85]

3월 1일 노무현 대통령이 한나라당 이명박 전 서울시장과 박근혜 전 대표에 대해 "이분들이 집권하면 역사의 퇴행이라고 하는 사람들도 있던데, 그렇게 되면 정말 역사가 퇴행하는 것인지 고민하고 있다"는 말을 한 것으로 알려졌다. 노 대통령은 2월 22일 열린우리당의 신임 지도부와 청와대에서 만찬을 하는 자리에서 이런 말을 하며 이들이 집권할 경우

---

85) 고종석, 「한미 FTA보다 더 나쁜 것」, 『한국일보』, 2007년 3월 1일, 26면.

에 대한 우려를 나타냈다고 참석자들이 전한 것이다.[86]

이에 나경원 한나라당 대변인은 "야당의 특정 주자를 비방·음해하는 것은 명백한 선거 개입으로 결코 좌시할 수 없다"고 말했다. 범여권 역시 노 대통령의 이런 행보를 달가워하지 않았다.

열린우리당을 탈당한 최재천 의원은 "노 대통령은 자신의 후계자가 가져야 할 시대정신까지 제시해 다음 정권의 방향을 정하려고 한다. 그런 시도는 '노무현 대 이명박' 구도를 만들게 된다. 이런 구도가 만들어지면 유권자들은 결국 노무현 정권을 심판하는 책임 문책형 투표를 하게 될 것"이라고 말했다.[87]

노 정권 비판은 '남는 장사'인가?

이즈음 진보 진영은 이른바 '진보 진영 위기론'으로 몸살을 앓고 있었다. 특히 최장집 고려대 교수의 참여정부 비판이 논란이 되었다.

이와 관련해 서울대 명예 교수 백낙청은 『한겨레』(2007년 3월 6일) 인터뷰에서 "욕먹을 이야기인지는 몰라도 나는 우리 사회에서 진보를 표방하는 지식인, 상당수 학자들이 말로는 위기를 논하지만 사실은 1987년 이래의 민주화가 가져온 공간 속에서 상당히 즐겁게 살고 있다고 봐요"라면서 다음과 같이 말했다.

"이 공간에서 위기를 말하고 정부를 비판하고 하는 것이 요즈음 지식

---

86) 민동용, 「"이명박–박근혜 씨 집권하면 역사 퇴행이라던데…": 노 대통령 지난달 발언」, 『동아일보』, 2007년 3월 1일, 6면.
87) 이태희·신승근, 「'시대정신 강조' – '선거구도 흔들기' 논란: 노 대통령 '이명박 비판' 왜?」, 『한겨레』, 2007년 3월 2일, 6면.

분단 체제만 바라본다면, 김대중·노무현 정부 시기는 역사적으로 중요한 몫을 차지하고 있다. 백낙청(사진)이 2005년부터 6·15 남북공동선언실천 남측위원회에 나선 경험도 최 교수에 대한 비판적인 시각에 영향을 준 것으로 보인다.

인에게는 참 남는 장사거든요. 1987년까지 우리가 정말 얼마나 피어린 투쟁을 해야 했고, 1987년 이후의 20년도 저절로 된 것이 아니잖습니까. 나만 하더라도 1987년 이후에도 불려가고 잡혀가고 제재를 받았는데, 나는 상대적으로 특혜를 받고 편하게 산 사람 중에 하나예요. 오늘날 이만큼이라도 자유를 누리기까지의 처절한 우리 역사의 과정을 얼마나 몸으로 느끼면서 얘기하는지 의심스러울 때가 많습니다. 어떤 의미에서는 이른바 87년 체제를 비판하면서도 실제로는 87년 체제에 배부른 게 아닌가, 민주주의에 대한 헝그리 정신이 과연 얼마나 있는 것인지 묻고 싶을 때가 있어요."[88]

백낙청은 노 정권 비판이 '남는 장사'라고 했지만, 백낙청이 겨냥한 최장집은 엄청난 비판·공격에 시달리고 있었다. 극렬한 언어 테러까지 당했다. 보수파에게서 받은 게 아니라, 참여정부를 지지하는 개혁·진보파에게서 받은 것이었다. 유시민에게서는 '분열이라는 질병의 한 증상'이라는 말까지 들어야 했다. 이게 과연 '남는 장사'였을까?

반대로 백낙청이 참여정부를 비판했더라면 그가 매우 중요하고 영광스럽게 생각한 '6·15 남북공동선언실천 남측위원회' 위원장을 맡을 수 있었을까? 참여정부 지지자들이 장악하다시피 한 각종 문화계 기관·기구 인사들과의 불편한 관계가 그가 이끄는 『창작과비평』에 무슨 도움이 되었을까? 개혁·진보 성향의 지식인들이 가장 중요하게 생각하는 범개혁·진보 진영 내부의 대접과 관련해서 보자면, 백낙청은 타워팰리스에서 사는 셈이라면, 최장집은 스스로 그 근처 어딘가에 있다는 비닐하우스로 걸어 들어간 셈이라고 보아야 하지 않을까?

백낙청은 인터뷰를 끝내면서 "우리 지식인들이 '후천성 분단 인식 결핍증'에 걸린 것 아닌가 하는 생각을 하게 된다"고 했다. 선의로 해석하자면, 백낙청이 남북문제라고 하는 '단일 이슈 정치'에 집착하고 있기 때문에 그러는 게 아닌가 하는 이해를 해볼 수 있겠다. 사실 이것이 노정권이 직면한 가장 큰 문제였다.

'과거사 청산'이라는 단일 이슈 정치에 집착하는 개혁·진보 세력에게 노 정권은 완벽한 정권이었기에 노 정권을 향한 비판이나 고언을 할 필요가 없었다. 예컨대, 노무현의 '정신적 스승'으로 불린 송기인 신부는 '진실·화해를 위한 과거사정리위원회' 위원장에 임명됐는데, 그는

---

88) 백낙청·박찬수, 「불붙은 '진보 논쟁' /백낙청 교수 인터뷰: "최근 논점서 정치·민생 직결된 남북문제 누락"」, 『한겨레』, 2007년 3월 6일, 5면.

2005년 노무현에 대한 개혁 진영의 우려와 비판이 빗발치던 시절에도 노무현에 대해 다음과 같은 평가를 내린 바 있다.

"너무 잘한다고 생각하지, 나는……. 아주 잘하고 있어요. 일반 사람들 1,000명이 고함을 지르는 것보다 대통령이 한마디 하는 게 더 힘이 있죠. 다만 그것이 잘 전달되지 않는 것 같은데……. 지금 노 대통령께서 하는 방침, 자세를 보면 모든 국민이 함께 어우러지는 대동 사회를 지향하잖아요? 그 점은 우리 국민 누구라도 인정한다고 나는 생각해요. 그런데 그런 자세를 꺾으려는 세력이 너무 강하다는 거죠."

송기인은 '그런 자세를 꺾으려는 세력'으로 '기득권자'를 지목하면서 친일 과거 청산의 필요성을 역설했다. 그는 "그 대목에서 대통령이 해줘야 할 몫이 있다면 무엇일까요?"라는 질문에 대해서는 "지금 하는 대로 하시면 됩니다. 노 대통령은 솔선해서 기득권을 다 버렸잖아요? 이렇게 대통령이 모범을 보이는데 국민이 이것을 아느냐? 그렇지 못한 것 같습니다. 이것이 답답한 거에요"라고 답했다.

송기인은 "노 대통령이 남은 임기 동안 특히 어떤 점에 관심을 기울여주었으면 좋겠습니까? 어떤 분의 말보다 무게가 실릴 텐데, 특별한 주문을 좀 해주시지요"라는 질문에 대해서도 "주문할 게 없습니다. 지금 하는 대로만 해달라는 겁니다. 아무리 욕을 먹고 발목을 잡혀도 지난 2년 동안 바른 길을 갔다고 봅니다. 원칙을 지키고 있어요"라고 답했다.[89]

바로 이런 단일 이슈 정치가 내부 비판을 차단함으로써 노 정권의 실패를 불러온 큰 이유 중의 하나였다. 단일 이슈 정치는 남북문제나 과거

---

89) 윤석진, 「특별인터뷰/송기인 신부: 노 대통령 '정신적 스승' 긴 침묵 깨고 입 열다」, 『월간중앙』, 2005년 5월, 78~87쪽.

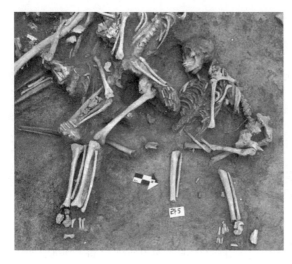

진실·화해를 위한 과거사정리위원회(2005년 12월~2010년 12월)는 독립기관으로, 항일 독립운동, 광복 이후 인권 유린과 폭력, 학살, 의문사 사건 등을 조사했다. 사진은 과거사위가 발굴한 보도연맹 피해자 유해.

사 청산에만 국한되지 않았다. 노무현 못지않게 개헌을 가장 중요하게 생각하는 개혁·진보 세력 역시 개헌이라는 단일 이슈 정치에만 매달렸고, 노무현은 이들에게서 개헌에 집착할 수 있는 동력을 얻었다.

4년 중임 대통령제 개헌 시안 발표

2007년 3월 8일 정부가 4년 중임 대통령제 개헌 시안을 발표했다. 노무현 대통령의 개헌 주장이 범정부 차원으로 구체화된 것이다. 노 대통령은 이날 청와대 춘추관에서 연 헌법 개정 시안 발표 관련 기자회견에서 "개헌에 대해 제 정당과 대선 후보 희망자들이 책임 있고 실현 가능한 대안을 제시한다면, 제 정당 대표 및 대선 후보 희망자들과 개헌 내용과 추진 일정 등에 대해 대화하고 협상할 뜻이 있다"고 말했다. 노 대통령은 "다만, 이 합의나 공약에는 차기 대통령 임기를 1년 가까이 단축한다는 내용이 포함돼야 한다"며 "합의가 이뤄지지 않은 경우에도 내가 제안한 내용의 개헌은 반드시 발의하고 통과시킨다는 것이 당론으로 표현돼야 한다"고 덧붙였다.[90]

이날 이병완 대통령 비서실장도 울산 지역 언론사 편집 · 보도국장과의 오찬 간담회에서 노무현 대통령의 개헌안 발의와 관련해 "현 대통령으로서 역사적, 시대적 소명을 다하려는 것"이라며 "한나라당이 부결시킨다면 엄청난 부담을 안게 될 것"이라고 말했다.[91]

노무현 대통령의 개헌안 발의에 대해 한나라당은 "한마디로 억지와 자가당착"이라고 강력히 비판하면서 차기 정권에서 국회 주도로 개헌을 추진하겠다는 당론을 재확인했다. 차기 대통령 임기 1년 단축 등을 다른 정당과 대선 주자에게 강요하는 것 자체가 어불성설이라는 주장이다. 유기준 대변인은 "개헌과 관련해 대선 주자들을 끌어들이는 것은 한나라당의 유력 주자들을 흠집 내기 위한 술책에 불과하다"고 말했다. 이명박 전 서울시장, 박근혜 전 대표, 손학규 전 경기지사 등 한나라당 빅3 대선 주자들도 현 정권 임기 내 개헌 추진에 대한 반대 입장을 분명히 했다. 열린우리당 탈당파인 통합신당모임도 "현실성이 없다"고 지적했다.[92] 대부분의 언론도 반대 의사를 분명히 했다.

"누차 지적한 바 있지만, 개헌의 필요성이 있다는 것과 지금 대통령이 반드시 개헌을 하지 않으면 안 되겠다는 것은 별개 문제다. 결론을 반복

90) 이동국 · 신재연, 「"개헌안 발의 유보도 가능": 노 대통령 "각 당이 차기서 추진 약속 땐"」, 『한국일보』, 2007년 3월 9일, A1면.
91) 정재락, 「"경제 좋아졌는데 한나라서 비판 '그럼 당신들이 해봐라' 연정제안": 이병완 대통령 비서실장」, 『동아일보』, 2007년 3월 9일, A6면.
92) 박석원, 「한나라당 "한마디로 억지" 통합신당모임 "현실성이 없다"」, 『한국일보』, 2007년 3월 9일, A3면.

하자면, 지금이라도 노 대통령은 개헌 시도를 깨끗이 거두어주었으면 한다."(『한국일보』)[93]

"먹고살기 바쁜 국민들 입장에서는 개헌 정국이란 말 자체가 처음부터 아닌 밤중에 홍두깨 격이었다. 지금 개헌을 입에 올리는 사람은 대통령과 그 주변의 몇 사람에 지나지 않는다. 모든 야당이 반대하고 여당에서 탈당한 사람들조차 회의적이다."(『조선일보』)[94]

"개헌 집착이 도를 넘었다. 어제 개헌 의사를 거듭 밝혔지만 국민이 반대하는데 왜 이렇게 매달리는지 정말 이해하기 어렵다. 1월 9일 발의 의사를 처음 밝힌 이래 두 달간 대통령부터 대국민 설득에 총력을 기울였지만 60~70%의 반대 여론은 조금도 달라지지 않았다. 그나마 대통령의 탈당으로 여당마저 없는 상황이다. 지금 당장 개헌 발의를 해도 하루하루 먹고살기 힘든 국민은 관심조차 안 둘 판이다."(『동아일보』)[95]

"어떤 숨겨진 의도가 없고서야 임기 말에 이렇게 국론을 분열하고 국력을 소진할 논란을 야기할 리 없다. 세계 각국의 정치 체제가 다 다르듯이 헌법에 정답은 있을 수 없다. 무엇이 더 좋은지는 사람마다 의견이 다르다. 그럼에도 국민이 바라는 것은 분명하다. 개헌 논의는 다음 정부로 미루라는 것이다."(『중앙일보』)[96]

"왜 이렇게 고집을 부리는지 도무지 이해할 수 없다. …… 이런 제안의 배경에는 어차피 개헌이 불가능하다고 보고, 발의 명분이라도 찾자는 속셈이 깔려 있다고 본다. 그것이 사실이라면 나쁜 발상이다. 여러 정파와

93) 「안 될 줄 알면서도 던진 개헌시안(사설)」, 『한국일보』, 2007년 3월 9일, A27면.
94) 「개헌 논란 끝낼 기회가 왔다(사설)」, 『조선일보』, 2007년 3월 9일, A35면.
95) 「개헌, 이쯤에서 '칼집'에 넣어라(사설)」, 『동아일보』, 2007년 3월 9일, A31면.
96) 「개헌안 부결되면 대통령 책임질 건가(사설)」, 『중앙일보』, 2007년 3월 9일, 34면.

다수 국민의 반대로 개헌이 불가능하다고 판단되면 발의 자체를 포기하면 그만이다. 반대 정파에 책임을 떠넘길 문제가 아니다." (『국민일보』)[97]

"우리는 누차 개헌 불가 입장을 천명한 바 있거니와, 대통령이 개헌 발의를 놓고 협상 용의를 밝힌 것 역시 납득할 수 없다. …… 국민 다수의 공감대를 형성하지 못한 개헌 발의는 비록 형식적 법리(法理)는 갖췄을지언정 헌법의 취지와 정신에는 배치된다는 것이 우리의 생각이다. 개헌 발의를 놓고 정치권과 협상할 수 있다는 발상은 더더욱 그러하다." (『경향신문』)[98]

"개헌 내용을 떠나 이런 상황에서 대통령이 개헌안을 발의하는 게 과연 옳은 것인지 고심하지 않을 수 없다. 국회에서 부결될 것이 뻔히 예상되는데도 개헌안을 내는 것은 쓸데없는 대립과 갈등을 일으키는 결과가 되기 때문이다. 더구나 개헌안 부결이 현실화할 경우 자칫 정치적 책임론이 대두돼 예상 못할 상황이 벌어질 수도 있다. 임기 말 국정 마무리는 커녕 소모적인 갈등만 낳는 셈이다." (『한겨레』)[99]

이러한 목소리에도 3월 15일 국무총리실과 법무부, 행정자치부, 법제처, 국정홍보처 등이 참여하는 범정부 기관인 헌법개정추진지원단(단장 국무조정실장)이 주최한 헌법 개정 시안 토론회에 각 부처 공무원들이 강제 동원돼 논란을 빚었다. 정부가 서울 세종로 중앙청사는 물론이고 과천 및 대전 청사에 들어 있는 49개 부처에 공문을 보내 소속 공무원 세 명씩을 토론회에 참석시키도록 했다는 것이다. 또한 정부가 다음, 네이

---

97) 「노 대통령, 개헌에 집착하는 이유 뭔가(사설)」, 『국민일보』, 2007년 3월 9일, 22면.
98) 「대통령 개헌 발의, 헌법 정신에 부합하는가(사설)」, 『경향신문』, 2007년 3월 9일, 31면.
99) 「'개헌안 발의 유보' 가능성 살려야(사설)」, 『한겨레』, 2007년 3월 9일, 31면.

버, 야후, 『오마이뉴스』, 연합뉴스 등 다섯 개 인터넷 사이트에 헌법 개정 시안과 관련한 광고 게재를 요청하면서 총 1억 6800만 원의 예산을 집행한 것도 문제가 되었다.[100]

이와 관련해 『동아일보』(2007년 3월 16일)는 「'되지도 않을 개헌'에 공무원 들볶기」라는 사설에서 "지금 상황에서의 개헌 추진은 '헌법 제정 및 개정 주체'인 국민의 의사를 무시하는 반민주의 전형이다. 게다가 토론회에 직업 공무원들을 강제 동원해 개헌 주장의 정당성을 주입하려는 시도는 공무원의 정치적 중립에 관한 헌법 정신에 어긋난다"고 비판했다.[101]

우리당은 안락사하고 있다

2007년 3월 15일 열린우리당에서 당 해체론이 터져 나왔다. 문학진, 정봉주, 강창일 의원 등 초선 의원 여섯 명은 기자회견을 갖고 "당 해체를 포함해 모든 기득권을 포기하고 통합에 적극 나서야 한다"며 "조속한 시일 안에 가시적 성과가 없다면 중대 결심을 할 것"이라고 밝혔다.[102] 사실 열린우리당은 이미 해체된 것이나 다름없었다. 이를 말해주듯, 3월 18일 열린우리당 장영달 원내대표는 "4·25 국회의원 보궐선거에서 대전 서 을, 경기 화성, 전남 무안·신안 세 곳 모두 후보를 내지 않고 무소속 후보를 지원하는 방안을 추진하겠다"고 밝혔다.

---

100) 김봉기, 「정부 "개헌토론회에 공무원 참석시켜라" 공문」, 『조선일보』, 2007년 3월 15일, A2면.
101) 「'되지도 않을 개헌'에 공무원 들볶기(사설)」, 『동아일보』, 2007년 3월 16일, A35면.
102) 정녹용, 「또 술렁이는 우리당」, 『한국일보』, 2007년 3월 16일, A6면.

이에 『동아일보』는 "최근까지 여당이었고 지금도 원내 108석으로 제2당인 공당(公黨)이 선거에서 무소속을 돕기 위해 독자 후보를 내지 않겠다니 존재 이유를 스스로 부정하는 셈이다. 이런 기회주의적 야합 행태가 수구 정치가 아니면 무엇이 수구인가"라면서 다음과 같이 말했다. "열린우리당이 독자 후보를 안 내려는 이유는 분명하다. '어차피 세 곳 모두 당선될 가능성이 없다'고 보고 보선을 범여권 통합 신당을 위한 위장 폐업과 신장개업의 '불쏘시개'로 쓰겠다는 속셈이다. …… 당당하게 심판받는 정당이기를 포기한 채 권력 게임에서 이기면 그만이라는 붕당(朋黨)적 행태는 다른 당들도 엇비슷하다. 이런 집단을 국민의 대표라며 연간 수백억 원씩 세금으로 지원해야만 하는가." [103]

3월 20일 오전 9시 30분 열린우리당 의원총회가 소집된 국회 본관 3층 예산결산특별위 회의장. 제시간에 도착한 의원은 일고여덟 명 정도였다. 10시가 가까워지자 30여 명이 모였다. 정족수(열린우리당 의원 108명 중 54명)를 채우기 힘들어 보이자, 의총 대신 정책 간담회라는 형식을 빌려 회의가 시작됐다. 지도부의 발언이 끝나자 최성 의원이 마이크를 잡고 당 지도부를 면전(面前)에서 공개 비난하기 시작했다. 최 의원은 "우리당은 안락사하고 있다"며 "지도부는 문학진 의원의 (당 해체) 요구에 대해 답하라"고 했다. 사회를 보던 김종률 의원이 끼어들었다. 김 의원은 "안락사는 '킬(kill)'이고 뇌사는 '다잉(dying)'이다. 최 의원은 뇌사를 안락사로 잘못 말한 것 아니냐"고 했다. 최성 의원의 발언을 계기로, 당 해체파와 '질서 있는 대통합론자'들이 잇따라 거친 설전을 주고받았다.

---

103) 「1, 2, 3당이 후보 안 내는 보선의 한심한 진실(사설)」, 『동아일보』, 2007년 3월 20일, A39면.

취재기자들이 보는 앞에서 공개로 진행되던 회의는 결국 비공개로 전환됐다. 열린우리당의 한 의원은 "불과 한 달 전만 해도 집권당이었던 당 꼴이 이게 뭐냐. 완전히 파장 분위기"라고 한탄했다.[104]

손학규의 한나라당 탈당

2007년 3월 19일 손학규 전 경기지사가 한나라당을 탈당했다. 그는 설악산 봉정암과 인제군 용화사 등 사찰을 돌아다니며 닷새 동안 묵상을 한 뒤, 탈당을 결행하면서 "한나라당은 시베리아 동토(凍土)였다"는 명언을 남겼다. 탈당 이전, 그의 탈당 움직임에 대해 노무현은 분개했었다. 그는 여권의 손학규 영입은 "정치적 상상력치고는 하책(下策)"이라며 "그런 말 하는 건 정치할 자격이 없는 것 아니냐. 집에 가서 애나 봐야 한다"고 주장했다. 노무현은 "누굴 되게 할 순 없지만, 누굴 안 되게 할 순 있다"는 취지의 말도 했었다.

손학규의 탈당 가능성에 대한 진보 인사들의 반응도 싸늘했었다. "손학규 씨가 한나라당을 탈당하면 범여권 대선 후보로 만들자는 얘기도 있는데, 코미디다. 그렇게 집권하면 한나라당 집권과 무슨 차이가 있나"(김기식), "한나라당의 유력 후보인 손 전 지사가 진보 진영의 후보가 된다는 건 정치적 선택이 아니라 대통령 출마를 위한 코미디다"(지금종), "(손학규를) 다른 지역도 아니고 광주가 범여권 후보로 지지하고 있다는 언론의 보도가 사실이라면, 이는 충격을 넘어 코미디다"(손호철).

---

104) 황대진, 「"열린우리는 안락사" "뇌사가 맞다"」, 『조선일보』, 2007년 3월 21일, A4면.

한나라당 소속 손학규(사진)에게 먼저 러브 콜을 보낸 신당 세력은 그가 대통합민주신당 대선 후보 경선에 참여하자(365~376쪽 참조) 안면을 바꿨다. 그의 '한나라당 전력 시비'는 이후로도 한동안 계속된다(2000년대 5권 9장 참조).

　손학규가 범여권 후보로 거론되고 있는 현실에 대한 진보 인사들의 반응은 '코미디'라는 말로 압축되었지만, 코미디치고는 이상한 코미디였다. 손학규는 각종 여론조사에서 범여권 후보 1위를 차지하고 있었을 뿐만 아니라, 대학교수·국회의원 보좌관·정치부 기자단·중소기업인 등 전문 집단 대상 여론조사에서는 이명박마저 누르는 경쟁력을 보이고 있었기 때문이다.

　이 상반된 모습을 가리켜 '손학규 현상'이라 할 수 있겠다. 손학규는 대선 후보들 가운데 가장 흥미로운 정치적 현상을 생산한 인물이 되었다. 왜 그런 일이 벌어진 걸까? 여러 이유가 있었겠지만, 노무현식 이분법에 대한 염증이 가장 큰 이유로 지목되었다. 제대로 된 개혁을 해보겠다는 좋은 뜻이었겠지만, 노무현 시대에 '편 가르기'로 인한 분열과 갈

등이 고조돼 사회적 비용이 위험 수위에 이르렀다는 건 분명했다. 이에 대한 반감 또는 성찰이 '손학규 카드'를 용인할 수 있는 무드를 조성했으리라는 가설이 가능했다.

역설이지만, 사실 이 가설의 설득력을 높이는 데에 일조한 건 노무현의 대연정 제안이었다. 한나라당에 정권을 넘겨주는 대연정은 도저히 받아들일 수 없지만, 한나라당 사람을 데려다 써먹는 건 대연정에 비해 훨씬 더 현실·도덕적인 방안이며, 대연정을 제안했던 노무현의 '정치적 상상력'보다는 상책(上策)이라는 생각을 했을 법하다. 사실상 손학규를 응원한 황석영의 논지도 이쪽에 가까웠다. 황석영은 3월 7일에 보도된 『한겨레』인터뷰에서 다음과 같이 주장했다.

"비빔밥은 좋은 음식입니다. 여러 가지 나물과 반찬이 섞여 있어서 '편식'을 고칠 수가 있습니다. 그러나 그 섞인 먹을거리들은 제각기의 특성을 지니고 있어요. 선진 민주 사회는 그래야 되는 게 아닌지. 선거 때마다 겪는 일이지만 이른바 '누가 더 진보냐' 하는 우리끼리의 선명성 경쟁보다는 분단된 우리가 세계 속에서 '어떻게 살아갈 것인가'를 논의해서 마땅한 후보가 들어올 프레임을 짜는 게 시급하다고 봅니다."

노무현 대통령과 청와대는 손학규의 한나라당 탈당에 대해 연일 비판을 퍼부었다. 노 대통령이 국무회의에서 '보따리 장사하듯 정치를 한다'고 비판한 데 이어, 3월 22일 청와대 브리핑은 "개인적 이해관계와 상관없이 탈당한 것이라면 대통령의 비판은 손 전 지사를 오해한 것"이라면서도 원칙과 명분을 들어 손 전 지사에 대한 비판 기조를 이어갔다.[105]

그럼에도 '제3지대'라는 말이 정치권의 유행어처럼 됐다. 손학규 전 경기지사가 한나라당을 탈당하던 날, 열린우리당 의원은 "손 전 지사가 제3지대에서 신당을 만들면 의원 50명이 몰려들 것"이라고 했다. 손 전 지사와 정운찬 전 서울대 총장이 제3지대 주도권을 놓고 쟁탈전을 벌인다는 말도 나왔다.[106]

손학규 전 경기지사의 탈당으로 범여권의 대선 주자는 여덟 개 정파에 열세 명이나 될 정도로 대선 구도가 복잡해졌다. 열린우리당에만 정동영·김근태 전 의장, 이해찬·한명숙 전 총리, 김혁규 의원, 강금실 전 법무 장관, 유시민 보건복지부 장관 등 일곱 명이었으며, 손학규 전 경기지사와 정운찬 전 서울대 총장, 문국현 유한킴벌리 사장, 박원순 희망제작소 상임이사 등도 범여권 대선 후보 영입 대상으로 거론되었다. 여기에 천정배 의원에다 민주당에서는 조순형 의원 이름이 나오고 있었다.[107]

스토커식 개헌 홍보?

열린우리당의 해체가 임박할수록 노무현의 개헌 집착은 더욱 강해졌다. 정부 부처는 학계, 언론계 등 여론 지도층 인사들에게 개헌 홍보 이메일을 보내느라 바빴다. 산업자원부, 중앙인사위원회, 국가청소년위원회 등 개헌 작업과는 상관없는 부처들까지 나서 홍보 실적을 올리느라 정신이 없었다. 정부는 3월 15일 공청회를 연 데 이어 22일부터 29일까지 12개 지역별로 공개 토론회를 개최하기로 했다.[108]

105) 「노 대통령의 의도적인 대선 주자 품평(사설)」, 『한국일보』, 2007년 3월 23일, A27면.
106) 김창균, 「'노의 남자'를 부르는 소리」, 『조선일보』, 2007년 3월 28일, A34면.
107) 김민철·배성규, 「'8개 정파 13룡'…범여권 어디로」, 『조선일보』, 2007년 3월 27일, A6면.
108) 「세금과 사람 낭비하는 개헌 홍보(사설)」, 『중앙일보』, 2007년 3월 21일, 34면.

국정홍보처는 노무현 대통령 임기 내 개헌의 정당성을 설명하는 홍보물 100만 부를 제작해 15만 부는 관공서나 다중(多衆) 이용 시설에 배포했고, 85만 부는 중앙지와 지방지, 무료 신문 등에 전단처럼 끼워 배포했다. '개헌, 더 나은 미래를 위한 선택입니다' 라는 제목의 이 홍보물은 헌법개정추진지원단이 제작한 것으로 돼 있으며, 모두 8쪽 분량이었다. 홍보물의 마지막 쪽에는 지난 8일 개헌 시안 발표에 맞춰 열린 노 대통령의 기자회견문 요약을 실었다. 그러나 '노무현 대통령 임기 중 개헌' 에 대해 60% 이상이 반대하는 여론의 흐름은, 노 대통령이 처음 개헌을 제안했던 1월과 비교해 크게 달라지지 않고 있었다.[109]

3월 25일 국정홍보처 자료에 따르면, 40개 정부 기관이 일반 국민 341만 1,279명에게 헌법 개정 홍보 메일을 발송한 것으로 나타났다. 국세청이 141만여 건으로 가장 많았고, 농촌진흥청, 문화재청, 식품의약품안전청, 해양경찰청, 기상청 등 개헌과 전혀 관련 없는 기관들도 참여했다. 국정홍보처는 각 기관별 실적까지 체크한 것으로 드러났다. 한 정부 관계자는 "정부 부처 업무 평가의 15%를 차지하는 '정책 홍보 관리 평가'에서 좋은 점수를 받기 위해서는 협조할 수밖에 없다"고 말했다.[110]

이와 관련해 『조선일보』는 "지난 1월 대통령이 개헌을 제안했을 때 여론조사에서 63%가 '개헌을 하려면 다음 정권에서 하는 게 낫다' 고 했었다. 이런 응답 비율은 3월 15일 조사에서 64.4%로 오히려 조금 더 올라갔다. 정부가 지난 석 달 가까이 개헌 홍보를 한답시고 헛돈, 헛힘만 쓴 것이다. 어차피 안 될 일이라는 걸 뻔히 알면서도 '싫다' 는 국민 뒤를

109) 김민철, 「홍보처, 신문지국 통해 개헌홍보물 배포」, 『조선일보』, 2007년 3월 24일, A2면.
110) 황대진, 「정부, 341만 명에 개헌홍보 이메일」, 『조선일보』, 2007년 3월 26일, A5면.

졸졸 쫓아다니며 짜증나게 하는 '스토커 정부'가 또 어디에 있을까. 그 모습이 보기 딱하다"고 했다.[111]

『동아일보』도 「스토커식 개헌 홍보」라는 사설에서 "정부는 막무가내로 개헌 홍보에 세금과 행정력을 소모하고 있다. 싫다는 사람 쫓아다니며 괴롭히는 스토커 같다"며 다음과 같이 말했다. "지금 이 나라 현실은 정부가 운동권처럼 '개헌 투쟁'에 나서 국력을 낭비해도 괜찮을 만큼 한가롭지 않다. 한미 자유무역협정(FTA), 북핵, 교육과 부동산 문제 등 정부가 매달려야 할 과제가 한둘이 아니다. 선택과 집중을 잘해야 좋은 정부다. 대통령부터 오기(傲氣)를 스스로 꺾어야 한다. 대통령이 억지를 부리니까 일부 공무원이 진짜 충성심이나 있는 듯이 '나팔수' 시늉을 하고 있는 것 아닌가."[112]

『한국일보』는 "국정홍보처가 '정권 홍보'에 매달린 것이 새삼스러운 일은 아니지만, 위법 논란까지 일고 있는 '개헌 홍보'에 세금을 낭비하는 지경에 이르고 보니, 사회 일각의 국정홍보처 무용론 또는 폐지론이 공연하지 않다"며 다음과 같이 말했다. "국정홍보처는 정권에 비판적 시각을 드러낸 언론 보도와 논평을 공격하는 데 줄곧 애써왔다. 이번 '개헌 홍보'도 그 연장선상에 있지만 고유 영역과 더욱 거리가 멀다. 권력 구조나 정부 조직의 특성상 국정홍보처가 홍보할 '국정' 범위가 애매한 것은 사실이다. '국정'의 최고 담당자인 대통령의 행위에서 행정 정치 요소를 구분해내기는 어렵다. 그러나 대통령이 이미 정당에서 탈퇴해 정치 중립을 강조했고, 국민 대다수가 개헌 논의의 정치성에 주목

---

111) 「개헌홍보물 신문에 끼워 안방에 밀어넣는 정권(사설)」, 『조선일보』, 2007년 3월 26일, A35면.
112) 「스토커식 개헌 홍보(사설)」, 『동아일보』, 2007년 3월 26일, A35면.

하는 현실에서 '개헌 홍보'는 더 이상 '국정 홍보'에 속하기 어렵다."[113]

『국민일보』는 "노무현 정부의 개헌 홍보가 도를 넘어섰다. 과잉 홍보의 문제점을 지적하는 각계 비판에도 오불관언이다. 정부 조직이 장기간 개헌 논란에 휩싸임으로써 국정에 차질을 빚을지도 모른다는 우려마저 나오고 있다"며 다음과 같이 말했다. "한나라당이 국정홍보처 폐지를 요구하며, 국정 조사를 검토키로 한 것은 일리가 있다. 관련 공무원들에게 죄를 묻겠다는 주장도 무리가 아니다. 현 정부 임기 내 개헌에 대해서는 한나라당 등 대다수 정파가 부정적이다. 국민 대부분이 고개를 가로젓고 있음은 말할 것도 없다. 어차피 되지도 않을 개헌을 위해 돈과 시간을 허비하는 노무현 정부에 대해 국민들은 이제 화가 치민다."[114]

『한겨레』는 "개헌은 정부가 일방적인 여론몰이로 추진할 일은 아니다. 그런다고 가능하지도 않다. 개헌 추진에 대한 국민의 공감대가 있어야 하며, 각 정당 등 정치 세력의 의견도 모아야 한다. 지금처럼 둘 다 크게 부족한 상태에서 정부가 고집스레 밀어붙이는 것은 괜한 갈등과 국력 소모만 부를 뿐이다. 정부는 개헌 홍보에 나서기에 앞서 개헌 시기 등에 대한 여론을 다시 한 번 폭넓게 수렴하기 바란다"고 했다.[115]

국정홍보처가 대대적인 개헌 홍보에 나서자 이런 '정권 홍보처'는 폐지해야 한다는 반발이 더욱 거세게 터져 나왔다.[116] 노무현은 승부사인가? 승부사가 아니라 검투사라는 진단이 나온다.

---

113) 「국정홍보처 '개헌 홍보' 중지해야(사설)」, 『한국일보』, 2007년 3월 26일, 39면.
114) 「도를 넘어선 정부의 개헌 집착(사설)」, 『국민일보』, 2007년 3월 27일, 22면.
115) 「개헌 홍보 이전에 여론 수렴 더 해야(사설)」, 『한겨레』, 2007년 3월 28일, 31면.
116) 「국정홍보처를 박물관으로 보내라(사설)」, 『조선일보』, 2007년 3월 28일, A35면

노무현은 검투사
한미 FTA 타결과 노무현의 개헌 철회

한미 FTA 타결

2007년 4월 2일 한미 FTA(Free Trade Agreement; 자유무역협정) 협상이 타결되었다. 2006년 2월 2일 한미 양국이 미국 워싱턴 의회의사당에서 공동 기자회견을 열고 양국 간 FTA 협상 개시를 공식 발표한 지 14개월 만이었다. 한국에서는 스크린쿼터 철폐, 미국산 쇠고기 수입 재개, 의약품 가격 재조정, 배기가스 규제 완화 등 이른바 4대 선결 조건을 수용하는 등 저자세를 보여 '세상에서 가장 황당한 FTA' 라는 비판이 쏟아지면서 엄청난 사회적 갈등을 불러일으켰다.[117]

한미 FTA가 타결되자 조중동과 한나라당 그리고 보수 세력 모두 만세를 부르고 참여정부를 극찬하고 나섰다. 보수 진영에서는 '노무현 다시 보기 운동' 이 벌어졌다. 노무현이 달라졌다며, 그의 리더십을 격찬하는

---

117) 우석훈, 『한미 FTA 폭주를 멈춰라』(녹색평론사, 2006).

목소리가 홍수처럼 쏟아져 나왔다. 그렇지만 보수 신문들이 격찬한 노무현의 '집념·뚝심·배짱'은 과거 그들이 저주를 퍼붓던 노무현의 일관된 특성이었다. 예전에는 '아집·맹목·광신'이라고 욕하더니, 입에 달면 삼키고 쓰면 뱉는 행태와 다름없었다.

예컨대, 『중앙일보』(2007년 4월 5일)는 "한미 자유무역협정은 대한민국의 역사뿐 아니라 노무현 대통령의 개인 정치사에서도 획기적인 전환점이 되고 있다"며 다음과 같이 말했다. "협정 타결 후 노 대통령의 지지율은 10%p 내외 치솟아 일부 조사에서는 30%대 초반까지 올라섰다. 10%까지 곤두박질쳤던 것에 비하면 청와대 대변인의 표현대로 '시차 적응이 어려운' 사태 발전이다. 대통령에 대한 국민의 마음은 말 그대로 거울이다. 대통령이 옳으면 국민은 밀어주고 대통령이 어긋나면 국민은 얼굴을 돌린다. 대통령의 지지율 회복은 대통령에게 국정에 대한 자신감을 줌으로써 임기 말을 마무리하는 데 도움이 될 것이다."[118]

노사모도 그런 환호 무드에 동참했다. 4월 3일 김동렬은 친노 사이트 '서프라이즈'에 올린 글에서 "노무현 대통령에 의해 대한민국호의 전략은 입안되었다. 그것은 수출을 늘리고 그 이익을 빈곤층에게로 돌리는 것이다. 기업의 더 많은 수출, 부자의 더 많은 세금, 민중에게 더 많은 복지를 약속해야 한다. '기업의 더 많은 수출'은 FTA로 이미 확보되었다. 남은 것은 '부자에게 더 많은 세금', '민중에게 더 많은 복지'다. 누가 이를 보증하는가? 누구를 믿고 약속하는가? 노무현이 세팅한 2007년 대선 어젠다는 바로 이것이다"라고 주장했다.

---

118) 「노 대통령 개헌 발의를 재고하라(사설)」, 『중앙일보』, 2007년 4월 5일, 34면.

반면 개혁·진보 진영은 노무현 정권 퇴진 운동을 불사하겠다는 입장이었고, 『한겨레』와 『경향신문』 그리고 『오마이뉴스』는 있을 수 없는 일이 벌어진 듯이 맹공에 나섰다. 「노 대통령 신진보냐 신보수냐」(『한겨레』 4월 5일), 「노 대통령 진보적 우파냐 실용적 좌파냐」(『중앙일보』 4월 6일) 등과 같은 기사 제목이 말해주듯이, 한미 FTA 협상 타결 이후 노무현의 정체성 규명이 왕성하게 시도되었다. 『한겨레』 논설위원 김종철은 "탄핵 등 고비마다 '바보 노무현'을 지켰던 기존 지지자들의 눈에는 눈물이 흐른다"고 했고, 한림대 정치외교학과 김영명 교수는 "노무현 후보가 서민 대중과 젊은 층을 대변하겠다고 선풍을 일으키며 집권한 것은 일종의 사기 행각임이 판명되었다"고 했다.

96일 만에 소멸된 개헌 정국

한나라당은 한미 FTA가 타결에 환호했지만, 그렇다고 노무현이 개헌 공세에 대한 생각마저 바꾼 건 아니었다. 4월 6일 한나라당은 정부가 '국민투표 찬성과 반대에 대해서는 투표 공고일부터 홍보할 수 있다'는 국민투표법을 어기고 대대적 개헌 홍보 작업을 펴고 있다며 김창호 국정홍보처장과 임상규 국무조정실장을 국민투표법 위반 혐의로 서울중앙지검에 고발했다. 한나라당 김형오 원내대표는 주요 당직자회의에서 "국정홍보처가 군인에게 개헌 홍보 이메일을 보내도록 한 것은 현역 군인의 정치적 중립성을 해치는 것"이라며 "노무현 대통령의 전위 부대인 국정홍보처는 반드시 폐지돼야 한다"고 주장했다.[119]

4월 11일 한나라당과 열린우리당, 민주당, 민주노동당, 국민중심당 등 다섯 개 정당과 통합신당모임은 이날 원내대표 회담을 열고 '개헌 문제는 18대 국회 초반에 처리하기로 한다. 대통령은 임기 중 개헌 발의를 유보해주실 것을 정중히 요청한다'는 합의문을 발표했다. 문재인 청와대 비서실장은 긴급 대책 회의 후 브리핑에서 "각 당이 차기 정부, 차기 국회의 개헌을 당론으로 결정하고 책임 있게 약속할 경우 대통령은 개헌 내용과 추진 일정에 대해 대화하고 협상할 용의가 있다"며 조건부 수용 의사를 밝혔다. 그는 "정치적 협상이 좋은 결실을 맺을 수 있다는 전망이 보인다면 그때까지는 (개헌안 발의를) 유보할 수 있다"고 덧붙였다.[120]

이에 『조선일보』는 "정치권이 노 대통령의 퇴로(退路)를 열어준 것이라고 보는 게 실상에 가깝다. 이날 합의 이전에 노 대통령은 이미 개헌을 끌고 나갈 동력(動力)을 상실한 상태였기 때문이다. 노 대통령 임기 중 개헌 추진에 반대하는 여론이 지난 1월 이후 줄곧 60% 안팎이었고, 국회에서는 열린우리당을 제외한 모든 정당 및 정파가 반대했다. 노 대통령이 개헌안을 발의할 경우 통과될 가능성은 전혀 없었고, 오히려 그에 따른 정치적 부담만 떠안아야 할 상황이었던 것이다"라고 했다.[121]

그러나 4월 12일 오전 11시 15분 윤승용 청와대 홍보 수석이 황급히 기자실에 들어섰다. 윤 수석은 "브리핑 시간이 아닌데 달려온 이유가 있다"며 "어제 개헌 발의와 관련해 (문재인) 비서실장을 통해 발표된 청와대 입장을 여러분이 잘못 해석하고 있는 것 같아 그 부분을 바로잡기 위해 왔다"고 말했다. 그러고는 "16일까지 각 당이 '차기 18대 국회에서

119) 박영환, 「한나라 '정부 개헌홍보' 고발」, 『경향신문』, 2007년 4월 7일, 6면.
120) 이기수·김근철, 「결국 거둬들인 '정략 개헌'」, 『경향신문』, 2007년 4월 12일, 1면.
121) 박두식, 「정치권이 노 대통령에 퇴로 열어준 셈」, 『조선일보』, 2007년 4월 12일, A5면.

원 포인트(4년 중임제로의) 개헌안을 처리하겠다'는 당론을 채택하지 않을 경우 예정대로 18일 개헌안을 발의하겠다는 게 청와대 입장"이라고 했다.

무엇이 문제였을까? "정치권이 노 대통령의 퇴로를 열어준 것" 운운하는 언론 보도가 문제였다. 윤 수석은 「어차피 안 될 개헌 FTA와 맞바꾸기」, 「결국 거둬들인 정략 개헌」 등의 기사까지 열거하며 "이런 식의 보도는 청와대의 흐름을 잘못 본 것"이라고 내부 기류를 전했다. 급기야 노 대통령은 빌 리처드슨(Bill Richardson) 미 뉴멕시코 주지사 일행의 접견을 끝내자마자 오전 10시에 정무 관계 회의를 소집했다. 문 실장과 주요 수석, 정무 관련 비서관들이 참석한 이 회의에서 노 대통령은 개헌에 대한 원칙적 입장을 재강조했고, 윤 수석으로 하여금 그대로 발표하라고 지시한 것이다.[122]

이에 열린우리당을 제외한 다섯 개 정파는 강하게 반발했다. 한나라당 등 다섯 개 정파는 "정당정치를 무시하는 발상"이라며 "더 이상 개헌과 관련해 대통령이 나서지 말아야 한다"고 입을 모았다. 한나라당 강재섭 대표는 "18대 국회에서 할 일에 대해 대통령이 시기와 내용을 요구하며 합의를 강요하는 것은 어불성설"이라며 "더 이상 대통령과 이 문제를 협상할 생각이 없다"고 밝혔다. 김형오 원내대표도 "청와대 요구 조건은 이미 충족된 상태"라고 일축했다. 유기준 대변인도 "다음 국회에서 개헌 문제를 처리하겠다는 건 이미 당론으로 채택돼 있고, 대선 주자들도 같은 입장"이라며 "또다시 당론으로 채택하라는 요구에는 답변할

<hr>

122) 박승희, 「노 대통령 '오기 정치' 논란」, 『중앙일보』, 2007년 4월 13일, 6면.

필요성을 느끼지 못한다"고 반박했다. 통합신당모임과 민주당도 "국민 지지도 없고 국회 통과 가능성도 없는데 청와대가 형식 논리와 자존심 싸움으로 소모적 논쟁을 벌이고 있다"며 "이제 개헌은 잊고 국정에 전 념하라"고 촉구했다. 민주노동당도 노 대통령에 대해 '군주제적 고집', '막무가내 수준'이라는 용어를 동원하며 날을 세웠다.[123)

노 대통령의 정치적 사부로 불리는 김원기 전 국회의장이 나섰다. 그는 "정치권이 합의를 통해 퇴로를 열어주면 받아들이는 게 좋겠다"는 뜻을 문재인 대통령 비서실장에게 전하는 한편, 한나라당 의원들을 만나 "대선을 앞두고 그쪽에서는 변수를 하나라도 줄이는 게 이득"이라는 논리로 설득했다. 열린우리당 장영달 원내대표도 "2004년 탄핵과 같은 일이 또 일어나면 우리는 좋다. 한나라당이 당론화를 끝까지 거부할 작정이냐"며 한나라당 김형오 원내대표를 압박했다. 한나라당에는 청와대 측의 메시지도 전달된 것으로 전해졌다.

결국 한나라당은 13일 의총에서 청와대 측 요구를 전격 수용했다. 노 대통령은 4월 14일 윤승용 청와대 홍보 수석을 통해 "18대 국회에서의 개헌을 국민에게 약속한 각 당의 합의를 수용한다"며 "특히 각 당이 당론으로 정한 데에 의미가 있으며 감사하게 생각한다"는 입장을 밝혔다. 한나라당 유기준 대변인은 "늦었지만 당연한 귀결"이라며 "노 대통령은 정치적 문제에서 손을 떼고 한미 자유무역협정 후속 대책 등 산적한 현안 해결과 공정한 대선 관리에만 올인 하라"고 했다. 열린우리당 최재성 대변인은 "정치권과 대통령이 결단해 의미 있는 합의를 했다"고 논평했

---

123) 염영남, 「우리당 빼고 5개 정파 "답변 필요 못 느껴" "막무가내 수준"」, 『한국일보』, 2007년 4월 13일, A4 면.

다. 이로써 1월 9일 노 대통령의 제안으로 조성된 개헌 정국은 96일 만에 소멸됐다.[124]

노무현은 승부사가 아니라 검투사

"노무현 대통령은 승부사가 아니라 검투사다. 김영삼 전 대통령과 같은 승부사는 살기 위해 빠져나갈 구멍을 만들어놓은 뒤 싸우지만, 검투사는 퇴로를 차단하고 죽기 살기로 싸운다." 김대중 정부에서 대통령 정책 기획 수석실 행정관으로 근무했고, 고려대 행정학과 연구교수로 재직한 최진 대통령리더십연구소 소장은 노무현 대통령 리더십의 특징을 이렇게 요약했다. 행정학 박사인 최 소장은 4월 15일 펴낸 저서 『대통령리더십 총론』에서 노 대통령의 리더십을 '전형적인 선동가형'으로 분류하고 "인파이터들은 판정승보다는 KO로 승부를 판가름 낸다. 그래서 결과도 화려한 승리 아니면 비참한 패배로 극단적"이라고 부연했다.

최 소장은 "노 대통령은 목숨을 걸고 싸우는 검투사 타입"이라며 "이러한 유형의 지도자는 혁명이나 전쟁 같은 비상 국면에서는 능동적인 리더십을 발휘하는 등 장점이 많지만 안정 국면에서는 정치 지상주의나 모험주의의 유혹에 빠질 수 있다"고 지적했다. 이 같은 노 대통령의 리더십이 부동산 정책과 한미 자유무역협정 협상, 전시 작전 통제권 전환과 같은 국가적 논란에서 한 치도 물러나지 않는 모습으로 이어졌으며, 여론의 반대를 무릅쓴 유시민 보건복지부 장관 임명과 개헌 추진 강행

---

124) 김성탁 · 남궁욱, 「"국회 계단서라도 발의" 한때 긴장」, 『중앙일보』, 2007년 4월 16일, 8면.

등의 부작용도 낳았다고 최 소장은 지적했다.

특히 노 대통령의 이런 기질은 학창 시절과 청년기에 형성된 다양한 콤플렉스와 결합됐다는 것이 최 소장의 분석이다. 최 소장은 "천대받으며 살아온 데다 고졸 학력에 항상 비주류의 길을 걸어온 노 대통령의 삶은 콤플렉스 그 자체라고 해도 과언이 아닐 정도"라고 진단했다. 최 소장은 노 대통령이 학창 시절 부잣집 아이의 새 가방을 몰래 면도칼로 찢고 초등학교 4학년 때까지 매년 30여 일을 결석하는 등 어릴 때부터 기득권과 규범적인 조직 체계를 거부하는 모습을 보였다고 지적했다. 코드인사의 심층에도 마이너리티 콤플렉스와 불안 심리가 있다는 것이 최 소장의 분석이었다.[125]

개헌 정국과 한미 FTA도 그런 관점에서 이해해야 하는 걸까? 장영달 열린우리당 원내대표는 "국회 본회의장 개헌안 연설이 무산될 경우 대통령은 본청 앞 계단에서 연설을 강행하는 비상 수단을 동원할 생각까지 있었다"고 했다. 이와 관련하여 박현동 『국민일보』 논설위원은 "현직 대통령의 계단 연설은 생각만 해도 아찔하다. 그랬더라면 대통령의 품격, 국가의 품격은 어찌됐을 것인가"라며 다음과 같이 말했다. "누구에게나 품격이라는 것이 요구된다. 사회 지도층은 물론이고 개인에게도 그렇다. 특히 대통령의 품격은 곧 국가의 품격이다. 물론 법으로 정해진 것은 아니다. 먹고마시는 데도 품격이 있다. 내가 번 돈 내 마음대로 쓰는데 무슨 상관이냐고 따질지 모르나 '개같이 벌어 정승처럼 쓴다'는 말이 괜히 나왔을까. 하물며 말과 행동거지에서랴. 더욱이 대통령이라

---

125) 장강명, 「"노 대통령은 검투사…모험주의 유혹 빠질 수도"」, 『동아일보』, 2007년 4월 16일, A6면.

면......." [126]

청와대는 "개헌 문제는 한미 FTA와 전혀 관련이 없다"며 이른바 '맞바꾸기' 의혹을 일축했지만, 정치권에서는 "노 대통령은 개헌 정국을 정치적으로 활용하려는 의도에서 출발했다"(민주노동당 노회찬 의원), "한미 FTA는 개헌 정국의 주연(노 대통령)과 조연(한나라당)이 두 축이고, 열린우리당 찬성파가 가세하는 그림이다"(민생정치모임의 한 의원) 등 다양한 해석이 쏟아져 나왔다. [127]

입이 째지려고 한다

2007년 4월 25일 치러진 세 곳의 국회의원 보궐선거에서 한나라당은 경기 화성의 고희선 후보만 승리했고, 여섯 곳의 기초 단체장 선거에서는 서울 양천과 경기 동두천, 가평, 양평, 경북 봉화 등 다섯 곳에서 패했다. 대전 서 을과 전남 무안·신안 국회의원 보궐선거에서는 국민중심당 심대평, 민주당 김홍업 후보가 각각 당선됐다. 한나라당은 연말 대선의 연대 향배를 가늠할 대전 서 을에서 졌을 뿐 아니라 수도권 기초 단체장 선거에서 전패하고 텃밭인 경북의 봉화군수마저 놓치는 충격의 참패를 당했다. 반면 민주당은 김대중 전 대통령의 차남인 김홍업 씨를 당선시킴으로써 통합 작업의 주도권 경쟁이 용이해졌으며, 국민중심당도 심대평 공동대표의 원내 입성으로 충청권 표심을 내세워 대선 지분을 요구할 수 있게 됐다. [128]

---

126) 박현동, 「[한마당] 계단연설」, 『국민일보』, 2007년 4월 17일, 23면.
127) 이기수·이주영, 「노-한나라 'FTA 연장' 뒷손 잡나」, 『경향신문』, 2007년 4월 16일, 6면.

열린우리당은 4·25 재·보선 총 55곳의 선거구 중 39곳에서 후보를 내지 못한 데다 출마자들도 전북 정읍 기초 의원 한 명을 제외하곤 대부분 당선권과 거리가 먼 참패를 당함으로써 2005년 이후 '0대 40'이라는 전패 기록이, '1대 55'가 됐다. 그런데도 이날 개표 방송을 보는 열린우리당의 표정은 어둡지 않았다. 정세균 의장은 "한나라당의 오만에 대해 깨끗한 정치를 바라는 국민들의 심판이 있었다"고 했고, 서혜석 대변인은 "대통합을 향한 최소한의 교두보가 마련됐다"고 했다.[129]

4월 30일 서울 소공동 롯데호텔에서 열린 '국민화합 기원 대법회'에서 노무현은 "분위기가 참 좋다. 편안하고 따뜻하다. 입이 째지려고 한다. 운은 나쁘지 않은 것 같다. 된고비는 넘었다"고 했다. 이에 배명복 『중앙일보』 논설위원은 "미국과의 자유무역협정 협상 타결 이후 상승세를 타고 있는 지지율? 기고만장하던 한나라당의 재·보선 참패? 한나라당 두 대선 주자의 자중지란(自中之亂)? 레임덕 신세라고 함부로 깔보다간 큰코다친다는 정치적 자신감? 보수 언론의 무뎌진 공세? 내림세로 돌아선 부동산 시장? 때맞춰 찾아온 '특권·반칙과의 승부' 기회……? 무엇 때문에 우리 대통령은 입이 째질 정도로 기분이 좋은 걸까요?"라고 물으면서 다음과 같이 말했다.

"통계청의 최신 자료에 따르면 우리 국민 중 할 일 없이 놀고먹는 사람만 127만 명입니다. 취업 준비생, 진학 준비자, 군 입대 대기자 등까지 합하면 204만 명이 사실상 '백수'입니다. 대학을 나와도 취업문은 바늘

---

128) 이태희, 「한나라 참패…후폭풍 예고」, 『한국일보』, 2007년 4월 26일, 1면.
129) 임민혁, 「1곳만 후보 내고도 대패한 열린우리당 "그래도 범여 승리 아니냐" 희한한 반응」, 『조선일보』, 2007년 4월 26일, A5면.

구멍입니다. 나이 마흔만 넘으면 언제 잘릴지 몰라 좌불안석(坐不安席)입니다. 잘나가는 소수와 그렇지 못한 대다수 사이의 격차는 갈수록 벌어지고 있습니다. 사교육비 부담은 눈덩이처럼 불어나 교육에서도 양극화 현상은 점점 심각해지고 있습니다. 한국 교육에서 희망을 잃은 사람들은 너도나도 '교육 난민' 신세가 돼 해외를 떠돌고 있습니다. …… 대통령도 사람이고, 정치인입니다. 당연히 기분이 좋을 수도 있고, 나쁠 수도 있습니다. 하지만 사석이 아닌 공적인 자리에서 대통령 스스로 입이 째지게 좋다고 말할 수 있는 경우는 단 하나뿐입니다. 국민의 입이 째질 때입니다. 국민 입에서 행복하다는 소리가 먼저 나올 때 비로소 대통령도 행복할 수 있습니다. 국민 중에서 맨 마지막에 웃을 수 있는 사람, 그 사람이 바로 대통령 아닐까요."[130]

이유식 『한국일보』 논설위원은 "고용 시장을 쳐다보면 한숨부터 나온다. 일자리는 투자와 함께 참여정부가 최악의 성적표를 낳은 부분이다. 200만 명을 넘는 실질적 실업자도 그렇지만, 비정규직이 임금 근로자의 50% 안팎에 달할 만큼 고용의 질이 나빠지고 창의성보다 안정성이 직업 선택의 최우선 기준이 된 것은 투자 부진 이상으로 국가 미래를 어둡게 만든다"며 다음과 같이 말했다.

"그런데도 대통령은 '우리 경제가 원칙대로 가고 있다'고 자신하며 이젠 정치판을 뒤흔들고 싶어 한다. 편하게 국록을 먹으면서 자리를 탐하는 집단이 아니면, 전혀 납득할 수 없는 언행이다. 정부는 지금 한미 FTA의 마약에 취한 듯 '젖과 꿀이 가득한' 내일의 복음만 되뇐다. 입이

130) 배명복, 「좋아서 입이 째지려 한다구요?」, 『중앙일보』, 2007년 5월 3일, 34면.

째지게 좋을 국민이 많을 법도 한데, 모두들 입을 굳게 닫고 있다." [131]

"입이 째지려고 한다"는 노무현의 발언을 선의로 해석하자면, 한국 사회 특유의 정치 과잉 문화에도 그 책임을 물을 수 있으리라. 주한 미국 대사관 외교관이었던 그레고리 헨더슨(Gregory Henderson)은 정치 과잉을 한국인들이 중앙 권력의 향배에 따라 생명을 포함해 자신의 운명이 좌우되는 시대를 살아온 오랜 역사의 산물이라고 봤다. 그가 한국의 정치 문화를 중앙 권력에 모든 것이 휘말려 들어가는 이른바 '소용돌이의 정치'라고 표현한 것도 바로 그런 이유 때문이다. [132] 한국에서 어느 시대건 소용돌이의 시대가 아닌 적은 없었지만, 특히 노무현 시대는 대표적인 소용돌이의 시대라 할 수 있겠다.

---

131) 이유식, 「국민도 입이 째지게 좋고 싶다」, 『한국일보』, 2007년 5월 5일, 26면.
132) 정남구, 「[유레카] '왕'을 뽑았는가?」, 『한겨레』, 2008년 6월 11일.

미국에 사죄하는 한국
조승희 사건

조승희 사건

한미 FTA 협상 타결로 한국과 미국의 거리는 훨씬 더 좁혀진 것처럼 여겨졌는데, 그로부터 2주 후인 4월 16일 미국 버지니아공대(버지니아텍) 영문학과에 다니던 한국계 미국인 조승희가 캠퍼스 강의실 등에 있던 동료 대학생과 교수 등 32명을 권총으로 무차별 사살하고 자신도 스스로 목숨을 끊은 사건이 발생했다. 이 사건은 '미국 역사상 단 한 명의 총잡이가 학교 캠퍼스 안이나 밖에서 저지른 것으로는 가장 치명적'이라는 기록을 남겼다.

조승희는 사건 당일 총과 칼로 무장한 자신의 모습을 담은 사진과 동영상 및 주장을 담은 선언문(매니페스토)을 미국 최대 방송사인 NBC에 우편물로 보냈다. NBC는 18일 오후 6시 30분 〈나이틀리 뉴스(Nightly News)〉에서 조승희가 보낸 동영상과 사진 가운데 일부를 공개한 데 이어 19일에도 일부 동영상을 공개했다. 조승희가 16일 버지니아공대 기숙사에서 두 명을 살해한 직후에 보낸 이 우편물에는 전투복을 연상하게 하는 등산 조끼를 입은 채 양손에 권총 두 자루를 들고 위협하는 그의 모습이 담겨 있었다.

조승희는 동영상을 통해 "시간이 됐다. 거사는 오늘이다. 너희는 나를 피 흘리게 하고 궁지로 몰았으며 결국 내가 이런 선택밖에 할 수 없게 만들었다"며 자신의 행위에 대한 정당성을 주장했다. 동영상에서 그는 "누가 얼굴에 침을 뱉는 것이 어떤 기분인지 알아? 목구멍으로 쓰레기를 넘기는 기분, 자기 무덤을 파는 기분이 어떤지 알아?"라며 주변에 대한 불만감을 강하게 표출했다. 그는 "벤츠 자동차로, 금목걸이로, 보드카와 코냑으로도 부족했냐"라면서 부유층에 대한 강한 적개심을 드러내기도 했다. 19일 추가로 공개한 동영상에는 조승희가 자신을 모세와 동일시하는 듯한 장면이 포함되어 있었다.[133]

이 참사로 전 미국이 오열했다. 미국의 언론은 '대량 학살'이라고 규정하고 나섰고, 부시 대통령은 직접 나서서 아픔을 공유하고자 했다. 허리케인 카트리나가 발생했을 때 그렇게도 미적거린다고 욕을 들어먹던 대통령이 이번에는 추도식에 전용 헬기를 타고 나타날 정도였다. 이와 관련해 미국의 교육학자 스비 샤피로(Svi Shapiro)는 "조승희가 보여준 분노는 다른 수많은 학교 폭력과 마찬가지로 그가 느낀 깊은 무력감과 관련이 있다. 컬럼바인 사건에 관해 쓴 글에서 나는 우리 사회에서 학교가 학생들이 자신의 가치를 인정받기 위해 끊임없이 투쟁하는 투기장과도 같은 곳임을 지적했다. 조승희가 일종의 결함 때문에—말을 잘하지 못

---

133) 최영해 · 이세형, 「조승희 동영상-선언문 범행 당일 방송사에 발송 "벤츠-코냑-금목걸이로도 부족한가"」, 『동아일보』, 2007년 4월 20일, 1면.

버지니아공대 학생들은 차분하고도 성숙한 태도로 희생자들을 추모했다.

했다고 한다 ― 학교에서 무시당하고 과소평가되었다는 것은 놀라운 일
이 아니다"라며 다음과 같이 말했다.

"버지니아공대 사건에 대한 언급에서 범죄학 교수인 앨런 폭스(J. Alan
Fox)는 미국이 점점 더 경쟁적인, 서로서로 잡아먹는 사회가 되었다고 말
한다. 그는 우리 사회가 어떤 대가를 치르건 성공한 사람을 찬양할 뿐, 실
패한 사람에게는 동정을 베풀지 않는 곳이 되었다고 말한다. …… 이런
이야기로 우리 학교에서의 끔찍한 폭력을 변명하자는 것은 전혀 아니다.
그러나 우리는 이런 사건들이 우리가 살고 있는 좀 더 큰 문화와 관련이

있다는 것을 인정해야 한다." [134]

한국의 과민 반응

한국 사회는 미국 버지니아공대에서 일어난 총기 난사 사건을 '한국 문제'로 여기는 과민 반응을 보였다. 한국과 미국은 이른바 혈맹(血盟)을 넘어 이미 한 몸이 된 걸까? 한미 FTA 협상 인준을 기대하고 있던 노무현 정부는 마치 공황 상태에 빠진 것 같았다. 노무현 대통령은 세 번에 걸친 애도 표시를 했고, 정부 차원의 조문 사절단을 보내는 방안까지 적극 검토했지만, 이는 미국 측의 반대로 무산됐다. [135] 주한 미국 대사관 앞에서는 희생자들의 명복을 비는 촛불 기도회가 열렸고, 주미 대사 이태식은 "한국 대신 사죄를 표한다"고 했고 "슬픔을 나누고 자성하는 뜻에서 32일 동안 금식을 하자"고 제안하기도 했다. [136]

언론도 다를 바 없었다. 집요하게 반복되는, 미국인들을 상대로 '한국은 잘못 없다'거나 '무관하다'는 너무도 뻔하고 당연한 답을 얻어내기 위한 구걸식 또는 강요식 질문은 보기에 민망했다. 「송구한 마음으로 애도합니다」라는 어느 신문 사설도 그랬고, [137] 소설가 이문열이 때마침 미국 보스턴에 있다는 이유로 그의 '조승희 범죄 분석'을 1면 머리기사로

134) 스비 샤피로(Svi Shapiro), 「조승희 사건, 교육과 죽음의 문화」, 『녹색평론』, 제96호(2007년 9·10월), 167~174쪽.
135) 정용환, 「조문 사절 사양한 미국 "이민자도 미국인…한국이 나서면 곤란"」, 『중앙일보』, 2007년 4월 19일, 2면.
136) 이제훈, 「"자성의 뜻으로 32일간 금식하자": 이태식 주미 대사 추모예배 발언」, 『한겨레』, 2007년 4월 19일, 9면.
137) 「송구한 마음으로 애도합니다(사설)」, 『국민일보』, 2007년 4월 19일, 22면.

범행 당시 버지니아공대 영문학과 4학년에 재학 중이던 조승희(사진)는 한국에서 태어나 8세 때 부모를 따라 미국으로 왔다. 한국 국적을 유지하면서 미국 영주권을 취득한 이민 1.5세였다.

다룬 것도 '과잉' 이었다.[138]

이와 관련해 서경식은 "버지니아공과대학에서 총기 난사 사건이 일어난 직후 노무현 대통령이 되풀이해서 애도의 말을 하고 주미 한국 대사가 눈물을 흘리면서 '참회' 의 필요성을 호소한 데 대해 나는 큰 위화감을 느꼈다. 분명히 말하자면 미국인이 싫어하는 대상이 되고 싶지 않다는 비굴한 식민지 근성 같은 것을 느꼈다" 고 주장했다.[139]

남정호는 "조승희 사건에 대한 한국인의 대응은 과잉의 연속이었다. 범인이 한국인으로 밝혀지자 대통령부터 난리가 났다. 그러다 미국인들은 '범인은 범인이고 한국인은 한국인' 으로 본다는 보도가 나가자 또 다른 '오버 액션' 이 등장했다" 며 다음과 같이 말했다.

"언론들은 '성숙한 대응' 운운하며 이를 대서특필했고, 한국인들은 감격에 겨워했다. 미군 교통사고에 여중생 두 명이 숨졌다고 성조기를 태우는 사람들 눈에는 상상하기 어려운 관대함이었을 것이다. 한국 사회를 분석하는 고전적인 틀은 '소용돌이 이론' 이다. 절대 권력을 향해

---

138) 배영대, 「보스턴 거주 소설가 이문열 '조승희 범죄' 분석」, 『중앙일보』, 2007년 4월 20일, 1면.
139) 서경식, 「'집단적 죄' 와 '국민적 책임' 은 다르다」, 『한겨레』, 2007년 5월 26일.

모든 파워가 집중되는 모델이다. 한국인들의 인식도 구심점을 향해 빨려가는 소용돌이 패턴 같다. 그래선지 단편적인 보도를 토대로 조승희 사건 이후 미국 안에는 아무 후유증도 없는 것처럼 믿는 듯하다. 그러나 세상이 어디 그런가. 몇몇 신문과 버지니아 주지사가 '한국 사람 책임이 아니다'라고 했다고 미국 전체에 선입견이 없다고 믿는다면 극히 단세포적 발상이다. 인종 차별을 규탄하는 사설이 신문마다 실려도 혐오 범죄가 날뛰는 곳이 미국이다."[140]

한국인의 범주화 기질

한국 사회의 과민 반응에 대해 '과잉 민족주의'[141], '천박한 민족주의'[142], '집단적 죄의식' 증후군[143] 등의 비판이 제기되었는데, 과연 그런가? 민족주의와 관련은 있지만 민족주의가 원인은 아니었다. 세상에 대한 한국인의 인지 방식의 독특함에 주목하는 것이 문제의 핵심을 짚는 데에 도움이 될 것이다.

한국인은 범주화 능력이 매우 탁월한 사람들이다. 그 능력은 기질로까지 발전했다. 이는 불확실성에 대해 강한 거부감을 갖고 있다는 뜻이기도 하다. 한국인은 사람을 처음 만났을 때 상대방의 나이, 고향, 출신 학교 등 신상 명세에 대해 매우 궁금해한다. 그런 기본적인 정보로 상대방을 어떤 범주에 귀속시키지 않으면 불편해하다 못해 불안 증세마저 보인다.

140) 남정호, 「슬슬 터지는 '조승희 후유증'」, 『중앙일보』, 2007년 5월 23일.
141) 김광호·박영흠, 「미(美)도 놀란 한국의 집단책임의식」, 『경향신문』, 2007년 4월 21일, 1면.
142) J. 스콧 버거슨, 「한국인들의 지나친 '한국 걱정'」, 『조선일보』, 2007년 4월 21일, A31면.
143) 임지현, 「'집단적 죄의식' 증후군」, 『조선일보』, 2007년 4월 24일, A35면.

그런 기질에는 명암이 있다. 일을 처리하거나 인간관계를 발전시키는 데 신속을 기할 수 있는 반면, 편견과 편 가르기가 발휘되는 토양이 된다. 세계에서 가장 빠른 근대화를 이루는 과정에서 한국인들의 속도에 대한 숭배는 체질로 굳어졌기 때문에 그 어떤 부작용에도 이 범주화 게임은 지속되고 있다.

한국인들이 그런 독특한 기질을 갖게 된 건 인구의 사회 문화적 동질성, 1극 집중 구조, 높은 인구 밀도 때문이다. 이는 달리 '구별 짓기'를 할 게 없다는 걸 의미한다. 전문가들은 무의미하다고 보는 혈액형과 성격의 관계를 진지하게 따지는 게 가장 성행하는 나라가 일본과 한국인 것도 바로 그런 이유 때문일 가능성이 높다. 자연스럽게 구별 짓기가 안 되기 때문에 인위적으로 구별 짓기를 할 수 있는 무언가를 찾아내고자 하는 욕망이 범주화 게임으로 발전했다고 볼 수 있는 것이다.

어디에 소속되었느냐 하는 범주를 따지길 좋아하는 한국인의 습성은 민족주의 이전의 것이다. 비슷한 참사가 국내에서 일어났다고 가정해보자. 사람들이 범인의 출신 지역과 학교를 안 따질 것 같은가? 무슨 나쁜 뜻이 있어서 그런 게 아니다. 거의 본능적이다. 물론 나쁜 뜻이 가미될 때도 있다. 이번 사건과 관련해 소설가 박상우의 다음과 같은 증언을 들어보라.

"처음 중국계 유학생이라고 발표되던 당시 나는 식당에서 식사를 하다가 중국 사람들을 거칠게 힐난하고 욕하는 소리를 들었다. 하지만 곧이어 범인이 조승희이고 그가 한국계라는 게 밝혀지자 온 나라가 애도와 공범 의식에 휩싸여 급기야 주미 한국 대사가 희생자를 기리기 위한 단식을 제안하기까지 했다."[144]

이는 집단주의와 비슷하지만 집단주의는 아니다. 한국인은 강한 집단주의 기질을 갖고 있지만 동시에 집단 이익보다는 개인·가족 이익을 앞세운다. 반쪽짜리 집단주의라고나 할까. 이는 서양에서 개발된 '개인주의-집단주의' 모델로는 포착되지 않는 한국적 특성이다.

한국인들의 집단주의·민족주의가 강하다고 하지만, 집단·민족에 대한 충성도는 높지 않다. 이익을 누릴 수 있는 경우에만 충성할 뿐, 이익에 반할 경우 언제든 걷어찬다. 충성도는 낮은 반면 범주에 대한 인식도만 높을 뿐이다. 즉 세상에 대한 인지 방식의 문제인 것이다. 한국인의 '냄비 근성'이라는 것도 실은 '인지'와 '충성' 사이의 괴리로 인해 나타나는 현상이다.

한국인은 믿기지 않을 정도로 폐쇄적인 동시에 믿기지 않을 정도로 개방적이다. 모순인가? 그렇지 않다. 동전의 양면과 같은 속성이다. 아는 사람에겐 정(情)이 철철 흘러넘치지만, 모르는 사람에겐 필요 이상으로 쌀쌀맞은 것도 마찬가지다. 그 어느 한 면을 보고 한국인을 단정 짓는 건 무리다. 한국인의 집단주의·민족주의가 강하다는 속설도 바로 그런 반쪽짜리 진실에 불과한 것이다. 왜 이민 1.5세대를 한국인으로 보는가? 범주화 기질에 따라붙기 마련인 본질주의 성향 때문이다. 한국인의 천성이 된 연고주의도 바로 그런 본질주의에 근거하고 있다. 연고를 본질로 보고 그것에 큰 의미를 부여하는 것이다. 노 정권 내부의 이전투구도 바로 그런 문화와 무관치 않았다.

---

144) 박상우, 「총기 참사, 한국인의 잘못된 관점」, 『경향신문』, 2007년 4월 26일, 26면.

'닫힌우리당'의 '살모사 정치'
노무현 vs 정동영·김근태

정치, 이렇게 가선 안 됩니다

2007년 5월 2일 노무현 대통령은 청와대 브리핑에 「정치, 이렇게 가선 안 됩니다」라는 글을 올리고 한국의 정치 현실을 강도 높게 비판했다. 먼저 노 대통령은 "정치는 그렇게 하는 것이 아니라고 생각한다"며 정치 지도자의 자질을 문제 삼았다. 특정인을 거명하지는 않았지만 야당은 물론 범여권 주자까지 싸잡아 비판했다. 노 대통령은 "(정치 지도자는) 주위를 기웃거리지 말고 과감하게 투신해야 한다"며 "저울과 계산기는 미련 없이 버려야 한다. 정치는 남으면 하고 안 남으면 안 하는 '장사'가 아니다"라고 강조했다. 이는 전날 대선 불출마 선언을 한 정운찬 전 서울대 총장을 빗댄 것으로 해석됐다.

노 대통령은 또 "대통령의 낮은 인기를 바탕으로 가만히 앉아서 덕을 본 사람도 있다"며 "'경제가 나쁘다', '민생이 어렵다' 이렇게만 말하는 것은 정책이 아니다"라고 말했다. 이는 한나라당 이명박 전 서울시장을 겨냥한 발언으로 간주되었다. 특히 "남의 재산을 빼앗아 깔고 앉아 있는 것이 있으면 돌려주라"고 말한 것은 박 전 대표의 정수장학회 문제를 거론한 것으로 여겨졌다. 또 "경선에 불리하다고 당을 뛰쳐나가는 것은 경선 회피를 위한 수단"이라는 대목은 손학규 전 경기지사를 비난한 것이라는 게 중론이었다. 노 대통령은 이어 열린우리당 탈당파와 해체론자 책임론을 제기했다. "당부터 깨고 보자는 것은 파괴의 정치"라고도 했다.

이에 한나라당 유기준 대변인은 "대통령이 국민의 뜻을 무시하면서 대선 정국을 조정해 레임덕을 막고, 떡고물이 행여 떨어질지 모르는 유리한 위치에 앞서 가겠다는 처절한 몸부림을 치고 있다"고 비판했다. 열린우리당 최재성 대변인은 "대통령이 대통합 신당 추진 작업이 성공할지에 대한 확신이 없어서 한 얘기 아니냐"고 말했다.[145] 문학진 의원은 "람보 같다. 밀림 속에서 어깨에 둘러메고 전 방위로 기관총을 난사하는 모습을 연상시킨다"고 했다.[146] 김근태 전 열린우리당 의장은 "대통령이 지지율 올랐다고 그런 것 같다"며 "이제 말 많이 했으니 그만했으면 좋겠다"고 사정을 했다.[147]

『한국일보』는 "마치 정치의 선각자, 최고의 고수인 양 발언의 범위를 넓혔다. 자신 외에 나머지 모두를 부정하고 있으니 독선도 심하다"며 다음과 같이 말했다. "노 대통령의 글은 부당하다. 선거에 직접적인 영향을 끼치고, 선거 구도를 자기 뜻대로 몰아가겠다는 저의가 느껴진다는 점에서 위험하다. 노 대통령은 남은 임기 국정 마무리에 전념해야 한다.

145) 정연욱, 「"기본도 원칙도 대의도 없어 정치, 그렇게 하는 게 아니다": 노 대통령, 대선 주자-정당 한꺼번에 비판」, 『동아일보』, 2007년 5월 3일, A6면.
146) 박석원, 「[기자의 눈] 부적절한 대선 주자 품평」, 『한국일보』, 2007년 5월 4일, A2면.
147) 「대통령 다시 입을 열다(사설)」, 『조선일보』, 2007년 5월 4일, A35면.

정치의 책임과 경쟁 그리고 평가는 정당정치와 선거, 국민의 선택에 맡길 일이다. 정책을 설명하고 국민의 이해를 구하기 위해 대통령이 청와대 브리핑에 올려야 할 글은 이런 종류 말고도 수두룩하다."[148]

노무현 vs 정동영 · 김근태

2007년 5월 3일 정동영 · 김근태 두 사람은 열린우리당 해체를 요구하며 이것이 여의치 않을 경우 탈당해서 통합 신당을 만들겠다는 입장을 밝혔다. 정 전 의장은 노 대통령을 겨냥해 "국민의 뜻은 열린우리당 사수가 아니라 범여권 통합"이라며 "열린우리당 경선에는 참여하지 않겠다"고 말했다. 김 전 의장도 "열린우리당 해체가 필요하다"고 말했다. 노 대통령의 비판에 대해 정 전 의장은 "대통령은 정치 불개입 원칙을 지켜야 한다"고 했고, 김 전 의장도 "정치 문제는 현장에서 뛰는 사람들에게 맡기라"고 했다. 청와대 관계자들은 정동영 · 김근태 두 사람을 "노선도 가치관도 없는 사람들"이라며 "한 번도 책임지는 정치를 해본 적이 없는 사람들로 구멍가게도 맡길 수 없다"고 원색적으로 비난했다. 정 전 의장 측 관계자는 "청와대에서 정동영 죽이기 대책반(태스크포스팀)까지 만들었다는 얘기를 들었다"고 말했다.[149]

5월 3일 청와대가 정치권과 언론에서 사용하는 '범여권'이라는 용어에 이의를 제기했다. 청와대는 이날 정무팀 명의로 청와대 브리핑에 올린 글에서 "범여권은 정권을 잡고 있거나 집권 세력의 정책 노선을 지지

---

148) 「노 대통령, 또 부적절한 정치인 품평(사설)」, 『한국일보』, 2007년 5월 4일, A27면.
149) 박두식, 「"노 대통령 정치서 손떼라" "구멍가게도 못할 사람들"」, 『조선일보』, 2007년 5월 4일, A1면.

하는 세력"이라며 "열린우리당은 얼마 전까지 여당이었으니 범여권에 해당되지만 민주당, 국민중심당은 국정 심판을 주장하는 명백한 야당"이라며 이같이 주장했다. 청와대는 또 통합신당모임과 손학규 전 경기 지사를 겨냥해 "대통령과 결별을 선언하고 열린우리당을 탈당한 세력이나 '정권 교체'를 주장하는 한나라당 탈당 정치인까지 '범여권'이라고 부르는 것은 더 잘못됐다"고 비판했다. 이어 "만약 이들이 앞으로 지역주의를 바탕으로 한 연대를 추진한다면 '지역 연대 세력'이라고 불러야 할 것"이라고 주장했다. 청와대의 이 같은 주장은 정운찬 전 서울대 총장의 대선 불출마 선언 이후 다급해진 민주당, 통합신당모임, 국민중심당 및 일부 대선 주자가 범여권의 깃발 아래로 모이는 것에 제동을 걸기 위한 포석으로 여겨졌다.

이에 대해 통합신당모임의 양형일 대변인은 "청와대가 정치권의 민감한 사안에 자꾸 영향을 주는 말을 하는 것은 바람직하지 않다"며 "정치는 제 정파에 맡기고 청와대는 국정에 전념해야 한다"고 말했다. 민주당 김재두 부대변인은 "민주당은 노 대통령에 의해 분당을 당할 때부터 지금까지 여당이라고 생각해본 적이 없다"며 "지역주의의 최대 수혜자인 노 대통령이 민주당을 지역 연대 세력으로 몰아간 것은 누워서 침을 뱉는 꼴"이라고 비난했다.[150]

5월 5일 『조선일보』 기자 신정록은 2002년 민주당 대선 후보 경선 때 처음에는 노무현이 국민 참여 경선에 반대했던 전력 등을 거론하면서 "내가 하면 현실적 판단이고 남이 하면 기회주의가 되어서는 곤란하다.

---

150) 정연욱, 「청 "손–민주–국중당–탈당파가 왜 범여권이냐"」, 『동아일보』, 2007년 5월 4일, A5면.

노 대통령이 그렇게 매도해버린 손학규 · 정동영 · 김근태 · 정운찬 같은 사람들이라고 왜 노선이 없고 가치관이 없겠는가. 노 대통령이 여러 번 얘기한 시대정신을 읽는 힘이 그들이라고 왜 없겠는가"라면서 다음과 같이 말했다.

"대통령의 대연정 시도는 정치 발전을 위한 것이고 소수 정파의 생존책은 기회주의가 되는 것인가. 정의를 독점하려는 의식은 결기를 키워 반독재 투쟁에 도움이 됐을 것이다. 그러나 대통령이 정의를 독점하려 하면 나머지는 모두 소인배가 되어버린다. 독선과 오만은 거기서 싹튼다. 그래서 대통령 한마디에 졸지에 소인배가 되어버린 김근태 전 의장은 3일 '지지율 좀 올랐다고……'라는 말까지 한 것이다. 노 대통령은 이제 남의 정의도 정의가 될 수 있음을 인정하고 그들이 만드는 역사도 한 번 지켜보는 게 순리가 아닐까."[151]

5월 7일 김봉선 『경향신문』 정치부장은 「평론가 노무현」이라는 칼럼에서 "최근 지지율을 뜯어보면 노 대통령 '변신'의 한 단면을 읽을 수 있다. 한국사회여론연구소가 얼마 전 발표한 여론조사 결과를 보자. 노 대통령의 국정 운영 지지도는 34.3%다. 최저를 기록한 2006년 12월의 10.2%에 비해 세 배 이상 급등한 것이다"라며 다음과 같이 말했다.

"그런데 특이하다. 노 대통령의 국정 운영 지지층 가운데 한나라당 지지층이 16.2%나 된다. 2006년 12월 조사에서는 이 층이 5.2%에 불과했다. 한미 FTA 타결의 효과를 봤다는 풀이가 가능하다. '입이 째지기에는' 지지층의 실체가 모호하고 응집력도 단단해 보이지 않는다. 50%대

---

151) 신정록, 「정의와 기회주의의 차이」, 『조선일보』, 2007년 5월 5일, A26면.

의 한나라당 지지율처럼 거품일 수 있다. …… 노 대통령은 착시에서 벗어나야 한다. '정치는 그렇게 하는 것이 아니다'라고 예비 대선 주자들에게 충고하거나 지도자의 자질에 대해 평론할 때가 아니다. '열린우리당이 패배했다'고 심판하거나 친노 세력을 앞세워 '퇴임 이후'를 도모할 만큼 한가롭지도 않다." [152]

중도개혁통합신당의 출범

2007년 5월 7일 원내 제3당인 중도개혁통합신당(통합신당)이 공식 출범했다. 열린우리당 탈당 그룹인 통합신당모임 의원들이 주축이 된 통합신당은 이날 오후 서울 송파구 방이동 올림픽공원 역도경기장에서 3,000여 명이 모인 가운데 중앙당 창당식을 열고 대표에 김한길 의원을 추대·선출했다. 교섭단체를 구성한 제3당이 등장한 것은 2003년 11월 열린우리당(당시 의원 47명)이 새천년민주당에서 나와 2004년 4월 제17대 총선까지 3당으로 있던 때 이후 3년여 만이었다. 통합신당모임은 당초 소속 의원 25명 중 이강래, 제종길 의원 등 여섯 명이 신당 참여 불참을 선언해 통합신당의 교섭단체 구성은 어려울 것으로 보였다. 그러나 이날 오전 열린우리당 유필우(인천 남 갑) 의원이 열린우리당 탈당과 통합신당 참여를 선언함으로써 간신히 교섭단체 구성 요건을 갖췄다. [153]

5월 7일 노무현 대통령은 청와대 브리핑에 올린 「정치인 노무현의 좌절」이라는 글을 통해 열린우리당 해체론에 맹공을 퍼부었다. "내가 보기

152) 김봉선, 「평론가 노무현」, 『경향신문』, 2007년 5월 7일, 30면.
153) 이진구·장강명, 「'중도개혁통합신당' 공식 출범」, 『동아일보』, 2007년 5월 8일, A8면.

에는 구태 정치로 보인다. 당신들이 청산을 약속했던 그 구태 정치의 고질병이 다시 도진 것이다. 당이 어려우면 당을 살리려 노력하는 게 당원, 국민에 대한 도리다. 노력할 가치도 없다면 그냥 당을 나가면 될 일이다. 그러면 끝까지 창당 정신을 살리고 싶은 사람들이라도 남아서 노력이라도 해볼 수 있을 것이다. 대선에서는 당과 후보의 가치와 노선이 분명해야 한다. 설사 가치와 노선이 맞아 통합 신당을 하더라도 당을 가지고 통합하는 것이지 당을 먼저 해산하고 통합을 할 수는 없는 것이다. 나는 동서고금에 그런 통합을 본 일이 없다. 당을 해체하자는 것은, 희생양 하나 십자가에 못박아놓고 '나는 모른다' 고 알리바이를 만들어보자는 것 아니냐. 스스로를, 국민을 속이는 일이다. 정말 당을 해체해야 할 정도로 잘못됐다면 깨끗하게 정치를 그만두는 게 국민에 대한 도리다." [154]

5월 8일 김근태 전 열린우리당 의장은 고위 공직자 1가구 1주택 의무화 등의 부동산 정책을 발표하는 자리에서 "노 대통령이 편지 정치로 한나라당의 집권을 돕고 있다" 며 "이적 행위라는 비판을 받아도 할 말이 없다" 고 쏘아붙였다. 노 대통령의 잇단 정치 개입이 범여권 통합을 가로막는다는 의미다. "훈수를 거듭하면 장기판이 뒤집어질 것" 이라는 얘기도 했다. 노 대통령이 자신을 향해 '구태 정치' 라고 비판한 데 대해서는 "그런 식으로 딱지를 붙이고 매도하는 것이야말로 노무현식 분열 정치" 라며 "대통령이야말로 구태 정치를 하고 있다" 고 반격을 가했다. 김근태는 "(노 대통령은 '바깥에서도 선장이 배[열린우리당]에 오를 수 있다는') 외부 선장론을 꺼내 내부 사람들의 발걸음을 무겁게 만들고, 고건, 정운찬

---

154) 신승근, 「"창당 주역들이 창당 정신 훼손": 노 대통령 '정치인의 좌절' 글」, 「한겨레」, 2007년 5월 8일, 5면.

을 품평함으로써 결과적으로 낙마시켰다"고 비판했다. 그는 또 지난해 7월 말 자신이 원 포인트 개헌을 주장했을 때 노 대통령이 전화를 걸어와 "나를 비판하는 거냐"며 제동을 건 사실을 공개했다. 김 전 의장은 "노 대통령은 결국 4년 연임제 개헌을 주장했으므로 나에게 사과하는 게 맞다"고 말했다.

그는 이어 "대통령 스스로 일관된 원칙과 가치를 훼손했다"고 주장했다. 노 대통령의 대연정 제안과 아파트 분양 원가 공개 반대, 국보법 폐지 입장 번복, 사학법 재개정 요구 등을 염두에 둔 것이다. '대통합신당=지역주의 회귀'라는 노 대통령의 규정을 반박할 때는 그의 목소리가 떨렸다. 김 전 의장은 "나는 지역주의와 인연을 맺어본 적이 없다"며 "오히려 노 대통령이야말로 일관되게 특정 지역에 매달려왔다"고 맹공을 퍼부었다.

'닫힌우리당'의 '살모사 정치'인가?

5월 8일 정동영 전 의장도 노 대통령과 정면으로 맞섰다. 그는 노 대통령의 편지에 대한 답글을 통해 "국민 통합을 위한 각 정치 세력의 논쟁과 실천을 구태 정치로 규정하는 건 독선과 오만에 기초한 권력을 가진 자가 휘두르는 공포 정치의 변종"이라고 원색적으로 비난했다. 정 전 의장은 "노 대통령은 우리당의 표류가 '정치인 노무현의 좌절'이라고 했지만 대북 송금 특검 수용, 대연정 제안 등 노무현의 표류가 우리당 좌절의 한 원인이었다"고 반박했다. 그는 이어 "지금의 우리당은 깨끗한 정치와 지역주의 극복을 내건 '열린' 우리당이 아니라 현상 유지적이고 분파적인 '닫힌' 우리당"이라며 "살모사 정치 등의 천박한 막말을 퍼붓는 친노 진영의 우리당에 대한 맹신은 정치적 자해 행위"라고 주장했다.[155]

'살모사 정치'라는 말을 만들어낸 친노 진영의 본산은 참여정부에 대한 이해와 평가를 돕겠다며 2007년 4월 27일 출범한 참여정부평가포럼이었다. 이병완 전 비서실장이 대표를 맡고, 노 대통령의 386 핵심 참모인 안희정·김만수 씨 등이 주축이 돼 구성된 노무현 친위 조직이었다. 통합 문제를 둘러싸고 노 대통령과 각을 세운 정동영·김근태 전 의장에 대해 이 전 실장이 "살모사 정치"라고 원색적으로 비난한 것이다. 비노 그룹에서는 참여정부평가포럼을 '친노 그룹'의 독자 세력화를 위한 조직으로 보았다. 2001년 설립돼 지난 대선에서 노무현 후보의 초기 캠프 역할을 한 자치경영연구원을 모델로 한 조직이라는 해석도 나왔다.[156]

정·김 전 의장 측은 오히려 노 대통령이 대선보다는 퇴임 뒤 자신의 정치적 영향력 발휘를 위해 유시민 보건복지부 장관 등을 내세워 영남 신당을 만들거나 영남 후보를 띄우려 한다는 의구심을 숨기지 않았다. 정청래 의원은 "영남 지역에 기대, 대권 꿈을 꾸면서 당 사람들에게 '나갈 테면 나가라'는 식으로 (전두환 정부 시절) 민정당 총재처럼 발언하는 유 장관이야말로 열린우리당의 창당 정신을 위반하고 있다"고 주장했다.[157]

통합파는 직접 날을 세웠다. 문학진 의원은 "대통령이 창당 정신 운운했는데 열린우리당 창당 정신은 국민과 함께 가는 것이었다"며 "동서고금을 통틀어 이처럼 사망 선고를 받은 당은 없었다. 해체하는 게 순리"

155) 양정대, 「김근태·정동영 '노 대통령 공격' 공동 전선」, 『한국일보』, 2007년 5월 9일, 4면.
156) 이주영, 「해체 논쟁으로 도마 오른 '참여정부평가포럼'」, 『경향신문』, 2007년 5월 11일, 6면.
157) 김정욱·고정애, 「"영남 후보 띄우기인가" 의구심: '당신들'로 지목당한 정동영·김근태측」, 『중앙일보』, 2007년 5월 8일, 3면.

라고 주장했다. "친노 세력만 시야에 둔 노골적인 공포 정치"(수도권 초선 의원)라는 냉소적 목소리도 터졌다. 김부겸·임종석 의원 등 우리당 재선 의원 여덟 명은 성명을 통해 "우리당의 창당 이념과 가치를 계승하는 통합이 아니면 곧 지역주의라는 논리는 지독한 오만이고 자기모순"이라고 반박했다. 노 대통령이 범여권 주자들을 공격하는 데 대한 우려와 비토의 목소리도 컸다. 친노 성향인 한 중진 의원은 "노 대통령이 마지막에는 대통합에 사심 없이 양보할 것이라는 생각을 해왔다"며 "그러나 오늘 반응은 퇴임 후 영남 신당을 하고 정치적 역할을 하려는 것 아니냐는 의심이 커진다"고 말했다.[158]

국민을 우습게 보지 마라

2007년 5월 9일 열린우리당 내의 정동영 전 의장 계보가 노무현 대통령과 친노 세력을 상대로 전면전을 선포했다. 정 전 의장은 이병완 전 청와대 비서실장과 친노 직계 인사들이 최근 발족한 참여정부평가포럼의 해체를 요구했다. 정 전 의장은 이날 청주에서 연 기자 간담회에서 "참여정부평가포럼은 2·14 전당대회 합의를 깨고 전직 관료 200~300명과 함께 우리당 사수의 진지를 구축하기 위한 것"이라며 참여정부평가포럼 해체를 주장했다. 이어 "평가는 제3자나 역사가 하는 것이지 비서들이 모여서 평가한다는 것 자체가 난센스"라고 지적했다.

박명광, 김현미, 강창일 의원 등 정 전 의장과 가까운 우리당 의원 세

---

158) 이기수·김재중, 「우리당 '끝장내자는 거냐' 격앙」, 『경향신문』, 2007년 5월 8일, 3면.

명도 이날 오찬 기자 간담회를 갖고 참여정부평가포럼 해체를 촉구하는
등 친노 세력 때리기에 나섰다. 김현미 의원은 노 대통령의 정치 방식을
겨냥해 "분열의 칼을 쓰는 정치", "전선의 정치"라고 비판했다. 김 의원
은 "노 대통령이 호남·충청 지역주의를 비판하는 배경에는 오히려 영
남 패권주의와 영남 지역당이 있다"고 날을 세웠다. 박명광 의원도 "정
전 의장에게 정치를 그만두라고 하는 노 대통령의 말에 굉장히 상처를
받았다"며 "대통령이 대통합 결의에 반대하지 않는다는 입장을 직접 말
씀하라"고 주장했다.[159]

노무현 정부 초대 대통령 비서실장을 지낸 열린우리당 문희상 의원도
노무현 대통령을 정면 비판했다. 문 의원은 5월 9일 자신의 홈페이지에
올린 글에서 "노 대통령과의 개인적 관계에서 인간적인 배신은 없을 것
이다. 하지만 잘못돼가는 상황에 대해서는 꼭 해야 할 말이 있다"며 말
문을 열었다. 그는 "최근 대통령과 두 전직 당 의장이 벌인 공방을 보며
국가 최고 지도자의 반열에 있는 분들인지 걱정스러웠다"며 "국민을 우
습게 보지 마라. 대통령도 예외일 수 없다"고 비판했다. 그는 또 "열린우
리당 사수 주장을 통해 분열이 시작되고 있는데 열린우리당을 지키겠다
는 것은 말장난에 불과하다"며 "진정으로 사수해야 할 가치는 열린우리
당이 아니라 2·14 전당대회에서 결의한 대통합"이라고 강조했다. 이어
"전대를 통해 정해진 평화·개혁·미래 세력의 대통합이라는 길을 가
지 않겠다는 모든 사람과 세력은 전 당원의 이름으로 과감히 쳐내야 할
대상"이라고 못 박았다. 문 의원은 정·김 전 의장에 대해서도 "소모적

---

159) 박석원, 「정동영 "평가포럼 해체하라" 친노에 전면전」, 『한국일보』, 2007년 5월 10일, 5면.

인 공방과 어처구니없는 감정 대립을 즉시 끝내라"고 요구했다.[160]

5월 10일 열린우리당 문학진 의원은 "우리당 해소를 통한 대통합 신당은 훼손될 수 없는 2·14 전대 결의 사항으로, 당내 일각에서 이를 무너뜨리려는 의도를 가진 움직임이 있지만 결코 용납될 수 없다"면서 "당을 사수하겠다고 하고 참여정부평가포럼이 그런 식으로 움직인다면 같이 갈 수 없다"고 주장했다. 정청래 의원도 "시중에는 친노 세력이 참여정부평가포럼을 중심으로 영남 지역당을 만들려는 게 아니냐는 의구심이 많다"며 "통합에 반대하지 않는다면 그 증거로 해체하거나 대통령이 명확히 선언할 필요가 있다"고 강조했다. 중도개혁통합신당 양형일 대변인은 "대통령을 보좌했거나 정부에 참여했던 인사들이 평가를 자처하고 나선 것 자체가 모순"이라며 "이런 모순적 조직을 결성해 정치적 행보를 시도한다면 이는 권력 집착 증후군 또는 오만과 독선의 연장이라고 하지 않을 수 없다"고 비판했다. 정 전 의장 측은 "이 전 실장이 노골적으로 정치에 개입함으로써 참여정부평가포럼이 내세웠던 정책 홍보라는 취지가 거짓임이 드러났다"며 "얼마 전 해체한 친노 조직인 참여정치실천연대(참정연) 상당수 멤버가 참여정부평가포럼에 흡수돼 지역 단위에서 조직화를 시작하고 있다"고 주장했다. 한 초선 의원은 "친노 인사인 유시민 복지부 장관을 대통령으로 만들기 위한 조직이라는 얘기도 있다"고 전했다.[161]

---

160) 김성탁, 「"국민을 우습게 보지 마라 대통령도 예외일 수 없다": 비서실장 지낸 문희상 의원도 비판」, 「중앙일보」, 2007년 5월 10일, 6면.
161) 이주영, 「해체논쟁으로 도마 오른 '참여정부평가포럼'」, 「경향신문」, 2007년 5월 11일, 6면.

노무현의 롤러코스터 정치?

이 공방전에 대해『경향신문』은 "이혼하는 부부도 시가·처가 식구나 친지들에게는 빈말이라도 '저희들이 못나서 헤어진다'고 자세를 낮추는 것이 최소한의 예의다. 그런데 이들은 대통령으로 뽑아주고, 과반 여당을 만들어준 뒤에도 인내심을 가지고 지켜봐온 국민들에게 '죄송하다'는 말도 하지 않고 있다"고 했다.[162]

『한국일보』는 "노 대통령은 열린우리당의 창당 정신과 역사를 주장했지만, 그가 먼저 할 일은 집권 기간에 대한 반성과 비판에 대한 겸허한 자세다. 탈당과 해체가 뻔뻔한 기만이라면, 맹목적인 열린우리당 옹호는 빗나간 오만이다"라고 했다.[163]

『한겨레』는 "이 지경까지 이른 데는 양쪽 두루 원인이 있지만, 1차적으로 노 대통령의 잘못이 크다고 본다. 열린우리당 해체론자를 앞장서서 공격하고 나서는 것은 국가 지도자가 아니라 일개 정파의 수장한테나 어울리는 일이기 때문이다. 당 사수를 주장하는 이른바 친노파와 통합을 주장하는 비노파의 주도권 싸움에 끼어들어 결국 친노파를 도와준 것밖에 더 되는가. 탈당한 현직 대통령이 나설 사안이 아니다. '정치인 자격'이라 하나 말 꾸밈일 뿐, 대통령은 대통령이다"라며 다음과 같이 말했다.

"노 대통령과 그 주변 인사들의 언행이 지나치게 강퍅하다는 점도 지적하지 않을 수 없다. '잔꾀 정치'라는 대통령의 말에서는 품격과 절제를 찾아보기 어렵다. '살모사 정치'니 '얄팍한 잔머리'니 하는 대통령

---

162) 「대통령과 전 여당 의장들의 볼썽사나운 결별(사설)」, 『경향신문』, 2007년 5월 8일, 31면.
163) 「여권 해체과정의 볼썽사나운 삿대질(사설)」, 『한국일보』, 2007년 5월 8일, 39면.

측근들의 발언에서는 독기마저 묻어난다. 지금은 '정치인 노무현의 좌절'을 토로하고 안타까워할 때가 아니다. 노 대통령과 함께했던 열린우리당에 대한 국민의 지지가 참담한 지경으로 떨어진 원인이 무엇인지 스스로 돌아보며 처절하게 반성할 때다."[164]

『중앙일보』는 "이들의 싸움을 보면 기가 막힌다. 지난 4년의 실정에 대해서는 조금도 미안한 기색이 없다. 이 세 사람은 누가 누구를 탓할 수 있는가"라면서 다음과 같이 말했다.

"당의 진로라는 문제로 국한하면 탈당·해체를 주장하는 정·김이 틀렸다. 그러나 노 대통령 역시 자신을 대통령으로 만들어준 민주당을 버리고 열린우리당을 만들지 않았는가. 그러니 잘못의 씨앗은 민주당 탈당이요, 열린우리당 창당인지 모른다. 대의가 부족했으므로 창당 동지 의식도 약한 것이다. 동지 의식이 흔들리니 시련이 닥치자 친구가 원수가 되었다. 같은 정권에서 대통령과 장관을 한 세 사람이 이런 식으로 싸우는 것은 관계의 도덕성이란 측면에서도 3인은 구정치인과 다를 게 없다. 이러면서 개혁이니 뭐니 떠들었으니 그 말 믿고 표 찍은 사람들만 바보다. 정치에 환멸만 더해준다."[165]

5월 10일 『경향신문』 정치·국제 에디터 이대근은 「노무현의 롤러코스터 정치」라는 칼럼에서 "노 대통령은 '잠자는 적의(敵意)'를 흔들어 깨우고, 분노와 격정의 불을 댕기는 데 능하다. '정치인 노무현'. 사람 속을 휘저어 이성을 잃게 만드는 강력 흥분제다. 그가 있어 한국 정치는 초특급 긴장과 스릴이 있는 초대형 호화 액션이다. 반전에 반전이 거듭

164) 「'정치인 노무현 좌절' 토로 앞서 반성부터(사설)」, 『한겨레』, 2007년 5월 9일, 31면.
165) 「노무현, 정동영, 김근태(사설)」, 『중앙일보』, 2007년 5월 10일, 34면.

되는 대역전극이다. 아니, 익스트림 스포츠다"라며 다음과 같이 말했다.

"그가 지금 대의, 원칙, 가치, 노선을 논하고 있다. 그가 무엇을 했나. 책임 정치와 정당정치를 부정하는 당정 분리로 국정 혼란을 조성하고, 당을 거수기로 만든 끝에 오늘날과 같은 껍데기만 남겨놓았다. 당원일 때는 당정 분리한다더니 탈당하고는 당정 일치를 실현, 남의 당을 자기 수족처럼 주무르고 있다. 비정규직의 눈물을 씻어주겠다던 그는 비정규직에게 피눈물을 흘리게 했다. 아파트 분양 원가 공개 공약을 '장사 원리에 맞지 않는다' 고 뒤집고는 비판받자 공개로 바꿨다. 개혁을 향한 시민의 열망으로 탄생된 정권을 자기 마음대로 야당에 통째로 넘겨주려다 실패했다. 그래 놓고 여권 통합파에게는 '당을 해산하고 누구와 통합을 한다는 말입니까' 라고 따지고 있다. '개헌 않겠다' 고 안심시키고는 '개헌하자' 며 시민을 들볶았다. 농업은 시장 논리로만 풀 수 없다더니 이제는 시장 원리를 지켜야 한다고 한다. '반미면 어때' 로 표 좀 얻어 대통령 되고는 한미 간극을 대미 종속의 자유무역협정으로 메운다며 역주행해 다른 쪽 표를 모으더니 '입이 자꾸 째질라 합니다' 라고 한다. 그만하자. 이 롤러코스터의 궤적을 따라가자면 책 한 권은 써야 한다. 그는 앞만 보고 뚜벅뚜벅 가지도 않았고, 원칙과 가치, 노선대로 하지도 않았다. 좌파든 신자유주의든 상관 않고 그때그때 사정에 따라 마음 내키는 대로 '실용적' 으로 해왔다. 그런데 지금 원칙과 대의 운운하며 누구를 가르치고 있는가." [166]

---

166) 이대근, 「노무현의 롤러코스터 정치」, 『경향신문』, 2007년 5월 10일, 26면.

범여 신당 창당준비위원회 발족

2007년 7월 24일 범여 신당 창당준비위원회(창준위)가 발족했다. 창준위에는 미래창조연대 측 인사들이 시민·사회 세력 대표 자격으로 참가했다. 이들은 창준위 지분의 절반을 차지했고, 신당 명칭(가칭 미래창조대통합민주신당)에도 '미래창조'라는 부분을 집어넣었다. 미래창조연대는 최열 환경재단 대표와 정대화 상지대 교수 등이 주축이 돼 6월에 출범한 준(準)정치 조직이었다. 『조선일보』는 "범여권이 이들에게 이처럼 '극진한 대접'을 한 것은, 시민·사회 단체를 포함시켜 '도로열린우리당'이라는 비판을 피하기 위한 것으로 보인다"며 다음과 같이 말했다.

"그러나 미래창조연대에 참여한 인사들의 면면을 보면 시민단체라기보다는 김대중·노무현 정부에 참여한 관변(官邊) 인사의 성격이 짙다. 미래창조연대 몫으로 공동 창준위원장에 선출된 오충일 목사와 김호진 고려대 명예교수, 김상희 전 한국여성민우회 대표는 현 정부에서 공직을 맡아왔다. 오 목사는 국가정보원 과거사건진실규명위원장으로 활동하고 있고, 김 교수는 김대중 정부에서 노동부 장관을 지냈으며 열린우리당 국정자문위원장을 지냈다. 김상희 전 대표는 현 정부의 대통령 직속 지속가능발전위원장을 맡아오다 창준위원장 선임 당일인 24일 사퇴했다. 사실상 무늬만 시민단체 소속이지, 범여권 인사로 분류할 수 있다는 지적이다."[167]

7월 25일 김대중 전 대통령의 둘째 아들인 김홍업 의원이 민주당을 탈당, 제3지대 신당에 참여하기로 했다. 김 의원은 이날 오후 유선호 의원,

---

167) 최경운, 「'관변 시민단체' 미래창조연대: 오충일·김호진 씨 現 정부서 공직」, 『조선일보』, 2007년 7월 26일.

박광태 광주광역시장, 박준영 전남지사와 함께 민주당 전남도당에 탈당계를 팩스로 보냈다. 통상적 탈당 기자회견이나 성명서 한 장 없는 '조용한 탈당'이었다. 김 의원의 탈당에 김 전 대통령의 의중이 실린 게 아니냐는 시각을 의식한 듯 했다.[168]

민주당은 김홍업 의원의 탈당에 대해 "4·25 보궐선거에서 부정적 여론을 무릅쓰고 전략 공천해 겨우 당선시켰더니 석 달 만에 당을 떠나느냐"며 성토했다. 박상천 대표는 이날 광주 김대중컨벤션센터에서 열린 광주·전남 광역·기초 의원 간담회에서 김 의원 등의 탈당에 대해 "민주당에 대한 배신행위이며 어리석은 행동"이라며 "대도(大道)로 걸어가지 않고 샛길로 도망가는 것은 개인 처신 측면에서도 어리석다"고 비판했다. 조순형 의원은 "명분 없는 대통합에 합류한다는 것은 정치 도의에 어긋날 뿐 아니라 호남인에 대한 배신행위"라고 주장했고, 이상열 의원도 "김 전 대통령은 현실 정치에 참여하지 않겠다는 국민과의 약속을 지키는 게 도리"라며 김 전 대통령에 대한 섭섭함을 표시했다.[169] 김경재 민주당 최고위원은 "광주, 전남에서는 박지원 전 대통령 비서실장, 전북에서는 정균환 전 의원이 'DJ의 뜻'임을 앞세워 지역 인사들을 무더기로 제3지대 신당으로 이끌고 있다"고 비판했다.[170]

DJ의 뜻이 무엇이었건, 그는 나서지 않는 게 좋을 일이었고, 나서야만 했다 하더라도 너무 늦은 시점이었다. 20·30대 최다 사망 원인이 자살일 정도로 이른바 '88만 원 세대'의 고통이 심화되고 있던 상황에서 범

168) 최문선, 「김홍업, 민주 탈당 통합신당行… 호남 민심, 신당 이동?: "한나라와 양자 구도 대결" DJ 의중 반영 해석」, 「한국일보」, 2007년 7월 26일.
169) 최문선, 「민주 "샛길로 도망가는 배신행위" 격앙」, 「한국일보」, 2007년 7월 26일.
170) 조인직, 「DJ, 겉으론 "개입 안 한다"…측근들 통해 신당行 독촉」, 「동아일보」, 2007년 7월 27일.

여 신당 창당준비위원회 발족은 코미디 같은 일이었지만, 그 주체들은 자못 심각했다. 아무리 정치 과잉 문화라고는 하지만 이렇듯 정치는 자꾸 민생으로부터 멀어져만 가고 있었다.

20 · 30대 최다 사망 원인 '자살'
88만 원 세대의 탄생

삼일절, 십오야, 이구백, 십장생

2007년 8월 1일 여권의 분열과 이전투구가 어리석을 뿐만 아니라 죄악이라는 것을 웅변하는 상징적인 책이 출간되었다. 우석훈 · 박권일의 『88만 원 세대: 절망의 시대에 쓰는 희망의 경제학』이었다. 20대 근로자 중 95%가 월평균 88만 원을 받는 비정규직 세대라는 의미에서 나온 말이었다. 이 책을 논하기에 앞서 이 책이 나오게 된 배경을 살펴보자.

2006년 취업 시장에 '삼일절', '십오야', '이구백', '십장생' 등의 신조어들이 생겨났다. '삼일절'은 31세면 취업길이 막혀 절망한다, '십오야'는 15세만 되면 앞이 캄캄해진다, '이구백'은 20대 90%는 백수, '십장생'은 십대들도 장차 백수를 생각해야 한다는 뜻이었다.[171]

2006년 10월 1일 치러진 서울시 공무원 932명을 뽑는 시험에 15만 명

---

171) 「'이구백', '십장생'으로 늙어가는 나라(사설)」, 『한국일보』, 2006년 7월 5일, 31면; 이종탁, 「[여적] 신조어 이구백」, 『경향신문』, 2006년 7월 5일, 30면.

(위 왼쪽) 캠퍼스 주변에 설치된 공무원 시험 합격자를 알리는 플래카드.
(위 오른쪽) 신림동 고시촌 고시원 내부.
(아래 왼쪽) 노량진 고시촌 식당.
(아래 오른쪽) 2006년 해고되어 비정규직 철폐 및 복직 투쟁에 나선 KTX 여승무원들. ⓒ 모과, 참세상

이 지원함으로써 그런 신조어들이 결코 '말장난'만은 아니라는 점을 실감케 했다. 932명을 뽑는 시험에 감독관이 1만 5,000명, 시험장이 143개 학교, 시험 관리 비용이 무려 18억여 원에 달했다. 심지어 지방에서 상경하는 응시생을 위해 KTX 임시 열차가 배정됐고, 시험 날이 일요일임에도 일부 교통 문제가 빚어졌다. 중앙선관위 9급 공무원 공채의 경쟁률은 무려 1,997대 1에 이르러, 이 정도 경쟁률이면 거의 '로또' 수준이라는 말까지 나왔다.[172]

2006년 말 기준으로, 한국의 비정규직 비중은 35.5%(545만 7,000명, 정

부 발표)~55%(845만 명, 노동계 발표)였다. 통계청에 따르면 2007년 비정규직 근로자는 전년에 비해 24만 6,000명 늘어난 570만 3,000명으로 전체 임금 노동자의 35.9%에 이르렀다. 비정규직 근로자의 한 달 평균 임금은 126만 6,000원으로 정규직 임금 200만 8,000원의 63.5%에 불과했고, 퇴직금과 상여금, 유급휴가 등 근무 환경에서도 큰 격차를 나타냈다. 월 100만 원 미만을 받는 저임금 노동자의 63.1%가 비정규직이며, 비정규직의 고용보험 가입률은 38.8%에 지나지 않았다.

2007년 7월 1일 시행된 비정규직법은 비정규직을 위한다고 만든 법이지만 "2년 이상 근무한 비정규직을 전원 정규직화한다"는 법 조항이 기업들로 하여금 비정규직을 대량 해고하게 만드는 사태를 낳았다. 2007년에는 근로자 300명 이상 기업이 비정규직법 적용을 받지만 100명 미만 기업까지 확대되는 2009년에는 더 큰 혼란이 일어날 것으로 예상되었다.[173]

경실련 정책실장 박완기는 "참여정부 들어 양극화가 더 심해졌고 비정규직이 4년간 110만 명이나 늘어난 것을 볼 때 실효성 있는 비정규직 정책은 제시하지 못한 것으로 보인다"며, 비정규직 노동자를 비롯한 하위 계층의 삶의 처지를 개선하기 위한 정부 대책과 중소 사업장의 비정규직 보호를 강화하기 위한 정책적 지원이 필요하다고 주장했다.[174]

참여정부의 위선과 기만도 지적되었다. 참여연대 조사 결과, 공공 부문의 비정규직에 대한 홀대가 민간 부문보다 심각한 것으로 나타났다.

---

172) 「932명 뽑는 공무원 시험에 15만 명 지원한 나라(사설)」, 『경향신문』, 2006년 10월 2일, 31면.
173) 장관순·김다슬, 「비(悲)정규직: 공공 기관 비정규직, 민간보다 홀대」, 『경향신문』, 2007년 5월 3일, 9면.
174) 박완기, 「비정규직 570만 시대 해법」, 『경향신문』, 2007년 11월 1일.

유럽에서는 비정규직 증가가 실업자에게 일자리를 주려는 실업 대책에 기인하는 반면 한국에서는 비정규직이 외환위기 이후 기업의 효율성 확보와 인건비 절감 차원에서 이뤄졌다.[175]

88만 원 세대

취업은커녕 취업 경쟁의 기회마저 얻지 못하는 지방대 학생들은 '피맺힌 절규'를 하고 나섰다. 이른바 '헌혈 시위'였다. 한남대 총학생회는 2007년 3월 20일 오전 9시부터 오후 5시까지 교내에서 전교생 1만 5,000여 명을 대상으로 대규모 헌혈 캠페인을 벌이면서 작성한 선언문에서 다음과 같이 말했다.

"100번이 넘게 이력서를 쓰고도 아무런 대답을 듣지 못합니다. 단과대학 수석을 하고도 문전박대를 당합니다. 지방대학 출신이고 또 여자라는 이유로 낙방에 낙방을 거듭합니다. 4년 뒤에도 사정이 지금과 같을까요? …… 앞으로 있는 힘을 다해 공부하겠습니다. 아르바이트를 해 해외 연수도 다녀오겠습니다. 일자리를 주십시오! 저희는 일하고 싶습니다! …… 저희는 이 피를 나라에 바칩니다. 그러니 이 숭고한 피를 받으시고 피땀 흘려 일할 일터를 주십시오."[176]

취업난이 양산해낸 신조어 열풍은 대학 내부로까지 파고 들어갔다.

---

175) 오관철, 「비정규직 4년 새 110만 명 늘었다」, 『경향신문』, 2007년 10월 27일; 은수미, 「비정규직의 정규직 대체 한국만의 특수한 현상」, 『한겨레』, 2007년 11월 1일.

176) 전성우, 「"피땀 흘려 일할 일자리 좀 없나요" 대학생 이색 '헌혈 시위'」, 『한국일보』, 2007년 3월 20일, 10면; 정혁수, 「"힘 다해 공부할 테니 피땀 흘려 일할 일터를…" 지방대의 '피맺힌 절규'」, 『경향신문』, 2007년 3월 20일, 8면.

장미족(장기간 미취업 졸업생), 칩거족(학교 수업 외의 나머지 시간을 방에서 혼자 지내는 학생들), 나홀로족(공부나 취미 생활, 쇼핑, 식사 등 무엇이든 혼자 하는 학생들로, 따돌림을 당하는 '왕따' 와는 다른 개념), 쉬는 것이 두려워 취업 준비에 매달리는 공휴족(恐休族), 학점 따기가 수월한 타 대학이나 취업 시 이력에 도움이 되는 해외 대학에서 수업을 듣는 학점 쇼핑족까지 나왔다. 특히 기업의 면접 전형이 강화되면서 이색 스터디 그룹이 속속 등장했다. 기업체에서 합숙 면접이 유행하면서 이에 대비한 MT 스터디가 새로 생겼다. 또 개인기를 위한 노래 스터디나 마술 스터디도 인기를 끌었지만, 특히 모욕 스터디가 눈길을 끌었다. 면접에 대비해 말실수나 신체적 약점을 집요하게 꼬집어 모욕감을 느낄 정도의 공격적인 질문을 앞세워 면접생의 내성을 키우기 위해서였다.[177]

취직을 못해 졸업을 미루는 학생들을 일컫는 NG(No Graduation)족이라는 신조어도 등장했다. 졸업을 미루기 위해 가장 널리 쓰이는 방법은 졸업 학점을 일부러 채우지 않는 것이었지만, 그렇게 하지 않았을 경우 A+를 받고서도 교수를 찾아가 F 학점을 달라고 읍소하는 학생들도 있었다. '대학 5학년은 필수, 대학 6학년은 선택' 이라는 말까지 생겨난다.[178]

취업난이 만들어낸 수많은 신조어 중 2007년 최고의 신조어가 바로 '88만 원 세대' 였다. 우석훈·박권일은 『88만 원 세대: 절망의 시대에 쓰는 희망의 경제학』에서 "취직에 성공한 20대도 대부분은 비정규직" 이

---

177) 전병역, 「"면접 내성 키우자" 모욕 스터디-대학가 취업 풍속도 장미족, 칩거족 등장」, 『경향신문』, 2007년 12월 10일, 19면; 문준모, 「모욕 스터디… 학점 쇼핑… 대학가 '취업전쟁' 신풍속」, 『한국일보』, 2007년 12월 10일, 17면.
178) 김일환·박유민, 「「백수 되느니…」 NG族의 한숨」, 『한국일보』, 2007년 12월 11일; 주진우, 「 '대학 5학년' 대한민국의 슬픈 초상」, 『시사IN』, 제70호(2009년 1월 12일).

330 한국 현대사 산책·2000년대 편④

(왼쪽) 대한민국 20대 비정규직과 세대 간 불평등 문제를 본격적으로 공론화한 『88만 원 세대』. 2006년 3월 프랑스에서는 26세 미만인 청년의 해고를 용이하게 한 '최초고용계약법(CPE)'을 두고 청년들의 반대 시위(오른쪽)가 일어났다. ⓒ 레디앙, Traroth

라며 우리나라 비정규직 20대의 월평균 급여가 '88만 원'이라는 분석을 내놓았다. 20대의 상위 5%만이 5급 공무원이나 삼성전자, 한국전력 같은 좋은 직장에 들어갈 수 있고 나머지 95%는 비정규직이며, 비정규직의 평균 월 임금인 119만 원에 성인들에 대한 20대 평균 임금의 비율인 74%를 곱하면 이들의 월평균 임금은 88만 원에 불과하다는 것이다. 우석훈·박권일은 "20대를 위해 뭔가 만들어내야 한다"고 주장했다.[179]

전문가들은 미국의 '빈털터리 세대', 유럽의 '1,000유로(약 130만 원) 세대', 일본의 '버블 세대' 등 선진국의 젊은 세대들도 양질의 일자리를 찾지 못하는 현상을 겪었지만, 한국처럼 상황이 심각하고 급격하게 사

---

179) 우석훈·박권일, 『88만 원 세대: 절망의 시대에 쓰는 희망의 경제학』(레디앙, 2007).

회 문제가 된 곳은 없다고 했다.[180]

조한혜정은 " '너희는 고생을 모른다' 는 말을 듣고 자랐지만 이들 '88만 원 세대' 는 어린 나이에 IMF 금융 위기 급보를 접하고 일찍이 암울한 미래가 온다는 것을 감지한 '불안 세대' 다"라면서 "무엇보다도 당사자 젊은이들이 더 깊은 늪에 빠져들기 전에 스스로를 돌보기 시작하면 좋겠다. 대통령 선거에 참여하건, 선후배 간 자원을 공유하며 대학 동아리를 부활시키건, 동네에 카페를 차리건, 바리케이드를 치건 조상이 물려준 물적 · 비물적 공공재를 챙겨내기 위해 이제 슬슬 방에서 나와야 할 때가 되지 않았나? 불안은 정말이지, 영혼을 잠식한다".고 말했다.[181]

손호철은 "개인적으로 여기에서 '만 원' 을 빼고 '88세대' 라고 부르고 싶은데, 1988년 올림픽 세대에 이어 새로운 88 세대가 나타난 셈이다. 그리고 그 결과 세대가 우리 사회를 갈라놓는 가장 핵심적인 '계급 아닌 계급' 이 되고 있다는 이야기다"라면서 "이명박 후보와 한나라당 아니면 최근 출마를 선언한 이회창 전 한나라당 총재가 집권을 한다고 88만 원 세대가 없어질 것 같지 않다. 아니, 이들은 노무현 정부보다도 더 신자유주의라는 점에서, 88세대가 월평균 급여가 77만 원인 77세대로 바뀔 가능성이 더 크다. 이제 우리는 심각하게 묻고 고민해야 한다. 진정으로 세대를 계급으로 만들 것인가?" 라고 주장했다.[182]

180) 임주환, 「2007 신조어로 본 고용 시장 풍속도/학점 쇼핑족' 아시나요」, 『한겨레』, 2008년 1월 14일, 17면.
181) 조한혜정, 「IMF 목격한 불행한 청년들 '88만 원 세대' 우리가 껴안자」, 『경향신문』, 2007년 8월 29일.
182) 손호철, 「이제 세대는 계급인가?」, 『한국일보』, 2007년 11월 19일.

20 · 30대 사망 원인 '자살'이 최다

그밖에도 2007년 한 해 동안 수많은 신조어들이 나타났다. 30대 절반이 백수라는 뜻의 '삼태백', 취업을 위해 어학연수나 유학을 떠난 학생들을 가리키는 '영어 난민', 온라인 입사 전형에 수만 명의 지원자들이 몰려 시스템이 다운된 사례를 꼬집은 '서버 전형', 고시족과 공시족(공무원 시험을 준비하는 구직자)이 결합된 '고공족(考公族)', 취업을 위해 명문대로 편입하려는 '메뚜기 대학생', 취업 뒤에도 습관적으로 구직 활동을 계속하는 '구직 중독증', 재취업을 위해 몰래 공부하는 '도둑 공부' 등 신조어에는 끝이 없었다. 외환위기 이후 기업 구조 조정 때마다 등장한 '조기(조기 퇴직)', '명태(명예 퇴직)', '황태(황당하게 퇴직)' 등의 생선 시리즈는 '동태족(한겨울에 명퇴한 사람)', '알밴 명태족(퇴직금을 두둑이 받은 명예 퇴직자)', '생태족(해고 대신 타부서로 전출된 사람)' 등 파생 용어들을 낳았다.[183]

진학이나 취직을 하지 않으면서 직업 훈련조차 받지 않는 15~34세의 젊은 층으로 실업자와 달리 일자리를 구할 의욕이 없는 니트족(NEET; Not in Education, Employment or Training) 또는 '청년 무업자(無業者)'는 2007년 말 15~34세 전체 인구 1475만 9,193명 가운데 95만 1,851명(6.9%)으로, 실업자의 두 배가 넘는 것으로 나타났다. 국내에서 니트족이 늘어나는 이유에 대해 전문가들은 경기 불황과 과잉 학력 등을 주된 이유로 꼽았지만,[184] 어쩌면 나름대로 터득한 '체념의 지혜' 때문이었는지도 모

---

183) 임주환, 「2007 신조어로 본 고용 시장 풍속도/ '학점 쇼핑족' 아시나요」, 『한겨레』, 2008년 1월 14일, 17면; 박형준, 「"이태백아 그만 울어라, 삼태백도 울고 있다"」, 『동아일보』, 2008년 1월 14일, 14면.
184) 이유종 · 유덕영, 「'청년 無業者' 95만 명―일자리 찾는 실업자보다 2배 넘게 많아」, 『동아일보』, 2008년 10월 15일, 1면.

를 일이다.

이 모든 우울한 풍경은 통계청의 '2007년 사망 및 사망 원인 통계 결과'로 집약되는 듯했다. 한국의 자살률이 10년 새 갑절로 뛰어 최고치를 나타냈는데, 하루 33.4명꼴로 목숨을 끊었고 특히 한창 일할 나이인 20대의 자살은 1년 새 50% 가까이 늘었다. 한국인의 사망 원인은 암(27.6%), 뇌혈관 질환(12.0%), 심장 질환(8.8%), 자살(5.0%), 당뇨병(4.6%), 교통사고(3.1%), 호흡기계통 질환인 만성 하기도 질환(3.1%), 간 질환(3.0%), 고혈압 질환(2.2%), 폐렴(1.9%) 순이었지만, 연령별로 보면 10대 이하는 교통사고가, 20대와 30대는 자살이, 40대 이상은 암이 각각 사망 원인 1위였다.[185]

행여 자녀가 취업을 하지 못해 자살할까봐 걱정하는 부모들도 적지 않았던바, 취업은 동네 경사가 되었다. "요즘 시골길을 지나다보면 누구 집 아들, 누구네 딸이 괜찮은 직장에 취직했다고 온 동네가 축하하는 플래카드가 간간이 내걸려 있다. 전에 없던 풍경이다. 하긴 지금 이 시절 대졸 자녀 둔 집으로서는 그보다 더한 효도도, 그보다 더 부러운 일도 없을 것이다."[186] 이런 현실을 외면한 채 정치 투쟁에만 골몰했던 열린우리당이 창당 3년 9개월 만에 사라진 건 필연이었는지도 모를 일이었다.

185) 최창봉, 「20, 30대 사망원인 '자살'이 최다」, 『동아일보』, 2008년 9월 10일, 14면.
186) 「"일자리를 달라"(사설)」, 『조선일보』, 2009년 1월 6일.

3년 9개월 만에 사라진 '100년 정당' 열린우리당의 소멸

대통합민주신당 창당 대회

2007년 8월 5일 오후 대통합민주신당 창당 대회가 서울 방이동 올림픽 공원 올림픽홀에서 열렸다. 대통합민주신당은 열린우리당 탈당 의원 80명, 민주당 탈당 의원 다섯 명이 참여해 원내 제2당이 됐지만, 창당 대회는 급조된 신당의 현주소를 보여주는 해프닝의 연속이었다.

대회 클라이맥스인 당 대표 지명 순서에서 창당 과정을 보고하던 신중식 의원이 오충일 대표의 이름을 기억해 내지 못해 "오, 오, 오……"를 연발하자 장내는 황당함과 긴장이 교차했다. 신 의원은 결국 오 대표의 이름을 "오창일"이라고 잘못 발언한 뒤 뒤늦게 "죄송합니다. 높으신 분이니까……"라고 말해 실소를 자아냈다. 신 의원은 이어 이미경 의원, 김상희 · 김호진 · 정균환 공동 창당준비위원장, 조일현 의원을 당 최고위원으로 각각 추천했다. 그러나 창당 대회 임시 의장을 맡은 김호진 위원장은 "후진을 위해 최고위원을 맡지 않기로 했는데 커뮤니케이션(의

사소통)이 안 돼 추천된 것 같다"며 즉석에서 사의를 밝혔다. 오충일 대표는 인사말 가운데 "중산층과 서민 고통을 덜어주는 데 우리 '민주당'이 나서겠다"며 당 이름을 틀리게 부르기도 했다.

창당식은 참석자 6,000여 명이 외치는 '대통합' 구호로 시작됐지만, 대선 주자들이 식장으로 들어서고, 행사가 무르익을 무렵 연호는 '손학규', '정동영', '천정배'로 바뀌었다. 손 전 지사는 축사에서 "5·16을 구국 혁명으로 찬양하고, 토목 공사로 땅 투기를 부추기는 부패 경제 세력에 나라 경제를 맡길 수 없다"며 "정세균 열린우리당 의장과 통합민주당 박 대표와 함께 대통합을 완성해 손에 손 잡고 대선 승리를 이루자"고 외쳤다. 그러나 연이어 연단에 오른 주자들은 손 전 지사를 겨냥하는 발언을 쏟아냈다. 정동영 전 의장은 "2006년 10월 북한 핵실험 때 한나라당 분들이 뭐라고 난리쳤는지 똑똑히 기억하고 있다"고 손 전 지사를 우회 공격했다. 천정배 의원도 "우리 자존심을 훼손하는 후보는 필패"라며 "내가 민주 헌정사를 이을 유일한 오리지널 진품 후보"라고 손 전 지사 공세에 가세했다.[187]

『동아일보』(2007년 8월 6일)는 "지난달 24일 창당준비위원회가 발족한 지 12일 만에, 그야말로 속전속결로 대충 골격만 갖춘 임시 건물을 지은 것이다. 기초가 튼튼하지 못한 데다 여기저기서 낡은 자재를 끌어다 날림으로 누더기 건물을 짓다보니 준공 첫날부터 삐걱대는 소리가 요란했다"며 다음과 같이 말했다. "민주신당이 당헌의 상당 부분을 열린우리당 것을 베낀 것만 보더라도 그 정체성과 질적 수준을 가늠할 수 있다.

---

187) 채병건, 「범여권 경선 '3개 리그' 될 듯: 민주신당 창당대회」, 『중앙일보』, 2007년 8월 6일.

이런 식의 대통합 놀음으로 국민의 눈을 속일 바에야 차라리 열린우리당이 과거에 대한 반성과 더불어 다시 국민의 심판을 받겠다고 나서는 것이 떳떳할 성싶다."[188]

같은 날 『중앙일보』는 "걸핏하면 당을 쪼개고 부수고 일회성 정당을 양산하는 것은 이념이나 정책보다 권력을 잡는 게 중요하기 때문이다. 국정이야 죽을 쒔건 말건 선거가 다가오면 허물어버리고 간판을 바꿔버린다. 그러면 어제까지 저지른 일도 모두 면죄부를 받을 수 있다는 발상이다"라며 다음과 같이 말했다. "신당은 현 정부에서 핵심 요직을 다 거치고도 반성은커녕 선거의 유·불리를 따져 뛰쳐나온 세력, 14년간 한나라당 덕분에 의원·도지사를 맡았으면서도 경선이 불리하자 달아난 세력, 이 정부에 이미 참여했으면서도 순수한 새 시민 세력인 양 정치인 이상으로 지분을 챙기는 세력들의 집합이다. '잡탕'이라는 비난을 받아도 할 말이 없을 정도다. 민주적으로 선출하는 것도 아닌데 당 대표를 창당 대회 당일까지 합의하지 못하고 옥신각신했다. 그러니 무슨 동지적 연대감을 이야기할 수 있겠는가."[189]

민주신당과 열린우리당의 합당

2007년 8월 10일 범여권 신당인 민주신당과 열린우리당이 합당을 공식 선언했다. 오충일 민주신당 대표는 이날 "열린우리당에 대해 말이 많은데, 계승해야 할 것이 더 많은 당"이며, "열린우리당도 간판을 내리는 만

188) 「누더기 신당보다 차라리 열린우리당이 낫다(사설)」, 『동아일보』, 2007년 8월 6일.
189) 「이런 신당을 왜 만들어야 하나(사설)」, 『중앙일보』, 2007년 8월 6일.

큼 그 자체가 큰 회개"라며 "하늘 아래 새로운 것은 없다"고 했다. 민주신당과 열린우리당은 합당 선언문에서 '중산층·서민의 민생 안정, 양극화 해소, 지속 가능 발전, 평화 체제 전환, 남북 경제 공동체 건설 등을 중점 추진한다'고 했다.

한나라당 나경원 대변인은 "열린우리당으로 도로 원위치 하느라고 얼마나 많은 돈과 시간을 허비했느냐"고 반문하고 "국민의 눈을 속이고 우롱하는 행태"라고 비난했다. 민주당 유종필 대변인도 "오늘 합당 선언을 한 것은 '도로 열린우리당'을 완성하는 것으로 실패한 열린우리당을 복원하는 데 민주당이 동참할 이유는 없다"며 "이는 한나라당에 대선 승리를 헌납하는 절차이며 대국민 사기극에 불과하다"고 비판했다.[190] 민주노동당 김형탁 대변인은 "보는 사람들 혼을 빼놓고 국정 실패의 책임에서 벗어나려는 모습"이라고 꼬집었다.[191]

『조선일보』는 "돌고 돈 듯하지만 본질은 간단하다. 새로 생긴 민주신당 소속 의원은 143명이다. 그중 다섯 명을 뺀 138명이 열린우리당 출신이다. 민주신당의 강령과 당규, 정책은 열린우리당과 똑같다. 강령이 같고 그 안의 사람이 같으면 같은 당이지 다른 당이 아니다. 여섯 달 동안 돌고 돌아서 열린우리당 제자리로 원위치 했다. 달라진 것은 집 밖에 걸린 당 간판 하나뿐이다. 국회의원 공천에 눈독 들이고 한구석에 진을 친 시민단체 사람들 정도가 못 보던 풍경이다"라며 다음과 같이 말했다.

"열린우리당은 지난 4년간 나라를 뒤집고, 사회를 갈라놓고, 국민을 욕보이다가 버림받은 당이다. 국민은 그 당이 눈속임용 신장개업을 하

190) 배성규, 「신당-우리당 합당 공식선언 '도로 열린우리당'」, 『조선일보』, 2007년 8월 11일.
191) 장강명, 「돌고 돌아 '도로 열린우리당'으로…민주신당-열린우리 합당」, 『동아일보』, 2007년 8월 11일.

려는 것을 이미 다 알고 있다. 새삼스레 주문할 것도, 궁금할 것도 없다. 다만 열린우리당을 탈당했다가 되돌아온 의원들의 표변(豹變)에 대해서만은 놀라움을 금할 수 없다. 그들은 탈당하면서는 '참회한다' 고 했던 사람들이다. 노무현 대통령에게도 '자질이 문제', '민주 자산 다 팔아먹어', '오만' 이라는 등으로 돌팔매질을 했었다. 그러더니 몇 달 만에 되돌아와 슬그머니 친노 세력과 다시 몸을 섞었다. 이들이 앞으로 무슨 정치적 영화를 더 보려고 이러는지는 모르겠지만 '정상적 인격' 은 아니다. 이런 사람들이 대통령 선거까지 앞으로 남은 넉 달 동안 또 무슨 물구나무를 서는 재주를 피우며 국민을 속이려 할지 알 수 없다." [192)

『동아일보』는 "주식 시장에서 상장(上場) 폐지된 기업이 주식을 재(再)상장하려면 첫 상장 때보다 더 엄격한 조건을 갖춰야 한다. 이미 신뢰를 잃은 만큼 더욱 확실한 가치와 비전을 보여줘야 투자자들의 마음을 끌 수 있다. 그런데 열린우리당의 위장 개업은 상장 폐지된 기업이 소유주는 그대로인데 상호(商號)와 대표이사만 살짝 바꿔 슬그머니 주식을 재상장한 꼴이다. 진짜 기업 같으면 금융 당국이 사기 혐의로 조사라도 해야 할 판이다. 더욱 가관인 것은 민주신당이 별다른 사업 비전도 없는 데다 기업 가치까지 속이고 있다는 점이다. 자신이 뭘 할 수 있는지를 보여주는 것이 아니라, 상대 기업이 잘못되도록 일단 뭉치고 보자는 게 유일한 사업 비전이다"라며 다음과 같이 말했다.

"열린우리당은 당초 정치 개혁과 지역주의 타파를 내걸고 100년 갈 정당을 만들었다고 큰소리쳤다. 하지만 독선과 아집, 무능과 비효율로

192) 「정당사(史)의 코미디 '도로열린당' (사설)」, 『조선일보』, 2007년 8월 11일.

정치 실험은 해보지도 못했고, 지역주의는 오히려 심화시켰다. 그래서 고작 3년 9개월 만에 명분이고 체면이고 다 던져버리고 부랴부랴 간판을 바꿔 달려는 것이다. 이러니 정치가 조롱거리가 되고 정치인들이 국민의 손가락질을 받는 것이다. 열린우리당이 6개월 이상 탈당 · 창당 · 합당극(劇)을 벌인 끝에 '짝퉁'을 만들어낸 실력만은 가히 프로급이다. 그러나 국민은 속지 않는다. 민주신당이라는 가면(假面)을 쓰고서라도 다시 국민에게 손을 내밀려 한다면 정치판을 더럽히고, 국민을 힘들게 한 죄과부터 사과해야 한다." [193)

열린우리당의 소멸

2007년 8월 18일 열린우리당은 전당대회를 열어 '민주신당'과의 합당을 결의하고 간판을 내렸다. 열린우리당 폐업 행사는 시작 후 두 시간이 되도록 폐업 의결정족수도 채우지 못했으며, 행사장도 욕설과 고함, 몸싸움으로 시종 어수선했다. 당 사수파 당원 · 대의원 400여 명은 대회장 앞에 진을 치고 "정당 개혁 말아 먹은 지도부는 사죄하라" 등의 구호를 외쳤다. 그러나 열린우리당이 폐업 전당대회에서 결의한 것은 "(민주신당으로) 대통합을 이뤄내 반드시 12월 대선에서 승리하자"는 것이었다.

『조선일보』는 "열린우리당 실패와 이 정권 실정의 주역인 전직 당 의장들과 원내대표, 국무총리와 장관들은 이미 '민주신당' 간판을 달고 다음 대통령이 돼보겠다고 뛰고 있다. 차이가 있다면 얼마 전까지 열린

193) 「앞문 닫고 뒷문 연 '도로 우리당' 위장 開業(사설)」, 『동아일보』, 2007년 8월 11일.

우리당 명함을 돌리던 국회의원 138명이 이제는 민주신당 명함을 돌리고 있는 것뿐이다"라며 다음과 같이 말했다. "정당이 잘못해 국민에게 빚을 지면 선거에서 국민에게 그 빚을 갚아야 한다. 이것이 책임 정치의 기본이다. 열린우리당은 지난 4년간 국민에게 엄청난 빚을 져놓고 막상 대선이 다가오자 빚을 갚지 않기 위해 민주신당이라는 '위장 회사'를 세웠다. 회사가 은행 빚을 갚지 않기 위해 가짜로 폐업하고 다른 회사를 세우는 범법 행위와 다를 게 없다. 이런 정치인들에게 책임을 묻고 벌주는 일은 유권자들이 할 수밖에 없다."[194]

『동아일보』는 "마술 쇼 하듯이 흩어졌다 모였다, 흩어졌다 모였다를 반복한 끝에 '민주신당'으로 새 옥호를 내거는 행태는 정당 대의제를 5년, 10년 후퇴시키는 정치 쿠데타로 규탄받을 일이다. 선거는 심판이고 선택이다. 대선은 집권 5년의 공과(功過)를 심판하고, 그 심판을 바탕으로 다음 5년의 담당 세력과 인물을 선택하는 장(場)이다. 그것은 주권자인 국민의 권리다. 열린우리당은 국민이 뻔히 보는 앞에서 유권자의 소중한 심판권을 빼앗은 것이나 마찬가지다"라며 다음과 같이 말했다.

"개혁과 정의(正義)를 독점한 듯이 행세해오던 사람들이 이런 짓을 버젓이 하고 있다. '반한나라당 연합 전선 구축'이라는, 특정 정당 반대만을 위해 창당하는 정당은 지구 상에 유일할 것이다. 그나마도 4년 반 전에 퇴임한 김대중 전 대통령의 지침에 따른 것이다. 누가 봐도 지역주의 부활 책동이다. 평생 '반지역주의'를 위해 투쟁했다는 노무현 대통령도 슬그머니 DJ와 타협했다. 노무현식 기회주의다. 민주신당은 바로 이런

---

194) 「열린우리당이 3년 만에 위장 폐업한 날(사설)」, 『조선일보』, 2007년 8월 20일.

대야합(大野合)의 산물이다. 그것도 선거가 끝나면 다시 무너질 '4개월 짜리 신당'에 불과하다."[195]

기회주의건 대야합이건 그건 열린우리당에게만 책임을 물을 수 있는 일은 아니었다. 기회주의라면 어차피 열린우리당의 탄생 국면에서 나타났던 것이지만, 당시 유권자들은 "좋은 기회주의는 좋다"고 생각하거나 "창조적 기회주의는 좋다"고 판단한 게 아니었을까?

민주주의는 양당제인가? 이 물음을 놓고 김대중과 민주당이 충돌한 것도 그런 관점에서 이해할 수 있지 않을까?

---

195) 「'4개월짜리' DJ-노무현 大野合 신당(사설)」, 『동아일보』, 2007년 8월 20일.

민주주의는 양당제?
김대중과 민주당의 충돌

민주당 분당도 사과하라

2007년 8월 23일 김대중 전 대통령이 정세균 전 열린우리당 의장 일행을 맞은 자리에서 "정략적으로 민족적 대사인 남북 정상회담에 대해 특검을 하고 상처를 입혔다"며 사과하라고 했다. 국정원 도청에 대해서도 "임동원, 신건 두 국정원장을 아무런 증거 없이 구속했다. 과거 정부의 도청은 다 빠지고 죄 없는 국민의 정부 두 국정원장만 구속했다"고 했다. DJ는 또 "국민의 마음이 떠난 것은 노무현 대통령을 당선시켜준 민주당과의 분당 때문"이라는 말도 했다. 그는 대북 송금 특검, 국가정보원 도청 수사, 민주당 분당에 대해 사과해야 "여권 지지자들 마음속 응어리가 풀린다"고 말했다.

이에 『중앙일보』는 "DJ는 올 들어 범여권의 통합을 수차례 주장했고, 그 뜻대로 됐다. 이제 범여권에 대한 영향력이 커지니까 자신의 과거 잘못까지 다 미화하겠다고 나서는 것인가. 전직 대통령으로서 품위를 지켜줄 것을 거듭 촉구한다"며 다음과 같이 말했다.

"남북 정상회담을 하기 위해 5억 달러의 뒷돈을 북한에 건네준 것은 명백한 실정법 위반 행위였다. DJ는 '통치행위'라고 변명했다. 그러나 아무리 대통령의 통치행위였다 해도 사전 또는 사후에 국회나 국민의 동의를 구하는 절차를 밟았어야 했다. 그는 사실이 드러난 뒤에도 해명이나 사과 한마디 하지 않았다. 그런 뒷돈이, 북한이 핵폭탄과 미사일을 만드는 데 들어가지 않았다고 장담할 수 있는가. 국정원 도청 사건에 대해서도 DJ는 마찬가지였다. 과거 정보기관 도청의 피해자였다고 해서 본인의 대통령 재임 중에 벌어진 국정원 도청까지 정당화되는 것은 결코 아니다. 그런데도 DJ는 임동원·신건 전 국정원장과 박지원 전 청와대 비서실장의 이름까지 거명하면서 그들의 억울함을 강변했다."[196]

『조선일보』는 "김 전 대통령은 '민주당 분당도 사과하라'고 했지만, 당시 열린우리당이 민주당을 깨고 나올 때 김 전 대통령은 침묵했었다. 그 후 열린우리당 지도부가 찾아갈 때마다 김 전 대통령은 격려를 아끼지 않았다. '여러분이 나의 정치적 계승자'라고까지 했었다. 그런데 왜 사과를 해야 한다는 말인가"라며 다음과 같이 말했다.

"김 전 대통령이 나서면 반DJ가 일어서고, 다시 1970년대, 1980년대식 지역주의가 나라를 반으로 가르게 될 것이다. 2007년 올해로 김 전 대통령도 83세가 되었다. 일개 정파가 아니라 국가의 원로로서 말을 아끼고 나라의 평온을 위해 천리를 따를 때가 됐다. 그를 좋아했든 아니든, 많은 사람들이 'DJ 얘기'에 지쳤다."[197]

---

196) 「DJ의 낯 뜨거운 대북 송금·도청 옹호(사설)」, 『중앙일보』, 2007년 8월 25일.
197) 「국민들 지치게 하는 김대중 전 대통령(사설)」, 『조선일보』, 2007년 8월 25일.

김대중의 민주당 비판

2007년 8월 25일 『한겨레』는 1면 기사를 통해 김대중 전 대통령이 정세균 전 열린우리당 의장 일행과의 회동에서 "민주당이 60년 전통에서 스스로 벗어났다"고 말한 것으로 보도했다. 이에 유종필 민주당 대변인은 "『한겨레』가 발언 내용을 왜곡했다"는 취지의 논평을 발표했다. 이는 김 전 대통령의 발언을 정면 대응하기에는 큰 부담이 따르기 때문인 것으로 해석되었다.

8월 26일 민주당의 한 당직자는 "(김대중 전 대통령의 둘째 아들인) 김홍업 의원의 탈당보다 더한 충격은 없다"며 애써 의미를 축소했다. 그러나 조순형 의원은 이날 연합뉴스와의 인터뷰에서 "김 전 대통령이 '평화 노선을 어겼다'고 하는데 그것은 잘못된 인식"이라며 "김 전 대통령은 국가 원로로서 체통을 지키고 정치 개입 발언을 그만둘 때가 됐다"고 주장했다. 조 의원은 "김 전 대통령의 비판은 저를 겨냥한 것으로 보인다"며 "대선 주자이자 책임 있는 국회의원으로서 남북 정상회담의 문제점을 지적한 것인데, 김 전 대통령이 이를 문제 삼아 정치 행보를 하려는 것인지 도대체 이해할 수 없다"고 주장했다.

이에 김 전 대통령 쪽의 최경환 비서관은 "북한 핵실험 때 햇볕정책을 비판하고 2차 남북 정상회담을 반대한 일부 지도자에 대해 민주당의 전통과 맞느냐고 언급한 것이지, 민주당의 정통성을 거론한 것은 아니다"라고 밝혔다.[198] 그러나 DJ는 26일 동교동 자택을 방문한 민주신당 대선 주자 추미애 전 의원에게 "(민주당을 떠나 민주신당에 합류한 것은) 참 잘했다"며

---

198) 이태희, 「충격 휩싸인 민주당: DJ "민주당, 60년 전통서 벗어났다" 발언」, 『한겨레』, 2007년 8월 27일.

높이 평가한 것으로 알려져 다시 한 번 민주당을 분노하게 만들었다.

8월 27일 서울 영등포구 여의도 민주당 당사에서 열린 최고위원 회의에서 이상열 정책위 의장은 "(DJ가) 민주당이 민주신당에 합류하지 않은 게 매우 잘못된 것처럼 오해를 불러일으킬 수 있는 발언을 한 것은 매우 부적절하다"고 문제를 제기했다. 그는 "전직 대통령이 대외적으로 민주신당을 비호하는 말을 하는 것은 온당치 못하다"고 비판했다. 또 이날 회의에서 손봉숙 의원은 "최근 김 전 대통령이 한 당의 유력한 대통령 후보에 대해 직접적인 언급을 한 것은 아주 적절치 않다고 생각한다"고 가세했다. 유종필 대변인은 "대선 주자라는 사람들이 젖먹이 아기처럼 동교동에만 의지하는 것은 말 그대로 구상유취한 행위"라는 말로 신당의 대선 주자들을 비판했다.

반면 이날 민주신당 대선 주자인 정동영 전 열린우리당 의장은 SBS 라디오에 출연해 DJ의 정치 개입 논란에 대해 "국민이 요구하는 대통합 방향에 따르는 게 순리라고 하는 상식적인 얘기를 강조하셨다. 이를 대선 개입으로 보는 건 무리라고 생각한다"고 DJ를 옹호했다. 또 추 전 의원은 MBC 라디오와의 전화 인터뷰에서 "(DJ가) 지지부진한 대통합에 대해서로 남 탓 공방하는 정치권을 향해 국민을 대신해 강하게 매를 드신 것 아닙니까"라며 DJ의 현실 정치 관련 발언을 정당화했다.

『동아일보』(2007년 8월 28일)는 다음과 같이 전했다. "민주당은 올해 들어 DJ가 열린우리당과 민주당의 통합을 촉구하다가 민주당의 반발로 여의치 않자 열린우리당과 민주당 일부 의원들이 대통합민주신당을 만드는 과정에 힘을 실어준 데 대해 'DJ에게 배신당했다'며 분을 삭이지 못하고 있다. 현 민주당의 한 관계자는 'DJ가 반복해서 정당을 깨고 새로 만든 역사를 돌아보면 결국 대통령이 되기 위해 정치권의 이합집산을 촉발시켰던 것이라고 평가할 수 있다'고 말했다."[199]

민주당의 김대중 비판

2007년 8월 28일 박상천 민주당 대표는 라디오 인터뷰에서 "김 전 대통령은 정계를 은퇴한 분"이라면서, "그의 말씀에 의해 현실 정치가 방향을 바꾸는 것은 아니다"라고 했다. 민주당이 그의 말 한마디에 왔다 갔다 하는 정당이 아니라는 취지로 받아들여졌다.

　김 전 대통령 측도 이날 이례적으로 최경환 비서관 명의의 반박 보도자료를 냈다. 민주당을 직접 겨냥한 내용으로 가득했다. 최 비서관은 "최근 일부 정치권의 김 전 대통령에 대한 언급이 지나치다"며 "김 전 대통령은 범여권의 분열과 혼란으로 국민의 염려와 걱정이 커져서 대통합을 말했고, 이는 전직 대통령으로서 당연히 할 말을 한 것"이라고 했다. "민주주의는 양당제이므로 한나라당과 범여권이 일대일로 대결해야 하는데, 민주당이 신당에 합류하지 않고 있어 '대통합'을 말했다"는 취지였다. 김 전 대통령 측은 이어 "전직 대통령은 중대사에 발언할 법적·정치적 자격이 있고, 이런 현안에 대한 언급을 시비하는 것은 잘못된 것"이라고 했다. 또 "김 전 대통령의 주장은 모두 옳았다"고도 했다. 최근 민주당에서 나온 'DJ 오판(誤判)론'을 반박한 것이다.[200]

　박 대표 역시 물러서지 않았다. 그는 언론 인터뷰 등을 통해 "김 전 대

199) 이명건·조인직, 「민주당 'DJ 훈수정치' 잇단 비판」, 『동아일보』, 2007년 8월 28일.
200) 박두식·황대진, 「DJ·박상천 정면충돌… 민주 '홀로서기' 택했나」, 『조선일보』, 2007년 8월 29일.

통령이 민주당과 열린우리당이 무조건 통합하라고 한 것은 정보 부족으로 인해 (상황을) 잘못 파악한 것"이라고 했다. 그는 "DJ가 계속 '대통합이 국민의 뜻'이라고 말하는데, 국민의 뜻은 결코 정치인들의 이합집산(離合集散) 같은 데 있지 않다"고 했다. "국민의 뜻은 경제를 성장시켜 잘사는 나라를 만들고 중산층과 서민을 잘살 수 있게 보호하는 데 있다"는 것이다. 박 대표는 이어 "젊은이들이 '취직만 할 수 있다면 영혼이라도 팔겠다'고 하고 서민 가장들이 '먹고살게 해주면 도둑놈당이라도 지지한다'고 하는 판이다. 열린우리당이 국정 운영에 실패했기 때문이다. 김전 대통령이 이런 국민의 분노에 대해 파악하지 못하신 것 같다"고 했다. 그러면서 "김 전 대통령이 민심을 피부로 느끼지 못하고, 옛날처럼 균형 잡힌 판단을 못하고 있는 것 같다"고 했다.

박 대표는 "현직 대통령일 때는 다양한 보고 채널이 있었지만 지금은 단선 채널만 갖고 있어 국민의 뜻이 왜곡될 수 있다"고 했다. 박 대표는 "신당 불참을 전혀 후회하지 않는다"고 했다. 그는 "DJ가 아무리 대통합을 강조해도 '잡탕식' 정당에 합류하는 것은 정치 발전에 역행하는 것이고, 나아가 국익에도 해롭다"고 했다. 그는 "국정 실패 세력이 고스란히 남아 있는 신당으로는 대선에서 이길 수도 없다"고 했다. 김 전 대통령이 2차 남북 정상회담의 시기와 장소 등을 문제 삼은 조순형 의원을 겨냥해 "한나라당 아니냐"고 비판한 데 대해 박 대표는 "(조 의원이) 그 정도 말도 못하느냐"고 했다. "당 대표로서 대선 후보를 보호하는 것은 당연하다"고 덧붙였다.[201]

---

201) 황대진, 「"정치인 이합집산이 국민 뜻인가…": 박상천 대표 인터뷰」, 『조선일보』, 2007년 8월 29일.

이에 『조선일보』는 "김대중 전 대통령과 박상천 대표가 이끄는 민주당이 정면 충돌했다. 호남을 기반으로 하는 민주당이 DJ에 반기를 든다는 것은 과거에는 상상하기도 힘든 일이다. 양측을 오간 공개 설전(舌戰)의 수위도 심상치 않다. 마치 결별을 각오한 듯한 살벌한 말들을 주고받았다"고 했다.[202]

이 싸움에 신바람이 난 듯한 『조선일보』(2007년 8월 30일)는 "김대중 전 대통령이 '민주주의는 양당(兩黨)제'라고 한 것을 놓고 논란이 일고 있다"며 "정치학자들 사이에서는 '말도 안 된다'는 얘기가 많았다"고 했다. 이 기사에 인용된 장훈 중앙대 교수는 "민주주의에는 다양한 형식이 있다"며 "교과서적인 관점에서 보면 매우 무리한 주장"이라고 했다. 그는 "DJ 집권 기간에도 3당 체제 아니었느냐"고 했다. 다른 중진 정치학자는 "서구에서도 양당제는 미국과 영국뿐이고 독일·프랑스·이탈리아 등 유럽 선진국들은 모두 여러 정당이 원내에 진출해 있는 다당(多黨)제"라며, "이들은 민주주의가 아니란 말이냐"고 했다.

또 이 기사에 따르면, 민주당에서는 "지금까지 양당제를 깨는 데 앞장서 온 DJ가 그런 말을 할 수 있느냐"는 지적도 나왔다. 김 전 대통령은 1987년 대선 직전 YS와 후보 단일화가 이뤄지지 않자 제1야당이었던 통일민주당을 깨고 나와 평화민주당을 창당했고, 1995년 정계 복귀를 하면서도 민주당을 깨고 새정치국민회의를 창당했다. 민주당 관계자는 "DJ 말대로라면 1992년 3당 합당으로 양당제를 만든 YS는 '민주주의의 완성자'이고, 매번 당을 깨서 다당제를 만들어온 DJ는 '민주주의의 파

202) 박두식·황대진, 「DJ·박상천 정면충돌… 민주 '홀로서기' 택했나」, 『조선일보』, 2007년 8월 29일.

괴자'가 된다"고 했다.[203]

　김대중의 주장을 어떻게 평가하건, 문제는 그가 왜 열린우리당 분당 땐 그 말을 못했는가였다. 김대중의 소심 또는 판단력 장애 때문이었을까? 어찌 됐건 한국 정치는 이미 그의 품에서 많이 벗어난 지 오래였다.

---

203) 황대진, 「양당제 깬 DJ가 양당제 안 한다고 깨나」, 『조선일보』, 2007년 8월 30일.

이명박과 박근혜의 이전투구
한나라당 경선

한나라당의 경선 승복 각서

'정당의 포장마차화'를 웅변해준 열린우리당의 소멸 사태는 4년 전 '정당 민주주의'의 발전을 위해서는 별로 좋을 게 없던 민주당 분당을 당시에 지지한 사람들이 더 많았기 때문에 빚어진 결과였다. 당시 개혁·진보적인 사람일수록 민주당 분당을 적극 지지했으니 참 희한한 일이었다. 이들은 남들 읽으라고 쓰는 글에는 예외 없이 정당 민주주의의 필요성과 가치를 역설하면서도, 자기 자신만큼은 정당의 포장마차화를 지지했으니 말이다.

교과서적 원리와는 달리 한국의 정당정치는 사실상의 인질 정치다. 정당 중심의 투표를 하는 유권자들도 엄밀하게 말하면 정당을 지지한다기보다는 불공정과 편파를 자행할 힘이 있는 집단에 표를 주는 것이다. 즉 정부 인사·예산권의 지배력이나 접근권에 반응을 보인다는 것이다. 그래서 대통령이나 힘 있는 몇몇 정치인만 움직이면 하루아침에 뚝딱 만들 수 있는 게 바로 정당이다. 새로운 정당을 만들 때마다 늘 명분은 화려했지만 거의 다 그 주동자가 대장 노릇 해보고 싶다는 권력투쟁의 산물이었다.

2007년 5월 16일 이기호는 "그저 감정으로 뭉친, 친목계나 진배없는 정당들. 문제는 그 정당들로 인해 전 국민이 친목계화되어 간다는 점이다"라고 주장했다.[204] 한심한 정당들에 대한 분노에는 충분히 공감하지만 과연 정당의 친목계화가 전 국민의 친목계화를 부른 걸까? 혹 그 반대는 아니었을까? 한나라당이 대선 후보 경선 규칙 문제 때문에 한동안 분당 위기로 치달았던 것도 바로 인물 중심의 줄서기 때문이며, 이는 한국 사회 전반에 널리 퍼져 있는 문화였다.

언제 당이 깨질지 모르는 불안감에 떨고 있던 한나라당은 이명박과 박근혜에게서 이른바 '경선 승복 각서'를 받아내기로 했다. 이에 대해 『조선일보』(2007년 5월 19일)는 "경선 불복은 우리 정당의 고질병이다. 이 걱정은 한나라당만의 문제도 아니다. 결국 정치인들의 상식과 양심과 도덕성으로 막을 수밖에 없는 일이다. 그리고 마지막 심판은 표라는 가장 강한 무기를 갖고 있는 국민의 몫이다"라고 주장했다.[205]

6월 박근혜의 '줄푸세(줄이고 풀고 세우자)'라는 슬로건이 화제가 되었다. 박근혜는 "규제 완화, 감세, 법 질서 세우자는 주장을 계속했었는데 국민에게 잘 전달되게 하려고 '줄푸세'라는 말을 직접 만들었다"고 했다.[206]

---

204) 이기호, 「[길 위의 이야기] 감정」, 『한국일보』, 2007년 5월 16일.
205) 신효섭, 「[만물상] 경선 승복 각서」, 『조선일보』, 2007년 5월 19일, A30면.
206) 전영기, 「"작은 정부 큰 시장 … 번듯한 선진국 만들겠다" : 박근혜 후보 단독 인터뷰」, 『중앙일보』, 2007년 6월 14일.

이명박과 박근혜의 이전투구

2007년 7월 6일 박근혜 전 대표 측 홍사덕 공동 선대위원장과 김무성 총 괄본부장이 광주·전주 당원 간담회에서 한 발언이 논란이 됐다. 홍 위원장은 "김영삼 전 대통령의 뜨거운 지지를 받는 이명박 후보가 호남에서 박근혜 후보보다 두 배 이상 지지를 받는 이유를 알려달라. 호남에서 왜 이런 차이가 나는지 이해할 수 없다"고 말했다. 김 본부장도 "이명박 후보가 서울시장 재임 시 세 명의 호남 출신 국장 중 두 명을 징계위도 거치지 않고 옷을 벗겼다"고 주장했다.

이에 대해 이 전 시장 측 이재오 최고위원은 "당내 경선의 금도를 벗어난 것"이라고 몰아붙였다. 이 최고위원은 "4·25 재·보선 이후 '만약 내(박 전 대표)가 누구(이 전 시장)랑 같이 유세했으면 이 지역(대전)에서 표가 더 떨어졌을 것'이라는 지역감정 선동과 맥이 같은 것"이라면서 박 전 대표 발언을 직접 겨냥했다. 이 전 시장 측 박형준 대변인도 "근거 없는 의혹 부풀리기에 정치 공작 편승하기, '카더라' 식 폭로도 안 되니까 이젠 지역감정 자극하기냐"고 비판했다. 박 대변인은 "홍 위원장의 발언은 도대체 집권하겠다는 정당의 제정신 가진 사람의 입에서 나올 수 있는 말인가. 해볼 건 다 해봤으니 이제 마지막으로 다 죽어가는 지역감정을 불러내겠다는 것인가"라는 격한 표현도 서슴지 않았다. 그는 "이 전 시장의 호남 지지율이 높은 것은 오히려 한나라당의 큰 자산이자 집권의 청신호"라고 평가했다.[207]

이명박과 박근혜의 이전투구는 서로 돌아올 수 없는 다리를 건너고

---

207) 김지성, 「이명박 측 "지역감정 조장하나" 발끈: 홍사덕 "YS 지지 받는 李 왜 호남서 인기"」, 『한국일보』, 2007년 7월 9일.

있다는 얘기가 나올 정도로 격화되기 시작했다. 『조선일보』(2007년 7월 7일)는 "이 후보 처남 김재정 씨는 자신의 부동산 거래 내용에 의혹을 제기한 박 후보 측 서청원 상임고문, 유승민·이혜훈 의원을 허위 사실 유포에 의한 명예훼손 혐의로 검찰에 고소했다. 비록 당사자는 아니라 해도 양측의 갈등이 고소전으로 비화된 것은 처음이다. 박 후보 측은 연일 검찰에 이 후보 관련 의혹을 빨리 수사하라고 요구하고 있다"며 다음과 같이 말했다.

"이렇게 살벌한 당내 경선전은 한나라당 역사에서는 물론이고 정당사를 통틀어서도 전례가 없는 일이다. 이유는 간단하다. 한나라당 김형오 원내대표는 이날 '당내 경선이 이러는 것은 두 진영이 예선만 이기면 본선은 거저먹는다는 착각에 빠져 있기 때문'이라고 했다. 박관용 전 국회의장 말대로 '청와대가 눈앞에 아른거리는' 양측이 이제 와서 그게 신기루인 줄을 깨달을 가능성은 거의 없다. 당내에서 자제하라는 얘기가 나오면 이 후보 쪽은 '당하는 사람이 뭘 자제하느냐'고 하고, 박 후보 쪽은 '검증하지 말라는 소리냐'고 한다. 한나라당 경선은 죽기 살기로 끝장을 보는 대결로 가게 됐다."[208]

7월 9일 한나라당 강재섭 대표는 언론 인터뷰에서 "이명박 후보는 '이 재산이 당신 것이냐'고 물으면 '이런 점에서 내 것이 아니고 처남이 이렇게 한 것이다'라고 설명해야 하는데 자료가 어떻게 유출됐는지만 따진다"고 말했다. 그는 "박근혜 후보도 고 최태민 씨와의 관계 등을 물으면 '훌륭한 분인데 (그런 분에게 의혹을 제기한다면) 벼락 맞을 일'이라

---

208) 「이·박, 이렇게 당 내 경선 이긴들(사설)」, 『조선일보』, 2007년 7월 9일.

고만 한다. 그래서야 해명이 되겠느냐"고 했다. 강 대표는 "안강민 당 검증위원장이 '(이 후보 측이 박 후보 측을 검찰에 고소해) 검증위 자료를 다 검찰로 가져가는 상황에서는 사표를 낼 수밖에 없다'고 말했다"고 밝혔다. 한나라당 차원의 후보 검증이 사실상 물 건너가고 있음을 실토한 것이다.[209)]

이명박 · 박근혜 검증 청문회

2007년 7월 19일 한나라당의 이명박 · 박근혜 두 경선 후보 검증 청문회는 '하나 마나 한 통과의례'가 되리라는 예상과는 달랐다. 검증 위원 15명은 수십 년 전 기사와 인터뷰 내용, 현장을 방문해 수집한 자료들을 근거로 후보들을 몰아세웠다. 한 사람당 4시간씩 8시간이 소요될 정도였다. 정당 사상 처음인 이번 청문회는 두 후보에 대해 제기된 모든 의혹을 정리해 유권자들에게 보여줬고, 그에 대한 후보들의 해명을 직접 들을 기회를 제공했다.

그러나 두 후보는 제기된 의혹 전부를 사실상 전면 부인했다. 이 후보는 "차명 재산은 하나도 없다"고 했고, BBK와도 "관련이 없다"고 했다. 서울 서초동 땅 4필지에 대해 "자기 재산의 가장 큰 부분을 어떻게 사게 됐는지 모른다는 것이 이해가 되지 않는다"는 질문에 "해외 업무로 바빠서, 정주영 회장 지시로 회사가 내 재산을 관리해준 것"이라고 했다. 이 후보는 "처남 김재정 씨가 지난 몇 년 동안 땅 매입과 회사 설립 등에

---

209) 「한나라당이 오해와 오판을 거듭하면(사설)」, 『조선일보』, 2007년 7월 11일.

47억여 원을 쓰고도 15억 원 정도의 자금 출처밖에 해명하지 못하고 있다"는 질문에 "20년 전 자료를 다 찾아내기 어려웠을 것"이라는 정도로만 답변했다. 그는 실제로 자신이 소유주라는 의혹을 받고 있는 자동차 부품 회사 다스와 관련해 "최대 주주인 처남 김 씨는 비상임 감사로 가끔 일이 있을 때만 회사에 갔고 몇 년간 배당도 받지 않았는데 실제 경영자라 할 수 있느냐"는 질문에 "일본 측 투자 회사가 배당을 요구해 이사회에서 배당을 하지 않기로 결정했다고 들었다"고 했다.

박근혜 후보에게는 고 최태민 씨 관련 질문이 집중됐지만 박 후보는 "최 씨에 대한 의혹은 실체가 없다"고 했다. 박 후보는 "3공 시절 중앙정보부가 최 씨를 조사해 공사 수주나 장군 승진, 국회의원 공천 등을 약속하고 돈을 받거나 대통령 딸인 박 후보의 이름을 팔아 기업인에게서 돈을 받아 챙긴 경우가 40여 건이나 드러났다"는 질문에 "검찰 수사에서는 아무것도 나온 게 없다"고 했다. 최 씨와 관련해선 "박정희 전 대통령 비서관이 비망록에 '대통령이 근혜 양과 관련해 물의를 일으킨 최 씨를 거세하라고 지시했다'고 적었다", "검찰이 정보부보다 더 많은 최 씨의 비리를 밝혀냈지만 정치적 파장을 우려해 최 씨를 구속하지는 않았다는 증언이 있다"는 질문이 이어졌다. 박 후보는 "그 비망록 자체가 이상하다", "그런 비리가 있었다면 아버지가 그냥 놔둘 분이 아니다"라는 정도로만 답했다.

두 사람은 이날 최대 쟁점이었던 재산 축적과 최 씨 관련 의혹 자체에 강한 거부감을 보였다. 이 후보는 처남 김 씨 명의로 숨겨둔 재산이 있다는 의혹이 이어져도 "내 재산이 아닌데 내가 답변을 하는 것은 옳지 않다"는 입장을 끝까지 바꾸지 않았다. 박 후보도 "최 씨 사위인 정윤회 씨

1976년 박정희 대통령(왼쪽)과 박근혜가 대한구국선교단 야간진료센터를 방문해 최태민 총재(오른쪽)와 담소하는 장면. 박정희가 사실상 강탈한 재산은 현재 정수장학회 소유로 남아 있으며 이 장학회는 박정희의 친인척과 최태민 등 측근을 중심으로 운영돼왔다.

가 박 후보의 입법 보조원으로 일하는 등 측근이 아니냐"고 하자 "1998년 선거 때 정 씨가 선뜻 '순수하게 돕겠다'고 해 인연을 맺어 채용하기도 했지만 지금은 그만뒀다"고만 답했다.

이와 관련해 『조선일보』는 다음과 같이 말했다. "유권자들은 당내 경선 과정은 물론이고 대선 본선 투표일까지 이 후보를 쳐다보면서는 재산 문제를, 박 후보를 쳐다보면서는 최 씨 관련 의혹을 떠올리게 될 것이다. 두 후보가 듣고 싶지 않다고 들어갈 얘기도 아니고, 끝내고 싶다고 해서 끝날 문제가 아니다. 이번 청문회를 통해 두 후보의 의혹 중 어느 부분은 해명된 것도 있지만 재산 축적과 최 씨 문제에 대한 의문은 여전히 남아 있다. 이 후보와 박 후보는 누가 대선 후보가 되든 이 두 문제가 선거 마지막까지 목에 걸린 가시가 될 것이라는 사실을 분명히 보아야 한다."[210]

'두나라당'이 된 한나라당

한나라당의 대선 후보 검증 청문회 3일 뒤인 7월 22일 제주 한라체육관에서는 이·박 두 후보 지지자들이 충돌해 한나라당 대선 후보 경선의 첫 합동 유세가 난장판이 됐다. 양측은 입고 나온 유니폼 색깔이 서로 경선 규정 위반이라고 비난하며 고성을 주고받았다. 양측은 이 후보 측이 미성년자들을 박수 부대로 동원했는지를 놓고 험한 말을 주고받다 급기야 상대편 피켓을 빼앗아 던지고 멱살잡이까지 했다. "퇴장시키겠다"는 당 지도부의 으름장도 소용없었다. 이 후보 연설 때는 박 후보 지지자들이 이 후보의 부동산 의혹을 겨냥해 "땅, 땅, 땅"이라고 소리치기도 했다. 보다 못한 당 지도부는 향후 합동 유세 일정을 모두 보류했다.

두 후보 진영에서 일하고 있는 국회의원들의 반목과 대립은 더 심각했다. 나경원 당 대변인의 말처럼 '노무현 정권에 대해 하는 것보다 더 심하게' 서로를 공격하고 비난했다. '이적질', '반역자' 같은 말은 보통이고 사석에서는 "우리가 이기면 다음 총선 공천에서 (상대 진영의) 몇몇 사람은 절대로 그냥 두지 않겠다"는 다짐까지 서슴없이 했다.

이와 관련해 신효섭 『조선일보』 논설위원은 "두 후보는 그동안 기회가 있을 때마다 '경선에서 지면 승리한 사람을 돕겠다'고 말해왔다. '탈당은 없다'는 다짐도 수도 없이 했다. 그러나 현실은 완전히 반대로 가고 있다. 한나라당이 사실상 '두나라당'이 돼버린 것이다. 모든 책임은 이명박·박근혜 두 후보에게 있다. 두 사람은 캠프 사람들이 무슨 짓을 해도 그냥 놔뒀다"며 다음과 같이 말했다.

---

210) 「이명박·박근혜 청문회를 보고(사설)」, 『조선일보』, 2007년 7월 20일.

"이 후보는 측근들이 박 후보를 '공주병'이라고 놀려도, 박 후보는 캠프 의원들이 이 후보를 '장돌뱅이'라고 깎아내려도 가만히 있었다. 이 후보는 자기 입으로 '정권·박 캠프 커넥션' 의혹을 제기했고, 박 후보는 참모들이 정권이 만든 자료를 갖고 이 후보를 공격하는 걸 보고만 있었다. 두 사람은 자신의 팬클럽 회원을 자칭하는 사람들이 온라인에서 서로를 향해 저주와 악담을 퍼붓고 있어도 모르는 척하고 있다. 두 사람은 자신을 지지하는 사조직들이 당국에 의해 선거법 위반 혐의로 사법 처리됐거나 사법 처리 직전에 있는데도 그 흔한 사과나 유감 표시조차 하지 않고 있다. 한나라당 분열의 주범이 바로 이·박 후보 두 사람인 셈이다."[211]

7월 25일 이명박 후보 캠프의 진수희 대변인은 박근혜 후보 비난 성명을 세 건이나 내며, 박 후보를 정조준한 공세를 펼쳤다. 진 대변인은 "박 후보는 '그놈한테 홀려서'라고 한탄했던 박정희 전 대통령의 말처럼, 최태민 씨가 고인이 되기 전까지 근 20년을 그와 함께했다"며 박 후보의 '아킬레스건'을 자극했다. 그는 "정수장학회, 영남대 재단, 육영재단 등 박 후보 주변 의혹에는 늘 최태민 일족이 있는데도 박 후보는 그를 감싸왔다"며 "최태민의 유훈 정치가 우려된다. 최고 지도자로서 박 후보의 판단력이 의심된다"고 주장했다.

박형준 캠프 대변인도 박 후보에게 공개 질의서를 보내 "각종 권력형 비리를 저지르고, 행적 자체가 기이한 최태민 목사와 왜 그리 오랫동안 관계를 맺고 있는 것인지 의문스럽다"고 지적했다. 박 대변인은 "최 목

---

211) 신효섭, 「[태평로] 이·박, '치국(治國)' 전에 '제가(齊家)'부터 하라」, 『조선일보』, 2007년 7월 24일.

사 사위는 사조직 '논현동팀'의 배후 실세고, 박 후보 보좌진 ㅇ 씨와 또 다른 ㅇ 씨, ㅈ 씨는 최 목사의 친인척이라는 제보가 있다. 박 후보가 실체가 불투명한 사람들에게 오랫동안 둘러싸였다는 것은, 21세기 국가경영자로서의 덕목과는 거리가 먼 것 아니냐'고 비판했다. 이명박 후보는 이날 대구 당원 간담회에서 "솔직히 내가 나가야 정권 교체가 된다. 자칫 '내가 안 될 바에는 너도 안 되는 게 낫다'는 식으로 가면 큰 낭패에 빠진다"며 박근혜 후보 진영의 '이명박 본선 필패론'을 반박했다.

박근혜 후보 쪽도 '이명박 본선 필패론'을 제기하고, '땅 투기꾼' 등의 표현을 써가며 원색적으로 이명박 후보를 비난했다. 박근혜 후보 캠프의 홍사덕 공동 선거대책위원장은 기자 간담회를 열어 "전국적으로 86만 평에 이르는 땅을 투기·은닉한 의혹을 사고, 변칙 증여를 일삼던 이 후보가 무슨 수로 본선에 이길 수 있느냐"며 '본선 필패론'을 주장했다. 홍 위원장은 이어 "하루하루 힘들게 살아가는 서민과 당원·대의원들이 무슨 이유로 이 후보 일가를 옹호하고 무슨 논리로 방어하겠느냐. CEO와 국회의원을 하면서 이런 일을 했다면, 대통령이 돼서는 무슨 일을 하겠느냐"고 비난했다.

박근혜 후보 선대위는 "언론 보도를 종합해보니, 이 후보 일가가 소유한 땅이 서여의도 면적과 같은 85만 9,000여 평으로, (땅값이) 최소 2300억 원에 이른다. 이는 30여 평 아파트 6만여 가구를 지을 수 있는 면적"이라고 밝혔다. 이혜훈 대변인은 "땅 투기꾼을 경제 대통령 운운하며 치켜주는 게 국민에게 먹히겠느냐"고 비꼬았다. 구상찬 공보 특보도 '막말 비난'에 가세했다. 구 특보는 이 후보의 위장 전입, 장애인 낙태 발언 논란 등을 언급하며 "가히 실수의 백화점이며, 근본적으로 신뢰하기 힘든 사람이라는 의혹을 갖게 한다. 실수 전문가, 물의 전문가, 사과 전문가라고 해도 과언이 아니다"라고 말했다.[212]

대선 후보 DNA 검사해 핏줄 확인하는 선거판

2007년 7월 27일 검찰 수사관들이 한나라당 이명박 경선 후보의 동의를 얻어 면봉으로 이 후보의 입안에서 세포 여러 점을 채취하는 일이 벌어졌다. 검찰은 앞서 이 후보 친형인 한나라당 이상득 의원의 구강 세포도 얻었다. "이 후보의 어머니가 일본인이고 이 후보와 이 의원은 이복형제"라는 군사 평론가 지만원 씨의 주장이 사실인지를 가려내기 위한 수사였다. 이 후보 측은 지 씨가 홈페이지와 기자회견을 통해 이런 주장을 펴고 인터넷에서 의혹이 확산되자 지난 3월 지 씨를 명예훼손 혐의로 고소했다. 검찰은 이 후보 형제의 구강 세포로 DNA 검사를 해 지 씨 주장이 거짓임을 밝혀내고 지 씨에 대해 구속영장을 청구했다. 한나라당 박근혜 후보도 6월 당 검증 청문회에서 스스로 DNA 검사를 거론한 적이 있었다. "나에게 애가 있다는 얘기까지 있다. 그게 확실한 근거가 있다면 그 애를 데리고 와도 좋다. DNA 검사도 해주겠다"고 한 것이다.

이에 『조선일보』는 「대선 후보 DNA 검사해 핏줄 확인하는 선거판」이라는 사설에서 "대통령 뽑는 선거를 하는데 지지도 1위 후보는 '형제 확인' DNA 검사를 받고 2위 후보는 '생모 확인' DNA 검사를 받겠다는 나라가 대한민국 말고 또 어디에 있을까. 모두가 '검증'이라는 이름으로

---

212) 조혜정, 「홍사덕 "투기꾼 대통령 국민에 먹히겠나" 이 캠프 박형준 "최태민 유훈 정치 걱정스러워…"」,
『한겨레』, 2007년 7월 26일.

벌어지고 있는 해외 토픽감 코미디다"라고 개탄했다.[213]

이런 이전투구에 대규모 지지 선언 경쟁까지 가세했다. 7월 29일 이명박 후보를 지지하는 각계 인사 1,000여 명이 선언문을 발표했고, 학생운동 출신자들이 중심이 된 포럼동서남북 회원 1,500명은 박근혜 후보 지지를 선언했다.

한나라당 박근혜 후보 진영이 이명박 후보에 불리한 녹취록을 공개하자, 이 후보 측도 반격하는 다른 녹취록을 공개했다. 박 후보를 위해 몰래 대화를 녹음한 사람은 공개되지 않았고, 이 후보를 위해 몰래 녹음한 사람은 한나라당의 부대변인인 것으로 밝혀졌다. 이에 『조선일보』(2007년 8월 7일)는 「이·박 대선 캠프는 '흥신소' 간판 걸라」는 사설에서 "상대방 몰래 녹음기를 숨겨서 상대 말을 녹음한 다음에 필요한 부분만 터뜨려 이용하는 수법은 돈을 받고 남 약점을 잡아주는 흥신소가 전형적으로 써먹는 것이다"라며 "양쪽이 이렇게 싸우다가 검찰에 의해 구속영장이 청구된 건수가 4대 4 동점을 기록 중이라고 한다. 10대 10이 돼도 부끄러운 줄 모를 사람들이다"라고 했다.[214]

이명박의 승리

2007년 8월 20일 한나라당 경선은 그런 격렬한 이전투구 끝에 이명박의 승리로 끝났다. 이명박 후보는 선거인단 투표에서는 박근혜 후보에게 432표를 뒤졌으나 전체의 20%가 반영되는 일반 국민 여론조사에서

213) 「대선 후보 DNA 검사해 핏줄 확인하는 선거판(사설)」, 『조선일보』, 2007년 8월 3일.
214) 「이·박 대선 캠프는 '흥신소' 간판 걸라(사설)」, 『조선일보』, 2007년 8월 7일.

8.5%p(표로 환산하면 2,884표) 앞서 승리했다.

한나라당 경선이 박빙 승부로 끝나면서 여론조사 기관들도 같이 체면을 구겼다. 경선 전 앞다퉈 내놓은 경선 시뮬레이션 예측 결과가 대부분 실제 결과와 달랐기 때문이다. 여론조사 기관들은 이명박 후보가 박근혜 전 대표를 적어도 6~10%p 차이로 앞설 것이라는 예측을 내놨다. 하지만 실제 경선 결과 두 사람의 득표수 차는 1.5%p에 불과했다. 선거인단 투표에서는 오히려 박 전 대표가 앞섰다. 박 전 대표가 선거인단 투표에서 앞설 것이라는 전망을 내놓은 곳은 하나도 없었다.[215]

박근혜는 경선 막바지에 "의혹덩어리인 이명박 후보를 뽑으면 본선에서 필패한다. 천추의 한이 될 것"이라고 했지만, 결국 뜻을 이루지 못했다. 8월 21일 '박근혜를 사랑하는 사람들의 모임' 소속 회원들은 서울 여의도 한나라당 당사 앞에서 경선 결과에 승복할 수 없다며 시위를 벌였지만, 박근혜는 승복을 선언했다.

경선 효과는 컸다. 여론조사 전문 기관인 리서치앤리서치가 8월 21일 호남 지역을 대상으로 실시한 조사에서 한나라당은 25.2%의 지지율로 호남 맹주를 다투고 있는 민주당(23.1%)과 대통합민주신당(16.1%)을 제쳤다. 코리아리서치센터의 20일 조사에서도 한나라당은 1위를 차지했다. 한나라당 한영 최고위원은 23일 최고위원 회의에서 "호남에서 한나라당이 1위를 차지한 것은 1987년 이후 20년 만에 처음"이라고 평가했고, 나경원 대변인은 "동토에 꽃이 핀 것"이라고 말했다.

여론조사 전문가들은 컨벤션 효과(전당대회 직후 지지율이 급상승하는

---

215) 김나래, 「여론조사 다 틀렸다… 대부분 李 후보가 6~10%p 앞설 것 예측, 뚜껑 열자 1.5%p 불과」, 『국민일보』, 2007년 8월 22일.

현상)를 첫째 요인으로 꼽았다. 다음으로는 '이명박 효과'를 꼽았다. 이명박 한나라당 대선 후보가 비교적 한나라당 색채가 짙지 않은 탓에 거부감이 작고, 호남 유권자들 역시 경제 회생에 대한 기대감이 크다는 점이 작용한다는 것이다. 유력한 범여권 후보의 부재와 노무현 정부에 대한 반감도 큰 몫을 차지하고 있는 것으로 풀이되었다.[216]

이제 정치권의 관심은 대통합민주신당의 경선으로 모였다. 손학규-정동영-이해찬 3인 주자들 역시 한나라당 못지않은 이전투구로 경선에 임한 데다 노무현 대통령이 개입 의지를 강하게 드러냄으로써 그럴듯한 구경거리가 되긴 했지만, 이미 떠난 민심을 다시 붙잡기에는 역부족인 것처럼 보였다.

---

216) 김영석, 「한나라 호남 1위 약일까 독일까」, 「국민일보」, 2007년 8월 24일.

손학규-정동영-이해찬의 이전투구
대통합민주신당 경선

노무현의 손학규 비판

2007년 8월 31일 노무현 대통령이 "손 후보에 대한 범여권의 줄서기가 가관"이라고 비판하고 나섰다. 이에 9월 2일 대통합민주신당 손학규 후보가 "(대통령이) 제발 대선에서, 대선 판에서 한 발짝 비켜서 계셔주십사 청을 하고 싶다"며 노무현 대통령을 정면 비판했다. 3일 시작되는 예비 경선을 앞둔 상황에서 비노(非盧) 진영의 표 결집과 친노 주자들의 견제를 위한 노림수로 읽혔지만, '남북 정상회담의 전략적 이용 가능성'을 언급하는 등 민감한 발언도 있어 논란이 일어났다.

손 후보는 여의도 캠프 사무실에서 기자 간담회를 갖고, "열린우리당을 문 닫게 한 장본인이 누군가. 노 대통령 아닌가", "대통령은 민주신당의 당원도 아니지 않느냐"면서 강한 어조로 노 대통령을 비난했다. 그는 "40일 동안 조용해서 나라가 좀 편해지나 했더니 또 무슨 말을 한다"면서 "국민들은 대통령이 대선과 관련한 일체의 발언을 삼가고, 공장을 찾아가서 일자리 하나라도 더 만드는 데 도움을 주고, 논에 나가서 피 한 자락이라도 뽑아주는 인자한 대통령이 되길 바란다"고 꼬집었다. "대통령이 끼면 낄수록 한나라당 이명박 후보가 올라가고 민주신당 후보들 표가 깎인다"고도 했다.

이어 그는 "한나라당에 있을 때부터 대통령 임기가 하루 남았더라도 (정상회담이) 한반도 평화에 조금이라도 도움이 되면 하라고 주장해왔다"고 전제한 뒤 "그러나 (대통령이) 만에 하나라도 이번 대선에 도움 주겠다는 생각에서 남북 정상회담을 하겠다면 그건 사양하겠다. '노 생큐(No, thank you)'"라고 했다. 자신의 정통성 논란에 대해서는 "대선에서 이기겠다는 생각들인지, 대선은 포기하고 이삭이나 줍고 부스러기나 챙기려는 사람들이 아닌지 모르겠다. 이런 시비로 날밤을 지새워서는 안 된다"고 반박했다.[217]

초등학교 반장 선거도 이보다 낫겠다

갈 길 바쁜 대통합민주신당의 발목을 잡는 망신스러운 일이 또다시 벌어졌다. 이른바 '유령 선거인단' 파문으로 여론의 집중적인 비판을 받았던 대통합민주신당이 이번에는 '민주신당'이라는 약칭 당명을 쓰지 못하게 됐다. 민주당이 낸 유사 당명(약칭 민주신당) 사용 금지 가처분 신청을 법원이 받아들인 것이다. 법원은 "민주당과 민주신당이 뚜렷이 구별되지 않음으로써 국민의 정치적 의사 형성이 왜곡될 우려가 있다"며

---

217) 이용욱, 「손학규 "盧 끼면 낄수록 표 떨어져"」, 『경향신문』, 2007년 9월 3일.

사용 금지 이유를 밝혔다. '민주신당'이라는 당명은 정치 소비자의 눈을 흐리게 하는 유사 상표 또는 짝퉁이라는 판정을 내린 셈이다. 이로써 대통합민주신당은 본안 판결이 확정될 때까지 '민주신당'이라는 간판·표지도 내걸 수 없게 됐다.

이에 『경향신문』(2007년 9월 5일)은 「'짝퉁 당명' 판정받은 '민주신당'」이라는 사설에서 "이번 사건은 정당을 허물고 새로이 만드는 것을 서커스단 가설무대 세우는 것처럼 해치우는 우리 정치 문화에서 생겨날 수밖에 없는 필연적 결과로도 볼 수 있다. 민주신당의 공동 창당준비위원회가 출범했을 때 당명은 '미래창조대통합민주신당'이었다. 열린우리당 통합파와 시민·사회 세력인 미래창조연대, 손학규 전 경기지사의 선진평화연대를 모두 아우른다는 의미에서였다. 그러나 당명이 너무 길다는 지적이 나오자 '미래창조'는 떼어냈다. 결국 공식 명칭은 대통합민주신당으로, 약칭은 민주신당으로 결정했지만 민주당과의 유사성 문제를 염두에 두지 않음으로써 이 같은 망신을 산 것이다"라고 논평했다.[218]

9월 5일에는 대통합민주신당이 대선 후보 예비 경선 결과라며 발표한 득표 순위가 잘못된 것으로 드러났다. 아마도 정당사에 전무후무할 기록이다. 5일 처음 발표된 아홉 명 후보의 득표율을 다 합치니 무려 150%가 넘었다. 아무리 계산 착오라고 해도 이런 상식 밖의 숫자들이 대한민국 국회 원내 제1당의 대통령 후보 경선에서 버젓이 발표됐다는 것을 믿을 수가 없을 지경이었다. 부랴부랴 계산을 다시 하자 후보별 득표율과 득표율 격차가 다 달라지고 심지어 4위와 5위는 순위까지 뒤바뀐 것이

---

218) 「'짝퉁 당명' 판정받은 '민주신당' (사설)」, 『경향신문』, 2007년 9월 5일.

드러났다. 그러나 두 번째 발표에서도 잘못된 득표 순위가 고쳐지지 않는 사고가 계속됐다. 이 대소동은 자정 가까이 돼서야 끝났다.

대통합민주신당이 예비 경선을 통해 아홉 명의 대선 주자 가운데 손학규·정동영·이해찬·유시민·한명숙 후보 등 다섯 명을 본경선 진출자로 확정했다. 통합신당은 15일부터 약 한 달 동안 전국 각지에서 실시하는 순회 경선을 통해 경선 홍행몰이를 한다지만 전도는 그다지 밝지 않은 듯했다. 예비 경선 결과를 발표할 때 보여준 극도의 혼란상과 무능 때문이다.

9월 7일 박두식 『조선일보』 정치부 차장 대우는 「"초등학교 반장 선거도 이보다 낫겠다"」는 칼럼에서 "창당 후 한 달 남짓한 시간 동안 이 신당에서 벌어진 황당한 일들은 열거하기가 숨 가쁠 지경이다"라며 다음과 같이 말했다. "그렇다보니 대통합민주신당은 정가(政街)의 조롱거리가 돼가고 있다. '국어를 못해 당명도 못 짓고, 산수를 못해 선거 득표율도 계산 못하는 당'이라는 비아냥거림까지 나오고 있다. 국회의원 143명이 소속된 국회 제1당이자, 2007년 초까지 거대 여당으로 나라 운영에 참여했던 의원들이 96%나 되고, 대선 후보 다섯 명 중 이 정부에서 총리를 지낸 사람이 두 명, 장관을 지낸 사람이 두 명이나 포함된 신당의 요즘 실정이 이런 것이다. …… 지금 민심은 '무능한 세력'에 또 한번 나라를 맡길 만큼 한가하지 않다."[219]

---

219) 박두식, 「[동서남북] "초등학교 반장 선거도 이보다 낫겠다"」, 『조선일보』, 2007년 9월 7일.

신당, 그 무덤에 아무도 초대 말라

2007년 9월 10일 대통합민주신당 경선 선두 주자인 손학규 전 경기지사가 청와대의 경선 개입을 강하게 비난했다. 복수의 청와대 고위 인사가 자신의 지역 조직 책임자들에게 전화를 걸어 지지를 철회하라고 종용한 것은 물론이고 노무현 대통령도 비슷한 의사를 전했다고 주장했다. 이에 대해 노 대통령은 11일 기자 간담회를 통해 손 전 지사를 직접 거명하며 "대통령과 각을 세우는 것이 선거에 유리하다고 판단하고 있는 것 같다"고 일축했다. "졸렬한 전략이자 스스로 한 묶음이라고 생각하는 정치 세력 일부를 배척하는 필패 전략"이라고 덧붙였다. 정치적 술수라는 뜻이다.

이에 『한국일보』(2007년 9월 12일)는 "그러나 손 전 지사의 최근 태도나 정치 상황으로 보아 그의 주장을 꼼수라고 보아 넘기기 어렵다"며 다음과 같이 말했다. "통합신당의 후보 경선 분위기는 손 전 지사의 문제 제기가 공연한 것이 아님을 보여준다. 정치 경력과 성향으로 보아 '친노 계열'로 분류되는 이해찬, 한명숙, 유시민 후보 등이 끊임없이 손 전 지사의 정체성을 물고 늘어지고 있다. 통합신당이 '도로 열린우리당'이 아니라 민주·개혁 세력의 새로운 결집체라고 말하면서도 자꾸만 '왜 왔느냐'고 추궁하고 있으니 손 전 지사가 '조직적 반대'를 감지할 만하다. 통합 추진 세력의 손짓에 따라 한나라당을 나와 범여권에 합류할 때부터 대통령과 청와대 주변에서 비판적 시각이 끊이지 않았던 것도 신경을 곤두서게 한 요인이다. 따라서 다소의 과장이 섞여 있더라도 제기된 문제에 대해 우선 주변을 점검하는 것이 먼저다."[220]

9월 13일 『경향신문』 정치·국제 에디터 이대근은 「신당, 그 무덤에 아무도 초대 말라」는 칼럼에서 "이 당이 당면한 진짜 문제는 정체성 상실이다. 왜 존재해야 하는지 누구도 설명할 수 없다. 무엇을 위해 뭉쳤는지도 모른다. 대통합 했다고 하지만 뚜껑을 여는 순간 열린우리당에서 의원 한 명 나가고 한나라당 경선 탈락자와 민주당 몇 명 들어온 순도 99% 열린우리당임이 금방 발각된다. 짝퉁이 아니다. 신당을 만든다고 해서 사람들을 잠시 헷갈리게 했지만, 그 내용뿐 아니라 행태가 꼭 열린우리당이다"라며 다음과 같이 말했다.

"대통합민주신당은 무덤이다. 문국현이든 누구든 더 이상 이 죽음의 집으로 초대해서는 안 된다. 문국현 미풍이 불고 있지만, 이 신인이 성공할지는 알 수 없다. 명백한 것은 그가 대통합과 손을 잡는 순간 죽음의 키스가 될 것이라는 점뿐이다. 물론 이 죽음의 잔치에서도 살아날 수는 있다. 자기 원칙과 노선, 정책을 견지하며 외롭더라도 꼿꼿하게 앞으로 나아가는 것이다. 그런 비장함이 죽은 열정을 살려 태풍을 몰고 올 수 있다. 그렇지 않더라도 최소한 '미래가 있는 패배'는 할 수 있다. '올바른 패배'도 준비해야 한다."

국민 우롱하는 '이해찬 후보' 단일화

2007년 9월 14일 대통합민주신당 대선 경선에 참여한 한명숙 후보가 이해찬 후보 지지를 선언하고 사퇴했다. 『한국일보』는 「국민 우롱하는 '이해찬 후보' 단일화」라는 사설에서 "같은 친노 계열인 유시민 후보는 주말에 치러지는 제주, 울산, 강원, 충청 등 네 곳의 경선이 끝난 뒤 단일

---

220) 「손학규 전 경기지사의 이유 있는 항변(사설)」, 『한국일보』, 2007년 9월 12일.

화 여부를 결정한다고 한다. 그동안 설이 무성했던 친노 동맹이 구체화하는 수순인 셈이다"라며 "간발의 차로 예비 경선에서 탈락한 후보들은 뭐가 되나. 어떤 명분으로 포장해도 국민을 우롱한 처사라는 비난을 면하기 어렵다"고 했다.[221]

9월 15일 제주·울산, 16일 충북·강원에서 실시된 대통합민주신당 대선 후보 경선에서 정동영 후보가 43%의 득표율로 1위를 달렸다. 2위는 득표율 29%의 손학규 후보, 3위는 27%의 이해찬 후보였다. 이날까지 경선 투표율은 19%에 불과했다. 신당 관계자들조차 "이 정도 투표율에 국민 참여 경선이라는 이름을 붙일 수 있을지 모르겠다"고 난감해했다. 2002년 당시 여당이었던 민주당 경선 때 이들 네 개 지역 투표율 67%에 비하면 3분의 1에도 못 미친다. 친노무현파인 한명숙에 이어 유시민 후보가 이 후보 지지를 선언하며 중도 사퇴해 여권 경선은 이들 세 명의 대결로 좁혀졌다.

『한국일보』는 "대통합민주신당 경선이 저급한 코미디로 흐르고 있다. 한명숙 전 총리가 본경선에 앞서 각본을 따르듯 이해찬 전 총리 지지를 선언하며 사퇴하더니, 유시민 전 보건복지부 장관도 첫 경선 직후 같은 모습을 연출했다. '페이스 메이커'가 되겠다던 애초의 다짐은 물론, 최소한 제주, 울산, 강원, 충청 등 네 곳의 경선 결과를 보고 '친노 후보 단일화'에 나서겠다던 약속마저 저버렸다"며 다음과 같이 말했다.

"그러나 아무리 각본이 미리 짜여 있다고 해도 일단 무대에 올랐으면 자신에게 박수를 보낸 관객에게 최소한의 예의는 갖추어야 한다. 모두

---

221)「국민 우롱하는 '이해찬 후보' 단일화(사설)」,『한국일보』, 2007년 9월 15일.

가 동원된 관객이라면 모를까, '국민 경선' 이라는 이름을 내걸었으면 최소한의 유료 관객은 있었을 터이다. 예비 경선에서 다른 출연 희망자를 모두 단념하게 한 뒤, 정작 막이 오르자 무대에서 내려가버리는 모습은 쓴웃음만 자아낸다. 정치를 극도로 희화화하는 한심한 작태가 두 정치 신인에 의해 연출됐으니, 정치 개혁을 떠들며 국민의 사랑을 받겠다고 다짐하던 것이 모두 어릿광대짓이었다. '페이스 메이커' 가 아니라 오직 자기편 선수보다 잘 뛰는 다른 선수를 방해할 목적으로 경주에 참가한 부정 선수라면 앞으로 영원히 선수 자격을 박탈해야 마땅하다."[222]

친노 후보 세 명이 단 이틀 만에 한 명으로 초고속 단일화를 해내자 사전 각본설 논란이 갈수록 격화되었다. 9월 17일 손학규 전 지사는 라디오 인터뷰에서 "유 전 장관이 '저한테 표를 많이 주셔야지 그렇지 않으면 사퇴 압력을 받는다' 는 얘기도 했다" 면서 '노심(盧心)'이 작용했다고 보느냐 는 질문에 "세상이 다 아는 일을 내 입으로 얘기할 필요는 없다" 고 의혹을 제기했다.[223]

손학규 불참 파동

이후로도 경선은 더욱 엉망진창이 되었다. 『경향신문』(2007년 9월 18일)은 "대통합민주신당의 대선 후보 국민 경선에 적신호가 켜졌다. '박스떼기(무더기 대리 접수)' 논쟁으로 시작된 경선 위기가 '버스떼기(선거인

222) 「엉뚱한 궤도 달리는 신당 후보 경선(사설)」, 『한국일보』, 2007년 9월 17일.
223) 박석원 · 최문선, 「대통합민주신당 경선 몰표 논란 가열: 남이 하면 '동원' 내가 하면 '지지'」, 『한국일보』, 2007년 9월 18일.

단 버스 동원)' 등 조직 선거 문제로 이어지더니 현직 대통령의 선거인단 명의 도용 논란까지 불거졌다. '왜 모였는지', '어디로 갈 것인지'에 대한 성찰 없이 대선용으로 급조한 정당의 구조적 한계라는 지적이다"라며 다음과 같이 말했다.

"정책·비전 경쟁 대신 '비노 대 친노' 대결 구도만 뚜렷한 것도 위기의 원인이다. 친노 후보 단일화를 두고 실체 없는 '보이지 않는 손' 논란이 일면서 경선의 본질을 가리고 있다. 물론 예비 경선에서 다른 후보들을 제치고 올라온 뒤 본경선에서 단일화를 선언한 친노 3인의 책임론도 배제할 수는 없다. 신당의 한 관계자는 '모두에게 생채기를 남기는 경선이다. 정동영·손학규·이해찬 후보 중 누가 이긴다 해도 상처만 가득한, 빛바랜 영광이 될 것'이라고 자조했다."[224]

9월 17일 끝난 대통합민주신당 경선 첫 4연전의 결과, 오랫동안 여론조사에서 1위를 지켜온 손학규 전 경기지사가 정동영 전 열린우리당 의장에게 큰 차이를 보이며 2위로 밀려났다. 손학규는 TV 토론회에 불참하고, 9월 20일 새벽부터 부인과 함께 절두산과 경기도 화성의 천주교 성지(聖地)를 순례하면서 한나라당을 탈당한 지난 3월처럼 중대 결심을 앞두고 마음을 정리했다. 결국 손학규 전 경기지사는 이틀 만에 돌아와 경선 복귀를 선언했지만 예정됐던 부산·경남 지역 TV 토론회에 불참해 정상 궤도와는 여전히 거리를 두었다.

이에 『한국일보』(2007년 9월 22일)는 "이번 소동으로 그가 드러낸 것은 스스로의 정치적 모험주의뿐만이 아니다"라며 다음과 같이 말했다.

---

224) 김종목, 「'국민 없는 국민 경선' 위기의 대통합신당」, 『경향신문』, 2007년 9월 18일.

"'국민 경선'이라는 미명이 붙은 신당 후보 경선의 어지러운 실상도 거듭 확인됐다. 국민의 외면을 받았던 신당의 경선이 더욱 한심한 꼴이 됐다. 이런 점에서, 또 손 후보가 또 정치적 모험의 유혹을 느끼지 않도록 하기 위해서라도 당과 다른 후보의 일정한 자성이 필요하다. 그러나 눈앞의 표에 매달리는 정치 생리로 보아 이조차 기대하기 어렵다."[225]

9월 22일 김민배 『조선일보』 정치부장은 "그가 이 벼랑 끝 승부에서 회생하여 대선 후보의 꿈을 이루게 되든, 날개를 접게 되든 손 전 지사가 지금 처한 정치적 상황은 대권을 꿈꾸는 정치인들에게 숱한 교훈을 던져준다"며 다음과 같이 말했다.

"첫째, 그의 한나라당 탈당은 실패작이다. …… 정치에 만약이란 존재하지 않지만 그가 탈당하지 않고 한나라당에 머물렀다면 그에게 후보의 길이 열렸을지 모른다. …… 둘째, 범여권 사람들의 정치적 꼬드김을 그는 너무 과신했다. 그는 한나라당 탈당 이후 숱한 범여권 인사나 정파에서 '러브 콜'을 받았다. …… 그는 이 과정에서 숱한 감언이설에 귀가 동한 듯하다. …… 셋째, 그는 협상에서 실패했다. 신당의 경선 룰을 짜는 과정에서 손 전 지사는 모든 것을 양보했다. 그는 경선 초반전에 자신이 유리한 지역인 경기와 인천 중 한 곳을 집어넣는 데 전력을 다하지 않았다. 자신이 가장 유리했던 여론조사 반영률도 최저치인 10%에 합의했다. 당에 자신의 대리인을 심는 데도 총력을 다하지 않았다."[226]

225) 「손학규 후보, 정치 모험 유혹 벗어나야(사설)」, 『한국일보』, 2007년 9월 22일.
226) 김민배, 「손학규의 마지막 승부」, 『조선일보』, 2007년 9월 22일.

정동영의 승리

이후 대통합민주신당 대선 후보 경선전은 막말을 앞세운 이전투구식 비난전으로 얼룩졌다. 세 후보가 감정싸움에 치중하다보니 정작 중요한 정책 대결은 실종된 지 오래였다. 당 안팎의 우려도 커졌다. 한 중진 의원은 "한나라당 경선은 검증 공방 속에서도 대운하나 줄푸세 공약이 최소한의 균형을 맞췄다"며 "그런데 국민 경선을 내세운 우리 후보들은 비전과 정책은 뒷전이고 저잣거리 수준의 싸움질이나 하고 있다"고 혀를 찼다.[227)

10월 3일 대통합민주신당이 6 · 7 · 13 · 14일에 나눠 실시하려던 여덟 개 시 · 도의 대통령 후보 경선을 14일 하루 한꺼번에 치르기로 했다. 그러면서 이것을 '원샷(one shot) 선거'라고 이름 지었다. 손학규 · 이해찬 후보 측이 "그렇게 해야 선거인단 동원이 어려워진다"며 요구한 것을 당 지도부가 받아들였다. 대통령 후보 지명 대회를 불과 10여 일 앞두고 경선의 기본 틀을 '지역 순회 선거'에서 '원샷 선거'로 바꿔버린 것이다. 이러자 경선 1위를 달리던 정동영 후보 측은 "당 지도부가 선거에서 지고 있는 후보들 편만 들고 있다"며 지도부 사퇴를 요구하고 나섰다.

『조선일보』는 "제대로 민주주의를 한다는 나라의 정당치고 대통령 후보 선출 과정을 자기 손으로 이렇게 3류 코미디로 만들어버린 경우는 어디에도 없다"며 "정당 하나 제대로 끌고 갈 능력조차 없는 사람들이 정권을 잡겠다고 덤벼서 생긴 '블랙 코미디'다. 대한민국의 망신이고, 대한민국 정치사의 오점이고, 대한민국 국민의 불운이다"라고 했다.[228)

---

227) 양정대, 「"나쁜 사람… 쇼를 해라…" 신당 경선 막말 경연장: 도둑놈… 정책 대결은 없고 '낙인찍기' 만」, 『한국일보』, 2007년 9월 29일.
228) 「여 신당 경선 이래도 유효할까(사설)」, 『조선일보』, 2007년 10월 5일.

10월 8일 정 후보가 '대화'를 제의하고, 손·이 후보가 "경선 결과에 승복하겠다"고 밝히는 등 각 후보 진영은 경선 참여 의사를 밝혔지만 이날도 캠프 간 고소·고발이 끊임없이 이어졌다. 이런 우여곡절 끝에 10월 15일 정동영이 대통합민주신당 대선 후보로 선출되었다. 정동영은 친노파인 이해찬을 3등으로 밀어내고, 또 한나라당을 탈당해 범여권에서 대권의 둥지를 틀려고 했던 손학규마저 극복하고 대선 후보를 거머쥐었다. 그러나 후보 확정 직후 한나라당 이명박 후보와 대통합민주신당 정동영 후보의 지지율은 각각 50%, 16% 언저리를 맴돌고 있었다.

국민과의 약속 때문에 이해찬은 선거대책위원장을 맡기로 했지만, 친노 세력은 정동영을 위해 뛸 마음이 없었다. 이와 관련해 성한용 『한겨레』 선임 기자는 이렇게 전했다. "'친노'들은 요즘 무슨 생각을 하고 있을까? 친노의 '몸통'인 노무현 대통령은 심사가 약간 꼬여 있는 것 같다. '내가 당에서 사실상 쫓겨났는데, 그렇게 할 만한 심각한 하자가 나에게 뭐가 있었는지 설명돼야 한다.' 청와대 출신 친노들의 표정도 흔쾌하지가 않다. 문국현 예비 후보 쪽으로 기웃거리는 흔적도 분명히 감지된다."[229]

그러나 친노가 돕건 안 돕건 그게 중요한 건 아니었다. 정동영이 대통합민주신당 대선 후보로서 당면한 문제는 그런 수준을 훨씬 넘어서는 것이었다. '100년 정당'의 꿈이 3년 9개월 만에 사라진 것을 어떻게 설명할 것인가? 각자 져야 할 책임은 무엇인가? 범여권에서 문국현의 부상은 이런 의문에 답하는 것이 거의 불가능하거나 무의미하다는 인식에서 비롯된 것이었는지도 모른다.

---

229) 성한용, 「[성한용칼럼] '친노'들의 길」, 『한겨레』, 2007년 10월 24일.

'권력형 비리'로 판명 난 '깜도 안되는 의혹'
신정아 사건

신정아 사건

2007년 8, 9월 이른바 '신정아 사건'이 한국 사회를 강타했다. 신정아 (35) 전 동국대 교수의 학력(미국 예일대) 위조와 권력형 비호 관련 스캔들이었다. 특히 『문화일보』가 9월 13일 1면과 3면에 걸쳐 신정아 누드 사진 발견 기사와 사진을 게재해 엄청난 충격을 주었다. 이 기사는 신정아 전 동국대 교수가 예술계 원로·고위층에 '성 로비'를 했을 가능성을 강하게 암시하고 있었다. 기사는 "'성 로비'도 처벌 가능한가"라는 내용으로 쓰면서 몸통의 주요 부분을 가린 채 신 씨의 앞뒤 나신을 컬러 사진으로 게재했다. 이 기사는 신정아 스캔들이 "변양균 전 청와대 정책 실장과 가까운 곳에서 살았다"거나 "변 전 정책실장과 이메일 연서를 교환했다"는 등 사실이 드러나 묘한 성격으로 변질되는 가운데 나온 것이었다.

시민단체들과 법률 전문가들은 황색 저널리즘의 문제를 강하게 비난했다. 민주언론시민연합(민언련)은 13일 "독자의 관음증과 호기심을 자극해 관심을 끌려는 저질 상업주의"라고 비난한 데 이어 14일에는 『문화일보』 사옥 앞에서 항의 시위를 벌였다. 한국성폭력상담소, 한국여성민우회, 한국여성단체연합 등 여섯 개 단체는 '『문화일보』는 폐간해야 한다'는 성명서까지 냈다. 이들 단체는 "사회적으로 물의를 일으켰다고 낙인찍힌 여성에게는 사생활도 없느냐"면서 "『문화일보』의 보도는 여성 인권에 대한 매우 직접적인 위협"이라고 비판했다.[230]

9월 17일 조국 서울대 법대 교수는 『한겨레』에 기고한 「신정아에게 '감사'하라」는 칼럼에서 "이제 신정아 씨를 둘러싼 사태는 그 끝이 어디인지 모를 지경이 되었다. 신 씨 사건을 계기로 우리 사회에 퍼져 있는 학력 위조 문제가 터져 나오더니, 청와대 서열 3위인 최고위 공직자의 불법 또는 부당한 처신이 드러났으며, 마침내 『문화일보』는 신 씨의 알몸 사진을 지면에 실음으로써 선정 보도의 극치를 보여주었다. 우리 사회의 온갖 문제가 한 사람을 계기로 다 드러났으니, 우리는 신 씨에게 '감사'해야 할지도 모르겠다"며 다음과 같이 말했다.

"먼저 대학 사회는 교수 채용의 문제점을 본의 아니게 드러내준 신 씨에게 감사해야 한다. 신 씨의 교수 임용 당시 동국대 교수들이 신 씨의 학력 위조와 논문 표절을 지적하며 임용에 반대했지만, 아무 소용이 없었다. 청와대 정책실장의 추천, 이사 스님들의 변호 덕에 신 씨는 많은 경쟁자를 물리치고 교수로 임용되었다. …… 둘째, 청와대는 현행 고위 공직자 검증 체계가 얼마나 허술한지를 확인하게 해준 신 씨에게 감사

---

230) 설원태, 「[미디어 돋보기] 황색지 전략한 '말로만 정론지'」, 『경향신문』, 2007년 9월 17일.

해야 한다. 청와대는 최고의 권위, 인력, 정보를 가지고 사람을 발가벗기듯이 검증할 수 있는 곳이다. 그러나 청와대는 검찰 수사 이전까지 변양균 전 정책실장의 거짓말과 직권 남용을 밝혀내지 못했다. …… 셋째, 언론계는 자신의 '진면목'을 보일 기회를 준 신 씨에게 감사해야 한다. …… 우리 사회의 언론은 모두 '정론지'와 사회의 '공기(公器)'를 자처하지만 이번 사건을 계기로 언론이 사건 내용과 관계없이 특정인의 프라이버시와 인격권을 침해하는 보도를 하고 있지 않은지 돌아봐야 한다. …… 마지막으로 우리 모두 신 씨에게 감사하자. 신 씨는 입신과 출세를 위하여 온갖 수단을 다 동원했다. 그 결과 그는 젊은 나이에 외제차를 타고, 유명 브랜드의 옷을 입고, 고급 오피스텔에 살게 되었다. 혹여 지금 이 순간 우리 모두 신정아를 꿈꾸고 또는 그의 행로를 따라서 살고 있는지도 모른다. 역설적이지만 신 씨는 바로 우리 속의 꿈틀거리는 욕망을 돌이켜보게 해주었다."[231]

망신당한 건 신정아만이 아니다

2007년 9월 20일 변양균 전 청와대 정책실장이 지난 4월 행정자치부에 압력을 넣어 동국대 이사장 영배 스님의 개인 사찰인 울주군 홍덕사에 특별교부세 10억 원을 지원토록 한 사실이 밝혀졌다. 홍덕사는 음식점을 고쳐 2004년 5월 문을 열었고 신도가 40명쯤이었다. 영배 스님은 "신정아 씨 학위가 가짜로 판명되면 내가 책임진다(5월29일 동국대 이사회)",

---

231) 조국, 「[세상읽기] 신정아에게 '감사'하라」, 『한겨레』, 2007년 9월 17일.

"학위가 진짜인 걸 확인했다(7월2일 불교 언론 간담회)"고 신 씨를 옹호했었다.

이에 『조선일보』는 "특별교부세는 행자부가 재난 등 예상 못한 용도가 발생한 지자체에 지원하는 재정이다. 특별교부세 몇 억을 받으려면 시장·군수가 발이 닳도록 행자부 과장·국장을 찾아다니며 로비해야 한다. 이렇게 긴요하게 써야 할 국민 세금을 변 씨는 제 호주머니 돈처럼 꺼내 썼다. 청와대 정책실장의 권한을 세금 도둑질에 써온 것이다"라며 다음과 같이 말했다.

"신정아 씨가 동국대 교수로 임용된 게 2005년 9월이다. 교육부의 동국대 지원 예산은 2005년 35억 원에서 2006년 갑자기 100억 원으로 늘어났다. 신 씨가 작년 7월 스페인 아르코 국제아트페어의 큐레이터로 채용될 무렵 문화부의 아르코 지원 예산도 20억 원에서 30억 원으로 불어났다. 검찰은 변양균·신정아 씨의 '부적절한 관계'가 무슨 작용을 한 것인가를 밝혀내야 한다. 노무현 대통령은 해양수산부 장관 시절 기획예산처 국장이던 변 씨를 만나고선 '우리나라에 이런 공무원이 있는 줄 몰랐다'고 주변에 탄복하는 말을 했다고 한다. 대통령의 사람 보는 눈이 어떤 수준인지 말해준다. 변 씨 관련 의혹이 '깜도 안되고', '소설 같다'고 감싸고 돌 만한 것이다."[232]

장명수 『한국일보』 고문은 「망신당한 건 신정아만이 아니다」라는 칼럼에서 "'신정아 사건'은 지금 우리 사회 각 분야의 양식을 테스트하고 있다. 언론, 대학, 공직자, 검찰 등 각 분야가 이 사건을 통해 그 바닥을

---

232) 「청와대 앉아 이렇게 국민 세금 도둑질했다니(사설)」, 『조선일보』, 2007년 9월 21일.

적나라하게 드러내고 있다. 대통령까지 공연히 뛰어들어 참담한 처지가 되었다. 온 나라가 이 사건으로 시끄러운 가운데 양식을 지키는 사람을 찾기 힘들 정도다"라며 다음과 같이 말했다.

"검찰은 수사 과정에서 부정확한 피의 사실을 공표하고, 피의자의 사생활에 속하는 정보를 흘리는 등 구태의연한 잘못도 저질렀다. 일주일 전에는 '사랑하는 정아에게'라고 쓴 변양균 씨의 메모와 보석 목걸이가 발견됐고, 이메일로 보낸 낮 뜨거운 연애편지가 200여 통이나 발견되었다는 설이 검찰에서 흘러나와 장안의 화제가 되었는데 …… 검찰에서 이런저런 부정확한 설이 흘러나와서는 안 된다. …… 언론, 대학, 검찰, 공직 사회 등의 수준이 '신정아의 수준'으로 내려가고, 그것이 나라의 수준이 되어서는 안 된다. 신정아 사건에서 사회 각 분야가 교훈을 얻어야 한다."[233]

9월 26일 변양균(58) 전 청와대 정책실장과 신정아 씨가 주고받은 이메일 첫머리가 '사랑하는 쩡아에게', '오빠, 쩡아야' 혹은 '쩡아가 오빠에게' 등으로 시작된 것으로 알려졌다. 한 검찰 관계자는 "두 사람이 나이 차이가 스물세 살이나 나는데도 변 전 실장을 '오빠'라 부르고, 신정아 씨를 '쩡아'로 지칭했다"며 "두 사람은 대부분의 이메일 첫머리를 이런 식으로 썼다"고 전했다.[234]

---

233) 장명수, 「망신당한 건 신정아만이 아니다」, 『한국일보』, 2007년 9월 21일.
234) 이항수 · 신은진, 「"사랑하는 쩡아에게" "오빠, 쩡아야": 변양균 · 신정아 씨 이메일 첫 문장은…」, 『조선일보』, 2007년 9월 27일.

권력형 비리로 판명 난 '깜도 안되는 의혹'

2007년 10월 11일 밤 변양균 전 청와대 정책실장과 신정아 씨가 구속됐다. 법원은 두 사람이 최근까지 다른 사람 명의 전화로 몰래 통화하는 등 증거 인멸을 시도했거나 할 가능성이 높다고 구속 이유를 밝혔다. 변양균에게는 신정아가 동국대 교수에 임용되도록 학교 측에 영향력을 행사하고, 두 개 사찰에 특별교부금 12억 원이 편법 지원되도록 권한을 남용한 혐의, 기업들에게 성곡미술관에 후원금을 내도록 요구한 혐의가 적용됐다.

이와 관련해 배정근 『한국일보』 논설위원은 "우리 사회에서 고위 관료가 갖는 막강한 파워의 실상이 그대로 드러났다"며 다음과 같이 말했다. "자의적인 예산 배정은 물론, 민간 기업에도 바로 말발이 먹히고 심지어 대학교수 임용까지 좌지우지할 힘이 있다는 증거들이다. 관료의 힘은 어디서 나오나. 규제와 감독이다. 민간 기업들이 공무원들 앞에서 무조건 머리를 조아릴 수밖에 없는 이유다. 정보통신부의 정책 하나에 따라 3대 이동통신업체의 순위가 바뀔 수 있고, 기업 실적이 흑자에서 적자로 돌아설 수 있다. 당연히 공무원들은 규제와 감독을 풀기보다 강화하는 쪽에 인센티브가 있다." [235]

10월 31일 검찰은 변양균·신정아를 기소하면서 "고위 공직자가 권력을 남용해 비리를 저지르고 국가 기강을 문란케 한 사건"이라고 규정했다. 검찰은 2005년 신 씨가 동국대 교수에 임용됐다가 가짜 학위 의혹이 제기돼 사표를 내자 기획예산처 장관이던 변 씨가 동국대 총장에게

---

235) 배정근, 「[메아리] 관료와 부패 방정식」, 『한국일보』, 2007년 10월 13일.

전화를 걸어 '협박성 항의'를 했다고 밝혔다. 검찰은 기업들이 신 씨가 기획하는 전시회에 거액을 후원한 것도 "변 씨 요구를 거절했다가는 무슨 불이익을 받을지 두려웠기 때문"이라고 설명했다. 이와 관련해 『조선일보』는 "대통령은 '깜도 안되는 의혹이 춤추고 있다'고 했다. 자기 측근이면 무조건 두둔부터 하고 보는 것이다"라며 "이 정권 사람들에게서는 공직이 얼마나 조심스럽고 무서운 것인가 하는 공인 의식을 찾아볼 수가 없다"고 했다.[236]

12월 3일 오전 신정아는 서울 서부지방법원 406호 법정에서 형사1단독 김명섭 판사 심리로 열린 두 번째 공판에서 "변 전 실장과 연인 관계가 맞느냐"는 검사의 질문에 "예"라고 짧게 대답했다. 신 씨는 또 "본격적으로 사귀기 시작한 시기는 언제부터인가"라는 검사의 질문에 "2003년 가을부터"라고 말했다.[237]

12월 17일 4차 공판에서 변 전 실장은 신 씨에게 고가의 보석류 수천만 원어치를 선물한 사실을 시인했다. 검찰이 밝힌 선물 목록은 다이아몬드 반지(1248만 원), 명품 시계(891만 원), 목걸이·반지(1010만 원) 등을 포함해 모두 약 4700만 원어치였다. 신 씨는 재판에서 변 전 실장이 준 선물과 관련한 진술을 하던 중 "세간에서는 나에게 '꽃뱀'이라는 저속한 표현을 쓰는데, 건전한 이성으로 아름답게 만나는 사람도 있다"며 "사람의 인연을 비하하지 말아달라"고 말했다.[238]

신정아 사건은 자기 측근이면 무조건 두둔부터 하고 보는 노무현의

---

236) 「'권력형 비리'로 판명 난 '깜도 안되는 의혹'(사설)」, 『조선일보』, 2007년 11월 1일.
237) 이윤주, 「"변 前 실장과 연인 사이 맞아요" 신정아 씨, 법정서 시인」, 『경향신문』, 2007년 12월 4일.
238) 박시영, 「변양균 씨 "신정아에게 수천만 원어치 선물" 신정아씨 "꽃뱀으로 사람의 인연 비하 말라"」, 『조선일보』, 2007년 12월 18일.

고질적인 정실주의를 드러나게 한 사건이기도 했지만, 일부 사람들은 이 사건을 전혀 다른 의미에서 주목했고 즐겼다. 일부 중년들은 '나도 변 씨처럼 살고 싶다"고 했다.[239] 하긴 이 사건은 '사랑학 개론'에 사례 연구 소재로 올라가도 좋을 그런 이야깃거리를 풍부하게 담고 있었다.

239) 박은주, 「'잘릴지 모른다는 불안감'」, 『조선일보』, 2008년 1월 30일.

10 · 4 선언의 역사적 의미와 갈등
제2차 남북 정상회담

제2차 남북 정상회담

2007년 10월 2일 오전 9시 5분, 노무현 대통령이 분단 이후 국가원수로 서는 처음으로 육로를 통해 평양에 도착했다. 노 대통령은 도보로 한반도를 두 동강 내고 있는 군사분계선(MDL)을 통과하면서 자신의 걸음이 "금단의 벽을 허물고 민족의 고통을 해소하고, 고통을 넘어서서 평화와 번영의 길로 가는 길을 계기가 되길" 희망했다. 북한 언론은 이날 오후 신속하게 노 대통령의 방문 사실을 보도했다. 김정일 국방위원장은 원래 일정과 달리 노 대통령을 4 · 25 문화회관에서 직접 영접했다. 남북이 사전 합의했던 공식 환영 행사장은 조국통일3대헌장 기념탑으로, 북한의 김영남 상임위원장이 노 대통령을 영접할 예정이었다.[240]

장명수 『한국일보』 고문은 "노무현 대통령의 방북은 차분한 분위기

---

240) 「군사분계선 넘어 평양 도착한 노 대통령(사설)」, 『경향신문』, 2007년 10월 3일.

군사분계선을 걸어서 넘는 노무현 대통령 부부.

속에 진행됐다. 악수하는 남북 정상이나 그 모습을 지켜보는 국민이나 7
년 전의 감격과 흥분은 없었다. 평양의 거리에서 붉은 꽃을 흔들며 열광
적으로 환영하는 인민들만이 7년 전, 아니 그 이전의 과거에 머물러 있
었다"며 다음과 같이 말했다.

"지난 7년은 그만큼 우리를 가라앉게 했다. 분단 반세기 만에 처음 만
난 남북 정상회담에 건 성급한 기대와 환상이 7년의 풍파 속에 상당 부
분 깨지고 녹슬었기 때문이다. 선언보다는 실천이 중요하고, 실천에는
북한의 변화와 의지가 필수적이라는 것을 이제 누구나 알고 있다. 이런
분위기 속에서 이번 정상회담은 회담 자체보다 그 '풍경'을 바라보는
여유를 갖게 했다. 군사분계선을 걸어서 넘어가는 노 대통령 부부, 분계
선을 넘기 전 권양숙 여사의 얼굴에 어린 어떤 감회, 마중 나온 김정일
위원장의 무표정한 얼굴, 기계적으로 열광하는 인민들, 김영남 최고인

민회의 상임위원장과 무개차를 타고 평양 시내를 달리는 노 대통령, 6만 명이 출연하는 '아리랑' 공연, '21세기의 태양은 누리를 밝힌다'는 카드 섹션, 회담을 하루 더 연기하자는 김 위원장 …… 이런 장면들이 정상회담의 풍경을 이루고 있다. 이런 장면들을 바라보면서 느끼는 것은 닫힌 체제와 열린 체제, 노쇠한 체제와 뻗어가는 체제의 대비다."[241]

10월 4일 노무현 대통령과 김정일 국방위원장은 「남북 관계 발전과 평화 번영을 위한 선언」에 합의했다. 『한겨레』는 "남북 관계와 한반도 평화의 새로운 이정표를 제시한 역사적 문서라고 할 만하다. 이 선언은 그동안 진전된 남북 관계의 바탕 위에서 군사·평화, 경제 협력, 교류, 인도적 문제, 통일 등 여러 분야에서 앞으로의 진로뿐만 아니라 구체적 실천 방안까지 담고 있다"며 다음과 같이 말했다.

"가장 눈에 띄는 것은 평화와 경협을 아우른 '서해 평화 협력 특별 지대' 설치 추진이다. 북쪽 해주 지역과 주변 해역을 포괄하는 이 지대는 공동 어로수역과 평화 수역, 경제 특구 건설과 해주항 활용, 한강 하구 공동 이용 등을 내용으로 포함한다. …… 한반도와 직접 관련된 3자 또는 4자 정상이 만나 종전 선언 문제를 추진하는 데 남북이 협력해나가기로 한 것은 남북이 평화 체제 논의를 주도하겠다는 의지를 밝힌 점에서 의미가 크다. …… 2000년 정상회담 이후 비교적 활발하게 이뤄져온 경협 부문에서는 기존 사업을 심화하고 분야와 지역을 확장하는 구체적 내용이 다수 포함됐다. 그 가운데 개성-신의주 철도 및 개성-평양 고속도로 공동 이용을 위한 개·보수 추진과 안변·남포 조선협력단지 건설

---

241) 장명수, 「[장명수칼럼] 남북 정상회담 풍경」, 『한국일보』, 2007년 10월 5일.

등 사회 간접 자본·기간산업 협력은 남북 경협을 새로운 차원으로 이끌 것으로 기대된다. 백두산 관광을 위한 서울-백두산 직항로 개설은 금강산 관광에 이은 새로운 관광 사업이라는 차원을 넘어서 남북 화해·교류에도 크게 이바지할 것임이 분명하다."[242]

보수 언론의 시각

반면 『조선일보』는 "이 선언의 가장 큰 특징은 실질 임기가 두 달 남은 정권으로서는 책임 있게 감당하기 힘들 것이 분명한 긴 대북 지원 약속 목록이다. '언제', '어떻게'가 명시되지 않은 이 목록은 결국 국민과 다음 대통령 어깨에 지울 짐 명세서인 셈이다. 그러면서 선언문은 북핵 문제와 관련해선 '한반도 핵 문제 해결을 위해 9·19 공동 성명과 2·13 합의가 순조롭게 이행되도록 공동으로 노력하기로 했다'고 한 것이 전부다. '북핵 폐기'라는 수사조차 한마디 없다"며 다음과 같이 말했다.

"이제 두 달 뒤면 새 대통령이 나온다. 차기 대통령은 10·4 남북공동선언을 다시 검토해서 국기를 흔들 수 있거나 국민에 감당 못할 부담을 지울 수 있는 사안을 가려내 국민에게 그 실행 여부를 물어야 한다. 국회도 이번 남북공동선언 내용 중 안보 관련 조항과 국민에 중대한 부담을 지우는 조항에 대해서는 헌법과 법률에 따른 철저한 심의를 통해 동의 여부를 결정해야 할 것이다."[243]

『중앙일보』는 "상당수 국민은 '이번에는 얼마나 쏟아부어야 하나' 하

242) 「평화와 번영은 멀리 있지 않다(사설)」, 『한겨레』, 2007년 10월 5일.
243) 「다음 대통령과 국회는 10·4 선언 철저히 검토해야(사설)」, 『조선일보』, 2007년 10월 5일.

고 탄식하고 있다. 한마디로 충분한 시간을 갖고 각기의 합의 내용을 대한민국의 국익에 맞게 조율해가는 작업이 무엇보다 중요해지는 것이다. 이 과정에서 어떤 합의는 북한과 협의 아래 수정할 수도 있는 것이다. 그럼에도 마치 차기 정권은 이번 합의에 아무런 변경을 가할 수 없게 못 박아버리겠다는 식으로 나오는 것은 독선일 뿐이다. 또 성과를 과대 포장하려 든다면 그나마 있는 성과마저 훼손시킨다는 점을 정부는 명심해야 한다"고 했다.[244]

남북 정상회담은 3일간 노 대통령의 지지도를 9%p나 끌어올리는 효과를 발휘했다. 그러나 10월 8일 김대중 『조선일보』 고문은 「그들만의 잔치」라는 칼럼에서 "사실상 임기를 두 달 남긴 인기 없는 남쪽의 레임덕 대통령이 '인민' 들의 행복과는 너무도 거리가 먼 북쪽의 독재자를 만나 자기들끼리 손잡고 끌어올리고 기세를 올렸다는 것밖에 별로 기억에 남는 것이 없다. 노 대통령 측은 '평화' 와 연관이 있다고 강변하면서 '어음' 에 박힌 '대못질' 을 들이밀고 있지만 국민의 마음을 사지 못한 문서와 사인에 우리의 미래가 묶이는 것을 좋아할 사람은 없다"며 다음과 같이 말했다.

"방북단이 그 무엇을 성취했다고 떠들어대도 사람들 마음속에 남는 것은 우리의 대통령이라는 사람이 북에 가서 김정일이 깔아놓은 각본과 연출에 따라 움직이고, 그리고도 김정일을 화나게 하지 않으려고 애쓰면서 그를 어떻게 도와주지 못해서, 그의 환심과 '통 큰' 제스처를 사기 위해서 배려하고 노심초사한 흔적의 연속뿐이다. …… 무엇보다 우리를

---

244) 「정상회담 후속 조치, 과욕 부리지 말라(사설)」, 『중앙일보』, 2007년 10월 6일.

화나게 하는 것은 '10·4 성명'의 교활성이다. '내정(內政) 불간섭'이라든가 '통일을 지향하는 법률·제도의 정비', '공동 어로' 등의 문구들은 북한의 요청과 요구를 교묘하게 감춰놓은 것들이거나 우리 국민들의 우려를 의식해 위장해놓은 것들이다. 겉으로 보면 애매모호, 두루뭉수리 같으면서 사실상 무슨 뜻인지 다 알 수 있게 해놓고 다만 우리 국민이 민감하게 느끼는 부분을 피해간 '암호문'들이다. 실질적으로는 '인권이나 핵 문제는 떠들지 말고 국가보안법 등이나 없애라'는 북쪽의 일방적 요구를 담은 것이다."[245]

북방 한계선 파동

2007년 10월 11일 노무현 대통령은 정당 대표들에게 남북 정상회담 결과를 설명하면서 북방 한계선(NLL)과 관련해 "그 선은 우리가 일방적으로 그은 선으로 처음에는 우리 군의 작전 금지선이었다"며 "이것을 오늘에 와서 영토 선이라고 얘기하는 사람도 있는데 국민을 오도하는 것"이라고 말했다. 노 대통령은 "헌법상 북한 땅도 영토인데 (우리) 영토 안에 줄 긋고 지킨다면 헷갈린다"고도 했다.

이에 대해 한나라당 박형준 대변인은 12일 논평을 통해 "혹시 김정일(북한 국방) 위원장에게 NLL은 사실상 무력화될 것이니 걱정 말라고 몰래 약속한 것 아닌가. 물밑 합의가 있던 것은 아닌가"라며 논쟁 확산을 시도했다. 그는 특히 "이번 발언은 남남 갈등을 부추기는 수류탄"이라면

---

245) 김대중, 「그들만의 잔치」, 『조선일보』, 2007년 10월 8일.

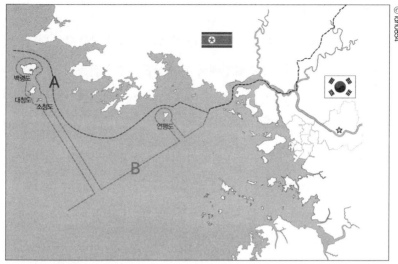

A는 1953년 유엔 연합군이 규정한 NLL. B는 1999년 9월 북한이 규정한 조선 서해 해상 군사분계선. 종전 후 남북은 군사적 충돌을 우려해 잠정 설정된 NLL을 관행으로 인정해왔다. 그러나 이에 대한 국제법상의 명문 규정은 없다. 1999년 6월 1차 연평해전, 2002년 6월 2차 연평해전, 2009년 11월 대청해전, 2010년 3월 천안함 침몰과 11월 연평도 포격은 모두 NLL에서 발생한 것이다.

서 "대선 정국에서 또 다른 갈라치기를 노리고 수류탄을 던졌다면 근본 적 오산"이라고 주장했다.[246]

10월 12일 김영삼 전 대통령은 NLL이 '영토 선'이 아니라는 노무현 대 통령의 발언에 대해 "비정상도 이런 비정상이 없다"고 말했다. 김 전 대 통령은 이날 배포한 성명에서 "노 대통령은 완전히 이성을 잃었다"며 "NLL이 영토 개념이 아니라고 한 발언은 그 사람의 정신 상태가 정상이 아님을 확인해주고도 남는다"고 했다. 이어 "영토와 국민을 지키는 것 은 대통령의 가장 막중한 임무인데, 이런 망발을 한 것은 우리나라의 엄 연한 영토를 공개적으로 포기하고 독재자 김정일에게 상납하겠다는

---

246) 김근철·안홍욱, 「盧 대통령 쓸데없는 'NLL 언급' 소모적 논쟁 불렀다」, 『경향신문』, 2007년 10월 13일.

것"이라고 밝혔다.[247)

『조선일보』는 "노 대통령의 논리는 북측의 주장과 같은 것이다"라며 다음과 같이 말했다. "정전협정에서 서해 섬들의 관할권을 나눈 기본 원칙은 '전쟁 이전 상황으로의 복귀'였다. 그 원칙대로라면 지금 NLL 북쪽도 남측 영해다. 그러나 유엔군은 북측 서해안이 해상 봉쇄되는 상황을 면하게 해주기 위해 38도선 남쪽의 섬들까지 북에 넘겼다. 그렇게 양보해서 그은 선이 NLL이다. 당시 바다를 나누는 선은 NLL이 유일했고, 그 후 북측은 20년간 단 한 번도 이의를 제기하지 않았다. …… 왜 대한민국 대통령이 이렇게 54년간 굳어져온 역사를 무시하고 북측과 같은 말을 하는지 알 수 없다."[248)

『경향신문』은 "노 대통령이 왜 이 시점에서 우리 사회에서 몹시 휘발성이 강한 NLL 문제를 제기했는지 납득할 수 없다. 정상회담 이후 지지율이 높아지면서 생긴 자신감 때문인지 아니면 다음 달 열릴 국방 장관 회담에서 유연성을 확보하기 위한 것인지 그 속내를 짐작하기 어렵다. 걱정스러운 것은 일면적 진실을 담은 대통령의 발언이 소모적 논쟁을 촉발할 경우 남북 관계 진전, 나아가 NLL 문제 해결에 부정적 방향으로 작용할 수 있다는 점이다"라며 다음과 같이 말했다.

"특히 주목되는 것은 NLL 논쟁이 2007 정상회담에서 합의된 서해평화특별지대 설치에 미칠 영향이다. 서해평화지대는 NLL 문제를 우회해 남북 공동 번영과 군사적 긴장 완화를 할 수 있는 방안으로 기대를 모으고 있다. 그러나 노 대통령 발언으로 서해평화지대 추진에 대해 보수 진영

---

247) 안용현, 「YS "노 대통령, 완전히 이성 잃었다"」, 『조선일보』, 2007년 10월 13일.
248) 「대통령이 NLL은 영토 선(線)이 아니라니(사설)」, 『조선일보』, 2007년 10월 12일.

이 NLL 무력화라며 반발할 공산이 커졌다. 노 대통령과 여야 정치권은 소모적 NLL 논쟁을 자제하고 서해평화특별지대 추진에 매진하길 바란다."[249]

김연철 고려대 아세아문제연구소 연구교수는 "NLL을 영토 개념으로 다루면 문제가 복잡해질 뿐이다. 영토냐 아니냐 하는 논쟁은 곁가지일 뿐"이라고 지적했다. 김 교수는 또 "서해의 평화 문제를 이야기할 때 NLL이라는 프레임(틀)을 통해 바라보면 답이 나오지 않는다"며 "(노 대통령이) 남북 정상회담에서 이 문제 해결을 위한 좋은 합의를 내놓고도 불필요한 논란을 야기한 것"이라고 덧붙였다.[250]

어떤 평가를 내리건 제2차 남북 정상회담과 10·4선언은 이제 두 달 보름 남짓 남은 대통령 선거에 영향을 끼칠 수 있는 사건은 아니었다. 노무현의 열정적 지지 언론이었던 『오마이뉴스』의 '문국현 띄우기'는 역설적으로 범여권에 아무런 카드가 없다는 걸 말해주기에 족했다.

249) 「소모적 논란 자초한 노 대통령의 NLL 발언(사설)」, 『경향신문』, 2007년 10월 13일.
250) 김근철·안홍욱, 「盧 대통령 쓸데없는 'NLL 언급' 소모적 논쟁 불렀다」, 『경향신문』, 2007년 10월 13일.

『오마이뉴스』의 문국현 띄우기
문국현의 창조한국당 창당

문국현의 창조한국당 창당

2007년 10월 14일 범여권 장외 대선 주자인 문국현 전 유한킴벌리 사장이 서울 여의도 63빌딩에서 자신을 지지하는 신당인 가칭 창조한국당을 출범시켰다. 행사장에는 2,500여 명의 지지자가 몰려 행사 중간 '문국현'을 연호하며 분위기를 띄웠다. 창조한국당 발기인에는 문 전 사장을 비롯해 김태동 전 청와대 정책기획수석, 곽노현 전 국가인권위 사무총장, 김형기 경북대 교수, 김종식 전대협 5기 의장 등 3,200여 명이 참여했다. 정범구 전 의원은 창당준비위 공동위원장을 맡았다. 특히 시인 김용택, 도종환, 소설가 송영, 연출가 임진택, 영화 감독 이장호, 윤형두 범우사 회장 등 문화 · 예술계 인사가 발기인에 다수 포함돼 눈길을 끌었다.

문 전 사장은 "한국 사회가 승자 독식의 약탈적 천민 자본주의 늪에 빠질 것인가, 성장과 복지를 함께 중시하는 깨끗하고 따뜻한 번영의 길

문국현(사진)의 유머러스한 말솜씨와 성공한 기업인·환경운동가의 이미지는 유권자들에게 신선하게 다가왔다.

로 갈 것인가 기로에 서 있다"며 "자신만의 권력을 위해 신물이 나도록 싸우는 무책임한 정치는 청산돼야 한다"고 역설했다. 그는 또 "한나라당 이명박 후보는 청년 실업 등 사회적 약자에 대한 경멸과 무책임이 가득하고 경부 대운하는 부동산 광풍을 불러일으킬 대재앙의 지뢰밭"이라며 "5%의 특권층만 행복한 비정상적 국가 시스템을 전면 혁신하겠다"고 다짐했다.

문 전 사장을 지지하는 신당 원혜영, 문병호, 이계안, 이상민 의원은 이날 공동 성명에서 "신당이 이번 경선으로 평화 민주 개혁 세력을 대표하는 후보를 확정했다고 생각하지 않는다"며 "아직 장외에 머물러 있지만 의미 있는 지지율을 확보하고 있는 문 전 사장과 반드시 단일화를 이뤄야 한다"고 촉구했다.[251]

문국현은 젊은 층의 비상한 관심과 지지를 받았는데, 그 이면에는 『오마이뉴스』의 역할이 컸다. 『오마이뉴스』는 2007년 7월 중순부터 「문국현 "10월 25일경 대선 출마 결정하겠다"」등의 인터뷰를 싣는 것을 시작해 김헌태 전 한국사회여론연구소장의 문 후보 캠프 합류에 이르기까지 문 후보를 긍정적으로 조명하는 기사를 여러 차례 비중 있게 보도했다. 창조한국당의 창당 대회가 있기까지의 과정을 살펴보기로 하자.

『오마이뉴스』의 문국현 띄우기

2007년 9월 5일 『미디어오늘』은 "특정 후보를 띄우는 것인가, 보도 가치가 있는 뉴스를 선택한 것인가. 대선을 앞두고 『오마이뉴스』가 독자 출마한 문국현 후보를 집중적으로 보도하고 있어 특정 후보 띄우기라는 논란이 일고 있다. 지난 2002년 대선 당시 『오마이뉴스』가 노무현 대통령 당선에 큰 역할을 했다는 점에서 『오마이뉴스』가 '킹 메이커'로 나선 것이 아니냐는 의혹도 일고 있다"고 했다.

　『오마이뉴스』의 친문국현 행보는 다른 언론의 기사와 네티즌 사이에서뿐 아니라 내부에서도 논란이 되었다. 9월 3일 저녁 열린 『오마이뉴스』 노동조합 공정보도위원회가 주최한 대선 보도 토론회에서도 문국현 보도를 두고 첨예한 논쟁이 있었다. 오연호 대표, 이한기 뉴스게릴라 본부장, 기자 20여 명이 참여해 세 시간 가량 진행된 이날 토론회에서는 문국현 보도에 대해 '문국현 띄우기'라는 비판, '띄우기로 보일 수 있다'는 우려, '있는 현상을 그대로 전한 것'이라는 반론이 맞선 것으로

251) 정상원, 「문국현 '창조한국당' 창당 선언: 김태동·정범구·김용택 등 3,200여 명 발기인 참여」, 『한국일보』, 2007년 10월 15일.

전해졌다. 그 외에 문 후보의 기사를 오연호 대표가 주로 작성한 것과 관련해, '누구나 기사를 쓸 수 있다는 명제와 별개로 외부에서 『오마이뉴스』 공식 입장으로 보고 있다'는 우려와 문 후보의 기사가 다른 기사에 비해 주요 뉴스로 편집되는 것에 대한 지적도 이어졌다.

A 기자는 "언론은 대중이 주목하는 것이 무엇인지 전해줄 필요가 있다는 것에 공감하나 특정 후보 밀어주기로 보는 외부 시선도 부정할 수 없다"며 "그러나 당선 가능성이 있는 후보도 아니고 문 후보가 지지율이 낮은 상황에서 띄우기라고 말하는 것은 맞지 않다"고 말했다. B 기자는 "정치적 의도가 있다기보다 독자의 관심을 충족하는 측면이 강한 것 같다"며 "그러나 공정성과 관련해 외부의 항의와 비판을 받아서는 곤란하다"고 말했다. C 기자는 "문국현의 새로운 가치가 무엇인지에 대한 설득력이 없다"며 "현상만 전하며 무조건 긍정적인 보도를 하는 것은 문제"라고 비판했다. D 기자는 "우리의 의도가 그렇지 않더라도 조중동의 이명박 보도와 비교해서 말할 때 뭐라 할 말이 없다"고 자조했다.

이한기 본부장은 문 후보 띄우기 논란과 관련해, "특정 후보 지지의 문제가 아니라 선택지가 지지부진하고 제한된 상황에서 새로운 선택지를 찾고 소개하는 것은 언론의 역할"이라며 "지지율이 낮은데도 베테랑 여론조사 전문가가 지지하고, 네티즌들이 열광하는 것은 언론으로서 주목할 만한 현상"이라고 반박했다. 이 본부장은 "문 후보에 대한 검증이 필요하다면 검증을 할 것"이라고 덧붙였다.[252]

양문석 언론연대 사무총장은 『오마이뉴스』의 문국현 관련 기사를 '문

---

252) 이선민, 「오마이뉴스 문국현 띄우기 행보 논란: 내부서도 격론 … "띄우기다" 가치 있는 뉴스 보도한 것」, 『미디어오늘』, 2007년 9월 5일.

비어천가' 라고 했다. 그는 "경제 프레임에는 경제 프레임으로 대응하는 것이 정답이라며 맞바람을 일으키고 있는 문국현! 하지만 문제는 이명박에게는 조중동이 있는데, 문국현에게는 조중동과 같은 언론 매체가 없다는 것. 그런데 백기사가 나타났다. 『오마이뉴스』 대표 오연호가 느닷없이 여론조사 전문가 김헌태를 5년 전 '노무현의 유시민' 역할로 부각하며 그의 입으로 '문국현이 이번에 대통령이 된다'는 예언을 하게 만든다. 예언자의 한마디는 인터넷 판에서 불과 열흘 만에 1% 미만의 지지율을 3%까지 끌어올리는 동력을 만들어냈다"며 다음과 같이 말했다.

"오연호 대표의 장문 기사에 수십, 수백 개의 댓글이 달리기 시작한다. 『오마이뉴스』는 문국현과 이인영의 대담으로 386 정치에 대해서 평가하며 수많은 네티즌들에게 동원 명령을 내린다. 가서 보라. 이제는 문국현이 쓴 책까지 기사처럼 광고로 붙여놓고, 문국현 관련 댓글은 온통 기사로 둔갑해 있다. 가히 '문국현 현상'이다. 최소한 지금 상태를 보건대 『오마이뉴스』는 확실히 '문국현 홈페이지'를 자임하고 나섰다. 그들은 판단했을 터. 시장은 있다. 노무현 신드롬을 일으켰던 5년 전의 쏠쏠한 장사를 다시 한 번 더 해보는 것도 남는 장사라는 판단이 섰을 것이다. 지금 보이고 있는 객관적이고자 하는 시선은 더 이상 언론으로서의 역할을 포기한 행위다. 결국 조중동과 『오마이뉴스』는 같은 선상에서 같은 태도로 다른 후보를 지지하고 있다. 조중동과 『오마이뉴스』는 이명박을 위하여, 문국현을 위하여 스스로 언론이기를 포기했음에도 여전히 언론의 탈을 쓰고 있다는 것도 다르지 않다. 언론이라는 탈을 쓰고 이명박의 홈페이지, 문국현의 홈페이지를 자처하면서 대선판에서 벌이는 이 희한한 굿판에 조중동 탈춤과 『오마이뉴스』 탈춤. 재미는 있다."[253]

김영춘의 문국현 지지 선언

"17대 총선에서 열린우리당에 지지를 보내주셨던 많은 국민들에게 직업 정치인인 제가 사죄의 뜻으로 바칠 수 있는 가장 큰 번제물이 총선 불출마라고 생각했습니다." 10월 11일 대통합민주신당 탈당과 내년 총선 불출마를 전격 선언한 김영춘 의원(서울 광진 갑)의 말이다. 김 의원은 "이번 대선에서 문국현 후보를 지지하고자 한다"며 "문 후보의 당선을 위해, 최소한 그의 한국 경제 진단과 해법의 목소리가 이 나라 정치권에서 살아남게 하기 위해 최선을 다해 노력하겠다"고 말했다.

고려대 총학생회장 출신으로, 대표적 386 의원으로 분류되는 김 의원의 결단은 정치인으로서는 흔치 않은 선택으로 받아들여졌다. 특히 범여권이 지리멸렬한 상황에서 스스로 책임지는 모습을 보였다는 점은 평가할 만하다는 지적이었다.

김 의원은 16대 총선 때 한나라당 소속으로 국회에 입성한 뒤 당내 정풍 운동을 주도하다 2003년 7월 한나라당을 탈당해 열린우리당 창당에 주도적으로 참여했다. 그는 2006년 2월 열린우리당 전당대회에서 참여정부와의 관계 단절을 주장하며 최고위원에 출마했으나 쓴잔을 마셨고, 2007년 2월 전당대회에서 최고위원으로 지명됐다.

김 의원은 이날 국회 회견에서 "열린우리당이 실패로 끝났다는 것을 인정했기에 대통합민주신당이 창당되었지만, 현재의 모습은 오히려 열린우리당보다 못한 결과가 되고 말았다. 하지만 누구를 탓하기보다는 '내 탓이오'라고 생각하고 싶고, 누군가는 열린우리당 실패에 대한 책

---

253) 양문석, 「오마이뉴스의 문국현 vs 조중동의 이명박」, 『미디어오늘』, 2007년 9월 5일.

임을 져야 한다"고 말했다. 김 의원은 그러면서 "문국현 후보는 정치에 문외한인 분이지만, 신자유주의 물결 속에서 경제 양극화로 인해 고통받고 있는 국민들의 팍팍한 삶에 희망의 빛이 될 수 있는 분"이라며 "대선이 끝날 때까지 한 사람의 자원봉사자로서 문 후보를 돕겠다"고 말했다.[254] 한 386 재선 의원은 "김 의원은 당을 망친 장본인들이 대선 후보로 나서고 공천을 위해 뛰는 모습에 회의를 느낀다며 최근 다른 386 의원들에게도 동반 탈당할 것을 제안했었다"고 전했다.[255]

문국현이 두 딸에게 5억 원을 증여했다?

2007년 10월 16일 문국현 전 사장은 지하철을 타고 서울 영등포구청역에서 신촌역까지 다섯 정거장을 가는 동안 쉴 새 없이 자신의 명함을 돌리며 승객들에게 악수를 청했다. 지하철 안에서 기자들에 둘러싸인 그를 본 철없는 고등학생 몇몇은 "정동영이야"라며 휴대전화로 사진을 찍기도 했다.

이런 풍경을 전한 『한국일보』 정치부 이태희 차장 대우는 "문 전 사장을 떠올릴 때마다 필자는 사실 불편하다. 그를 판단할 눈에 잡히는 정보가 많지 않기 때문이다. 외견상 문 전 사장의 인생은 상당히 성공한 듯하다. 그는 25년간 기업에 투신해 성공한 CEO가 됐고, 환경운동에 상당한 정열을 쏟았다고 한다. 그를 아는 사람들은 인간적 매력을 이야기한다. 지식인층에서는 그에 대한 마니아도 제법 많아 보인다"며 다음과 같이

---

254) 이지은, 「김영춘·최용규 위원 "총선 불출마합니다"」, 『한겨레』, 2007년 10월 12일.
255) 최문선, 「김영춘 탈당 "文 돕겠다": 우리당 실패 책임 18대 총선 불출마」, 『한국일보』, 2007년 10월 12일.

말했다.

"그는 재산 공개를 하며 스스로를 '증권 전문가' 라고 자랑했다. 실제 그의 재산 중 절반이 넘는 75억여 원이 주식이다. 그러나 문 전 시장이 국방과 외교, 행정을 '증권 투자' 만큼 잘할 수 있을지 궁금하다. 국정 분야에서는 주식 투자 실적만큼 눈으로 확인할 실적은 없다. 그래서 그가 국가수반으로 적합한 인물인지는 여전히 의문부호다. 이는 그가 명함을 돌린다고 해결될 문제는 아닌 듯싶다. 대선을 두 달여 앞두고 갑자기 당을 만들어 대통령이 되겠다고 정치 무대에 선 경제인을 어떻게 보아야 할지 당혹스럽다." [256]

11월 하순 문국현 후보가 합쳐서 5억 원이 넘는 주식과 예금 재산을 두 딸 이름으로 해놨다가 대선 출마 선언 직후인 9월 초 자신의 소유로 되돌려놓은 사실이 밝혀졌다. 이런 내용은 문 후보가 중앙선관위에 신고한 후보 등록 자료에서 드러났다. 앞서 문 후보는 비정규직 일자리 창출을 강조하면서 자신의 두 딸도 임금 수준이 낮은 비정규직으로 근무한 적이 있거나 근무하고 있다고 밝혀 유권자들의 눈길을 끌었다. 문 후보의 큰딸은 한때 비정규직 유치원 교사로 일하다 아버지의 선거운동을 돕기 시작했고, 작은딸은 외국계 은행에서 인턴으로 근무하다 대학 4학년에 복학한 상태였다.

이와 관련해 11월 27일 문 후보 선거대책본부의 장유식 대변인은 "문 후보의 수입을 관리하는 부인이 펀드 매니저의 조언에 따라 포트폴리오(재산 분할 관리) 차원에서 자신과 두 딸 명의로 각각 3분의 1씩 분산 관리

---

256) 이태희, 「[편집국에서] 명함 돌리는 대통령 후보」, 『한국일보』, 2007년 10월 19일.

했던 것으로, 일반적인 재산 관리 형태일 뿐"이라며 "증여세 탈루나 금융실명제 위반, 금융 소득 종합과세 회피 등에는 해당되지 않는다"고 해명했다. 그러나 문 후보가 이를 계속 방치하다 대선 출마 직후에야 자기 명의의 재산으로 환원한 사실이 드러나 도덕성 논란을 피해가기는 어려웠다.[257]

문 후보는 28일 오전 MBC 라디오 〈손석희의 시선집중〉에 출연해 "문 후보께서 두 따님이 비정규직으로 일했다는 말씀을 할 때 같은 비정규직으로서 동류의식을 느꼈을지도 모르겠는데 이번 일로 실망했다는 의견이 있다"는 질문을 받고 "애들 엄마가 일시적으로 혼사가 앞에 있고 그러니까 잠깐 (물려줄) 생각은 했던 것 같다"며 혼수에 대비한 사실상의 증여였음을 시인했다. 문 후보는 이날 한국여성단체연합회 주최로 열린 후보 초청 토론회에 참석해 "다 저의 책임이고, 제 돈을 25~30년 관리한 처의 잘못은 아니다"라며 "이 자리를 빌려서 혹시나 이 문제로 상처받은 분들, 마음 아프신 분들이 있다면 모두 제 잘못"이라고 사과했다.[258]

다른 후보라면 크게 문제될 게 없는 일이었을지 몰라도, 깨끗한 이미지로 부각된 문 후보에게 이 사건이 끼친 타격은 컸다. 설사 이 사건이 없었다 하더라도 문 후보가 판세를 뒤집기에는 역부족이었기 때문에, 대선은 이명박의 절대적 우세 속에서 그의 과거를 검증하는 방향으로 치닫고 있었다.

---

257) 강희철, 「문 후보, 비정규직 딸 강조하더니… 딸 명의 5억 원, 출마 후 본인명의로」, 『한겨레』, 2007년 11월 28일.
258) 강희철, 「문국현 '두 딸 5억' 사실상 증여 시인·사과」, 『한겨레』, 2007년 11월 29일.

"국민이 노망든 게 아닌가"
BBK 주가조작 의혹

삼성 공화국, 이대로 좋은가?

2007년 10월 29일 오전 천주교 정의구현사제단은 서울 동대문구 제기동 성당에서 기자회견을 열고 "삼성그룹 전직 법무팀장으로서 3년 전 퇴직한 김용철 변호사 명의의 계좌에 본인도 모르는 50억 원대 현금과 주식이 들어 있었다"고 전제한 뒤 "이처럼 비자금 조성에 이용되고 있는 삼성 임직원 명의의 차명 계좌가 1,000여 개에 이른다고 김 변호사가 증언하고 있다"며 삼성 비자금에 대한 검찰 수사를 촉구했다. 사제단 측은 이어 50억 원대 계좌 외에도 2004년 잔액 확인 당시 26억 원 상당의 삼성전자 주식이 예치된 계좌, 지난 8월 신규 개설돼 17억 원이 입금됐다가 다음 날 인출된 계좌 등 김 변호사 명의의 차명 계좌 네 개가 발견됐다고 밝혔다.

김 변호사는 28일 정의구현사제단 측에 이 같은 양심 고백을 했으나 기자회견에는 불참했다. 김 변호사는 29일 『문화일보』 기자와의 전화

통화에서 "어떤 계좌인지도 모르는 내 명의 통장에 지난 3년간 이자만 1년간 1억 8000만여 원씩 쌓였다"며 "통장이나 도장도 없는데다 삼성 측에서 내 세무사와 연락해 세금 납부 등을 처리해서 나는 최근까지도 비자금의 실체를 몰랐다"고 주장했다. 1989년 검사로 임관한 김 변호사는 서울 중앙지검 특수부 등을 거쳐 1997년 삼성 회장 비서실 소속 법무팀 이사로 자리를 옮겼다. 그는 삼성그룹 구조조정본부 재무팀, 법무팀을 거쳐 2002~2004년 전무급 법무팀장을 맡아왔다.[259]

이후 기나긴 투쟁을 벌이게 될 '삼성 비자금 사건'의 서막이었다. 삼성이 무소불위의 권력을 행사하는 이른바 '삼성 공화국'에 대한 문제 제기와 투쟁은 이미 2006년부터 벌어지고 있었다. 당시 삼성 관련 기사 삭제 사건 이후 편집권 독립을 위해 싸워왔던 『시사저널』 기자들은 2007년 5월 26일 전원 사표를 제출하며 회사 측과 결별을 선언하고 9월에 새로운 주간지 『시사IN』을 창간한다.

삼성경제연구소의 위력도 화제가 되었다. 수백만 네티즌이 삼성경제연구소 사이트를 정기적으로 드나들고 있었고, 삼성경제연구소의 경영자 대상 유료 사이트인 SERI CEO는 출범 4년 만인 2005년 9월 초 회원 수 5,000명을 넘겨 연회비만 50억 원의 수입을 올렸다.[260]

『미디어오늘』(2007년 10월 31일)은 전했다. "언론의 삼성경제연구소 베껴 쓰기가 지나치다는 지적이 계속되고 있다. 삼성경제연구소가 의제를 설정하고 언론이 이를 인용 보도하면 정치권에 반영되는 사례도 늘어나

259) 김백기·한동철, 「前 삼성법무팀장 김용철 씨 "내 계좌에 50억 원대 삼성 비자금"」, 『문화일보』, 2007년 10월 29일, 2면.
260) 이현상, 「연회비만 50억 버는 '경제 사이트'」, 『중앙일보』, 2005년 9월 13일, E1면.

SAMSUNG

정보 통신
가치네트, 삼성네트웍스, 삼성 SDS, 삼육오홈케어, 시큐아이닷컴, 씨브이네트, 아이마켓코리아, 에프앤가이드, 엠피온, 오픈타이드코리아, 올앳, 이삼성, 이삼성인터내셔널, 인스밸리, 케어캠프닷컴, 크레듀

전자, 통신 장비
글로벌텍, 노비타, 리빙프라자, 블루텍, 삼성광주전자, 삼성SDI, 삼성NEC모바일디스플레이, 삼성전기, 삼성전자, 삼성전자서비스, 삼성코닝, 삼성코닝정밀유리, 삼성테크윈, 서울통신기술, 세크론, 스테코, 세메스

기계, 중공업
삼성중공업, 삼성탈레스

금융
삼성벤처투자, 삼성생명보험, 삼성선물, 삼성증권, 삼성카드, 삼성캐피탈, 삼성투자신탁운용, 삼성화재해상보험, 생보부동산신탁

섬유, 화학
삼성석유화학, 삼성아토피나, 삼성정밀화학, 삼성종합화학, 제일모직, 한덕화학, 삼성토탈

무역, 건설, 물류, 광고 기획
삼성물산, 삼성엔지니어링, 삼성로지텍, 에치티에치, 제일기획

스포츠, 레저, 기타
삼성경제연구소, 삼성라이온즈, 삼성에버랜드, 삼성화재손해사정서비스, 애니카랜드, 인터내셔널사이버마케팅, 호텔신라, 에스원, 삼성의료원

(위 오른쪽) 삼성 계열사들.
(아래 왼쪽) 삼성전자 사옥.
(아래 오른쪽) 삼성 비자금 관련 회개 미사를 연 천주교 정의구현사제단. ⓒ 정의구현사제단

고 있다. …… 10월 1일부터 30일까지 한 달 동안 18개 주요 일간지(종합지·경제지)의 삼성경제연구소 인용 보도는 무려 251건에 이른다. 한 신문당 14건, 거의 이틀에 한 번꼴로 이 연구소를 인용 보도했다는 이야기다. 정부 부처를 제외한 뉴스 소스로는 단연 1위라고 할 수 있다. 삼성경제연구소가 한국 사회 의제 설정을 주도한다는 우려가 설득력 있게 들릴 정도다."[261]

또 『경향신문』(2007년 11월 21일)은 "아파트 원가 공개 반대, 한미 FTA 등 경제 분야 정책은 우연처럼 삼성경제연구소의 충고와 일치했다. …… 한미 FTA의 논리적 기반도 삼성이 제공했다는 평가다"라고 전했다. 『한겨레21』(2007년 11월 29일)은 노무현 정권이 삼성경제연구소를 싱크탱크로 삼은 현실에 대해 다음과 같이 말했다. "노무현 정부 출범 직전인 2003년 2월 대통령직 인수위원회에 삼성경제연구소의 「국정 과제와 국가 운영에 관한 어젠다」라는 400여 쪽 분량의 방대한 보고서가 제출돼 참여정부의 국정 방향에 적지 않은 영향을 끼쳤다는 사실은 웬만큼 알려져 있다. 삼성과 참여정부가 밀월 관계를 맺고 있다는 차원을 넘어 '삼성이 가리키는 방향으로 국정이 굴러간다' 는 분석을 낳은 한 실마리였다. 노 대통령이 취임 6개월 만인 2003년 8·15 광복 경축사에서 제기한 '2만 달러론' 이나 참여정부 산업 정책의 주요 줄기로 제시된 산업 클러스터(집적 단지) 조성 방안 역시 삼성그룹에서 선도적으로 제기한 구호였다."

261) 이정환, 「삼성경제연구소 베껴 쓰기 심각」, 『미디어오늘』, 2007년 10월 31일, 10면.

잘못하면 전쟁의 길

그러나 모두가 대선의 향방에 집착하는 상황에서 삼성 공화국에 관심을 갖는 이는 많지 않은 듯 보였다. 11월 19일 재야 원로 16명이 여권의 단결을 촉구하는 성명을 발표하고 나섰다. "가치의 밑받침이 없는 정치 공학은 비판받아 마땅하지만 과거 회귀 세력과 가치 차이가 명백한 상황에서, 정교하고 효율적인 정치 공학을 통해 최대한의 세력 연합을 달성하는 것이 민주 개혁 세력이 역사 앞에 책임져야 할 임무다."

이에 대해 이광일 『한국일보』 논설위원은 "백낙청, 함세웅, 고은, 한승헌, 황석영 같은 쟁쟁한 이름들이 어쩌다 이런 비교육적인 발언을 대놓고 하게 됐는지 잘 이해가 안 간다. 범여권의 진정한 문제는 이들이 지적한 '패배주의'가 아니라 진짜 문제가 뭔지 진짜 모르는 맹목이다"라고 비판했다. 아닌 게 아니라 노 정권과 범여권 세력은 여전히 자신들이 왜 민심의 버림을 받았는지 전혀 이해하지 못하는 것처럼 보였다.

재야 원로들이 노 정권을 비판하는 긴급 성명을 발표해야 마땅했던 일들은 노 정권하에서 여러 차례 있었다. 민생의 고통을 외면하고 정적만을 상대로 정치를 한 노 정권의 자폐적 일탈을 무섭게 질타했어야 했다. 그러나 재야 원로들은 침묵하거나 오히려 일탈을 거들었다. 이제 그런 '잔치'가 끝나가는 시점에서 '잔치'를 또 한번 해야 한다고 역설했으니, 과연 누가 공감할 수 있었겠는가? 이 점에서는 김대중도 예외는 아니었다.

11월 22일 김대중 전 대통령은 '전쟁 위기'까지 언급하면서 정권 교체에 대한 우려를 표시해 정치 개입과 관련해 논란이 일었다. 김 전 대통령은 이날 서울 여의도의 한 호텔에서 소설가 황석영, 백낙청 서울대 명예교수 등 진보 성향의 문화 · 예술인들이 마련한 행사에 참석해 "(이번 대선에서 지난 10년을) '잃어버린 10년' 이라면서 그 이전 50년으로 되돌리려는 정권이 나오느냐는 우리 민족의 장래와 운명을 결정하는 것이고 잘못하면 전쟁의 길로 끌고 갈 수 있다"고 말했다. 김 전 대통령은 이미 『오마이뉴스』 등과의 인터뷰에서 "정당 통합이 조금 어려우면 문국현 씨까지 연합해 대통령 당선시키고 총선 끝나고 통합해도 되는 것" 이라며 '선(先) 후보 단일화, 후(後) 세력 통합' 이라는 구체적 방안을 제시한 바 있었다.[262]

김 전 대통령은 자신의 집권 이후 창작의 자유가 보장되고 한류 바람이 일어났다는 점을 설명하면서 '잃어버린 10년' 이 아니라 "자랑스러운 10년" 이라고 평가했다. 그러나 그는 정치적 보수화 바람으로 이런 자유와 성과가 "큰 위기에 처할 가능성이 있다"고 말했다. 또 내년은 "6자 회담 성공 시대, 북미 국교 정상화 시대, 남북한 대발전의 시대"를 맞는 대전환점을 이루는 해가 될 것이라면서, 대선에서 "이 방향으로 가는 정권이 나오느냐, 잃어버린 50년 정권이 나오느냐'가 결정된다고 강조했다. 사회를 맡은 작가 황석영 씨는 "해방 이후 계속된 반인권과 독재가 청산돼 사상의 자유를 얻게 됐고, 문화 영역에서 눈부신 발전과 세계적 성과가 있었다"며 "'잃어버린 10년' 이 아니라 '되찾은 10년'"이라고 말했다.[263]

국민이 노망든 게 아닌가

2007년 11월 24일 『한국일보』가 실시한 여론조사 결과를 보면 BBK 주가

262) 최경운, 「"잘못하면 전쟁의 길" DJ 발언 논란」, 『조선일보』, 2007년 11월 23일.
263) 이본영, 「DJ "진보·중도 세력이 7할…기반은 살아 있어": "힘 합치면 두려울 것 없다"」, 『한겨레』, 2007년 11월 23일.

조작 의혹에 대한 검찰 수사와 정치적 공방에도 이명박에 대한 지지율은 39.4%로 크게 떨어지지 않았다. 그러나 이 후보가 결백하다는 주장을 62.8%가 믿지 않고 있으며, 이 후보 지지자 중에서도 33%가 안 믿고 있었다. 지지자의 62.2%는 이 후보의 주가조작 관련설이 사실로 드러나더라도 계속 그를 지지하겠다고 밝혔다.

11월 26일 대통합민주신당 김근태 공동 선대위원장은 한나라당 이명박 후보가 각종 비리 의혹에도 높은 지지율을 유지하고 있는 데 대해 "국민이 노망든 게 아닌가"라고 발언하여 논란이 일었다. 김 위원장은 국회의원회관에서 열린 전국선대위원장회의에서 인사말을 통해 "국민의 60%가 김경준의 말을 더 신뢰하고 있다. 이런 와중에도 이명박을 지지하는 이유를 모르겠다"며 "민주주의와 경제 발전을 이뤄낸 우리 국민이 노망든 게 아닌가 하는 걱정이 있다"고 말했다. 그는 "이 후보는 처음부터 열까지 거짓말을 하고 있는데도 지지율은 변화가 없다. 매일 발표되는 여론조사 결과를 보면 가슴에 덜컹덜컹하는 소리가 들리는 것 같다"며 "그러나 확실한 것은 우리 국민은 위대하다는 것이다. 우리 국민을 믿는다"고 덧붙였다.

손학규 공동 선대위원장은 "거짓말을 밥 먹듯 하는 이 후보가 앞서 가는 이상한 나라"라고 맞장구를 쳤다. 이해찬 공동 선대위원장도 "이 후보가 대통령이 되면 대한민국이 가짜가 되고 유권자도 가짜 좋아하는 가짜가 된다"고 했다. 반면 한나라당 박형준 대변인은 논평을 통해 "노인들은 투표하지 말고 집에서 쉬라고 했던 (정동영) 후보와 국민이 노망들었다고 망발하는 선대위원장은 어느 나라 사람들인가"라며 "'노망든 것'은 국민이 아니라 신당 선대위원장들이다. 그들은 권력욕에 노망들었다"고 비판했다.

김근태 위원장은 '국민 노망' 발언을 놓고 논란이 일자 보도 자료를 통해 "정치인의 말 한마디가 대단히 중요한데 그런 측면에서 저는 오늘 명백한 실수를 했다"고 사과했다. 김 위원장은 "흠집 많은 이명박 후보를 여전히 지지하는 국민의 마음이 야속하기도 했지만, 제가 강조하고 싶은 말은 위대한 우리 국민을 믿는다는 것이었다"며 "하지만 변명하지 않겠다. 적절치 못한 단어 사용으로 국민에게 심려를 끼쳐드린 점에 대해 정중히 사과한다"고 말했다.[264]

『동아일보』(2007년 11월 28일)는 "세 사람의 말은 한마디로 다수 국민이 제정신이 아니라는 얘기다. 유권자들을 모독하는 망발이다. 맨정신으로 이런 말을 할 정도라면 그들이 국민을 얼마나 하찮은 존재로 여기는지 알 만하다. 자기 당 후보의 지지율이 왜 10%대에 불과한지, 이 후보가 어떤 이유로 40%대의 높은 지지를 받고 있는지 따져볼 생각은 않고, 국민 탓부터 하고 있는 것이다. 여간 심각한 민심 불감증이 아니다"라며 다음과 같이 말했다.

"이 후보에 대한 지지 속에는 집권 세력의 국가 경영에 대한 실망과 분노가 담겨 있다. 독선과 오만, 무능으로 국정을 잘못 이끌고 국민을 힘들게 한 데 대한 매서운 심판이다. 이는 여권의 자업자득이다. 그런데도 신당은 앞서 가는 후보의 뒤통수나 치려고 근거가 희박한 의혹 제기와 부풀리기에 이성을 잃고 있다. 이 후보 부인의 손목시계를 '1500만 원대 외제 시계'라고 했다가 한나라당으로부터 11만 원대 '2005년 개성 공단

---

264) 이기수 · 이지선, 「김근태 "李 지지…국민이 노망든 게 아닌가 걱정" 파문」, 『경향신문』, 2007년 11월 27일.

입주 기념으로 제작한 국산 로만손 시계'라는 반박을 당했다. 이 후보를 '전과 16범'이라고 흑색선전 하고, 아직 검찰에서 결론 나지 않은 'BBK 사건'에 이 후보가 연루된 것으로 기정사실화하는 주장을 늘어놓고 있다. 이런 선전 선동 체질로 국정을 어지럽혔으니 민심이 등을 돌린 것이다."[265]

11월 29일 대통합민주신당 소속 국회의원 60여 명이 서울 서초동 대검찰청 청사로 몰려가 한나라당 이명박 후보의 'BBK 주가조작 사건' 연루 의혹을 밝히라며 시위를 벌였다. 이해찬 전 국무총리 등은 권재진 대검 차장을 만나 "한나라당에서 외압을 많이 가하고 민란 운운하는데 검찰이 원칙대로 수사할 것을 촉구하기 위해 왔다"고 말했다. 신당의 김효석 원내대표는 검찰청사 시위에 앞서 "오늘부터 이명박 후보를 '피의자'라고 부르겠다"면서 "법률적으로 검토해봤지만 '피의자'라고 불러도 문제가 없다"고 주장했다.[266]

검찰의 BBK 수사 결과 발표 논란

2007년 12월 3일 심대평 국민중심당 후보가 이회창 무소속 후보로 후보 단일화를 선언했고, 5년 전 대선에 나섰던 정몽준 무소속 의원은 이명박 후보를 지지한다며 한나라당에 입당했다. 12월 4일에는 창조한국당 문국현 후보가 대통합민주신당 정동영 후보에게 단일화를 공식 제의했다.

12월 5일 서울 중앙지검 특별수사팀은 BBK 의혹에 대한 20일간의 수

265) 「'민심 不感症' 신당의 "국민 노망" 망발(사설)」, 『동아일보』, 2007년 11월 28일.
266) 「검찰을 그만 흔들라(사설)」, 『동아일보』, 2007년 11월 31일.

사 결과를 발표했다. 검찰은 김경준에 대해 옵셔널벤처스 회사 자금 319억 원 횡령, 주가조작, 여권 일곱 개와 미국 법인 설립 인가서 19장 위조 및 행사 혐의로 구속, 기소했다. 검찰은 관심의 초점이 된 이명박 후보의 관련 여부에 대해서는 주가조작, BBK 실소유, 이면 계약서 작성, 주식회사 다스 실소유 여부 등 제기된 의혹에 대해 무혐의 결정을 내렸다.

　이에 충격을 받은 신당은 '검찰은 이명박을 무서워하고 있어요' 라고 김경준 씨가 썼다는 메모를 걸개 그림으로 확대해 국회에 걸어놓고 의원총회를 열었다. 신당은 특검을 발의하고 서울 광화문 일대에서 검찰 수사를 규탄하는 촛불집회를 벌였다. 이회창 후보 측도 검찰 발표가 나오자 "절대 수용할 수 없다" 면서 "검찰이 이명박 후보의 대변인으로 전

1999년 4월	김경준, 서류상 BBK 투자 자문 설립(영국령 버진아일랜드에 본사)
1999년 10월	김경준, BBK 투자 자문 한국 지사 설립
2000년 2월	이명박 · 김경준 LKe뱅크 공동 설립(각 30억 원 투자)
2001년 1월	김경준, 광은창투 인수. 옵셔널벤처스로 명칭 변경
2001년 4월 18일	이명박, LKe뱅크 대표이사 사임. 김경준과 결별
2001년 12월 20일	김경준, 옵셔널벤처스 횡령 자금 384억 갖고 미국 도피
2002년 2월	검찰, 옵셔널벤처스 주가조작 · 횡령 혐의 김경준 수사 착수
2004년 1월 17일	법무부, 미국에 범죄인 인도 요청
2004년 5월 27일	미국 FBI, LA 베버리힐스 자택에서 김경준 체포
2007년 11월 16일	LA공항에서 체포영장 집행, 한국 송환
2007년 11월 18일	김경준 구속영장 발부
2007년 11월 20일	김경준 부인, 미국 LA에서 기자회견
2007년 12월 5일	검찰 수사 결과 발표, 이명박 후보 'BBK · 다스' 의혹 모두 무혐의, 김경준 특경가법상 횡령 등 구속 기소. 누나 에리카 김 공모 혐의 기소 중지

BBK 사건 일지. 2009년 김경준은 징역 8년에 벌금 100억 원으로 형이 확정되었으나, 2011년까지도 BBK와 관련한 논란은 이명박의 발목을 잡았다.

락했다"고 주장했다.

대통합민주신당은 5일에 이어 6일에도 서울 도심에서 촛불집회를 열고 "검찰의 BBK 수사 결과 발표는 거짓"이라며 여론 몰이를 했다. 정동영 후보는 기자회견을 하고 "거대한 음모가 시작됐다. 검찰은 수사를 한 게 아니라 수구 부패 동맹의 편짜기에 가담한 것"이라며 "국민과 역사의 이름으로 권력의 하수인인 정치 검찰을 탄핵한다"고 말했다. 오충일 신당 대표는 1970년대의 민청학련, 인혁당 사건까지 끄집어내며 검찰을 상대로 '제2의 민주화 투쟁'을 벌여야 한다고 선언했다. 이해찬 공동 선대위원장은 "유신 체제, 5공으로 돌아가고 있다"고 주장했다.[267]

그런 주장을 반박하려는 듯, 이명박은 12월 7일 대선 당락과 관계없이 전 재산을 사회에 환원하겠다고 공언했다. 당시 선관위에 등록된 이 후보의 공식 재산은 모두 353억 8000만여 원으로 서울 서초동 영포빌딩 120억 원, 서초동 땅 90억 원, 양재동 영일빌딩 68억 5000만 원, 논현동 주택 40억 5000만 원 등이 포함되었다. 이 후보는 재산 사회 환원 시기와 규모에 대해서는 "방법과 절차는 주위의 좋은 분들과 의논해서 결정하겠다"고 밝혔다.

검찰의 BBK 수사 결과 발표에 환호하거나 발 빠르게 움직인 사람들도 많았다. 무엇보다도 이명박 한나라당 후보에 대한 각계의 지지 선언이 쇄도하기 시작했다. 12월 6일에는 무려 아홉 개 단체가 지지 선언을 했다. 연예인 단체, 체육인 단체, 예술 문화 단체, 문인 단체, 공인중개사협회 회장단, IT 분야 교수 및 전문가, 일부 노동조합에다 하느님은 외계

---

267) 「정동영 신당 '法治 파괴 세력' 될 셈인가(사설)」, 『동아일보』, 2007년 12월 7일.

인이라고 생각하는 라엘리언 운동 한국 지부까지 가세했다.[268]

정치권도 비슷했다. 노무현 정부의 최장수 장관이자, 열린우리당 공천으로 경기지사 선거에 출마했던 진대제 전 정보통신부 장관이 한나라당 이명박 후보에 대해 지지 의사를 밝혔다. 역대 한나라당 대선 후보 등에 대한 날선 공격으로 한나라당에 무려 16번이나 고소·고발을 당했던 장전형 전 민주당 대변인도 한나라당에 전격 입당했다.

비록 이명박의 줄에 선 것은 아니지만, 김혁규 전 경남지사의 행보도 드라마틱했다. 그는 열린우리당 의원 시절 대선 후보 가운데 하나였으며 노무현 대통령의 신임으로 총리 후보로 거론되기도 했다. 그는 '햇볕정책 전도사'를 자임하면서 "참여정부의 성과를 인정하지 않는 세력과는 같이할 수 없다"고 공언해왔으면서도 대표적인 대북 강경론자인 무소속 이회창 후보를 지지했다. 이윤수·안동선 전 민주당 의원도 이회창 캠프에 몸을 의탁했다.

이에 『경향신문』은 "대선, 총선 등 각종 선거 때만 되면 어김없이 도지는 우리 사회의 고질병이 있다. 이름 하여 '정치 철새 증후군' 쯤이 될까. 눈앞의 정치적 이해관계에 따라 눈썹 하나 까딱하지 않고 평소의 신념과 언행을 뒤집은 뒤 이 당, 저 당으로 옮겨 다니는 이 같은 행태는 특히 이번 대선에서 도를 넘은 듯하다"며 다음과 같이 말했다.

"이 '정치 철새'들은 온갖 해괴한 명분과 이유를 들어 자신의 변신을 합리화하고 있지만 결국은 내년 총선에서 어떻게 해서든 살아보려는 몰염치한 몸부림 그 이상도 이하도 아니다. 정당정치를 왜곡하고 최소한

---

268) 이계성, 「[메아리] 이명박 지지 선언 홍수」, 『한국일보』, 2007년 12월 8일.

의 정치적 신의조차 헌신짝처럼 저버리는 이들에 대해서는 반드시 유권자들의 엄정한 평가가 내려져야 한다. 따지고 보면 정치 철새들이 때만 되면 발호할 수 있는 것도 유권자들이 지나치게 '관대' 하거나 '무관심' 하기 때문일 터이다. 이와 함께 정치 철새들을 원천적으로 막을 수 있는 법과 제도의 도입도 검토해볼 만하다."[269]

BBK 특검법 논란

2007년 12월 7일 오전 7시경 충남 태안군 만리포 북서방 5마일 해상에서 풍랑을 만난 삼성중공업 소속 해상크레인(1만 1800t)이 14만 6,000t급 홍콩 선적 유조선 허베이 스피리트호와 충돌, 원유 1만 2,547kl가 바다로 유출됐다. 1995년 씨프린스호 사고 때보다 원유 유출량이 2.5배에 달하는 최악의 해양오염 사태였다. 원유가 태안반도 일대와 보령, 서산 등지로 밀려오면서 5,100ha의 어장과 15개 해수욕장, 59개 섬이 피해를 입었다. 정부는 서해안 일대 여섯 개 시·군을 특별 재난 지역으로 선포했다. 전국에서 30만여 명의 자원봉사자들이 몰려 기름 제거 작업을 도왔지만, 태안 주민들의 고통은 이후 수년간 지속된다.

12월 12일 손준현 『한겨레』 선임 편집기자는 "정치인 이명박은 천운을 타고난 것 같다" 며 다음과 같이 말했다. "한나라당 경선 과정에서 위장 전입과 땅 투기 의혹이 제기될 때마다 신정아 학력 위조 사건과 아프가니스탄 인질 사태가 때맞춰 터졌다. 사건·사고마저 이 후보의 의혹

269) 「'정치 철새 방지법' 이라도 만들어야 하나(사설)」, 『경향신문』, 2007년 12월 15일.

을 덮고 나섰다. 검찰은 도곡동 땅을 판 돈의 일부가 다스의 유상증자 대금으로 흘러갔다고 확인했다. BBK 사건을 제쳐두고 되짚어본 비리와 의혹이 돌고 돌아 다시 BBK 사건으로 돌아왔다. 검찰은 그 사건을 '뚜렷한 증거가 없다'며 덮었다. 이 후보 쪽은 '사기당한 것'이라고 말한다. 경제 대통령으로서는 자질이 없는, 무능함을 자인한 셈이다. 대선이 꼭 일주일 남았다. 마지막 검증의 시간마저 서해안의 검은 기름띠가 뒤덮는다."[270]

12월 12일 박구용 전남대 철학과 교수는 "많은 사람들에게 이명박은 노무현의 복사판이다"라며 다음과 같이 말했다. "가난과 고난이 흔적을 남긴 얼굴, 성공한 사람만이 가질 수 있는 자기 확신의 눈빛, 서민적이면서 논리적인 말투, 그래선지 두 사람은 소외된 사람들의 아픔을 이해할 것 같은 느낌을 준다. 노무현 후원자들이 이명박을 지지하는 하나의 숨겨진 이유다. 두 사람이 이미지만 닮은 것은 아니다. 시장의 논리인 경제적 성공에 국가 공동체의 규범인 사회정의를 희생시킨 정책도 비슷하기는 마찬가지다. 차이가 있다면 노무현은 말과 행동이 다르고 이명박은 같다는 점이다."[271]

대통령 선거일(19일) 전에 공표 가능한 여론조사가 허용되는 마지막 날인 12일, 『조선일보』가 한국갤럽에 의뢰해 실시한 여론조사에서 대선 후보 지지율은 한나라당 이명박 후보 45.4%, 대통합민주신당 정동영 후보 17.5%, 무소속 이회창 후보 13.6% 순이었다. 다음은 창조한국당 문국현 후보 6.7%, 민주노동당 권영길 후보 3.9%, 민주당 이인제 후보 0.9%

270) 손준현, 「[한겨레프리즘] 신이 내린 후보 이·명·박」, 『한겨레』, 2007년 12월 12일.
271) 박구용, 「[세상읽기] 무엇을 위한 반란인가」, 『한겨레』, 2007년 12월 12일.

(위 왼쪽) 원유 유출 사고 후 만리포 해수욕장. 자원 봉사자가 수거한 기름을 비우고 있다.
(위 오른쪽) 한국 교회의 전투적 해외 선교에 대해 다시 생각하게 했던 아프간 피랍 사건.
(아래 왼쪽) BBK 수사와 관련, 검찰의 미온적인 태도를 비판하는 시민단체 연합.
(아래 오른쪽) BBK 특검법 통과 저지를 위해 한나라당 의원들이 국회 본회의장 출입문을 봉쇄하자, 사무처 직원들이 절단기를 이용해 여는 모습.

등이었다. 이번 조사 결과를 2002년 대선 득표와 비교할 때 크게 달라진 점은 '세대와 이념 대결', '동서 지역 대결', '지지 후보에 대한 견고성'이 약화되고 '투표 의향률'이 하락한 것으로 요약되었다.[272)]

대통합민주신당이 국회에 제출한 BBK 수사 검사 세 명에 대한 탄핵안과 이명박 한나라당 후보에 대한 특검법안을 놓고 기어이 육탄전까지 벌어지고 말았다. 12월 14일 한나라당 의원 100여 명이 이들 안건의 처리를 막기 위해 국회 본회의장 의장석을 점거하자, 신당 의원 100여 명이 본회의장 문을 절단기로 자르고 들어와 한나라당 의원들을 밀어냈다. 이 과정에서 "쥐××", "깝죽댄다"는 욕설이 난무했고, 서로 치고받으며 "살인 미수"라고 주장했다. 끝내 한나라당 의원 한 명이 병원으로 실려 갔다. 이 싸움은 임채정 국회의장이 신당의 요구대로 이명박 후보에 대한 특검법안을 17일 직권 상정할 뜻을 밝히면서 끝이 났다.[273)]

'이명박 BBK 동영상' 논란

2007년 12월 16일 대통합민주신당이 '이명박 BBK 동영상'을 공개했다. 이 동영상에는 이 후보가 2000년 10월 17일 광운대 최고경영자 과정 특강에서 "금년(2000년) 1월에 BBK라는 투자 자문 회사를 설립했다"면서 "내 사업 목표는 설립 첫해 수익을 내는 것이며 벌써 지난달(9월 말)까지 28.8%의 수익을 냈다"고 언급하는 모습을 담고 있었다.

---

272) 홍영림, 「대선 D-6/5년 전과 달라진 점: 이명박 45.4% 정동영 17.5% 이회창 13.6%」, 『조선일보』, 2007년 12월 13일.
273) 「끝내 육탄전까지 벌이는 이번 대선(사설)」, 『조선일보』, 2007년 12월 15일.

노무현 대통령은 이명박 후보 강연 동영상이 나온 뒤 정성진 법무부 장관에게 BBK 사건에 대해 검찰이 재수사하도록 지휘권을 발동하는 방안을 검토하라고 지시했다. 한나라당 박형준 대변인은 노 대통령의 검찰 재수사 지시에 대해 "청와대마저 범죄자들을 매개로 반이명박 동맹에 지원군으로 나섰다"며 "정권 연장을 위해 수단 방법을 가리지 않겠다는 마각을 드러낸 것이자 마지막 발악"이라고 비난했다. "검찰이 이미 무혐의를 밝혔음에도 청와대가 재수사 검토를 지시한 것은 선거 막판에 대통합민주신당을 지원하겠다는 노골적 선언"이라고도 했다.[274]

상황이 이렇게 돌아가자 16일 밤 한나라당 이명박 후보는 대통합민주신당이 제기한 자신에 대한 특별검사 도입 법안에 대한 수용 입장을 전격적으로 밝혔다. 이 후보는 기자회견에서 "오늘 TV 토론을 끝내고 돌아오는 길에 (특검법을 놓고 여야 지지자들이 대치 중인) 여의도 의사당을 봤다"며 "국회가 문자 그대로 난장판이었고 곧 큰 싸움도 날 것 같은 상황이었다. 네거티브 선거의 절정을 보는 것 같았다. 나는 그 자리에서 이래선 안 된다는 생각을 했다"고 특검 수용 배경을 설명했다. 특검법이 17일 국회를 통과해 여야의 극한 충돌은 가까스로 피할 수 있게 됐다.

12월 17일 오후 참여연대 · 한국여성단체연합 · 환경운동연합 등 719개 시민단체는 서울 중구 명동 향린교회에서 비상 시국 회의를 열고 "이명박 후보는 선거 기간 내내 국민을 상대로 사기극을 벌여온 것에 대해 책임을 져야 할 것"이라며 "BBK 사건의 진실을 밝히기 위해 투표일까지 '48시간 비상 행동'에 들어가는 등 국민 운동을 전개하겠다"고 밝혔다.

---

274) 이기수 · 박영환, 「李 BBK 동영상/한나라 "노골적 鄭 지원" 신당 "靑, 왜 지금 나서나"」, 『경향신문』, 2007년 12월 17일.

이날 정동영, 문국현 두 후보의 단일화를 추진해왔던 백낙청 서울대 명예교수 등 시민 사회·종교계 원로들도 서울 프레스센터에서 기자회견을 열어 "이제는 그 누구더러 양보하라고 다그칠 것 없이 국민들이 선택권을 행사하는 것"이라며 "자기가 처음부터 지지했던 후보가 아니더라도 가장 가능성이 있고 다수의 힘을 집결할 수 있는 후보를 밀어주는 길만이 남았다"고 밝혔다. 이 자리에 참석했던 함세웅 신부는 "사실상 정동영 후보에 대한 지지 선언이냐"는 취재진의 질문에 "그렇다"고 답했다. 문국현 후보와의 단일화가 성사되지 않더라도 정동영 후보에게 표를 몰아줘야 한다는 뜻을 분명히 한 셈이었다.[275]

민주당 핵심 인사들도 잇따라 탈당과 함께 정동영 대통합민주신당 후보 지지를 선언했다. 12월 17일 김대중 전 대통령의 장남이자 연청 명예 회장인 김홍일 전 의원과 민주당 이상열 정책위 의장은 정 후보 지지 입장을 밝혔다. 동교동계 인사인 남궁진 전 문화관광부 장관, 윤철상 연청 중앙회장을 비롯해 유덕열 사무 부총장, 임정엽 완주군수, 장홍호 광주 서구 을 지역 위원장, 차태석 서울 강서 갑 지역 위원장 등 그동안 후보 단일화를 주장했던 인사들도 함께 탈당했다. 이와 관련해 "김대중 전 대통령이 마지막으로 여권의 정동영 후보를 밀어주기 위한 베팅을 한 게 아니겠느냐"는 얘기가 나왔지만,[276] 이 모든 게 허망한 몸부림에 불과하다는 게 곧 밝혀진다.

---

275) 이본영·노현웅, 「재야 원로들 "가장 가능성 있는 후보 밀어줘야": 백낙청·함세웅·박형규 등 사실상 정동영 지지」, 『한겨레』, 2007년 12월 18일.
276) 김성탁, 「DJ의 마지막 베팅?」, 『중앙일보』, 2007년 12월 18일.

이명박 48.7%, 정동영 26.1%
제17대 대통령 선거

이명박 48.7%, 정동영 26.1%

제17대 대선이 치러진 2007년 12월 19일 아침 각 신문 1면에는 큰 활자로 박힌 투표 참여 독려 메시지가 눈에 띄었다. "한 표가 당신의 삶을 결정합니다(『경향신문』)", "당신의 한 표, 한국 미래를 좌우합니다(『국민일보』)", "한 표의 힘, 대한민국의 5년을 결정합니다(『동아일보』)", "오늘 여러분의 선택이 '대한민국 5년'을 결정합니다(『한겨레』)", "당신의 한 표에 한국의 미래가 달렸습니다(『한국일보』)".

이 메시지들의 선의를 이해하고 존중하지만 이젠 좀 달리 생각할 때가 되지 않았을까? 이 메시지들이 공통적으로 담고 있는 전제는 이른바 '대통령 결정론'이기 때문이다. 대한민국의 5년, 국민의 삶, 한국의 미래가 대통령 한 사람에게 달려 있다는 뜻이다. 한국과 같은 대통령 공화국 체제에서 이런 대통령 결정론은 당연하게 여겨지지만, 과연 그런지 따져볼 필요가 있다. 각 캠프는 모두 이구동성으로 다른 후보가 대통령

순위	후보자	정당	캐치프레이즈	득표율
1위	이명박	한나라당	국민 성공 시대	48.7%
2위	정동영	대통합민주신당	가족 행복 시대	26.1%
3위	이회창	무소속	반듯한 이회창, 바로 서는 대한민국	15.1%
4위	문국현	창조한국당	사람 중심 진짜 경제	5.8%
5위	권영길	민주노동당	세상을 바꾸는 대통령	3.0%
6위	이인제	민주당	중산층 강국 건설	0.7%
7위	허경영	경제공화당	8번 찍으면 팔자 고친다	0.4%

이 되면 나라가 망하거나 큰 위기에 처할 것처럼 말한다. 당선 가능성이 높은 두세 명의 후보는 각자 수백만 명의 지지자를 거느리고 있는데, 그렇다면 우리는 그 수백만 명의 정신 상태를 의심해야 하는 걸까? 그것보다는 누가 대통령이 되더라도 나라가 망하거나 큰 위기에 처하지 않게끔 할 수 있는 방안을 찾는 데에 지혜를 모으는 게 더 낫지 않을까?

대통령 결정론을 어떻게 평가하건, 그건 한 가지 치명적인 결함을 안고 있다. 대통령이 잘못된 길로 가더라도 막을 길이 없다. 국민이 할 수 있는 일은 이미 투표장에서 다 끝나버렸기 때문이다. 대통령이 무슨 일을 하건 묵묵히 따라가거나 구경할 수밖에 없다는 체념과 패배주의가 대통령 결정론의 토대다.

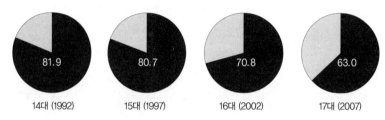

역대 대선 투표율(단위:%)

81.9
14대 (1992)

80.7
15대 (1997)

70.8
16대 (2002)

63.0
17대 (2007)

출처: 중앙선거관리위원회

　　어찌됐건 17대 대선 투표율은 총 유권자 3765만 3,518명 중 2373만 2,854명이 투표해 63.0%로 역대 대선 중 가장 낮은 것으로 집계됐다. 역대 최저인 2002년 16대 대선(70.8%)보다 7.8%p 낮아진 것이다. 대선 투표율은 직선제가 부활한 1987년 13대 때 89.2%를 기록한 뒤로 하락세를 이어가고 있었다.

　　이명박 당선자는 유효 투표 수 2373만 2,854표의 48.7%인 1149만 2,389 표를 획득했다. 정동영 대통합민주신당 후보는 617만 4,681표(26.1%), 이회창 무소속 후보는 355만 9,963표(15.1%), 문국현 창조한국당 후보는 137만 5,498표(5.8%)를 각각 얻었다. 권영길 민주노동당 후보는 71만 2,121표(3.0%), 이인제 민주당 후보는 16만 708표(0.7%)의 지지를 받은 것으로 나

타났다. 이 밖에 허경영 경제공화당 후보가 9만 6,756표(0.4%), 금민 한국

사회당 후보가 1만 8,223표(0.1%), 정근모 참주인연합 후보가 1만 5,380표

(0.1%), 전관 새시대참사람연합 후보가 7,161표(0.1%)를 얻었다.[277]

　　17대 대선 결과는 몇 가지 특징을 담고 있었다. 1~2위 표 차이가 사상

최대였고, 보수 표가 압도적으로 늘어났으며, 지역주의 벽이 여전하다

는 것 등이었다. 이명박 대통령 당선자는 2위 정동영 후보를 531만 7,708

표 차(22.6%p)로 따돌렸다. 건국 이래 치러진 11번의 직선제 대선에서 가

장 큰 표차였다. 지난 두 차례 대선에서 1~2%p의 초접전을 벌인 것과는

판이하다. 유권자들의 정권 교체 열망과 범여권 후보들의 지리멸렬이

겹쳐졌기 때문이다.

　　그러나 이 당선자는 득표수와 득표율에서는 5년 전 당시 노무현 민주

당 후보의 기록에는 약간 못 미쳤다. 이 당선자는 1149만 2,389표(48.7%)

를 얻었다. 이는 노 후보가 2002년에 얻은 1201만 4,277표(48.9%)에 비해

52만여 표가 적고, 득표율에서도 0.2%p 낮았다. 하지만 이회창 후보가

무소속으로 출마하면서 '한나라당 성향' 표를 손해 본 것을 치면 상당

한 득표였다. 보수 정당이 서울에서 1위를 차지한 것도 1987년 직선제

부활 이후 처음이었다.[278]

　　여야 승패를 떠나 화제의 인물은 단연 허경영이었다. 자신의 지능지

수(IQ)가 430이라고 주장한 허 후보는 엉뚱한 공약들을 내놓아 시청자들

을 붙잡았다.

　　"결혼 자금 5000만 원, 출산 장려 수당 3000만 원, 신용 불량자에게 무

---

277) 이본영, 「이명박 당선자 48.7% 득표 최종 집계: 투표율은 63.0%」, 『한겨레』, 2007년 12월 21일.
278) 성연철·황준범, 「이명박+이회창 63.7%…유권자 '우향우'」, 『한겨레』, 2007년 12월 21일.

허경영 (unhky) on Twitter

Home Profile Find People Settings Help Sign out

twitter

unhky

▸ ✓ Following

출소 전에는 유체이탈을 통해서 많은
유명 인사들과 만났지만 이렇게 국민
들과 만나보지 못해서 죄송하게 생각
합니다. 정치인들이 이용은 하고 있지
만 소통은 부족한 정치인이 많은 것
같습니다. 제가 이곳에서라도 이야기
할 수 있어서 감사하게 생각합니다.

about 19 hours ago from web

@danielchois 감사합니다. 현시대는 우충좌돌 시대라고 봅니다. 우
익과 좌익이 나누어져 서로 싸우는것이 문제지요. 지금 국민들은 소
통을 원하고 있습니다. 바쁘지만 정치인으로서 국민들과 소통하기
위해 노력하겠습니다.

about 19 hours ago from web in reply to danielchois

@utotech 싸이월드 주소도 unhky 입니다. un본부를 판문점으로
옮겨야 한다는게 저의 생각입니다.

about 19 hours ago from web in reply to utotech

Name 허경영
Location 서울
Web http://cyworld.co...
Bio 무궁화꽃은 지지않았습니
다.

943   1,076
following followers

Tweets   18

Favorites

Actions
block unhky

Following

View All...

RSS feed of unhky's tweets

허경영의 공중 부양, 축지법, 외계인 교신 등의 주장은 사람들을 즐겁게 해주었다. 이러한 인기로 그는 방송 출연, 음반 취입 등 다방면에서 활동했다.

이자 융자, 노인에게 매월 70만 원 건국 수당, 대학까지 등록금 전액 국가 부담, 휴대전화 요금 5만 원 보조, 중소기업 취업자에게 매월 100만 원 생필품 쿠폰 지원, 가정·생활용품 압류 금지, 국회의원 100명으로 축소 및 무보수 명예직으로 전환, 지자체 단체장 선거 폐지, 이혼·전과 기록 삭제, 어음 부도 완전 방지, 단체행동권 대신 경영 참여권 부여, 유엔 본부 판문점 이전……. 이 모든 공약을 실행하기 위해 취임 뒤 국민투표 실시!"[279]

허경영에게 열광한 네티즌들은 허 후보 이름을 '본좌(인터넷 유행어로,

---

279) 김노경, 「[인터넷 스타] 허경영 선두?」, 『한겨레21』, 제690호(2007년 12월 20일).

숭배 받는 사람)'로 부르며 관련 동영상을 여기저기로 퍼 날랐다. 대선 직후 동영상 포털 프리챌은 2007년 대선 관련 동영상들의 각 후보별 총 플레이 수를 집계한 결과 허 후보 관련 동영상이 총 플레이 수 33만 6,952회를 차지해, 이명박 당선자의 32만 9,606회를 따돌리고 1위를 차지했다고 밝혔다. 그의 싸이월드 미니홈페이지 조회 수도 무려 70만 회를 돌파하며 급증 추세를 보였다.[280] 이후 한동안 이른바 '허경영 신드롬'이 일어나게 된다.

사회의 보수화인가, 참여정부 심판인가?

제17대 대선에서 보수 후보인 이명박 · 이회창 두 후보의 득표율 합계는 63.7%였다. 2002년 대선에서 유일한 보수 후보였던 이회창 후보가 46.6% 득표에 그친 것과는 격세지감을 느끼게 한 결과였다. 반면 진보 개혁 성향의 표(정동영 · 문국현 · 권영길)는 모두 합해도 34.9%로, 지난 대선 때(노무현 · 권영길)의 52.8%에 크게 못 미쳤다.

이에 대해 '사회의 보수화'와 '참여정부 심판'이라는 두 가지 원인 분석이 동시에 나왔다. 김영태 목포대 정치외교학과 교수는 "1997년 아이엠에프 사태 이후 사회 전반적으로 개방과 경쟁이 중요해졌다"며 "이에 유권자들도 '먹고사는 것', '생존'을 중요시하면서 보수화됐다"고 말했다. 그러나 이준한 인천대 정치외교학과 교수는 "유권자들이 보수화돼 이 후보를 지지한 게 아니라, 참여정부에 대한 반발로 이 후보에게 표를

---

280) 이도경, 「파격 대선공약 화제 '허본좌' 허경영 총재 "온라인에서는 내가 대통령"」, 『국민일보』, 2007년 12월 21일.

준 것"이라며 " '중도'가 늘어났을 뿐, '보수'가 늘어난 게 아니다"라는 반론을 폈다.

이번 대선에서도 지역주의는 힘을 잃지 않았다. 이명박 당선자는 대구에서 69.4% 득표율을 얻었다. 자신의 전국 평균 득표율(48.7%)을 20%p 이상 웃돌았다. 정동영 대통합민주신당 후보 역시 광주에서 79.8% 득표율로 몰표를 얻었다. 충청남도 예산에 연고를 둔 이회창 후보의 득표율은 충남 33.2%에 이르러, 전국 평균 득표율(15.1%)의 갑절을 기록했다. 그러나 지난 대선과 견주면, 지역주의가 서서히 힘을 잃어가는 추세는 분명히 발견되었다. 정 후보의 광주 득표율(79.8%)은 5년 전 노무현 후보의 이 지역 득표율 95.2%에 크게 못 미쳤다. 정치 컨설턴트인 박성민 민컨설팅 대표는 "텃밭은 여전히 견고했다. 그러나 맹목적인 지역주의 시대는 끝난 것 같다"고 말했다.[281]

이번 대선의 최대 승부처는 서울이었다. 이 당선자는 서울에서 유효표의 과반을 넘는 53.2%를 얻었다. 전국 평균 득표율 48.7%보다 4.5%p가 많았다. 정 후보(24.5%)의 두 배가 넘어 28.7%p 차이의 압승이었다. 한나라당이 대선에서 서울 지역을 승리로 이끈 것은 그 전신인 민주정의당·민주자유당·신한국당 시절을 모두 포함할 때 1956년 3대 대선 이후 최초로 무려 51년 만이었다. 서울이 민주화 세력의 우군 지역이 아니라는 것은 (서울에서) 이 당선자와 무소속 이회창 후보(11.8%)의 합계 득표율이 65.0%에 이른다는 점에서도 여실히 나타났다. 이른바 범여권 후보들과 민주노동당 권영길 후보는 합해도 34.4%에 그쳤다.[282]

281) 성연철·황준범, 「이명박+이회창 63.7%…유권자 '우향우'」, 『한겨레』, 2007년 12월 21일.
282) 안홍욱, 「李, 25개 구서 모조리 1위…서울 '변심'이 압승 이끌어」, 『경향신문』, 2007년 12월 21일.

이명박은 서울의 25개 구(區) 전 지역에서 승리했다. 1987년 이후 대선에서 특정 후보가 서울 전 지역을 싹쓸이한 것은 이번이 처음이었다. 2002년 대선 때 노무현 후보는 23개 구에서 승리했지만 강남·서초구에서는 승리하지 못했다. 5년 전과 비교하면 이번 투표 결과는 천지개벽 수준이었다. 가령 2002년 대선 때 관악구에서 노무현 후보는 58.4%, 이회창 후보는 37.2%를 얻었으나 이번에는 그 비율이 29.1%(정동영) 대 45.4%(이명박)로 완전히 뒤바뀌었다. 여기에다 이회창 무소속 후보의 득표율(12.3%)까지 감안하면 우파 진영의 득세가 뚜렷했다. 박성민 정치 컨설턴트는 "과거에는 투표 경향이 자신의 원래 출신지(본적지)와 연동됐지만 요즘에는 지방 출신이라도 수도권의 독자적 정책 이슈를 갖고 자신의 정체성을 확인하려는 '수도권의 신지역주의' 가 나타나고 있다" 고 분석했다.

또 한 가지 특징은 공시지가 6억 원 이상의 아파트가 밀집한 지역일수록 이 당선자의 지지율이 높았다는 점이다. 서울에서 이 당선자의 지지율이 가장 높았던 곳은 강남구(66.4%), 서초구(64.4%), 송파구(57.8%) 순이었다. 양천구도 목동 아파트 지역이 위치한 갑구에서 57.1%의 지지를 보냈다. 서울에서 이 당선자가 득표율 1~4위를 차지한 곳이 고가 아파트가 밀집한 이른바 '버블 세븐' 지역인 셈이었다. 반면 관악구(45.4%), 금천구(47.2%), 구로구(48.8%), 은평구(49.8%) 등에서는 1위를 하긴 했지만 득표율은 서울 평균치보다 낮았다. 또 다른 버블 세븐 지역인 경기도 성남 분당, 용인 수지, 안양 동안(평촌)에서도 이 당선자의 지지율이 훨씬 높았다. 정치권에서는 종합부동산세(종부세) 등 노무현 정부의 세금 정책에 대한 반감이 집단적으로 분출됐다고 해석했다.[283]

12월 26일 노무현 대통령의 측근인 안희정 참여정부평가포럼 상임 집행위원장은 자신의 홈페이지에 「우리는 폐족(廢族)」이라는 글을 올렸다. '조상이 큰 죄를 지어 후손이 벼슬에 오르지 못하게 됐다'는 뜻이니, 친노 세력이 국민의 버림을 받아 결국 몰락의 길을 걷게 됐다는 탄식인 셈이었다.[284]

김대중 책임론

2007년 12월 24일 김대중의 '정책 브레인' 출신인 황태연(동국대 교수) 민주당 중도개혁국가전략연구소장은 서울 여의도 당사에서 열린 당 쇄신위 회의에서 "(범여권이) 80여 석의 중도 정당이 돼서 후보를 뽑았다면 대선에서 이길 수 있었고, 만약 지더라도 총선에서 견제 세력이 될 수 있었다. 모든 책임은 DJ에게 있다"고 비판했다.

회의록에 따르면 황 소장은 이에 앞서 "6월 (민주당) 박상천 대표와 (대통합민주신당) 정대철 고문, 정동영 후보, 김한길 의원과의 4자 회담에서 80여 석의 중도 개혁 정당을 만들기로 했다. 그런데 DJ가 정대철 고문과 다른 분을 불러들여 그 합의를 깼다. 이후 김한길 의원이 빠져나왔고 30여 석의 중도 개혁 정당이 됐는데 그것도 깨졌다"고 말했다.

황 소장은 또 신당과 민주당의 당 대 당 통합 협상이 결렬된 배경을 설명하며 "4자 지도부가 (통합) 합의를 했는데 DJ가 『오마이뉴스』를 불러서 '통합 없는 후보 단일화를 하라'고 (보도가 나가도록) 했다"고 주장했

---

283) 김정하·윤창희, 「종부세, 수도권 신지역주의 낳았다」, 『중앙일보』, 2007년 12월 21일.
284) 「친노 廢族들, 새 정권의 반면교사다(사설)」, 『동아일보』, 2007년 12월 28일.

다. 범여권 중도파가 당초 의지대로 친노 세력을 배제하지 못한 채 '도로 열린우리당' 격인 대통합민주신당에 어쩔 수 없이 합류한 것과, 선거 막판 범여권 당 대 당 통합이 결렬된 데는 결국 'DJ의 뜻'이 크게 작용했기 때문이라는 게 황 소장의 진단이었다.[285]

황태연은 27일에도 '김대중 책임론'을 다시 역설했다. 그는 "김대중 전 대통령이 민주당을 말살하고 '대잡탕 정당'을 만드는 데 앞장선 결과 대선에서 패했다"며 "이는 과거 DJ가 민주당을 분당해 나와 평민당을 만들어 노태우에게 정권을 헌납한 것과 같은 정도의 죄악"이라고 말했다. 황 소장은 "DJ가 민주당을 말살하려 한 것은 호남 공천권을 유지하려고 한 때문"이라며 "(김홍업·김홍일 등) 아들 두 명을 차례로 (민주당에서) 빼내간 것이 민주당을 분쇄하려 한 증거"라고 했다. 황 소장은 "DJ가 예전 같으면 '이 새끼도 내 새끼, 저 새끼도 내 새끼' 하는 식으로 했을 텐데 이번에는 전혀 그렇게 하지 않았다"며 "DJ가 (총선에 나설 뜻이 있는) 박지원 전 실장 등에게 둘러싸여 오판을 했기 때문"이라고 했다. 유종필 대변인도 "DJ가 민주당 소멸 전략을 썼다"고 했다.[286]

2008년 1월 1일 서울 동교동 김대중도서관에서 열린 DJ 정부 시절 장차관 신년회에서 김대중은 "내가 정치한 반세기 동안 (진보 세력이) 이번같이 처참하게 진 것은 처음이다. 박정희 정권이 탄압할 때에도 이렇게까지는 지지 않았다"고 말했다. 그는 "두 번 진보 세력이 정권을 맡았으니까 이번에는 보수 세력으로의 전환이 필요하지 않나 하는 국민의 판

285) 조인직, 「"DJ, 범여권 대선패배 가장 큰 책임"」, 『동아일보』, 2007년 12월 26일.
286) 김민철, 「"DJ가 민주당 말살했다": 황태연 소장, 대선 패배 'DJ 책임론' 주장」, 『조선일보』, 2007년 12월 27일.

단이 컸다"면서도 "이번같이 처참하게 진 적이 없으며 건전한 민주주의를 위해 아쉬운 일"이라고 말했다. DJ는 또 "정권이 바뀌면서 남북 관계가 어떻게 될 것인지 (걱정)하는 이야기가 있다. 한나라당에 대해 이래라저래라 할 수 없지만 남북 화해정책 안 하면 어떻게 할 거냐. 전쟁하면 공멸한다. 지금 한반도 긴장 얼마나 완화됐나. 경제를 살리기 위해서도 남북 관계는 발전시켜야 한다"고 주장했다.[287]

'인의 장막'의 자기기인

반면 김영삼 전 대통령의 상도동 자택은 이른 아침부터 세배 손님을 맞느라 부산스러웠다. 아침 7시 30분 황인성 전 총리를 시작으로, 김수한, 박관용, 김덕룡, 박희태, 강재섭, 김무성, 이재오, 권영세, 나경원, 김영선, 정몽준 등 전·현직 한나라당 의원들의 행렬이 끝없이 이어졌다. 김영삼 전 대통령은 박세일, 이각범 등 청와대 시절 수석 및 장차관들과 오찬을 함께했다. 김기수 비서실장은 "아침부터 현역 의원들이 많이 다녀가 안내하기에 정신이 없을 정도였다"며 "한나라당이 대선을 이기고 2007년 올해에는 총선도 있어서 그런지 정치 지망생 등 젊은 사람들도 많이 찾아왔다"고 말했다. 그는 "김 전 대통령은 손님들을 맞아 '이명박 대통령 시대를 맞아 새롭게 시작하자'는 덕담을 건넸다"고 전했다.[288]

이명박 대통령 당선자 주변의 '신권력자'들은 최고의 상종가를 누리면서 환희의 절정을 맛보고 있었다. 『조선일보』(2007년 12월 30일) 정치부

287) 김정욱·김경진, 「DJ "이번 대선처럼 처참하게 진 건 처음"」, 『중앙일보』, 2008년 1월 2일.
288) 임석규·유신재, 「'문전성시' 상도동 - '가라앉은' 동교동」, 『한겨레』, 2008년 1월 2일.

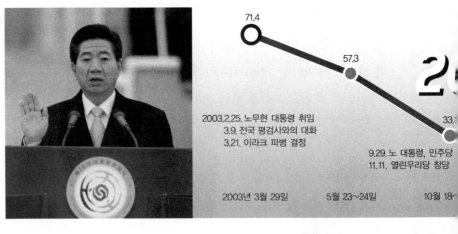

71.4

57.3

2003.2.25. 노무현 대통령 취임
3.9. 전국 평검사와의 대화
3.21. 이라크 파병 결정

33.

9.29. 노 대통령, 민주당
11.11. 열린우리당 창당

2003년 3월 29일   5월 23~24일   10월 18~

2005.4.30. 재보선 6곳 우리당 패배,
원내 과반 붕괴

2005

7.28. 노 대통령, 한나라에
대연정 구성 제안

37.6   37.8

26.6

24.3   39.6

2006.2.3. 한미 FTA 협상 개시

2005년 2월 14~16일   5월 13일   7월 30일   11월 18~19일   2006년 4월

장 김민배의 말을 들어보자. "새 정부가 취임하는 2월 25일부터 권력이 시작되는 게 아니다. 대선 바로 다음 날부터 권력은 시작된다. 이때 실력자나 실세, 권력자의 주변에 접근하기란 '하늘의 별 따기'다. 이 방면에서 프로들이 모두 동원돼 선두 다툼을 벌이기 때문에 생리를 모르는 사람들은 발만 동동 구를 따름이다. 공직 세계에서는 이들에게 접근하기 위한 소리 없는 전쟁이 벌어진다. 온갖 인맥, 학맥, 혈맥과 동원 가능한

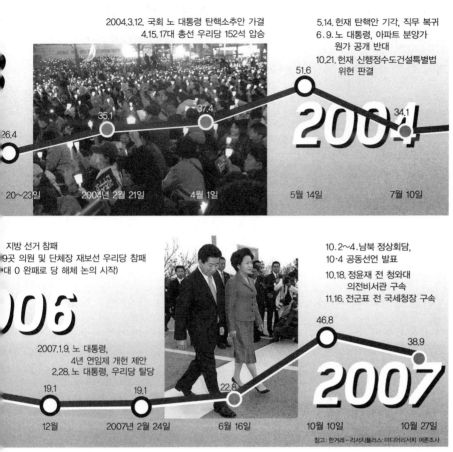

'백'과 연줄이 총동원된다."

　환희가 지나쳤을까? 『국민일보』(2007년 12월 31일) 사설은 "경쟁이 치열하다보니 일부 인사들은 비열하고 치졸한 방법들도 서슴지 않고 있다"며 다음과 같이 말했다. "몇몇 사람은 업무를 작파한 채 휴대전화만 쳐다보고 있다고 한다. 인수위에서 연락이 오지 않을까 목이 빠져라 기다리고 있다는 것이다. 혹시라도 권력만 쫓아다니는 이들 부나방이 기용되는 일이 있어서는 절대 안 된다. 해충은 한시라도 빨리 박멸하는 것이 최선이다. 청소년 대상 성범죄자처럼 이들의 명단을 공개해 아예 공직에 발을 들여놓을 생각을 못하도록 하는 방안을 검토할 필요가 있다고 본다."

'해충 박멸'이라거나 '성범죄자처럼 명단 공개' 운운하는 말이 나올 정도로 치열하게 전개되는 그 소리 없는 전쟁이 차라리 탐욕의 대경연이라면 다행이다. 더욱 큰 문제는 굶주렸던 한(恨)에 이념까지 동원되면 탐욕은 순식간에 이런저런 명분의 포장을 둘러쓰고 모든 사람을 속이게 된다는 사실이다. 자기를 속이고 남도 속인다는 뜻을 지닌 '자기기인(自欺欺人)'이라는 말이 괜히 나온 게 아니다. 『교수신문』은 2007년의 사자성어로 자기기인을 꼽았지만, 2008년이라고 해서 다를 건 없었다. 야망이나 출세욕에 사로잡힌 데다 이념이라는 외투까지 걸친 나머지 자신도 알게 모르게 자기기인을 하는 사람들로 구성된 '인의 장막'에 갇힌 지도자가 나아갈 길이 무엇이겠는가.